国家教师资格考试

高分过关题库

综合素质·幼儿园

|试 题|

关注公众号,点击“笔试练习”领取历年真题及预测卷20套!

山香教师资格考试命题研究中心 主编

图书在版编目(CIP)数据

综合素质. 幼儿园 / 山香教师资格考试命题研究中心主编. --北京: 首都师范大学出版社, 2023.7

国家教师资格考试高分过关题库

ISBN 978-7-5656-7605-5

Ⅰ. ①综… Ⅱ. ①山… Ⅲ. ①教师素质-幼教人员-资格考试-习题集 Ⅳ. ①G451.1-44

中国国家版本馆 CIP 数据核字(2023)第 106162 号

国家教师资格考试高分过关题库

ZONGHE SUZHI YOU'ERYUAN

综合素质·幼儿园

山香教师资格考试命题研究中心　主编

策划编辑　张文强　　　　封面设计　山香教育

责任编辑　杨林玉　曹亮亮

首都师范大学出版社出版发行

地　　址　北京市海淀区西三环北路 105 号

邮　　编　100048

电　　话　010-68418523(总编室)　010-68982468(发行部)

网　　址　http://cnupn.cnu.edu.cn

印　　刷　河南黎阳印务有限公司

经　　销　全国新华书店

版　　次　2023 年 7 月第 1 版

印　　次　2023 年 7 月第 1 次印刷

开　　本　787mm×1092mm　1/16

印　　张　26.5

字　　数　480 千

定　　价　58.00 元

前　　言

一、考情说明

中小学教师资格考试是由国家建立考试标准，省级教育行政部门组织的全国统一考试，包括笔试和面试两部分。笔试主要考查申请人从事教师职业所应具备的思想政治素质、教育理念、职业道德、法律法规知识、科学文化素养、阅读理解、语言表达、逻辑推理和信息处理等基本能力；教育教学、学生指导和班级管理的基本知识；拟任教学科领域的基本知识，活动设计实施评价的知识和方法，运用所学知识分析和解决教育教学实际问题的能力。申请幼儿园教师资格的，笔试还应考查幼儿教育基本理论、原理，保教知识与能力。笔试一般在每年 3 月和 11 月各举行一次，笔试单科成绩有效期为 2 年。笔试科目均合格的考生，可参加教师资格考试面试。下表为各学段的笔试科目及面试相关情况。

<table>
<tr><th colspan="3" rowspan="2">类别</th><th colspan="3">笔试科目</th><th rowspan="2">面试</th></tr>
<tr><th>科目一</th><th>科目二</th><th>科目三</th></tr>
<tr><td colspan="3">幼儿园</td><td rowspan="2">综合素质</td><td rowspan="2">保教知识与能力</td><td rowspan="2">—</td><td rowspan="5">教育教学
实践能力</td></tr>
<tr><td colspan="3">小学</td></tr>
<tr><td rowspan="5">中学</td><td colspan="2">初级中学</td><td rowspan="2">综合素质</td><td rowspan="2">教育教学知识与能力</td><td rowspan="3">学科知识与教学能力</td></tr>
<tr><td colspan="2">高级中学</td></tr>
<tr><td rowspan="2">中职</td><td>文化课教师</td><td rowspan="3">综合素质</td><td rowspan="3">教育知识与能力</td></tr>
<tr><td>专业课教师</td><td rowspan="2">（试点省自行组织）</td><td rowspan="2">（试点省自行组织）</td></tr>
<tr><td colspan="2">中职实习指导教师</td></tr>
<tr><td colspan="7">注 1. 初级中学的《学科知识与教学能力》科目分为：语文、数学、英语、物理、化学、生物、道德与法治、历史、地理、音乐、体育与健康、美术、信息技术、历史与社会、科学等 15 个学科。
注 2. 普通高级中学的《学科知识与教学能力》科目分为：语文、数学、英语、物理、化学、生物、思想政治、历史、地理、音乐、体育与健康、美术、信息技术、通用技术等 14 个学科。</td></tr>
</table>

二、图书特点

为了让考生有针对性地备考，使复习有方向有条理，作为国内研究开发教师资格考试辅导教材的专业机构，山香教育在深入分析历年教师资格考试真题的基础上，结合考试大纲，策划了本套题库,致力于帮助广大考生实现教师之梦。

本套题库具有以下特点:

第一,分章练习,全真模考。

本套题库分为试题本和答案本,每本分上、下两篇。上篇“过关快刷”按章划分知识,涵盖职业理念、法律法规、教师职业道德、文化素养、基本能力五章,章内设置“刷考点”“刷真题”“刷专题”模块。下篇“全真模考”包括两套模拟试卷,仿照真题试卷结构、题型设置,模拟考场答题情境。

第二,题量丰富,解析详尽。

本套题库题量丰富,题型全面。答案本解析详尽,设有“方法技巧”“易错提示”“易混辨析”栏目,不仅能够帮助考生强化记忆、加深理解、提升能力,还能够帮助考生梳理易错易混知识点,突破难点,掌握做题方法技巧。

第三,精选真题,透视考点。

本套题库精心选择2015—2023年笔试真题,知识点覆盖面广,帮助考生了解教师资格考试命题趋势和特点,掌握考试内容。

第四,知识导图,巩固要点。

本套题库在试题本每章的“刷考点”模块,通过思维导图的形式串联本章知识,对重要知识点挖空,在答案本呈现挖空的知识点,有效地帮助考生查漏补缺,巩固要点。

第五,定位页码,答案速查。

本套题库在试题本每章“刷考点”“刷真题”以及“刷专题”部分放置对应的答案页码图标 链接答案本 P233,提示本模块或本专题所对应的答案本页码,方便考生查找答案和解析。在答案本的单项选择题下放置“答案速查”表格,汇总答案,方便考生快速核对。

第六,扫码看题,解疑答惑。

本套题库挑选部分试题放置二维码,考生可以扫描二维码观看试题精讲视频,视频内有资深讲师剖析试题,为考生答疑解惑。

本套题库难免存在一些不足之处,衷心希望各位读者朋友批评指正,同时希望这套题库能为考生顺利通过教师资格考试提供帮助。

编　者

目　录

上篇　过关快刷

下篇　全真模考

上篇　过关快刷

第一章　职业理念

链接答案本 P233

- 职业理念
  - 教育观
    - 素质教育
      - 素质教育的目标★
      - 素质教育的内涵★★★
        - 以提高国民素质为根本宗旨
        - ①____________
        - 促进学生全面发展
        - 促进学生个性发展
        - 以培养②____________为重点
    - 幼儿教育
      - 幼儿教育的概念
      - 幼儿教育的重要性和意义
      - 幼儿教育的特点★
    - 学前教育观的树立★★
      - 热爱儿童
      - 尊重儿童
      - ③____________
      - 寓教育于活动之中
      - 教育要儿童化
      - 多种教育形式相结合
      - ④____________
      - 争取家庭配合
  - 儿童观
    - “育人为本”的儿童观★★★
      - 幼儿是⑤____________,要用发展的观点认识幼儿
      - 幼儿是独特的人
      - 幼儿是学习的主体,是⑥____________教育对象
      - 幼儿是权利的主体
    - “育人为本”的儿童观在保教实践中的应用★★
      - 以幼儿的全面发展为本,用全面的眼光看待幼儿
      - ⑦____________对待幼儿
      - 给幼儿⑧____________,因材施教,促进幼儿的个性发展
      - 设计丰富多样的保教活动
      - 树立⑨____________的意识

- 职业理念
  - 教师观
    - 新课程倡导的教师观★★★
      - 现代教师角色的转变
        - 从教师与学生的关系看，教师是⑩______
        - 从教学与研究的关系看，教师是⑪______
        - 从教学与课程的关系看，教师是⑫______
        - 从学校与社区的关系看，教师是⑬______
      - 现代教师教学行为的转变
        - 在对待师生关系上，强调⑭______
        - 在对待教学关系上，强调⑮______
        - 在对待自我上，强调⑯______
        - 在对待与其他教育者的关系上，强调⑰______
    - 教师专业发展
      - 教师专业发展的内容★
      - 教师专业发展的阶段★
      - 教师的专业素养（教师职业专业化的条件）★
      - 教师专业发展的途径★
    - 终身学习★
      - 终身学习的意识
      - 终身学习的必要性
      - 教师终身学习的可行性
      - 教师终身学习在教学中的作用

《综合素质．幼儿园》题型、题量、分值构成及每题作答时长参考

满分	考试时间	题型	题量	分值构成	每题作答时长参考
150 分	120 分钟	单项选择题	29 道	每小题 2 分，共 58 分	1.5 分钟
		材料分析题	3 道	每小题 14 分，共 42 分	30 题、31 题每题 10 分钟，32 题（阅读理解）15 分钟
		写作题	1 道	50 分	40 分钟

链接答案本 P233

一、单项选择题（每小题 2 分，共 41 小题。参考时限 60 分钟）

1. ［2023 上半年］在组织幼儿认识图形时，李老师说：“请小朋友找出活动室里有圆形和正方形的物品。”李老师的做法体现的幼儿教育特点是（　　）

A. 基础性　　B. 整体性　　C. 浅显性　　D. 生活性

2. ［2023 上半年］磨课时，方老师语重心长地对姜老师说：“现阶段你要开始琢磨如何将自己的教学经验进行提升，形成自己善于驾驭且易于幼儿理解的教学表现方式。”这表明姜老师目前所处的专业发展阶段是（　　）

A. 自我更新关注阶段　　B. 关注生存阶段

C. 关注教学情境阶段　　D. 关注学生阶段

3. [2022 下半年]因为小三轮车数量有限,中班幼儿常为“谁骑车”而争论不休。一天,小雯跑到李老师面前说:“小莉不让我骑三轮车。”对此李老师恰当的说法是(　　)

A. 小雯,我们玩别的玩具吧　　B. 小莉,让小雯骑,等会儿我让你发点心

C. 小雯,你可以怎样对小莉表达你的想法　　D. 小莉,我知道你是懂得谦让的好孩子

4. [2022 下半年]刘老师根据《小蚂蚁搬豆》的故事把小蚂蚁画下来,一个挨着一个贴在厕所的墙面上,幼儿看到排着队的小蚂蚁就会按顺序等待入厕。刘老师的做法体现的教师角色是(　　)

A. 支持者　　B. 合作者　　C. 示范者　　D. 引导者

5. [2022 下半年]幼儿园陈老师经常在心里琢磨“小朋友们喜欢我吗”“同事们如何看我”“园长是否觉得我干得还不错”。陈老师所处的教师发展阶段是(　　)(常考)

A. 关注生存阶段　　B. 关注情境阶段

C. 关注学生阶段　　D. 关注自我阶段

6. [2022 上半年]一所幼儿园基于“数字化育人”的办学理念,建立起“过程性数据”与“关键事件”相结合的幼儿发展评价信息系统,用以跟踪幼儿个体的成长过程。该做法体现的幼儿发展特点是(　　)(易错)

A. 顺序性　　B. 独特性　　C. 自主性　　D. 创造性

7. [2022 上半年]“拼图”游戏时,王老师见东东反复地拿起这块放下那块,不知该拿出哪块,急得满脸通红、满头大汗。对此,王老师恰当的说法是(　　)

A. “不要着急,我们再试试吧。”　　B. “你看看,晓红是怎么拼的。”

C. “试试红色正方形的拼板吧。”　　D. “仔细看一下颜色和形状。”

8. [2022 上半年]在一次教学活动中,黄老师问小朋友:“图上的月亮是什么样的呀?”大多数的幼儿回答:“是圆的。”只有昊昊说:“月亮是弯弯的。”黄老师对昊昊说:“不对,图上的月亮明明就是圆的,哪里是弯的?”这表明黄老师(　　)

A. 缺乏批评教育的艺术　　B. 没有活用素材的能力

C. 没有关爱幼儿的情感　　D. 缺乏纪律管理的方法

9. [2021 下半年]教学活动中,洋洋趁老师不注意溜出教室。当邓老师试图伸手抓住他时,他故意让老师追自己,就像在玩追逐游戏。对此,邓老师应该(　　)

A. 让家长领洋洋回家教育　　B. 让洋洋在户外自由活动

C. 牵着洋洋的手回到教室　　D. 关闭教室的门不让洋洋进入

10. [2021 下半年]在幼儿园任教多年的窦老师有意识地自我规划,以谋求最大程度地自我发展,关注学生整体发展,积累了比较科学的个人实践知识,窦老师所处的教师专业发展阶段是(　　)

A. 生存关注阶段　　B. 虚拟关注阶段

C. 任务关注阶段　　D. 自我更新关注阶段

11. [2021 下半年]班里养的金鱼死了,孩子们纷纷围了过来,你一言我一语地讨论起来:"怎么就死了呢?""不对啊,它还睁着眼呢!"对此,老师恰当的做法是(　　)

A. 埋怨孩子们投喂了过多的食饵　　B. 对孩子们提出的问题不予回应

C. 让孩子们回家后问父母　　D. 引导孩子们讨论金鱼死亡的原因

12. [2021 上半年]中班的小林喜欢表现自己,组织能力比较强,王老师每次在开展表演游戏时总让小林扮演主角。王老师的做法违背的素质教育要求是(　　)

A. 促进学生全面发展　B. 面向全体学生　C. 促进学生个性发展　D. 培养创新精神

13. [2021 上半年]午餐后,幼儿正在看动画片,突然欣欣哭了起来,原来是玲玲拽了她。张老师刚想问明原因,玲玲不满地说:"她故意挡住我看电视。"从教师指导者作用的角度来看,张老师恰当的做法应是(　　)(常考)

A. 帮助幼儿解决问题　　B. 公平对待每个幼儿

C. 倾听幼儿内心想法　　D. 关注幼儿个体差异

14. [2021 上半年]在中班绘画活动中,李老师将自己画好的"小汽车"贴在墙上,要求孩子们照着画。李老师在看了小明的画后,严厉地说:"小汽车怎么可能有翅膀?去前面看我画的,照着画!"关于李老师的做法,下列说法不恰当的是(　　)

A. 忽视了对幼儿天性的保护　　B. 忽视了对幼儿权利的尊重

C. 忽视了对幼儿的正确引导　　D. 忽视了对幼儿特长的培养

15. [2020 下半年]李老师与大班幼儿面对面,自由地坐在塑胶地上。李老师对幼儿说,请你们想一个办法到老师面前来。乐乐想到了前滚翻,动作不怎么标准,滚到了一边。对此,李老师恰当的说法是(　　)

A. 动作不标准,重新做一遍　　B. 乐乐的想法真奇妙,要注意安全

C. 这样不好,会踢到旁边的小朋友　　D. 乐乐真勇敢,大家要向他学习

16. [2020 下半年]自由活动时,幼儿三五成群地在沙坑里玩耍,只有杰杰孤零零地站在旁边,一动不动。对此,老师恰当的做法是(　　)

A. 询问杰杰不与大家玩耍的原因　　B. 只关注其他孩子,不理会杰杰

C. 告诉杰杰可以自己一个人玩　　D. 要求杰杰过去与大家一起玩

17. [2020 下半年]下列对实施素质教育的理解,不正确的是(　　)

A. 更加重视学生的全面发展　　B. 针对基础教育提出

C. 更加重视德育工作　　D. 针对提高国民素质提出

18. [2020 下半年]新入职的王老师工作中一遇到棘手问题就去请教李老师。这一次,李老师提出建议后,笑容可掬地说:"你这是想走捷径啊,哪有那么容易的事。慢慢摸索吧,时间长了就知

道了。我们都是这么过来的。”该情境中体现的教师发展途径不包括(　　)

A. 自主与协作的结合　　B. 借鉴与探索的结合

C. 学习与反思的结合　　D. 理想与现实的结合

19. [2019 下半年]在孙老师组织的“我为班级做件事”讨论中，晨晨说：“我收垃圾。”秦晋立刻说：“妈妈说如果不好好学习，长大以后就去收垃圾。”孙老师接着说：“环卫工，很辛苦地收垃圾，让我们生活在干净的环境里，收垃圾也是一件很有意义的事情。”从教育观的角度分析，下列说法正确的是(　　)

A. 教师要引导幼儿正确认知　　B. 教师要关注幼儿的特长

C. 教师要引导幼儿生涯规划　　D. 教师要关注幼儿的差异

20. [2019 下半年]为帮助幼儿掌握正确的洗手顺序和方法，王老师自编儿歌“清清水哗啦啦，卷卷袖子洗手啦，先洗小手心，再搓小手背，个个手指都洗到，人人夸我讲卫生”，引导幼儿边唱边练。下列说法与王老师的做法无关的是(　　)

A. 注重幼儿知识积累　　B. 注重幼儿气质养成

C. 注重幼儿情境体验　　D. 注重幼儿习惯培养

21. [2019 下半年]户外活动时，萌萌不小心摔倒了，摔倒后她有些情绪，不愿意立刻起来。刘老师的说法正确的是(　　)(常考)

A. “怎么这么不小心!”　　B. “没关系吧，需要帮助吗?”

C. “来，我扶你起来。”　　D. “赶紧起来，勇敢点!”

22. [2019 下半年]小班幼儿点点初入园时，不愿意午睡，连自己的小床都不愿意靠近。对此，王老师正确的做法是(　　)

A. 通知家长，领回训练　　B. 统一要求，不能特殊

C. 批评点点，坚持常规　　D. 降低要求，个别对待

23. [2019 上半年]下图表明，儿童的发展具有(　　)(易混)

最佳发展期示意图

A. 阶段性　　B. 整体性　　C. 个体差异性　　D. 独特性

24. [2019 上半年]某幼儿园为打造以艺术为特色的园本课程，决定将 70% 的课程安排为音乐、美术、舞蹈等内容。该幼儿园的做法(　　)

A. 正确，有利于凸显幼儿园特色　　B. 不正确，不利于幼儿知识学习

C. 正确，有利于培养幼儿艺术特长　　D. 不正确，不利于促进幼儿全面发展

25.［2019 上半年］绘画活动中，小班幼儿欢欢总是把色彩涂到轮廓外面，下午李老师当着欢欢的面对家长说："欢欢很不认真，总是画错。"李老师的做法（　　）

A. 错误，忽视了幼儿动作发展　　B. 错误，不能讽刺、挖苦幼儿

C. 正确，提高了幼儿的绘画能力　　D. 正确，应该严格要求幼儿

26.［2019 上半年］午餐时幼儿辰辰翘着椅子坐，坐在椅子上摇来摇去，东倒西歪。对此，王老师恰当的说法是（　　）

A."辰辰，不准玩椅子！"　　B."辰辰，你有多动症吗？"

C."辰辰，请坐好！椅子会坏的！"　　D."辰辰，请坐好！你会摔跤的！"

27.［2018 下半年］铭铭问吴老师："天上哪颗星星最亮？"吴老师说："老师也不知道，回家后我们都去想办法找答案，好不好？"这说明吴老师能做到（　　）（常考）

A. 尊重个体差异　　B. 公平对待幼儿

C. 面向全体幼儿　　D. 引导幼儿探索

28.［2018 下半年］刚进园时，小朋友们试图用旋转的方法打开水龙头，不出水就大声叫蒋老师。这时蒋老师没有急于出手帮助，而是鼓励他们自己去试。很快小朋友们发现，提起开关，水就流出来了，按下去，水就关上了。小朋友们高兴地不得了。这体现了蒋老师注重（　　）

A. 教师的主体作用　　B. 游戏的促进作用

C. 幼儿的亲身体验　　D. 环境的积极影响

29.［2018 下半年］中（1）班有一个现象：一个孩子向杨老师"告状"，其他孩子就会一个接一个地"告状"，孩子们都跟着嚷嚷，班上乱成了一锅粥。杨老师最恰当的处理方式是（　　）

A. 不理会所有"告状"的孩子　　B. 先让孩子们安静下来，再处理问题

C. 批评所有"告状"的孩子　　D. 选取部分孩子的"告状"予以解决

30.［2018 上半年］幼儿在游戏时总是喜欢争抢玩具。对此，胡老师不合适的做法是（　　）

A. 组织幼儿讨论玩具使用规则　　B. 让幼儿说明争抢玩具的理由

C. 表扬幼儿的分享及合作行为　　D. 让争抢玩具的幼儿站到墙角

31.［2018 上半年］上课时，柯老师正在组织小朋友们讨论，然然先找毛毛碰头玩，又去抱乐乐的腿，脸上还带着得意的笑容。柯老师恰当的做法是（　　）

A. 当众点名批评然然　　B. 抚摸然然的头以示提醒

C. 鼓励然然继续游戏　　D. 假装没看见然然的行为

32.［2017 下半年］手工制作后，孩子们都开心地把作品拿在手里。小明兴高采烈地奔向老师，举起手里的作品向老师炫耀，老师瞟了一眼说："看你做的是什么呀，难看死了。"老师的做

法( )

A. 正确,从小培养幼儿的认真态度　　B. 正确,从小对幼儿进行挫折教育

C. 不正确,挫伤了幼儿的创造热情　　D. 不正确,扼杀了幼儿的竞争欲望

33. [2017 下半年]某幼儿园一直注重教育质量,选择“唐诗三百首”对幼儿进行详细讲解、认读、听写,部分家长对此很满意。该幼儿园的做法( )

A. 不正确,忽视了幼儿教育的生活化　　B. 不正确,忽视了幼儿教育的均衡化

C. 正确,提升了幼儿的语言能力　　D. 正确,打牢了幼儿的知识基础

34. [2017 下半年]在教育活动中,幼儿园老师总是主动为幼儿提供丰富、适宜的游戏材料,并指导幼儿开展游戏活动。下列关于该行为的理由,不正确的是( )

A. 游戏能促进幼儿同伴关系的建立　　B. 游戏是教师自发自主的行为

C. 游戏需要教师的综合指导　　D. 游戏是幼儿学习的基本形式

35. [2017 上半年]吃橘子时,岚岚说:“老师,你给我剥皮。”王老师大声说:“咱们来帮小橘子脱衣服吧,看谁做得又快又好。”小朋友们争着说:“好,我来!”大家争相动手起来。岚岚在模仿中学会了剥橘子皮。王老师的行为体现在善于( )(常考)

A. 综合组织各领域教学内容　　B. 创设与教育相适应的物质环境

C. 维护每一个幼儿的人格与权利　　D. 培养幼儿的初步生活自理及适应能力

36. [2017 上半年]吃午饭时,孩子们吵吵嚷嚷,不能好好吃饭,李老师说:“咦,教室里怎么飞来这么多小蜜蜂,嗡嗡的好吵呀,快把他们请出去,别打扰我们吃饭。”孩子们听后便安静地吃饭了。李老师的语言具有( )(易错)

A. 教学性　　B. 趣味性　　C. 鼓励性　　D. 示范性

37. [2017 上半年]郑老师搜集矿泉水瓶、报纸、纸箱、塑料绳等材料,并改造成适合幼儿的教学材料,郑老师的行为体现了( )

A. 环境创设的能力　　B. 随机教育的能力

C. 教学反思的能力　　D. 教学生成的能力

38. [2016 下半年]午餐时,有些幼儿边吃边玩,为了让幼儿专心就餐,李老师正确的说法是( )

A. “没吃完的不许睡觉”　　B. “比比谁吃得最快”

C. “我看看谁吃得最香”　　D. “看看谁还在那磨蹭”

39. [2016 上半年]中(1)班的男孩如厕时常常有意将小便洒在便池外,甚至是小朋友身上。据此,王老师在便池合适的位置上画了几朵花,要求幼儿小便时比比看谁能瞄准花朵,给花浇水。此后,男孩小便再也不乱洒了。王老师的教育方法体现的幼儿教育特点是( )

A. 游戏性　　B. 综合性　　C. 整体性　　D. 浅显性

40.［2015 下半年］绘画时，飞飞在纸上画了一个黑色的太阳，对此李老师恰当的做法是（　　）

A. 批评飞飞的画不合常理　　B. 耐心地询问飞飞的想法

C. 替飞飞把太阳涂成红色　　D. 要求飞飞重新画红太阳

41.［2015 上半年］焦老师积极参与各种教师培训活动，返园后主动与同事们交流学习的心得体会，并将其运用于保教实践中。关于焦老师的做法，下列说法不正确的是（　　）

A. 体现了终身学习的自觉性　　B. 有利于幼师的共同发展

C. 推动了幼儿园的园本教研　　D. 有利于增进家园合作

二、材料分析题（每小题 14 分，参考时限 10 分钟。共 5 小题）

1.［2023 上半年］**材料：**

周老师组织“太阳当空照”游戏活动时，阳阳举起手，大声地问：“老师，哪里有太阳？根本看不见啊！”周老师说：“看不见太阳？那太阳到哪里去了呢？”阳阳眨着眼睛，想了一会儿说：“我妈妈说了，太阳让云彩遮住了，如果把云彩拨走，太阳就出来了。”周老师故意问道：“怎么拨啊？云彩那么高，够不着。”小涵认真地说：“老师，登上梯子呀。有高高的梯子，再拿一根长长的竹竿，一使劲儿就把云彩拨拉走了。”周老师趁机问：“可这几天我们是不是连云彩都很少见呢？”“是呀，最近几天总是灰蒙蒙的。”……孩子们七嘴八舌地讨论起来。原来，这几天的雾让小朋友们很纳闷。周老师说：“感兴趣的宝贝可以查查资料寻找答案。”为了解决孩子们的疑惑，第二天，周老师运用图片和视频，介绍了有关雾的知识。小朋友们听得特别认真，有的还说：“回家要告诉爸爸妈妈，雾天开车一定要注意安全。”

问题：请结合材料，从教育观的角度，评析周老师的教育行为。

2.［2022 下半年］**材料：**

在自由区域活动的时间，凡凡和瑶瑶选择去做手工项链。金老师为他们提供了材料，并且给了他们制作的步骤。凡凡是按照制作步骤开始制作的，但是瑶瑶却不是按照步骤制作的，凡凡跟老师说："老师，你看她跟我做的不一样，做的是不对的。"老师听见之后过来找瑶瑶说："哦，你做的不一样吗？那一会儿等你做完，我们看看你做的是什么样的。"然后瑶瑶自信地说："你们等着看吧。"

在区域活动的讲评环节，金老师举起凡凡做的项链，说："凡凡学会了自己看图做项链，观察非常仔细，真棒！"接着金老师出示了瑶瑶的桃心项链，问道："大家看看这个桃心项链漂亮吗？"孩子们争先恐后地说："真漂亮，这是谁做的？怎么做出来的啊？"这时，金老师把瑶瑶请上场讲解自己的作品，之后又对其他幼儿的作品也一一做了点评。

课后，金老师及时把这次区域活动记录下来，总结了成功之处，也反思了不足之处，并写下了改进思路，为以后撰写教研论文和开展课题研究积累素材。

问题：请结合材料，从教师观的角度，评析金老师的行为。

3.［2021 下半年］**材料：**

晨间锻炼时，李老师为孩子们准备了球、轮胎、跳绳、滑板车等器械，还安排了六条平衡木，三条矮而宽、三条高而窄，让孩子们自主选择不同的器械练习。李老师又提供了很多辅助材料，孩子们可以自己搬运一件"家具"，经过"小桥"（平衡木）回到"河"对面的"新家"。

几分钟后，鹏鹏开始在矮平衡木上慢跑，轩轩看到了，叫道："看我的。"说完在矮平衡木上做跳跃动作，没站稳，差点摔下来，他们的行为引来了周围小朋友的喝彩。李老师见状大声说："小心点，快下来！"他们只好下来了。鹏鹏和轩轩把高平衡木放在矮平衡木上，摇摇晃晃地在架起的平衡木上走来走去，李老师看到后，跑过去把他们从平衡木上抱下来，并担心地说："这样很容易摔跤的！"

晶晶站在最右边的平衡木上，把小枕头放在头顶上，小心翼翼地走过平衡木，喊着："老师，看我！"李老师赶忙跑过去陪着她一起走。

操场边有五个孩子不停地东张西望，每次快要轮到他们时，他们马上又排到队后面，但老师一直都没有发现。

问题：请结合材料，从教师观的角度，评析李老师的教育行为。

4. [2021 上半年]**材料：**

下面是某幼儿园大班李老师的教学片段：

师：小嘴巴？

幼：不说话。

师：小朋友们看黑板，黑板上是什么呢？

幼：数字 9 的分解。

师：很好，我们上节课学了数字 9 的分解，小朋友们会了吗？

幼：会了。

师：真棒！那你们一起读一遍，9 可以分成 1 和 8，预备，起！

幼：9 可以分为 1 和 8，9 可以分为 2 和 7，9 可以分为 3 和 6，9 可以分为 4 和 5，9 可以分为 5 和 6……

师：停！停！停！9 可以分为 4 和 5 后面该怎么背了，涛涛，就是你领着大家乱背，声音又大，你给我小声点，其他小朋友别跟着他背！重新来一遍！9 可以分为 1 和 8，预备，起！

涛涛在李老师的责备及小朋友们的讥笑声中低下了头。其他的小朋友则附和着,一起背诵起来。

问题:请结合材料,从儿童观的角度,评析李老师的教育行为。

5.[2019 下半年]**材料:**

中班馨馨的左手臂先天发育不良,协调能力和运动能力都低于其他幼儿,馨馨很喜欢唱歌跳舞,但每当要登台表演她都会默默地退出。

幼儿园一年一度的艺术节就要开幕了,王老师特意编排动作与队形都相对简单的舞蹈“蓝精灵”鼓励馨馨加入。排练中,连续几个八拍跳下来,馨馨有些手忙脚乱,王老师放慢速度,并降低动作要求,可馨馨动作仍然不到位。馨馨有些焦急,王老师对馨馨说:“不要急,你已经跳得很好了,老师陪你慢慢跳。”馨馨点点头,跳得更认真了。可几个孩子却抱怨着:“老师,馨馨总是撞到我。”“老师,馨馨跳得太慢了。”旁边的李老师也说:“直接安排馨馨参加大合唱不是更简单吗?”王老师摇摇头说:“馨馨比任何孩子都更在乎跳舞,我一定要帮她做到。”王老师随后对孩子们说:“你们知道吗?蓝精灵正因为善良、勇敢,又相互关心,最终打败格格巫。我们要像蓝精灵一样互帮互助,才能跳好舞蹈。”

艺术节如期举行,馨馨和孩子们在舞台上欢快地舞动。

问题:请结合材料,从教育观的角度,评析王老师的教育行为。

专题一　教育观

链接答案本 P242

一、单项选择题(每小题 2 分,共 29 小题。参考时限 45 分钟)

1. 平时纪律比较差的图图在这次手工课上表现得特别出色,不仅很好地完成了手工课上老师的要求,还帮助了其他的小朋友。胡老师表扬道:“每种色彩,都应该盛开。”胡老师的做法(　　)

A. 正确,关注了幼儿的个性发展　　B. 错误,忽视了幼儿的品行发展

C. 正确,关注了幼儿的动作发展　　D. 错误,忽视了幼儿的身心健康

2. 幼儿园小班的李老师总是在幼儿的户外活动时间来教授幼儿诗词,李老师的做法(　　)(易错)

A. 正确,有利于幼儿的身心健康发展　　B. 正确,有利于幼儿智力的提高

C. 错误,不利于幼儿德、智、体、美全面发展　　D. 错误,不利于幼儿个性的发展

3. 素质教育的重点是(　　)

A. 提高国民素质　　B. 全面发展

C. 培养创新精神和实践能力　　D. 主动发展

4. 4 岁的马马在画本上画了一个散发绿色光芒的太阳,老师却给出了颜色不当重画的要求。老师的做法(　　)

A. 正确,应该及时纠正学生的错误　　B. 错误,扼杀了学生的创造力

C. 正确,适当的惩罚才会让学生长记性　　D. 错误,老师应该信任学生

5. 于老师对班级幼儿评优制度进行了改革,增设了“文明之星”“歌唱之星”“舞蹈之星”“进步之星”等多项荣誉称号。于老师的做法(　　)

A. 不合理,不利于端正幼儿的学习态度

B. 不合理,不利于促进幼儿的学习发展

C. 合理,有利于强化幼儿之间的竞争

D. 合理,有利于促进幼儿的个性发展

6. 幼儿园中班的孙老师给幼儿讲完《木偶奇遇记》的故事,问幼儿:“你们觉得匹诺曹之后还会遇到什么事情呢?”鼓励每一位幼儿都能畅所欲言。这说明孙老师(　　)(常考)

A. 注重培养幼儿的创新精神　　B. 注重幼儿的全面发展

C. 注重幼儿的个性发展　　D. 注重幼儿的健康发展

7. 某幼儿园分班布置画展。刘老师精心准备部分“好的幼儿作品”展出，李老师则将每个孩子的作品展出，两位老师的做法中(　　)

A. 刘老师对，应支持优秀儿童的绘画表现

B. 李老师对，应支持每个儿童的绘画表现

C. 刘老师对，班级画展需要体现最高水平

D. 李老师对，班级画展需要平衡家长关系

8. 在确定小组长时，马老师指定在班级中有点儿孤僻、不合群的王蕊同学做小组长，并让她和班级其他同学多多交流。一段时间后，王蕊同学和其他同学有了更多的交流，人也开朗了很多。马老师的行为(　　)

A. 恰当，教师应该关注每一个学生的发展　　B. 恰当，每个人必须参加班级管理活动

C. 不恰当，教师应该给学生更多的私人空间　　D. 不恰当，教师应该尊重学生个性

9. 手工课上，大家都在做圣诞树，突然一个幼儿大声说：“莉莉的圣诞树太丑了，都长歪了！”全班幼儿都大笑起来。莉莉眼里满含泪花。这时老师正确的做法应是(　　)

A. 大声训斥，让大家保持安静

B. 坐视不理，让幼儿自行解决

C. 来到莉莉身边，把她的圣诞树摆正

D. 告诉幼儿“莉莉的圣诞树正被大风吹着，所以是歪的”

10. 陈老师在上课时，经常问学生：“大家想一想，还有其他答案吗？有没有不同的解决方法？”这表明陈老师重视(　　)

A. 促进学生全面发展　　B. 促进学生个性发展

C. 面向全体学生　　D. 注重培养学生的创新精神和发散思维

11. 王老师带领幼儿用剪刀剪一个苹果，并用红色的蜡笔涂色。阳阳却用紫色的蜡笔给苹果涂色，对此王老师的做法正确的是(　　)

A. 替阳阳涂一个红色的苹果　　B. 批评阳阳涂的颜色不对

C. 耐心询问阳阳涂紫色的想法　　D. 惩罚阳阳再剪一个，要涂上红色

12. 秦老师常说：“先学做人，后学做事，社会需要的是身体健康、和谐发展的建设者和接班人，而不是只会死读书的人。”这表明秦老师具有(　　)

A. 素质教育的理念　　B. 因材施教的意识

C. 开拓创新的理念　　D. 自主发展的意识

13. 在教学研讨会上，作为教研组组长的周老师多次强调：“作为老师，我们要寻找、研究一种适合儿童的教育，而不是挑选适合教育的儿童。”周老师的这一观点体现了(　　)

A. 素质教育以提高国民素质为根本宗旨

B. 素质教育是面向全体学生的教育

C. 素质教育是促进学生全面发展的教育

D. 素质教育是促进学生个性发展的教育

14. 课堂上杨老师对某个问题的解释有错误，幼儿指出后，杨老师不但没有批评，反而表扬该生善于思考，具有质疑精神。下列说法中不恰当的是(　　)

A. 杨老师注重培养幼儿的质疑能力　　B. 杨老师注重培养幼儿的自我评价能力

C. 杨老师注重培养幼儿的创新能力　　D. 杨老师注重培养幼儿的求异思维能力

15. 小丽喜欢跳舞，庄老师常常鼓励她多练习、多表现，力争将来做一名优秀的舞蹈家；小刚经常在课堂中注意力不集中，喜欢运动，庄老师就鼓励他将来做一名运动员。对庄老师的做法，下列评价中不正确的是(　　)(常考)

A. 善于因材施教　　B. 注重幼儿的全面性

C. 善于激发幼儿的自信　　D. 注重幼儿的差异性

16. 铭铭的语言表达能力很强，曲老师很喜欢他，于是每次都让他在合唱活动中站在舞台中间。曲老师的做法违背了(　　)的教育理念。

A. 促进学生个性发展　　B. 促进全体学生发展

C. 促进学生全面发展　　D. 促进学生自主发展

17. 在电视剧《虎妈猫爸》中，"虎妈"为女儿制定了一个文化、体育、艺术全面发展的学习计划，报了很多兴趣班，而"猫爸"则秉承快乐教育的原则反对给女儿报那么多兴趣班。结合素质教育的理念，下列说法正确的是(　　)

A. "虎妈"注重全面发展，有利于孩子的成长和发展

B. "猫爸"尊重孩子的主体地位，有利于孩子的成长和发展

C. "猫爸"过于溺爱，不利于孩子的成长和发展

D. "虎妈"注重教育的多元化，有利于孩子的成长和发展

18. 美术课上，王老师让同学们画自己喜欢的交通工具，大部分学生都画了日常生活中常见的交通工具，只有小刚画了一个见所未见的奇形怪状的交通工具。王老师认为小刚没有按照他的要求完成任务，因此批评了小刚并让他重新画。王老师的做法(　　)

A. 正确，说明王老师能够用高标准严格要求学生

B. 正确，王老师重新给了小刚一次改正的机会

C. 错误，王老师不应该再给小刚一次画画的机会，对其他学生不公平

D. 错误，王老师没有尊重小刚的创新精神

19. 下列对素质教育的理解,存在片面性的是(　　)(易混)

A. 促进学生专业发展　　B. 尊重学生个性发展

C. 教育面向全体学生　　D. 培养学生实践能力

20. 周周喜欢唱歌跳舞,但不喜欢学习拼音、算术,王老师评价周周:“只关注些旁门左道,一到正事上就不行了。”并要求周周不许再上唱歌跳舞的兴趣班,多学习拼音和算术。王老师的做法(　　)

A. 尊重了学生学习的自主性　　B. 忽视了学生发展的个性化

C. 忽视了学生发展的平均性　　D. 尊重了学生学习的差异性

21. 每次的家长会,彭老师都会给家长分享一些名人故事,用名人的事例告诉家长不要太在意学生的成绩,而应该全面地看待学生。彭老师的做法(　　)

A. 正确,体现了素质教育的理念

B. 正确,体现了彭老师不在乎学生成绩

C. 不正确,老师应该以分数作为唯一追求

D. 不正确,老师应该尊重家长自己的选择

22. 彤彤性格内向,基本不跟其他同学交往,课间常一个人在座位上看书。罗老师对她说:“你看同学们玩得多开心啊,你应该参加一些课外活动,多跟大家一起玩。”下列说法中不恰当的是(　　)

A. 罗老师注重学生个性发展　　B. 罗老师注重学生主动发展

C. 罗老师注重学生全面发展　　D. 罗老师注重学生均衡发展

23. 某幼儿园在新生入学后,做了一项兴趣爱好调查,了解幼儿的兴趣爱好,并依据学校教学计划,组建舞蹈、绘画、声乐等兴趣小组。其主要目的是(　　)

A. 凸显教学风格　　B. 因材施教,促进幼儿个性发展

C. 深化课堂教学　　D. 培养竞赛人才

24. 晓军向老师报告:“安安偷看我的画。”老师说:“安安怎么会偷看你的画呢?她画得比你好。”晓军红着眼睛坐在座位上,无心画画了。该老师没有做到(　　)

A. 促进学生全面发展　　B. 因材施教

C. 培养学生创新精神　　D. 面向全体学生

25. 如果将下图比喻为某教师的教育行为,该教师的做法(　　)

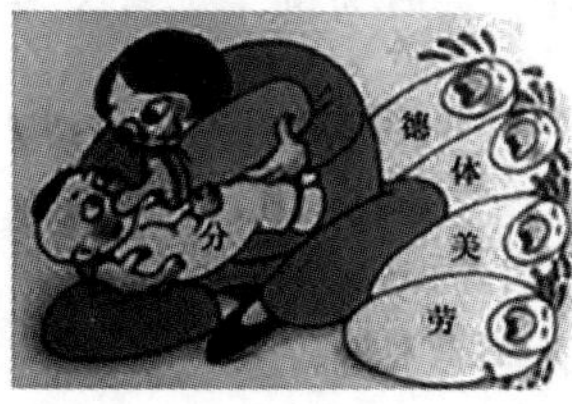

A. 不恰当,忽视了学生均衡发展的要求　　B. 不恰当,违背了学生全面发展的要求

C. 恰当，尊重了学生的个体差异性　　　　D. 恰当，提高了学生的学习成绩

26. 筱筱喜欢唱歌跳舞，孙老师对她说："成天蹦蹦跳跳，没有学生样，学生得老老实实学习才行！"孙老师的说法忽视了(　　)

A. 学生的心理发展　　　　B. 学生的全面发展

C. 学生的主动发展　　　　D. 学生的主体发展

27. 图中某些学校的做法(　　)

A. 抑制了学生的创造能力　　　　B. 阻碍了学生的应试能力

C. 提高了学生的竞争能力　　　　D. 提升了学生的综合素质

28. 为了准备"六一"表演，教师提前一个月组织幼儿反复训练，甚至缩短幼儿的午睡时间和游戏时间。该教师的做法(　　)(易错)

A. 不正确，不利于幼儿身体健康　　　　B. 不正确，不利于幼儿个性发展

C. 正确，有利于提高幼儿素质　　　　D. 正确，有利于幼儿全面发展

29. 熊老师在家长会上说："要想使孩子得到更好的发展，家长要做的不能只是帮孩子学会考试，还要促进他们全面发展。"熊老师的说法表明(　　)

A. 分数决定孩子的未来　　　　B. 学生的成绩关键在家长

C. 教育不能仅追求分数　　　　D. 素质教育需要废除考试

二、材料分析题(每小题 14 分，参考时限 10 分钟。共 5 小题)

1. 材料：

李老师是一名美术老师，他常常说："美术课堂不仅要教会幼儿画画，还应该培养幼儿更多的能力。"有一次，在和小朋友聊天时，李老师听说小朋友家里都有不少闲置的废旧衣物，弃之可惜，留之占地。于是，李老师组织了"变旧为新"创意大赛，号召大家收集家里无用的旧衣物，将其进行改造。这一活动吸引了很多幼儿和家长参与，有的小朋友将旧衣服改成符合时尚潮流又具有独特魅力的新衣服；有的小朋友将旧衣物裁剪成布条、布块，制作成灯笼、小布娃娃等等布艺饰品……幼儿们给旧衣物赋予了新的功能和价值，制作出缤纷多彩的作品。

在教学中，李老师经常运用绘图技术进行视觉教学，听音乐作画、古诗词意境配画等，他还

带幼儿去郊外写生。每年市里举办美术展览,他都带幼儿去参观,引导幼儿仔细观察,用心体会。

问题:请结合材料,从教育观的角度,评析李老师的教育行为。

2. **材料**:

"老师,汽车为什么都是4个轮子?"明明举着他的小汽车问。

"4个轮子才能稳当嘛。"老师一边制作图片,一边随口说道。

"那,三轮车为什么是3个轮子呢?"

"……有3个轮子也就稳当了……"老师一边答道,一边继续画背景图。

"那,自行车怎么只有两个轮子?"

老师放下手中的活,有些吃惊又有些尴尬地看着明明,想:"平时淘气、好动的明明,今天怎么这么多问题?"老师的脑子里像有个小火花跳跃了一下:"当然,这只是实际生活中的几个小小的疑问而已,但正因为是实际的、生活中的,不是比教育学上的更鲜明,更活泼嘛!"

老师知道怎么做了,说:"好孩子。"老师把明明拉到怀里,"来,老师给你讲!"

老师就用最浅显的话,认认真真地给明明讲着。令老师高兴的是,这次明明竟然一动也不动,昂着脑袋,老老实实地听着老师的话,既不乱讲话,也不做小动作了;调皮、好动、不爱学习的明明,现在多么像一个认真学习的好孩子啊!

问题:请结合材料,从教育观的角度,评析老师的教育行为。

3. 材料：

东东有一双需要系鞋带的鞋子，他非常喜欢，但是他自己不会系。午睡起床时，他怎么也系不好鞋带，又着急又难过。华老师安慰他："别着急！老师教你，你一定能学会的。"华老师边讲解，边示范，教了好几遍，但是东东还是没学会。华老师知道这是因为东东性子急，观察不仔细。为了让东东掌握好系鞋带的步骤，华老师自编儿歌，将系鞋带的动作进行分解：第一步把鞋带的两个头拉得一样齐，边做动作边念儿歌："两个线儿一样长，两个线头儿交个叉，后面线头儿往下钻。"第二步打活结时又念："一个圆，两个圆，换一换，钻一钻，一只蝴蝶飞起来。"这种具体形象的方法，让东东很快地学会了系鞋带，怕东东忘记，华老师还将这些步骤用图画出来。

问题：请结合材料，从教育观的角度，评析华老师的教育行为。

4. 材料：

美术课上，李老师指导学生画月季花。她在巡视时发现晓宇把月季花涂成了咖啡色。

"老师，我的花漂亮吗？"晓宇问道。

"你见过这种颜色的月季花吗？还漂亮……来，来，你看看别的同学是怎么涂的。你看，人家都涂的是白色、黄色、粉红色、大红色，多漂亮，多好啊！现在知道该怎么涂了吗？"边说着，李老师边随手指了指旁边几位学生。晓宇愣愣地看着老师，难过地点了点头。

第二天，晓宇捧着一束用折纸扎的咖啡色月季花来到教室。同学们叽叽喳喳议论着："哇，真有咖啡色的月季！""好漂亮呀！"

月月兴高采烈地跟李老师说："老师，晓宇还真的带来一束咖啡色的月季花。"李老师打算一探究竟。

一进教室，李老师就看到几个同学正围在晓宇的座位旁议论着那束"特别"的月季花。

李老师缓缓地走过来说道："这花是假的！"

"老师，那假的就不能画吗？"晓宇问道。

李老师："自然不是。"

"那为什么就不可以画我家里的咖啡色月季花呢？"晓宇反问道。

此时,李老师生气地说:“你怎么就不开窍呢?看来你还真是没有画画的天赋。”转身离开了教室。

问题:请结合材料,从教育观的角度,评析李老师的教育行为。

5. 材料:

于老师决定在班上组织一次全员参与的特长展示活动,学生们陆续在报名表上写上自己的“拿手好戏”:手工、泥塑、弹琴、绘画……于老师发现,除了小伟,其他学生都报了项目。小伟刚从外地转来,很少和周围的同学交流,也很少参加集体活动,在班上也没有什么朋友。于老师把小伟找来,鼓励他报名参加特长展示活动,小伟却自卑地说自己没有什么特长。于老师启发他说:“不管是什么,只要是拿手的,就可以展示出来!”小伟想了很久,急得快哭了,怯怯地问:“老师,我会讲故事,讲故事算是特长吗?”于老师当即拍板:“行!就这个了。”展示活动当天,于老师郑重地请小伟表演。在大家好奇的目光中,小伟讲了一个《小飞侠》的故事,大家听得津津有味,都情不自禁地鼓起掌来。从那以后,小伟开朗多了,也爱表达了,也交了最好的朋友。于老师还注意发挥他肯吃苦、爱劳动的优点,推荐他做班里的“小小卫生员”,他的表达能力、组织能力得到了锻炼。

问题:请结合材料,从教育观的角度,评析于老师的教育行为。

专题二　儿童观

链接答案本 P247

一、单项选择题(每小题 2 分,共 30 小题。参考时限 45 分钟)

1. 圆圆经常把鞋子穿反,郑老师很不耐烦,把他叫到前面,当作负面教材严厉批评,教育其他幼儿要分清左右。郑老师的做法(　　)

A. 伤害了幼儿的自尊心　　B. 抓住了教育时机

C. 在一日生活中渗透教育　　D. 是教育机智的表现

2. 乒乒不爱说话,常常一个人坐在教室里发呆,老师恰当的做法是(　　)

A. 批评乒乒不合群　　B. 告诉家长乒乒患了孤独症

C. 了解情况,分析原因　　D. 教育乒乒要和小朋友多交流

3. 康康在幼儿园的时候就对天文感兴趣,幼儿园的王老师也认为康康有学习天文的潜能,便与家长沟通,让他们支持康康的兴趣。后来,康康对天文的兴趣一直没有减弱,大学毕业后也从事了天文工作。这表明王老师(　　)(常考)

A. 维护了幼儿学习的权利　　B. 尊重了幼儿的自由意志

C. 重视幼儿的全面发展　　D. 看到了幼儿的发展潜能

4. 手工课上,淘淘总是折不好青蛙,急得满头大汗,而且还有些小情绪,不愿意再折了。刘老师的做法正确的是(　　)

A. "来,我帮你折吧。"　　B. "怎么这么笨,连青蛙也折不好。"

C. "没关系的,需要帮忙吗?"　　D. "这样对折不就好了嘛?"

5. 李岩将来想当一名科学家,他的老师却说:"你现在学算术都那么吃力,以后物理、化学肯定也学不好,一定不能把成为一名科学家作为人生目标。"数学老师的说法(　　)

A. 忽视了幼儿的主体性　　B. 忽视了幼儿的发展性

C. 忽视了幼儿的创造性　　D. 忽视了幼儿的差异性

6. 音乐课上,乐乐大声地指出张老师歌词唱错了。张老师生气地说:"乐乐,你真厉害,以后就由你来上课吧!"关于张老师的行为,下列说法正确的是(　　)

A. 维护了教师的权威　　B. 保证了教学任务的顺利进行

C. 有效地控制了课堂的无关行为　　D. 伤害了学生的自尊

7. 一位美术老师在上课时要求学生以水果为题材进行创作,在学生画的过程中,老师发现小明把苹果画成了方形。面对这一情况,老师的做法最合理的是(　　)

A. 提醒同学们注意,苹果应该是圆形的,不要画成方形

B. 直接指出是小明画错了,帮他修改过来

C. 欣赏方形苹果的标新立异,提倡大家都画方形的苹果

D. 询问小明:"你把苹果画成方形很有创意,能给大家解释一下你的想法吗?"

8. 王老师上课时发现班里有两个小朋友在相互打着玩,下列处理方式中,恰当的是( )

A. 立刻制止,并当众批评　　B. 不予理睬,继续上课

C. 当着全班学生的面,把两位同学叫出去批评　　D. 眼神示意两人,将其注意力引到课堂上

9. 赵老师说:"不是每个儿童都聪明,某一方面能力暂时落后不代表永远落后。"下列说法不正确的是( )(易混)

A. 赵老师重视儿童发展的阶段性　　B. 赵老师重视儿童发展的差异性

C. 赵老师重视儿童发展的不平衡性　　D. 赵老师重视儿童发展的顺序性

10. 孟老师说:"不能用同样的水准要求学生,也不能揠苗助长,我一直都坚定不移地相信每个学生都是花朵,早晚都会开放。"下列选项中与孟老师的说法不一致的是( )

A. 注重学生发展的整体性　　B. 关注到学生具有差异性

C. 注重学生发展的顺序性　　D. 关注到学生具有发展性

11. 小浩总是在课堂上发出怪声,扮鬼脸,老师多次提醒后不但不感到羞愧,反而自鸣得意。此时教师最为适宜的处理方式是( )

A. 不予理睬,继续上课　　B. 当众批评

C. 反复提醒　　D. 眼神示意

12. 李老师坚持写"教育札记",其中记录了学生的一些有趣、特殊的现象,并据此分析学生的心理变化,然后再将自己的判断结果作为给学生布置任务的重要依据。从儿童观的角度分析,该教师的做法( )

A. 注重了学生发展的差异性　　B. 发挥了教学的专业自主性

C. 注重了学生发展的独立性　　D. 提升了布置作业的有效性

13. 在一个班级中,学生之间的差别很大,比如小梦性格内向,但是她的注意力集中;小飞热情大方,但是他做事轻率、不踏实。这要求教师( )

A. 把学生看作发展的人　　B. 把学生看作独特的人

C. 把学生看作学习的主体　　D. 把学生看作不成熟的人

14. 小班幼儿学习认识圆形、方形、三角形,中班幼儿学习认识长方形、梯形、椭圆形,大班幼儿学习认识球体、正方体,这一课程安排体现的幼儿身心发展规律是( )(易混)

A. 不平衡性　　B. 个体差异性　　C. 阶段性　　D. 方向性

15. 凡凡对科学活动很感兴趣，长大后想当科学家。吴老师知道后说："你在科学课上的表现不好，反应太慢，不太适合当科学家。"吴老师的做法(　　)

A. 正确，结合幼儿的实际情况给出建议，有助于幼儿的发展

B. 正确，有助于帮助幼儿树立正确的目标

C. 不正确，没有看到幼儿的发展潜能

D. 不正确，应该委婉地提意见

16. 小周因为调皮被同学们嘲笑，刘老师对全班同学说："小周虽然调皮，但在我看来他很不错，他一向都认真做值日，做事很踏实。"关于刘老师的做法，下列说法不正确的是(　　)

A. 注重学生发展的阶段性　　B. 注重评价学生的多元性

C. 注重学生发展的全面性　　D. 注重教育学生的示范性

17. 陈老师在教学时引用了一句"桃李满天下"，有幼儿产生了疑问："为什么没有苹果呢？"下列处理方式恰当的是(　　)

A. 不予理睬继续上课　　B. 批评该生上课分心

C. 布置学生课外探究　　D. 解释说作者弄错了

18. 王老师在教授《月儿弯弯》时，其中有句话是"月儿弯弯挂蓝天"。小聪就有疑问，月亮都是晚上出来的，怎么天空不是黑色的而是蓝色的，王老师不知道怎么回答便训斥小聪在课堂上问与教学无关的问题，从此小聪不再喜欢在课堂上发言。关于王老师的做法，表述正确的是(　　)

A. 王老师的做法合理，因为这样才能维持好课堂秩序

B. 王老师的做法欠妥，不应该对幼儿做任何限制

C. 王老师的做法合理，因为教师必须在课堂中树立威信

D. 王老师的做法欠妥，扼杀了幼儿的创造性思维

19. 幼儿园正在排练元旦节目，中班小朋友准备表演舞蹈《快乐的节奏》，小朋友们说康康总是跳错动作，于是赵老师就把康康"开除"出了舞蹈队。赵老师的做法(　　)

A. 合理，保证了节目的质量　　B. 不合理，是不尊重幼儿的表现

C. 合理，发扬了教育民主　　D. 不合理，不利于幼儿的身体发展

20. 张老师在评价李鹏时说道："虽然还存在诸多不足，但只要继续努力，就一定能取得更大的进步。"该评价最能体现出张老师的儿童观是(　　)

A. 幼儿是发展中的人

B. 幼儿是具有独立意义的人

C. 幼儿是独特的人

D. 幼儿是教育活动的对象和自我教育的主体

21. 中班老师组织幼儿到建构区搭建积木，活动结束后，老师为了让幼儿尽快收拾好积木，最贴切的语言是（　　）

A. “你们把这些积木放回原处，快一点。”

B. “请你们用最短的时间把这些积木收拾好。”

C. “为了环境的整洁，请你们一定把积木摆整齐。”

D. “请把积木放回原处，我们要回教室玩游戏了。”

22. 在课堂上，东东问马老师：“老师，在月亮上看天，天是不是蓝的呢？”马老师说：“你懂什么！听老师讲就行了。你呀，总是打岔，这是不礼貌的，今后不要这样。”这表明马老师（　　）（易错）

A. 忽视了学生的阶段性　　B. 忽视了学生的自主性

C. 忽视了学生的不平衡性　　D. 忽视了学生的整体性

23. 张老师上课时，小明总爱举手，但答题时经常出错；小强不爱举手，但老师点名提问却总能答对。该老师的下列做法中，最合适的是（　　）

A. 批评小明总出错，表扬小强爱思考　　B. 表扬小明爱举手，批评小强不发言

C. 批评小明总出错，批评小强不发言　　D. 启发小明勤思考，鼓励小强多举手

24. 幼儿乐乐活泼顽皮，经常在课堂上违反纪律。为此乐乐的老师禁止乐乐参加幼儿园的所有娱乐活动，以防其破坏活动秩序，老师的做法（　　）

A. 正确，是维护活动秩序的需要　　B. 正确，教师有权自主管理班级

C. 不正确，教师应平等对待幼儿　　D. 不正确，应征得其他教师同意

25. 詹老师在介绍教学经验时说：“在课堂上，幼儿就如同一张白纸，任凭老师在上面写写画画，他们的知识就是这样获得的。”詹老师的说法（　　）

A. 不恰当，学生是课堂中的主体　　B. 恰当，学生是接受知识的人

C. 不恰当，课堂应以学生为主导　　D. 恰当，教师是传递知识的人

26. 刚入职的李老师讲课时常按照网上下载的教案逐字讲授，上课的效果非常不好，但李老师仍没有改变教学策略。李老师的做法（　　）

A. 忽视了学生的发展性　　B. 忽视了学生的主体性

C. 尊重了学生的创造性　　D. 尊重了学生的差异性

27. 小莎非常喜欢阅读和做手工，但其性格十分孤僻，与同学间的关系不融洽。对此，班主任王老师正确的做法是（　　）

A. 让小莎专心地做自己喜欢的事，不用在意人际关系

B. 与小莎的父母沟通，寻找恰当解决方法

C. 在班里公开批评小莎孤僻、不合群

D. 让小莎把处理好人际关系放在首位

28. 大班的蔡老师在课堂上抱怨道:“这个字我在班上讲了不下五遍,你们还是不认识,真是笨死了。”针对该老师的行为,下列说法正确的是(　　)

A. 合理,幼儿需要鞭策　　B. 合理,抱怨是老师的权利

C. 不合理,未能意识到幼儿是发展中的人　　D. 不合理,不能在课堂上抱怨,私下可以

29. 某幼儿园把小学一年级语文、数学知识作为主要的教学内容。这种做法有违(　　)

A. 儿童身心发展的稳定性　　B. 儿童身心发展的个别差异性

C. 儿童身心发展的互补性　　D. 儿童身心发展的顺序性

30. 根据“育人为本”的理念,教师的下列做法中,不正确的是(　　)

A. 尊重幼儿个性　　B. 培养幼儿特长　　C. 发展幼儿潜能　　D. 私拆幼儿信件

二、材料分析题(每小题 14 分,参考时限 10 分钟。共 7 小题)

1. 材料:

班里转来了一位女同学。她走进教室的时候,小朋友们先是惊讶得面面相觑,而后捂住嘴埋下头嗤嗤地笑了起来。因为那女孩只有几绺稀疏的头发。女孩惨白着脸,像只受惊的小鹿手足无措地找到自己的座位。接下来的几天,一些同学把这个“丑”女孩当作了笑谈的资料。老师看在眼里,记在心上。老师通过主动与女孩接触,发现这个女孩不仅心地善良,而且手特别巧,女孩是因为生过一场大病才变成这样的,她的父亲也离家出走了。后来,老师通过手工比赛,使同学们发现了她高超的折纸技巧;通过主题班会,帮助同学们理解了什么是真正的关怀的价值。渐渐地,同学们都喜欢上了这个“丑”女孩,而且发现女孩原来有一双很大很美的眼睛。女孩的脸上从此有了快乐、自信的笑容。

问题:请结合材料,从儿童观的角度,评析老师的教育行为。

2. 材料：

在一次户外活动中，吴老师正在引导幼儿仔细观察花的颜色和形状，突然有一位小朋友喊了起来：“蝴蝶、有蝴蝶。”其他小朋友听到喊声都跑过去争着看蝴蝶，这时吴老师也跟了过去说：“蝴蝶最喜欢花，我们看看蝴蝶都飞到了哪些颜色的花上？哪些形状的花上玩耍？喜欢和哪些花交朋友？”听吴老师这么说，幼儿们都积极观察，争先恐后地说着蝴蝶喜欢哪朵花，这朵花是什么颜色，什么形状。连平时不爱说话的旭旭也说了蝴蝶喜欢牵牛花。

问题：请结合材料，从儿童观的角度，评析吴老师的教育行为。

3. 材料：

晓星经常欺负小朋友，班上的小朋友都不愿意跟他交朋友。

在一次户外活动中，其他小朋友都三五成群地玩着，只有晓星一个人站在角落里，马老师悄悄地走过去，蹲下身来，对他说：“咱俩一起玩吧。”“为什么？”晓星生硬地问道。马老师俯在晓星耳边说：“因为我喜欢你啊！”

他们两人玩起了游戏，游戏中，马老师问：“想和大家一起玩吗？那就大声招呼大家来吧！”因为有老师的参与，小朋友们很快围拢过来。这一次，晓星和小朋友们一起玩得很开心。过后，马老师仔细观察晓星的行为，了解他与同伴相处的困难所在：其实晓星想和小朋友们一起玩，就是不知道怎么和他人相处，欺负小朋友只是想引起老师和小朋友们的注意而已。

马老师组织开展以“交朋友”为主题的活动，在活动中教给晓星正确的交往方法，并鼓励小组长主动与晓星交往，在老师和全班幼儿的帮助下，晓星渐渐地不欺负小朋友了，并且有了自己的好朋友。

问题：请结合材料，从儿童观的角度，评析马老师的教育行为。

4. 材料：

今天的午点是香蕉，拿到香蕉后，王浩马上双手握住香蕉，眯着眼，“啪”地向吴老师开了一“枪”，小朋友们都笑了起来。吴老师没有生气，而是问小朋友们：“王浩觉得他的香蕉像一把手枪，你们的香蕉像什么呢？”小朋友们低头看着手里的香蕉，纷纷说：“像小船”、“像弯弯的月亮”、“像香肠”……

吃香蕉的时候，吴老师问：“香蕉吃到嘴里是什么感觉啊？”小朋友们抢着说：“香蕉很甜”、“吃在嘴里很软”、“香蕉有点黏牙”、“和橘子不一样，没有核”……

吃完香蕉吴老师又问：“大家说说看，香蕉皮像什么啊？”小朋友们看着桌上的香蕉皮，高兴地说：“像降落伞”、“像一朵花”、“像一只大章鱼”……

以往，教师会要求小朋友们把香蕉皮直接丢到垃圾桶里，可是今天，吴老师却要小朋友们把香蕉皮留到了桌子上，并给小朋友们提供了绳子、透明胶、剪刀等工具，兴趣盎然地带大家加工起香蕉皮来。

问题：请结合材料，从儿童观的角度，评析吴老师的教育行为。

5. 材料：

亮亮喜欢打人，经常有小朋友因此找王老师告状。今天，小朋友们等待吃饭时，明明经过亮亮身边，顺手戳了亮亮一下，亮亮还手打了明明一下。这时，王老师经过，看见亮亮打人一把抓住他，用力狠狠戳他的头，戳得亮亮直摇晃，并生气地说：“看你还打人！”见到此情景，小朋友纷纷数落亮亮曾经打了自己，王老师听后更生气了，她用力拍打亮亮的肩膀，同时大声吼道：“你真是讨人嫌！”

问题：请结合材料，从儿童观的角度，评析王老师的教育行为。

6. **材料：**

大班的幼儿对小动物产生了浓厚的兴趣，于是王老师打算在教室里组建一个饲养角。他首先询问幼儿，你们希望养什么动物，有的幼儿说长颈鹿，有的说老虎，有的说养小丑鱼和小乌龟。王老师把幼儿提到的动物名称写下来，并引导他们想一想，每种动物要吃的食物，它们的生活习性，居住的场所。孩子们一时也回答不出来，王老师便建议大家回去问一下家人，和他们一起翻阅图书，上网查询、搜集相关资料。然后王老师和幼儿一起把收集的资料以主题的形式展示出来，并讨论教室里到底适合饲养哪些动物。幼儿纷纷发表了意见，得出的结论是，在教室里不可能饲养长颈鹿、老虎等，最适合饲养金鱼、小乌龟，最后大家一起制订了饲养计划，每个小朋友轮流喂养小动物，并填写观察记录表。

问题：请结合材料，从儿童观的角度，评析王老师的教育行为。

7. **材料：**

在儿童节前夕，曙光幼儿园受到其他学校的邀请，准备排练节目。华华是曙光幼儿园中班的幼儿，由于爱好跳舞，向老师申请了参加《我们的祖国是花园》的舞蹈表演。但由于华华害羞，在训练的过程中放不开，经常跳错，不是跟不上其他小朋友的节拍，就是动作不到位。负责训练的教师，总是当场严厉指责华华跳得不对，并斥责说：“怎么有你这么笨的孩子呢，不会跳还报名干什么呢?”最后华华申请退出了舞蹈表演，并告诉家长说不会跳舞也不喜欢跳舞了。

问题：请结合材料，从儿童观的角度，评析老师的做法。

专题三　教师观

链接答案本 P254

一、单项选择题(每小题 2 分,共 30 小题。参考时限 45 分钟)

1. 陈老师从大量名家名篇中为幼儿精选阅读材料,在故事课上讲给幼儿听。这表明陈老师具有(　　)

A. 良好的课程开发意识与能力　　B. 良好的课堂管理能力

C. 良好的课程设计与评价能力　　D. 良好的课堂观察能力

2. 张老师在幼儿园开始关心如何教好每一堂课,关心诸如班级的大小、时间的压力和备课材料是否充分等与教学情境有关的问题。根据福勒和布朗的理论,张老师处在(　　)

A. 关注生存阶段　　B. 关注情境阶段

C. 关注幼儿阶段　　D. 关注成长阶段

3. 李老师参加工作后,一直在不断地学习,不管多忙,都会不断提升自己的知识储备量。这表明李老师具备(　　)

A. 设计教育教学活动的能力　　B. 环境创设与利用能力

C. 课程的开发与建设能力　　D. 终身学习的能力

4. 某幼儿园经常组织老师相互观摩教学活动,针对活动过程展开研讨,提出完善的活动建议。这种做法体现的教师专业发展途径是(　　)

A. 入职培训　　B. 在职培训

C. 同伴互助　　D. 自我教育

5. 老师组织集体游戏时,发现佳佳专注地看着地上的小蚂蚁,老师走过去对佳佳说:"先跟大家一起玩吧,游戏后再观察,然后把看到的告诉老师和小朋友,好吗?"该教师的做法(　　)(易错)

A. 保护了幼儿自主探索的兴趣　　B. 保护了幼儿自主游戏的活动目标

C. 忽视了幼儿仔细观察的需求　　D. 培养了幼儿的动手能力

6. 邱老师经常梳理教学工作中遇到的问题,并运用教育学、心理学的知识分析问题的成因,寻找解决策略。邱老师在这一过程中扮演的主要角色是(　　)

A. 教育教学的研究者　　B. 行为规范的示范者

C. 心理健康的维护者　　D. 学生学习的组织者

7. 乐乐是幼儿园大班的孩子,有一次他在课堂上突然大叫,其他小朋友也跟着起哄。下列教师的处理方式中,最恰当的一项是(　　)

A. 让乐乐站在讲台边　　B. 不予理睬,继续课堂教学

C. 直接批评乐乐　　D. 用表情和眼神以示提醒

8. 一位幼儿教师时常感到家长难以应对，经常因误解与学生家长发生口角。该教师有待提高的能力是(　　)

A. 教学能力　　B. 组织能力　　C. 沟通能力　　D. 评价能力

9. 青年教师王老师想要提高教学水平，主动向特级教师李老师学习，经常跟班听课，王老师上课时，使用的教学设计、教学方法，甚至教学语言都与李老师相仿，但教学效果就是不佳，下列分析不恰当的是(　　)

A. 王老师只注重了模仿，忽视了对自己的教学反思

B. 王老师不重视班级学情，忽视了学生个体差异性

C. 王老师一味模仿李老师，未形成自己的教学风格

D. 王老师不重视专业学习，专业知识与技能不扎实

10. 在某校延续多年的“教研沙龙”活动中，老师们积极参与，讨论教学中的热点、难点问题，在相互启发中不断寻找新的教研生长点。下列对该案例中教师角色描述不恰当的是(　　)

A. 研究者　　B. 合作者　　C. 管理者　　D. 学习者

11. 马老师发现学校的废旧纸盒、废旧轮胎在角落里无人问津，经过校长的同意后，在班级里进行了一节“变废为宝”的活动课程。马老师的行为体现了教师是(　　)

A. 课程的开发者和建设者　　B. 学生学习的促进者

C. 教育教学的研究者　　D. 社区型开放的教师

12. 刘老师发现班里的一面玻璃被打碎了，询问学生，没人回答玻璃是被谁打碎的。假如你是刘老师，下列做法恰当的是(　　)

A. 在班里大声呵斥：“敢做不敢当，简直太懦弱。”

B. 鼓励班上的学生勇于举报，对提供线索的学生给予奖励

C. 开展一次“知错能改”的主题班会，鼓励打碎玻璃的同学认错

D. 认为只要玻璃没伤到学生就好，这事不再深究

13. 张老师在设计保育教育活动时，会充分考虑幼儿的个别差异，根据不同发展水平的幼儿有不同的需要，选择相应的教学材料和教学方式。根据福勒和布朗的理论，张老师处在(　　)

A. 关注生存阶段　　B. 关注情境阶段

C. 关注幼儿阶段　　D. 关注成长阶段

14. 围绕“多变的风”这一主题，幼儿园教师设计了课程目录树，整合了科学、艺术、语言、社会、健康等多个领域的活动。教师在这一过程中的角色是(　　)

A. 教育教学的研究者和反思者　　B. 幼儿发展的促进者和激励者

C. 课程的建设者和开发者　　D. 教育教学的组织者和管理者

15. 黄老师经常带学生到学校池塘观察荷叶和荷花，为学生讲解莲藕的生长过程并引导学生将有关荷叶、荷花的知识编成小册子，这体现了黄老师是(　　)

A. 课程的开发者和建设者　　B. 学生学习的促进者

C. 教育教学的研究者　　D. 社区型开放的教师

16. 在教学活动中，经常出现儿童随声附和老师提出的“是不是?”“好不好?”“对不对?”回答“是”“好”“对”，这种现象说明老师没有做好(　　)

A. 幼儿的引导者　　B. 课程的建设者　　C. 教学的研究者　　D. 幼儿的合作者

17. 近一段时间，班上流行大操大办过生日的风气，孩子过生日家长们纷纷比阔。在主题班会上，班主任孙老师对这种情况进行了批评，要求大家厉行节俭。孙老师的做法体现了教师是(　　)

A. 文化知识的传播者　　B. 高尚情操的塑造者

C. 社会风气的改造者　　D. 学生品行的引导者

18. 故事课上，张老师提出了一个具有挑战性的问题，引导幼儿积极思考并通过讨论加以解决。从教师观的角度，下列表述正确的是(　　)

A. 张老师注重幼儿发展的独特性　　B. 张老师是幼儿成长的研究者

C. 张老师注重幼儿发展的主体性　　D. 张老师是幼儿学习的促进者

19. 薛老师习惯用 PPT 进行教学，某节课上他自始至终不停地呈现 PPT 内容进行讲解，不管学生是否明白其所表达之意。关于薛老师的做法，下列表述不恰当的是(　　)

A. 忽视了教学的本质　　B. 忽视了教师的中心地位

C. 忽视了教学的目标　　D. 忽视了学生的主体地位

20. 肖老师认为：“教师在课堂教学中不能只关注学科层面的知识，还要关爱学生，建立和谐的师生关系。”她在日常工作中也以此为行动指南。这表明肖老师所处的教师专业发展阶段是(　　)

A. “虚拟关注”阶段　　B. “自我更新关注”阶段

C. “生存关注”阶段　　D. “任务关注”阶段

21. 肖老师正在朗诵：“床前明月光，疑是地上霜”，小杰大声问道：“老师，床前怎么能看到月光呢?”对此，下列做法中恰当的是(　　)(易错)

A. 批评小杰不经许可就发言　　B. 装作没听见继续上课

C. 告诉小杰不要钻牛角尖　　D. 引导幼儿就此展开讨论

22. 学校多次安排杨老师参加集体学习与培训，她总是拒绝，还说：“我年龄这么大了，还学什么啊!”杨老师的言行表明其缺乏(　　)

A. 专业发展意识　　B. 专业发展能力　　C. 团结协作意识　　D. 团结协作能力

23. 郑老师在指导新教师时说，了解幼儿身心发展规律、特点等，对做好教育教学工作极为重要。

郑老师的体会表明,教师不可忽视(　　)

A. 通识性知识　　B. 领域知识

C. 幼儿保育和教育知识　　D. 幼儿发展知识

24. 一位教师兴致勃勃地走进教室,突然发现黑板上画了一幅自己的卡通画像,引起课堂上一阵骚动。下列处理方式,最恰当的一项是(　　)

A. 平静而真诚地说:“画得多好啊,确实像我,希望这位同学以后继续努力。”

B. 不予理睬,擦掉画,开始上课

C. 立即查找作画人

D. 批评教育学生

25. 王老师在课堂上叫小光回答问题,小光答不上来。王老师恰当的说法是(　　)

A.“这么简单的问题都答不上来,太笨了”

B.“坐下吧,有谁帮他回答”

C.“别急,慢慢回忆一下,刚才是怎么讲的”

D.“这是刚讲过的问题,是不是开小差了”

26. 青年教师小王刚入职就加入了冯老师主持的名师工作室,积极参与各项教研活动,与其他教师共同探讨,很快适应了岗位工作。这表明王老师在专业发展上注重(　　)

A. 同伴互助　　B. 自我反思　　C. 自我教育　　D. 脱产进修

27. 针对环境污染,张老师带领本组老师编写环境保护儿童读本,这体现了张老师是(　　)

A. 教学的终身学习者　　B. 课堂教学建设者和开发者

C. 学生学习指导者和促进者　　D. 课堂教学管理者

28. 白老师组织大班幼儿玩球类运动时,小阳不小心把皮球卡在了树上。白老师对幼儿说:“大家想想办法把皮球弄下来。”聪聪想了一会说:“我会爬树,我爬上去就可以取下皮球了。”对此,白老师恰当的说法是(　　)

A.“太危险了,其他小朋友不要学”

B.“聪聪真棒,大家要向他学习”

C.“聪聪的办法真奇妙,但我们可以再想一个更安全的办法”

D.“这样不行,容易摔下来的”

29. 董老师上完公开课后回看自己的课堂录像,找出上课过程中存在的问题,认真分析原因,改进教学。该做法体现的教师专业发展途径是(　　)

A. 同伴互助　　B. 教学观摩　　C. 进修培训　　D. 教学反思

30. 焦老师积极参加教师培训,返校后致力于跟同事交流学习的心得,并用于实践教学。关于焦老师的做法,下列说法不正确的是(　　)

A. 体现了终身学习的理念　　B. 有助于师生共同发展

C. 推动了学校的校本研究　　D. 有助于增进家校合作

二、材料分析题(每小题 14 分,参考时限 10 分钟。共 4 小题)

1. 材料:

刘老师从师范学院毕业后,在一所乡村幼儿园开始了她的教师生涯。三十年来,她一直坚守在乡村学校教学的第一线。

为了寻找孩子们观察的野花,刘老师在河岸、田埂精心识别、挑选;为了让孩子们更好地体味故事所蕴含的情感,在家人熟睡的时候,她一个人在厨房里反复朗读;大雪过后,她又会兴致勃勃地带孩子们去找腊梅,去看望苍翠的“松树公公”,让孩子们更好地感受自然。

刘老师坚持每天黎明即起,坐在校园旁的荷花池畔背唐诗、宋词,背郭沫若、艾青、普希金、海涅、泰戈尔等中外名家的诗篇,用优美的诗篇来陶冶自己的情操,她摘抄的古今中外的优秀诗篇,有厚厚的几本,她还如饥似渴地学习教育学、心理学和卫生学,阅读许多中外教育名著,撰写教学日志,并不断改进自身教学实践。

问题:请结合材料,从教师观的角度,评析刘老师的教育行为。

2. 材料:

陈老师发现小浩同学有许多不好的习惯,陈老师心想,像小浩这样的同学缺少的不是批评而是肯定和鼓励。一次,陈老师对他说:“你有缺点,但是你也有不少优点,可能你自己还没发现。这样吧,我限你在两天内找到自己的一些长处,不然我可要批评你了。”第三天,小浩很不好意思地找到陈老师,满脸通红地说:“我心肠好,力气大。长大可以成为一名军人。”陈老师听了说:“这就是了不起的长处,心肠好,乐于助人,到哪里都需要这种人。你力气大,想当兵,保卫家园,是很光荣的事。不过当兵同样需要知识,需要有真才实学。”听了老师的话,小浩高兴极了,脸上露出了微笑。

问题:请结合材料,从教师观的角度,评析陈老师的教育行为。

3. **材料：**

几个幼儿正趴在树下兴致勃勃地观察着什么，曾老师看到他们满身是灰的样子，生气地走过来说："你们在干什么？"

"听蚂蚁唱歌呢。"明明头也不抬地回答道。

"胡说，蚂蚁怎么可能会唱歌呢？"曾老师的声音提高了八度。

严厉的斥责让幼儿猛地从"槐安国"里清醒过来。于是一个个小脑袋耷拉下来，等候老师发落。只有山山还不服气，小声嘟囔说："您又不蹲下来，怎么知道蚂蚁不会唱歌？"

问题：请结合材料，从教师观的角度，评析曾老师的教育行为。

4. **材料：**

课堂上，胡老师在黑板上用简练的几笔勾画出一只公鸡，并总结画公鸡的七个要素。接着，老师让四位小朋友在黑板上画出不同的圆形，老师按画公鸡的要素依次在这四个不同的图形上分别添加几笔，画出了四只栩栩如生的公鸡。这使小朋友们精神为之一振，都想一试身手。于是，老师让全体幼儿在纸上动手画公鸡。在观察幼儿画的过程中，老师没有批评任何一个幼儿画得不像，而是不时对幼儿进行指导。之后，老师要求幼儿剪下画好的公鸡，贴在一张画有养鸡场的画板上，构成了一幅具有千姿百态的公鸡的漂亮作品。最后，老师别具匠心地用铅笔画和纸篓做成了立体鸡，并在鸡背上开了个洞，让幼儿把剪下的碎纸片揉成颗粒作为饲料喂鸡，教室很快干净了。

问题：请结合材料，从教师观的角度，评析胡老师的教学行为。

第二章　法律法规

刷考点

链接答案本 P261

法律法规
- 《中华人民共和国宪法》:国家机构及其职权、公民的权利
- 教育法律法规
  - 《中华人民共和国教育法》:教育基本制度、受教育者的权利、法律责任的归属及判定
  - 《中华人民共和国教师法》:教师资格和任用、教师不当行为的处理
  - 《中华人民共和国义务教育法》:学生入学权利的保障、违法主体应负的法律责任
  - 《中华人民共和国未成年人保护法》
    - 监护职责、监护禁止行为、监护人的义务、禁止商业行为
    - 对未成年人禁售烟、酒和彩票通信自由和通信秘密
    - 临时监护、长期监护的法定情形,撤销监护人资格,未成年人案件
  - 《学生伤害事故处理办法》
    - 学校、未成年学生、未成年学生监护人、致害人担责情况
    - 事故的调解和诉讼、调解时限、监护人责任
  - 《中华人民共和国民法典》关于侵权责任的规定
  - 《幼儿园工作规程》:幼儿入园和编班,幼儿园的安全、卫生保健、教育制度
- 《儿童权利公约》:负有养育和发展儿童的首要责任人、儿童权利的保护
- 教师的权利与义务
  - 教师的权利:①__________、科学研究权、管理学生权、②__________、民主管理权、进修培训权
  - 教师权利的保护:教师行政③__________、教育行政复议、教育行政诉讼
- 幼儿的权利
  - 幼儿的基本权利:人格权、财产权、④__________
  - 侵犯幼儿权利的主要表现

链接答案本 P261

单项选择题(每小题 2 分,共 69 小题。参考时限 105 分钟)

1. [2023 上半年]根据《中华人民共和国宪法》,中央和地方的国家机构职权遵循的原则是(　　)(易混)

A. 中央统一领导,充分发挥地方的主动性和积极性

B. 中央统一领导,充分发挥地方的自主性和积极性

C. 中央统一领导,充分发挥地方的主体性和主动性

D. 中央统一领导,充分发挥地方的主体性和自主性

2. [2023 上半年]依据《中华人民共和国教育法》,幼儿园中的管理人员实行(　　)

A. 专业技术制度　　B. 管理职员制度

C. 教师资格制度　　D. 教育职员制度

3. [2023 上半年]某地政府为提升教育质量,促进教育高质量发展,拟将一所公立学校改为与企业合建。该政府的做法(　　)

A. 错误,政府不得以任何名义改变或者变相改变公办学校的性质

B. 错误,政府不能通过与企业合作的方式提升学校教育教学质量

C. 正确,政府可以结合实际采取多种形式提升学校教育教学质量

D. 正确,政府应因地制宜地为义务教育阶段学校的发展提供帮助

4. [2023 上半年]幼儿园教师崔某认为所在幼儿园侵犯了自己参加进修培训的权利而提出申诉,依法受理其申诉的是(　　)(常考)

A. 当地人民政府　　B. 教育行政部门

C. 上级人民政府　　D. 当地纪检部门

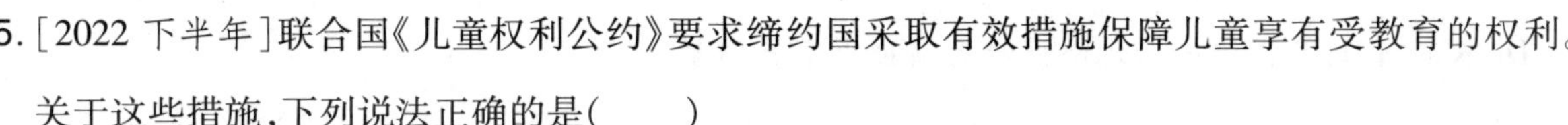

5. [2022 下半年]联合国《儿童权利公约》要求缔约国采取有效措施保障儿童享有受教育的权利。关于这些措施,下列说法正确的是(　　)

A. 实施全面免费的九年义务教育

B. 鼓励发展不同形式的课外教育

C. 根据条约使所有人享有平等的接受高等教育的机会

D. 使所有儿童都能得到教育和职业方面的资料和指导

6.［2022 下半年］根据《中华人民共和国宪法》，下列不属于全国人民代表大会常务委员会的职权的是（　　）

A. 解释法律　　B. 监督宪法的实施

C. 决定人民法院诉讼处理　　D. 决定驻外全权代表的任免

7.［2022 下半年］在幼儿园事故处理中，受伤害的幼儿的监护人无理取闹，扰乱教育教学秩序。幼儿园应当（　　）（常考）

A. 报告公安机关依法处理　　B. 报告纪检部门依法处理

C. 报告人民法院依法处理　　D. 报告人民检察院依法处理

8.［2022 下半年］高先生把自己收藏的书画捐给某幼儿园，园长在整理书画时发现其中一张山水画意境很美，仔细观赏后便拿回家挂在书房里。关于园长的做法，下列说法正确的是（　　）

A. 园长有权处理教育捐赠　　B. 园长不得挪用教育捐赠

C. 园长侵犯了高先生的财产权　　D. 园长拿回家前应征得高先生的同意

9.［2022 下半年］某报社为抢独家新闻，报道了一名未成年犯罪嫌疑人的姓名、住址和犯罪过程，并且配了照片。该报社的做法（　　）（易错）

A. 合法，有利于实施法治教育　　B. 合法，体现了新闻报道自由

C. 不合法，侵犯了未成年人的隐私权　　D. 不合法，侵犯了未成年人的荣誉权

10.［2022 下半年］区角活动时，军军故意撞坏玩具，黄老师批评他，他还做鬼脸并顶撞黄老师，黄老师怎么做都无济于事，只好把他带出教室，并交给园长处理。黄老师的做法（　　）

A. 不正确，推卸了教师的责任　　B. 正确，教师有公平评价幼儿的义务

C. 不正确，侵犯了幼儿的受教育权　　D. 正确，教师有批评教育幼儿的权利

11.［2022 下半年］某幼儿园组织幼儿在一家公司的庆典上进行商业表演，该幼儿园的做法（　　）

A. 正确，有助于扩大幼儿园的社会影响

B. 正确，有助于改善幼儿园的办学条件

C. 不正确，幼儿园不得以幼儿表演为手段牟利

D. 不正确，幼儿园进行幼儿演出活动须征求家长同意

12.［2022 上半年］依据《中华人民共和国宪法》，下列表述不正确的是（　　）（易混）

A. 县级以上的地方各级人民政府设立审计机关

B. 地方各级人民政府是地方各级国家权力机关

C. 地方各级人民政府对本级人民代表大会负责并报告工作

D. 全国地方各级人民政府都是国务院统一领导下的国家行政机关

13. [2022 上半年]依据联合国《儿童权利公约》,对儿童的养育和发展负有首要责任的是(　　)(常考)

A. 学校和教师　　B. 父母或其他监护人

C. 社会或企业　　D. 国家和当地人民政府

14. [2022 上半年]小孙是个流浪儿童,相关部门一直没有找到小孙的父母或者其他监护人。对于小孙的监护问题,下列说法正确的是(　　)

A. 应当由民政部门对小孙进行长期监护　　B. 应当由教育部门对小孙进行长期监护

C. 应当由福利机构对小孙进行长期监护　　D. 应当由公安机关对小孙进行长期监护

15. [2022 上半年]教师张某在某民办幼儿园上班,因工作严重失误,被幼儿园解聘。张某不服,她可以采取的救济途径是(　　)

A. 提出申诉和依法诉讼　　B. 劳动仲裁和行政复议

C. 依法检举和行政复议　　D. 诉讼赔偿和行政管制

16. [2022 上半年]幼儿园放学了,小米的父母没有时间去接她,就让读小学六年级的哥哥放学后去接她。小米父母的做法(　　)

A. 正确,哥哥可代替父母接送小米　　B. 正确,幼儿可以由直系亲属接送

C. 不正确,父母应该亲自接送小米　　D. 不正确,幼儿应该由成年人接送

17. [2022 上半年]某学校年终对全体教师进行考核。根据《中华人民共和国教师法》的规定,下列说法正确的是(　　)

A. 考核包括教师的师德师风、业务水平、育人业绩和管理水平

B. 考核结果是教师受聘任教、晋升工资、实施奖惩的唯一依据

C. 考核应当充分听取教师本人、其他教师以及学生家长的意见

D. 上级教育行政部门可以对该校教师考核工作进行指导与监督

18. [2021 下半年]依据《中华人民共和国宪法》规定,下列说法不正确的是(　　)

A. 国家发展学前教育　　B. 国家发展义务教育

C. 国家发展中等教育　　D. 国家发展高等教育

19. [2021 下半年]我国实行教师职务制度。我国教师职务制度的具体方法由(　　)

A. 国务院规定　　B. 教育部规定

C. 省级教育行政部门规定　　D. 县级教育行政部门规定

20. [2021 下半年]依据相关法律和行政法规,下列情形应当予以行政处罚的是(　　)

A. 出版未经依法审定的教科书的　　B. 学校分设重点班和非重点班的

C. 向学校非法收取或者摊派费用的　　D. 改变或者变相改变公办学校性质的

21. [2021 下半年]爸爸把自己抽的电子烟给小学生兵兵吸了一口,兵兵呛得直咳,妈妈责怪爸爸,爸爸说电子烟对身体没有危害。对此,下列说法正确的是(　　)(常考)

A. 电子烟不是烟,未成年人吸也没有问题

B. 任何人不得唆使未成年人吸烟(含电子烟)

C. 未成年人偶尔吸口烟(含电子烟)没关系

D. 学生上了初中以后才可以吸烟(含电子烟)

22. [2021 下半年]从师范大学毕业的小王取得了教师资格证书,到幼儿园报到后才知道还有试用期。小王认为自己已经获得了教师资格证书,又毕业于师范大学,不应该再有试用期。对于该幼儿园的做法,下列说法正确的是(　　)

A. 师范大学毕业生经过了教育教学实习,入职后不需要试用期

B. 教师资格证考试包括对教师技能的考查,入职后不需要试用期

C. 取得教师资格的人员首次任教时,应当有试用期

D. 无论什么身份,从事教师职业都需要有试用期

23. [2021 下半年]幼儿园户外活动时,妞妞与丁丁撞到了一起,丁丁摔倒并擦伤了手指。对于丁丁所受的伤,应承担赔偿责任的是(　　)

A. 幼儿园　　B. 妞妞的监护人

C. 妞妞与丁丁的班主任老师　　D. 妞妞的监护人和丁丁的监护人

24. [2021 下半年]某公立幼儿园为增加收入,与某培训机构围绕幼小衔接联合举办了一系列线上线下相结合的辅导活动,解决了经费难题。幼儿园的做法(　　)(常考)

A. 落实了幼小衔接的政策要求

B. 探索出了开放办园的新途径

C. 违反了《幼儿园工作规程》的相关规定

D. 违反了《中华人民共和国未成年人保护法》

25. [2021 上半年]某公办幼儿园园长在招生工作中徇私舞弊,但尚未构成犯罪。依照《中华人民共和国教育法》的相关规定,对于该园长(　　)

A. 应依法给予行政处分　　B. 应依法给予行政处罚

C. 应依法追究民事责任　　D. 可免于追究法律责任

26. [2021 上半年]幼儿园放学时,萌萌的父亲临时有事,便委托同事王某到园接萌萌。张老师在与萌萌的父亲通话确认后,同意王某将萌萌接走。张老师的做法(　　)

A. 正确,家长的同事可以代替接送　　B. 正确,教师应该核对接送人的身份

C. 不正确,应该征得萌萌的同意　　D. 不正确,幼儿只能由其监护人接送

27. [2021 上半年]某幼儿园对新入园的幼儿进行健康检查、简单的知识测试与智力测验，并依据测试结果录取幼儿。该幼儿园的做法(　　)

A. 正确，幼儿园拥有自主招生的权利

B. 正确，有利于保证幼儿园的生源质量

C. 不正确，幼儿园不得对幼儿进行任何形式的测试或检查

D. 不正确，幼儿入园除健康检查以外，禁止任何形式的考试或测查

28. [2021 上半年]公办幼儿园教师黄某曾有轻微体罚幼儿的行为，园长对其进行了批评教育。没过多久，黄某再次体罚幼儿。对于黄某，可由教育行政部门依法给予(　　)

A. 行政处罚　　B. 行政处分　　C. 撤销教师资格　　D. 刑事处罚

29. [2021 上半年]5 岁的平平发烧了，赵老师从自己的手提包里找出一粒退烧药，喂平平服了半粒，平平果然好多了。赵老师的做法(　　)(常考)

A. 不正确，幼儿只能吃儿童专用退烧药　　B. 不正确，应当征得监护人的同意

C. 正确，老师具备幼儿医护与保健知识　　D. 正确，老师应当关心幼儿的身体健康

30. [2021 上半年]幼儿园放学后，大班幼儿晨晨在父亲的陪同下留在园内玩耍，不慎摔伤。在此过程中，幼儿园的行为并无不当，对此，承担事故责任的主体应是(　　)

A. 晨晨　　B. 幼儿园

C. 幼儿园及晨晨监护人　　D. 晨晨监护人

31. [2021 上半年]为了更好地满足家长们提出的幼小衔接要求，幼儿园大班教师张某在最后一个学期，以拼音、20 以内数的加减等作为主要教学内容。张某的做法(　　)

A. 正确，张老师有决定教学内容的权利　　B. 正确，张老师有效回应了家长的要求

C. 不正确，幼儿园不得教授小学的内容　　D. 不正确，幼小衔接应在入园时开始

32. [2021 上半年]《中华人民共和国宪法》规定，中华人民共和国检察院是(　　)(易混)

A. 国家的法律监督机关　　B. 国家的法律监察机关

C. 国家的法律检察机关　　D. 国家的法律检查机关

33. [2020 下半年]《中华人民共和国教育法》第十条规定，国家根据各少数民族的特点和需要，帮助各少数民族地区发展教育事业。国家扶持边远贫困地区发展教育事业。国家扶持和发展残疾人教育事业。这条规定所体现的教育法的基本原则是(　　)

A. 公益性　　B. 方向性　　C. 强制性　　D. 公平性

34. [2020 下半年]幼儿圆圆有一头漂亮的长发，经常在上课时玩头发，不按照教师刘某的要求进行活动，多次劝说无效后，刘某恼羞成怒地剪掉了圆圆的头发。刘某的行为(　　)

A. 侵犯了圆圆的名誉权　　B. 侵犯了圆圆的健康权

C. 侵犯了圆圆的身体权　　D. 侵犯了圆圆的肖像权

35. [2020 下半年]某小区发生盗窃案,警察来到小区幼儿园,希望通过询问幼儿君君获得办案线索,幼儿园园长张某得知警察并没有联系上君君的父母,拒绝了警察的询问要求,张某的做法( )

A. 正确,履行保护未成年人合法权益的义务

B. 正确,任何组织或者个人不得改变教学计划

C. 不正确,公民有配合公安机关办案的义务

D. 不正确,干扰了公安机关的正常执法行为

36. [2020 下半年]《中华人民共和国宪法》规定,中华人民共和国的武装力量属于( )

A. 中国共产党　　B. 中央人民政府　　C. 人民　　D. 社会

37. [2020 下半年]下列选项不属于侵犯他人隐私权的是( )

A. 窃取他人的 QQ 号密码,并偷看他人的聊天记录

B. 某报社报道未成年人案件时,使用了其真实姓名

C. 父母亲未经子女同意,查看了子女的信件和电邮

D. 某出版社出版了某电视节目主持人的写真

38. [2020 下半年]某幼儿园职工家属刘某侵占幼儿园一间园舍,用于经营快递。根据《中华人民共和国教育法》,刘某应该承担( )

A. 刑事责任　　B. 违宪责任

C. 民事责任　　D. 行政责任

39. [2020 下半年]根据联合国《儿童权利公约》,政府各部门和机构在制定相关政策和落实措施时应首先考虑( )

A. 儿童最大利益　　B. 儿童优先

C. 儿童不受任何歧视　　D. 尊重儿童的原则

40. [2019 下半年]《中华人民共和国宪法》规定,任何组织或者个人的权利都不得超越( )

A. 宪法和法规　　B. 宪法和法律　　C. 法律和法规　　D. 政策和法律

41. [2019 下半年]依据《幼儿园工作规程》,下列说法正确的是( )

A. 幼儿园的规模一般不超过 500 人　　B. 入园幼儿只能由法定监护人接送

C. 幼儿一日活动的组织应当动静交替　　D. 幼儿入园可进行健康检查和认知测查

42. [2019 下半年]社会人员孙某闯入幼儿园寻衅滋事,扰乱幼儿园教育教学秩序。对孙某( )(常考)

A. 应由公安机关给予治安管理处罚　　B. 应由教育行政部门给予行政处罚

C. 应由人民法院给予司法拘留　　D. 应由人民检察院给予刑事处罚

43. [2019 下半年]书商张某向未成年人出售淫秽、暴力、恐怖内容的图书。依据《中华人民共和国未成年人保护法》,对于张某,由主管部门责令改正,依法给予(　　)

A. 民事处罚　　B. 行政处分　　C. 刑事处罚　　D. 行政处罚

44. [2019 下半年]某幼儿园张老师每周将表现不好的孩子名单在家长微信群公布,要求这些家长在微信群里发红包。张老师的做法(　　)

A. 正确,有助于督促幼儿习惯养成　　B. 正确,有助于激发幼儿积极表现

C. 不正确,侵犯了幼儿家长的荣誉权　　D. 不正确,侵犯了幼儿家长的财产权

45. [2019 下半年]林某因不履行监护职责,被当地人民法院依法撤销了其对女儿佳佳的监护权。根据《中华人民共和国未成年人保护法》,下列说法正确的是(　　)

A. 林某应继续负担抚养费　　B. 林某可不再承担抚养费

C. 法院可委托他人代为监护　　D. 林某可指定他人代为监护

46. [2019 下半年]兰兰擅长绘画,小小年纪已多次获奖,幼儿园在没有征得兰兰和她家长同意的情况下,将兰兰在幼儿园课堂上创作的画拿给出版社出版。该幼儿园的做法(　　)

A. 合法,幼儿园有权处理幼儿课堂画作　　B. 合法,任何人不得干涉幼儿园的决定

C. 不合法,幼儿园侵犯了兰兰的财产权　　D. 不合法,幼儿园侵犯了兰兰的著作权

47. [2019 上半年]梁某受聘在某政府机关举办的幼儿园中从事专职食品安全管理工作,根据《中华人民共和国教育法》的规定,对于梁某的管理应当实行(　　)

A. 国家公务员制度　　B. 教育雇员制度

C. 教育职员制度　　D. 教育公务员制度

48. [2019 上半年]教师赵某因当地教育行政部门侵犯其合法权益,依法提出了申诉,对于赵某的申诉,有权受理的机关是(　　)(常考)

A. 同级人民政府或上一级人民政府有关部门

B. 所在地区中级人民法院或省高级人民法院

C. 所在地区人民检察院或最高人民检察院

D. 上一级人民政府或中央人民政府有关部门

49. [2019 上半年]陈老师发现班里的幼儿玲玲有遭受家庭暴力的迹象。对此,陈老师应当采取的措施是(　　)

A. 对玲玲的家长进行批评教育　　B. 向当地公安机关报案

C. 对玲玲的家长处以一定罚款　　D. 向当地法院提起诉讼

50. [2019 上半年]雯雯还未完成义务教育就辍学回家了,班主任王老师多次上门家访,雯雯的父母总是以读了书也找不到工作为由,拒绝让雯雯回学校上学。根据《中华人民共和国义务教育

法》的规定，对于雯雯的父母，当地居民委员会可以采取的措施是（　　）

A. 给予批评教育，督促限期改正

B. 给予行政处分，责令赔礼道歉

C. 做好协助工作，督促家长送雯雯接受义务教育

D. 采取强制措施，责令家长送雯雯接受义务教育

51.［2019 上半年］何老师发现班里的幼儿萌萌感冒了。于是，在课间休息期间，喂萌萌服下了儿童感冒药。何老师的做法（　　）（常考）

A. 合法，教师可以喂食非处方药

B. 合法，有利于防止疾病传播扩散

C. 不合法，幼儿用药应先征得监护人同意

D. 不合法，幼儿园应在医师的指导下用药

52.［2018 下半年］下列选项中，不属于宪法规定的公民基本权利是（　　）

A. 人身自由权　B. 信仰自由权　C. 通信自由权　D. 教育自由权

53.［2018 下半年］联合国通过的《儿童权利公约》所指的“儿童”是（　　）

A. 18 岁以下的任何人

B. 16 岁以下的任何人

C. 10 岁以下的任何人

D. 6 岁以下的任何人

54.［2018 下半年］为解决新建小区幼儿入园难的问题，某房产开发公司在所建小区引入了一家由某教育发展集团独资创办的幼儿园。根据《中华人民共和国教育法》的规定，有权确定该幼儿园管理体制的是（　　）

A. 当地人民政府

B. 当地教育行政部门

C. 该教育集团

D. 该房产开发公司

55.［2018 下半年］某幼儿园为提升教师专业水平，从所有教师工资中扣除 100 元用于订阅专业刊物。该幼儿园的做法（　　）

A. 合法，幼儿园有权管理和使用本单位经费

B. 合法，幼儿园有按照章程自主管理的权利

C. 不合法，侵犯了教师获取工资报酬的权利

D. 不合法，侵犯了教师从事科学研究的自由

56.［2018 下半年］未成年学生孔某在逛超市的时候，管理人员怀疑他偷拿物品，并对他进行了强制搜身。该超市管理人员侵犯孔某的权利是（　　）

A. 名誉权　B. 人身自由权　C. 生命健康权　D. 隐私权

57.［2018 下半年］某幼儿园在大班上学期开设了小学一年级语文、数学课程。该幼儿园的做法（　　）

A. 正确，幼儿园有权安排教学活动

B. 不正确，这些内容应设在大班下学期

C. 正确，有利于实现幼小衔接

D. 不正确，不利于幼儿的身心发展

58. [2018 下半年]某幼儿园要求幼儿必须到医院接受体检，合格后方可入园。该幼儿园的做法(　　)(易错)

A. 有利于全面了解幼儿健康状况　　B. 有利于选拔优秀幼儿入园

C. 侵犯了幼儿的受教育权　　D. 侵犯了幼儿的个人隐私

59. [2018 下半年]亮亮是驻某地武警部队现役军人的子女，根据《中华人民共和国义务教育法》的规定，对亮亮的义务教育负有保障义务的是(　　)

A. 中央人民政府教育行政部门　　B. 省级人民政府教育行政部门

C. 市级人民政府教育行政部门　　D. 县级人民政府教育行政部门

60. [2018 上半年]幼儿教师李某猥亵儿童被人民法院判处有期徒刑一年，缓刑一年。李某(　　)(易混)

A. 将终生不能从事教师职业　　B. 五年内不得从事教师职业

C. 缓刑期内可继续从事教师职业　　D. 可在私立幼儿园从事教师职业

61. [2018 上半年]某幼儿园组织幼儿进行军训活动。该幼儿园的做法(　　)

A. 正确，有利于强化幼儿纪律教育　　B. 正确，有利于增强幼儿的责任感

C. 不正确，阻碍幼儿学习成绩的提升　　D. 不正确，未遵循幼儿身心发展的规律

62. [2018 上半年]幼儿萌萌午休时不睡觉还发出吵闹的声音，何老师把她关厕所里，以免影响其他幼儿休息，何老师的做法(　　)

A. 不正确，侵犯了幼儿的人身权和人格尊严

B. 不正确，侵犯了幼儿的思想自由和受教育权

C. 正确，有利于保障其他幼儿午间休息的权利

D. 正确，有利于引导萌萌养成良好的生活习惯

63. [2017 下半年]某幼儿园聘用了曾经有过犯罪记录的宋某作为工作人员，依据《幼儿园工作规程》的规定，该幼儿园的做法(　　)

A. 合法，要给予宋某改过自新的机会

B. 合法，幼儿园有权自主聘用工作人员

C. 不合法，应征得上级主管部门同意方可聘用

D. 不合法，幼儿园不得聘用宋某担任工作人员

64. [2017 下半年]某幼儿教师在幼儿园的操场上吸烟。该教师的做法(　　)

A. 合法，幼儿园的操场可以吸烟　　B. 合法，幼儿教师可以吸烟

C. 不合法，幼儿教师不得吸烟　　D. 不合法，不得在幼儿园内吸烟

65. [2017 上半年]公办幼儿园教师张某多次申报职称未果,认为是幼儿园领导故意为难他。此后,张某经常迟到、早退,教学敷衍了事,园长对其进行批评教育,但张某仍然我行我素,幼儿园上报教育主管部门后将其解聘。该幼儿园做法(　　)

A. 正确,张某行为给教学造成损失　　B. 正确,应同时追究张某民事责任

C. 不正确,侵犯张某教育教学权　　D. 不正确,事业单位的人员不能解聘

66. [2017 下半年]下列行为属于侵犯幼儿肖像权的是(　　)

A. 小红表现优异,幼儿园将其照片贴在宣传栏上

B. 幼儿园网站上刊登小张在运动会上比赛的照片

C. 照相馆经过小明父母同意,将其照片摆在橱窗里

D. 为发泄不满,小强将小明的照片当作投掷靶子

67. [2016 下半年]某幼儿园中班把班里每个孩子的体检结果公布在教室门口,上面除了身高、体重等项目外,还包括血液检查结果等内容。该幼儿园的做法(　　)

A. 正确,方便家长了解孩子身体情况　　B. 正确,贯彻了重视幼儿身心健康的理念

C. 不正确,侵犯了幼儿的隐私权　　D. 不正确,侵犯了幼儿的人格尊严

68. [2016 上半年]幼儿园小朋友洋洋的画被幼儿园推荐发表,所得稿酬应归于(　　)

A. 幼儿园　　B. 洋洋本人　　C. 洋洋的父母　　D. 洋洋的老师

69. [2015 下半年]教师梁某因旷工被幼儿园处分,她对幼儿园给予的处分不服,向有关部门提出教育申诉,被申诉人为(　　)

A. 园长　　B. 幼儿园　　C. 书记　　D. 教育行政部门

专题一　《中华人民共和国宪法》

链接答案本 P272

单项选择题(每小题 2 分,共 20 小题。参考时限 30 分钟)

1. 小王的手表丢失,韩老师怀疑是同班同学小蔡所为,便要搜查小蔡的衣服口袋。韩老师的行为(　　)

A. 合法,维护了小王的财产权　　B. 违法,侵犯小蔡的人身自由

C. 违法,侵犯小蔡的荣誉权　　D. 合法,是帮助小王找回手表的有效方式

2.《中华人民共和国宪法》规定，中华人民共和国(　　)是最高国家权力机关的执行机关。

A. 全国人民代表大会　　B. 中央人民政府

C. 中央军事委员会　　D. 全国人民代表大会常务委员会

3. 一设区的市人民政府向全市发布了一项不适当的决定，根据我国《宪法》的规定，(　　)有权改变或撤销该决定。

A. 国务院　　B. 全国人民代表大会

C. 国家主席　　D. 全国人民代表大会常务委员会

4. 依据《中华人民共和国宪法》的规定，行使宪法解释权的是(　　)

A. 最高人民法院　　B. 全国人民代表大会常务委员会

C. 最高人民检察院　　D. 中国人民政治协商会议

5. 中华人民共和国的国家机构实行(　　)的原则。

A. 单一制　　B. 议会制　　C. 民主集中制　　D. 领导负责制

6. 下列关于宪法的说法，不正确的是(　　)

A. 宪法是国家所有法律的总和

B. 宪法的变动必然引起普通法律做出相应的修改

C. 宪法具有最高法律效力

D. 宪法是国家的根本大法

7. 根据《中华人民共和国宪法》规定，国家举办各种学校，普及(　　)

A. 初等义务教育　　B. 中等义务教育

C. 职业教育　　D. 法治教育

8. 下列选项中，不属于我国《宪法》所规定的公民自由的是(　　)

A. 出版自由　　B. 纳税自由

C. 宗教信仰自由　　D. 科学研究自由

9. 我国《宪法》规定，(　　)是我国的根本制度。(易错)

A. 人民民主专政　　B. 生产资料公有制

C. 社会主义制度　　D. 人民代表大会制度

10. 我国人民代表大会制度的核心内容和实质是(　　)

A. 少数服从多数　　B. 集体行使职权

C. 国家的一切权力属于人民　　D. 平等原则

11. 22 岁的李某在家待业，根据我国《宪法》规定，关于李某的权利义务，下列选项中不正确的是(　　)

A. 无接受义务教育的权利　　B. 无需承担纳税义务

C. 有依法服兵役的义务　　D. 有科学研究的自由

12. 根据我国《宪法》规定，全国人民代表大会会议的召集者为(　　)(易错)

A. 全国人民代表大会的所有代表　　B. 全国人民代表大会常委会

C. 全国人民代表大会主席团　　D. 全国人民代表大会代表团

13. 依据《中华人民共和国宪法》的规定，地方各级人民代表大会每届任期(　　)

A. 六年　　B. 五年　　C. 四年　　D. 三年

14. 《中华人民共和国宪法》规定，上级监察委员会对下级监察委员会的工作进行(　　)(易错)

A. 监督　　B. 监察　　C. 领导　　D. 指导

15. 下列选项中，不属于《中华人民共和国宪法》规定的公民基本权利的是(　　)

A. 劳动权　　B. 休息权　　C. 罢工权　　D. 受教育权

16. 2023 年 3 月 13 日，第十四届全国人民代表大会第一次会议通过《关于修改〈中华人民共和国立法法〉的决定》，这表明了全国人民代表大会在依法行使(　　)

A. 立法权　　B. 决定权　　C. 审议权　　D. 提案权

17. 下列选项中，由全国人民代表大会常务委员会行使的职权是(　　)

A. 修改宪法

B. 选举中华人民共和国主席、副主席

C. 制定和修改刑事、民事、国家机构的和其他的基本法律

D. 解释宪法，监督宪法的实施

18. 国务院常务会议的组成人员不包括(　　)

A. 总理、副总理　　B. 各部部长　　C. 国务院秘书长　　D. 国务委员

19. 根据《中华人民共和国宪法》，有权决定特别行政区设立及其基本制度的是(　　)(常考)

A. 中央人民政府　　B. 全国人民代表大会

C. 该特别行政区立法会　　D. 全国人民代表大会常务委员会

20. 根据《中华人民共和国宪法》规定，最高人民法院是国家的(　　)

A. 专门审判机关　　B. 最高审判机关

C. 最高司法机关　　D. 专门行政机关

专题二　《中华人民共和国教育法》

链接答案本 P275

单项选择题(每小题 2 分,共 32 小题。参考时限 50 分钟)

1. 考生在国家教育考试中,有(　　)的行为的时候,组织考试的教育考试机构可以取消其相关考试资格或者考试成绩。

A. 让他人代替自己参加考试　　B. 报名之后不参加考试

C. 考试中组织作弊　　D. 考试前把手机关机

2. 张某为了找工作,购买了假冒硕士研究生毕业证书,构成了违反治安管理行为。依据《中华人民共和国教育法》,公安机关应对张某(　　)(易混)

A. 追究民事责任　　B. 予以治安管理处罚

C. 追究刑事责任　　D. 予以教育行政处分

3. 根据《中华人民共和国教育法》的规定,学校在正常运营、教学过程中,如果出现违规、违法行为,相关责任人应当承担一定的法律责任。下列处罚合理的是(　　)

A. 在学校结伙斗殴的,由公安机关给予治安管理处罚

B. 危害学生安全构成犯罪的,依法承担民事责任

C. 挪用学校公款用于满足私欲的,一律追究刑事责任

D. 扰乱学校正常教学秩序的,依法承担民事责任

4. 针对民办幼儿园乱收费的现象,教育行政部门对其进行管理的依据是(　　)

A.《中华人民共和国教育法》　　B.《中华人民共和国教师法》

C.《中华人民共和国未成年人保护法》　　D.《中华人民共和国义务教育法》

5. 幼儿园可以在不影响正常教育教学的前提下开展以下工作,不包括(　　)

A. 勤工俭学　　B. 兴办校办产业

C. 社会服务　　D. 推销绘本

6. 幼儿小明活泼好动、调皮捣蛋,在幼儿园进行室外滑滑梯活动时,经常推、打其他幼儿,老师考虑到其他幼儿的安全,每次室外活动时,都把小明留在室内不让他参与活动,根据《中华人民共和国教育法》的规定,教师侵犯了小明的(　　)

A. 参与活动并使用教育资源的权利　　B. 财产权

C. 申诉权　　D. 公正评价权

7. 根据《中华人民共和国教育法》的规定，担任学校及其他教育机构的校长或者主要行政负责人的必要条件不包括(　　)

A. 具有中华人民共和国国籍　　B. 具有出国留学经历

C. 具备国家规定任职条件　　D. 在中国境内定居

8. 公职人员张某被查出曾冒用他人身份，顶替他人入学。根据我国《教育法》，可给予张某(　　)

A. 开除处分　B. 撤职处分　C. 刑事制裁　D. 记过处分

9. 下列关于受教育者的权利，说法不正确的是(　　)(常考)

A. 使用学校图书馆查阅资料

B. 按照国家有关规定获得奖学金、贷学金、助学金

C. 在学业成绩和品行上获得公正评价

D. 对学校给予的处分不服可向有关部门提出行政复议

10. 夏某常年负责校舍和教育教学设施的安全问题。某日，夏某发现一间教室的教育设施存在漏电危险，但是他却没有采取任何措施，之后设施漏电造成人员伤亡，并给学校造成了重大的财产损失。对此，下列说法正确的是(　　)

A. 学校应考虑夏某工作年限长，可以不予追究

B. 应依法追究夏某的刑事责任

C. 应依法给予行政处分

D. 夏某只需承担民事责任

11. 面对办学成本的不断增长，周校长计划将自己捐资举办的民办学校转型为营利性民办学校，通过向学生收取合理学费，来保障教育质量。周校长的做法(　　)

A. 合法，校长享有处置学校财产的合法权利

B. 合法，有利于保障学生接受优质教育的权利

C. 不合法，捐资举办的学校其财产应当归国家所有

D. 不合法，捐资举办的学校不得设立为营利性组织

12. 琳琳是一个中国籍女孩儿，目前与在外工作的父母一起在马来西亚居住。下列说法正确的是(　　)

A. 只要是中国国籍的公民，就享有我国义务教育规定的权利及义务

B. 琳琳是外国人，想接受我国教育就可以接受教育，不想接受也可以

C. 琳琳可优先在我国升学

D. 琳琳不可以在我国获得奖学金

13. 根据《中华人民共和国教育法》的相关规定，某地拟建立一所新的幼儿园，下列不属于该幼儿园设立必备的条件的是(　　)

A. 有组织机构和章程　　B. 有充足的生源

C. 有合格的教师　　D. 有稳定的经费来源

14. 在某市举办旅游节期间，某幼儿园园长决定利用该园地处市中心的优势，将操场改为临时停车场，并为此停止了旅游节期间的所有体育课。该园长应对其行为(　　)

A. 承担行政责任　　B. 承担民事责任

C. 承担刑事责任　　D. 不需要承担法律责任

15. 某幼儿园给幼儿订购校服，园长从中拿回扣，但尚未构成犯罪。依照《中华人民共和国教育法》的规定，应没收园长的违法所得，并(　　)

A. 给予行政处分　　B. 给予强制措施

C. 给予刑事处罚　　D. 给予治安处罚

16. 为了提高学生的科学素养，顾老师计划带他们去参观当地的科技馆，科技馆以学生年龄小、人数多、管理不便为由，婉拒了请求。科技馆的行为(　　)

A. 应当改进，科技馆应为师生参观提供便利

B. 可以理解，科技馆并不是专门的教育机构

C. 值得肯定，科技馆应当确保学生的人身安全

D. 有待商榷，科技馆所有的设施应向师生免费开放

17. 我国《教育法》规定的学生申诉范围不包括(　　)

A. 对学校处分不服的

B. 对家长进行辱骂的

C. 认为学校侵犯其人身权利的

D. 认为学校强迫其购买非教学物品的

18. 某县某年度依法征收教育费附加共计 1057 万元。根据《中华人民共和国教育法》的规定，这笔经费应主要用于(　　)(易混)

A. 普及学前教育　　B. 发展基础教育

C. 提升高中教育　　D. 实施义务教育

19. 根据我国《教育法》的规定，下列不属于学校及其他教育机构可行使的权利的是(　　)

A. 拒绝任何组织和个人对教育教学活动的非法干涉

B. 招收学生或者其他受教育者

C. 维护受教育者、教师及其他职工的合法权益

D. 组织实施教育教学活动

20. 根据《中华人民共和国教育法》的规定，教师参与学校民主管理和监督的主要形式是（　　）

A. 校务委员会　　B. 教师工会

C. 教师协会　　D. 教职工代表大会

21.《中华人民共和国教育法》中明确规定，我国教育必须为________服务、为________服务。（　　）

A. 社会主义现代化建设、社会生活

B. 社会主义现代化建设、人民

C. 社会主义物质文明建设、精神文明建设

D. 社会主义建设、人的发展

22. 教育活动必须符合国家和社会公共利益。任何组织和个人不得利用（　　）进行妨碍国家教育制度的活动。

A. 宗教　　B. 文化　　C. 集会　　D. 网络

23. 根据《中华人民共和国教育法》的规定，任何组织或个人在国家教育考试中组织作弊，情节严重的，处（　　）拘留。

A. 三日以上十日以下　　B. 五日以上十五日以下

C. 七日以上二十日以下　　D. 十日以上三十日以下

24. 社会青年孙某闯入一所农村幼儿园寻衅滋事，扰乱学校秩序，依据《中华人民共和国教育法》，对孙某应由（　　）

A. 教育行政部门进行强制教育　　B. 公安机关给予治安管理处罚

C. 幼儿园给予罚款处罚　　D. 乡级人民政府实施管制

25. 我国教育经费来源的渠道主要是（　　）

A. 城乡教育费附加　　B. 社会集资、捐资

C. 国家财政拨款　　D. 教育专项资金

26. 学校违反国家规定收取费用的，由县级人民政府教育行政部门（　　）所收费用。

A. 责令退还　　B. 双倍退还　　C. 没收　　D. 追缴

27. 某校违反国家规定招生，下列说法不正确的是（　　）（易错）

A. 由教育部门责令退还所有费用，但不得退回所招学生

B. 对学校进行警告，可以处违法所得五倍以下罚款

C. 情节严重的，责令停止相关招生资格一年以上及三年以下

D. 对直接负责的主管人员和其他直接负责人员，依法给予处分

28. 根据《中华人民共和国教育法》，下列说法不正确的是（　　）

A. 国家通用语言文字为学校及其他教育机构的基本教学语言文字

B. 少数民族学生为主的学校及其他教育机构，有推广使用普通话的责任和义务，应严格使用普通话进行教学

C. 学校及其他教育机构进行教学，应当推广使用国家通用语言文字

D. 少数民族学生为主的学校及其他教育机构，可以使用本民族或者当地民族通用的语言文字进行教学

29. 卫生部门违规向学校收取费用。依据《中华人民共和国教育法》，责令其退返所收费用的机构是(　　)

A. 当地工商部门　　B. 当地教育部门　　C. 当地公安部门　　D. 当地人民政府

30.《中华人民共和国教育法》明确规定，学校的教学及其他行政管理，由(　　)负责。

A. 校长　　B. 上一级教育主管部门

C. 班主任　　D. 教职工代表大会

31. 权利和义务是相辅相成的，受教育者在享有权利的同时也要履行义务，下列不属于受教育者应当履行的义务的是(　　)

A. 遵守法律、法规

B. 遵守所在学校或者其他教育机构的管理制度

C. 努力学习，完成规定的学习任务

D. 孝敬师长，完成教师安排的所有任务

32.《中华人民共和国教育法》规定，国务院和地方各级人民政府领导和管理教育工作的原则是(　　)

A. 集中管理、分工负责　　B. 分类管理、分工负责

C. 授权管理、分工负责　　D. 分级管理、分工负责

专题三　《中华人民共和国教师法》

链接答案本 P279

单项选择题(每小题 2 分，共 25 小题。参考时限 40 分钟)

1. 某县政府因财政困难常拖欠该县教师工资，经讨论决定，将全县教师待发工资的一半用于修建饭店，以该饭店的利润偿还教师工资及补助教师生活。该县政府的做法(　　)

A. 正确，出于补助教师生活的长远打算

B. 正确，为了公共建设，可暂时挪用教师工资

C. 不正确，直接责任人员应承担相应的行政责任

D. 不正确，但挪用款项及时归还的，可不予追究相关人员的责任

2. 根据《中华人民共和国教师法》的规定，外籍教师的聘任办法由(　　)规定。

A. 学校自行　　B. 当地人民政府

C. 国务院教育行政部门　　D. 全国人民代表大会

3. 教师何某时常在微信朋友圈暗示学生家长送礼，还在家长群里展示家长送的礼物，造成了不良影响。依据《中华人民共和国教师法》，当地教育行政部门可对何某采取的措施是(　　)

A. 给予行政拘留或者罚款　　B. 给予行政处分或解聘

C. 责令退还礼物，加倍罚款　　D. 责令停课，永久取消教师资格

4. 某学校因财政紧缺，对非正式在编教师的暑假和寒假工资不予发放，该校的做法(　　)

A. 不正确，违反了《中华人民共和国教师法》

B. 不正确，违反了《中华人民共和国义务教育法》

C. 正确，学校参考公司，上班工作有酬劳，寒暑假不上班，自然没有酬劳

D. 正确，因为没有正式编制，所以没有寒暑假工资

5. 根据《中华人民共和国教师法》规定，下列说法正确的是(　　)

A. 大学本科毕业的刘某不得申请高级中学教师资格

B. 被剥夺政治权利的徐某不得申请初级中学教师资格

C. 非师范学校不得承担培养和培训中小学教师资格的任务

D. 省级教育行政部门不得认定普通高等学校教师资格

6. 教师的平均工资水平应(　　)当地国家公务员的平均工资水平，并逐步提高。

A. 低于　　B. 等于　　C. 低于或等于　　D. 不低于或高于

7. 某县有关部门拖欠教师工资，依据《中华人民共和国教师法》，受理教师申诉的应是(　　)(易错)

A. 同级人民政府

B. 上一级人民政府

C. 教师所在学校

D. 同级人民政府教育行政部门

8. 王老师依法检举某县拖欠教师工资的问题后，他被威胁调到偏远地区，不准参加晋升和评优，该县的相关人员对依法检举的王老师进行打击报复，情节较严重，应被给予(　　)

A. 纪律处分　　B. 行政处分　　C. 经济处罚　　D. 警告处分

9. 林业是某幼儿园的聘用老师，该学校因为其不是正式编制内的教师而不给他购买医疗保险，该学校的做法侵犯了林业的(　　)

A. 科学研究权　　B. 获得报酬权　　C. 进修培训权　　D. 民主管理权

10. 根据《中华人民共和国教师法》的规定,教师受聘任教、晋升工资、实施奖惩的依据是(　　)

A. 教师考核结果　　B. 教师业务水平　　C. 教师工作态度　　D. 教师教学能力

11. 教师赵某常常对上课捣乱的学生采取绕操场跑 10 圈的惩罚,学校曾多次警告,赵老师仍不以为然,认为自己是为了学生好,仍进行长跑惩罚。根据相关法律规定,学校对赵老师可以(　　)

A. 进行停课处置　　B. 进行行政处罚

C. 进行罚款处罚　　D. 进行行政处分或解聘

12. 根据《中华人民共和国教师法》的规定,考核教师的机构主体是(　　)

A. 教师所在地的教育行政部门　　B. 教师所在地的政府机关

C. 其他学校　　D. 教师所工作和服务的学校

13. 教师钱某认为学校侵犯了其获得工资报酬权,向当地教育行政部门提出申诉。教育行政部门接到申诉作出处理的时限是(　　)(易混)

A. 15 日内　　B. 30 日内　　C. 45 日内　　D. 60 日内

14. 李丁的妈妈情绪一直不好,经常拿李丁撒气,李丁身上总是青一块紫一块。马老师为此多次找李丁妈妈谈话,李丁妈妈就找园长撒泼。了解真相后,园长批评马老师"多管闲事"。园长的做法(　　)

A. 正确,管教孩子是家长的权利,与学校无关

B. 正确,马老师只要管好学校里的事情就行了

C. 不正确,学校应当最大限度地为教师提供条件保障

D. 不正确,学校应当支持教师制止有害于学生的行为

15. 教师张某被发现有弄虚作假、骗取教师资格的行为。根据《中华人民共和国教师法》的规定,下列选项中正确的是(　　)(易混)

A. 张某永远丧失教师资格

B. 学校可以依法撤销张某的教师资格

C. 张某五年以后方可重新申请认定教师资格

D. 张某必须再次通过教资考试才能获得教师资格

16. 李某大学毕业后,应聘到一所民办幼儿园任教。他的工资待遇应由(　　)

A. 国家确定并由举办者予以保障　　B. 国家确定并予以保障

C. 举办者确定并由国家予以保障　　D. 举办者自行确定并予以保障

17. 王老师大学毕业后自愿到新疆基层地区从事教育工作,根据《中华人民共和国教师法》规定,应该依法对王老师(　　)

A. 进行奖励　　B. 给予表彰　　C. 予以补贴　　D. 提高薪资

18. 教师江某违反学校管理条例,被校长在全校教师会议上点名批评。会后江某召集社会人员,在校长下班的路上将其打成重伤,情节严重,可依法对江某追究( )

A. 违宪责任 B. 刑事责任

C. 行政责任 D. 一般责任

19. 王老师是某学校的教师,她故意不完成教育教学任务,给教育教学工作造成了损失。根据《中华人民共和国教师法》的规定,王老师的行为应由所在学校( )(常考)

A. 给予记过处分 B. 给予警告

C. 给予罚款及通报批评 D. 给予行政处分或者解聘

20. 王某担任某县教师期间通过了硕士研究生入学考试,学校以王某的服务期未满、学校教师不足为由不予批准王某脱产学习,王某欲以剥夺其参加进修权利为由提出申诉,受理申诉的机构应当是( )

A. 当地县教育局 B. 当地县人民政府

C. 当地市教育局 D. 省教育厅

21. 家长王某因教师李某批评其儿子而心怀不满,认为李某对其儿子有偏见。一天,王某在路上截住下班回家的李某,对其进行殴打,造成李某肋骨多处骨折。对此伤害事件,下列说法不正确的是( )

A. 可以依法追究王某的刑事责任 B. 可以依法追究王某的民事责任

C. 依法给予王某行政处罚 D. 李某所在学校应给予王某行政处罚

22. 李老师和朋友在回家的路上遇到几名强行向路人卖花的儿童,李老师趁机询问这些儿童的信息,被朋友劝阻,并让她不要多管闲事。李老师回答:"这些都是应该上学的适龄儿童,我一定要管,因为我是教师!"李老师的言行表明她( )

A. 僭越了教师的权限 B. 不虚心听取他人意见

C. 具有较强的人际沟通能力 D. 自觉履行教师的义务

23. 教师王某因酒驾发生交通事故,被判有期徒刑 2 年。下列说法中,正确的是( )

A. 王某丧失教师资格,刑满释放后可重新考取教师资格证

B. 王某丧失教师资格,刑满释放后,不能重新取得教师资格

C. 王某保留教师资格,刑满释放后,需要重新进行资格认定

D. 王某保留教师资格,刑满释放后,不能留在原学校执教

24. 蒋老师在教育教学、科学研究等方面取得优异成绩,对国家的教育事业有重大贡献,被授予"全国优秀教育工作者"的荣誉称号。根据《中华人民共和国教师法》的规定,对有突出贡献、重大

贡献的教师应予以表彰和奖励的机构不包括(　　)

A. 国务院　　B. 地方各级人民政府

C. 地方各级人民政府的教育行政部门　　D. 全国人民代表大会常务委员会

25. 欧老师是镇上一所幼儿园的教师,由于其文笔极佳,被市政府邀请撰写文章而严重影响了学校的教育教学工作。对于欧老师,学校应采取的措施是(　　)

A. 行政处分或解聘　　B. 依法追究刑事责任

C. 处两百元以上两千元以下罚款　　D. 撤销教师资格

专题四　《中华人民共和国义务教育法》

链接答案本 P283

单项选择题(每小题 2 分,共 15 小题。参考时限 25 分钟)

1. 某学校为提高生源质量,自行组织入学考试,实行跨区域招生,该学校的做法(　　)

A. 合法,学校有招收学生的权利　　B. 合法,学校有自主办学的权利

C. 不合法,违反了尊重学生人格的规定　　D. 不合法,违反了免试就近入学的规定

2. 某教科所开发的在线课程因针对性强、收费合理而广受好评。孙校长得知后,与该科研所联系,该科研所向孙校长保证,购买在线课程达到一定人数后便给予孙校长一定的报酬。孙校长答应了,便在全校师生大会上推荐学生购买该在线课程。孙校长的做法(　　)(易错)

A. 正确,尊重了学生的自主选择意愿　　B. 正确,考虑了困难家庭的承受能力

C. 不正确,学校不得以推销商品的形式谋取利益　　D. 不正确,学校应提供多种课程供家长选择

3. 某学校建校 50 周年时制作了一批纪念品,要求学生购买。依据我国《义务教育法》的规定,应该由县教育局对学校做出的处罚是(　　)

A. 责令退还所收费用　　B. 责令限期改正

C. 给予通报批评,没收违法所得　　D. 给予通报批评,责令限期改正

4. 江某的女儿玲玲已经六周岁了,因身体状况无法按时入学,江某向学校提出申请延缓入学一年,对江某的申请应当(　　)

A. 拒绝,玲玲已经六周岁,必须立刻接受义务教育

B. 拒绝,必须延缓两年入学

C. 批准,可以延缓到七周岁入学

D. 批准,但必须多缴纳一年学费

5. 小玲已满 6 周岁，但小玲的父母认为她无法融入班集体，不适合学校教育，于是就让她在家学习。这种做法(　　)

A. 正确，有利于因材施教

B. 正确，有利于开展“一对一”教育，培养拔尖生

C. 错误，其父母未按法律规定保障子女入学接受义务教育

D. 错误，应由专业人员评估小玲是否适合学校教育，并由专业人员为其进行家教

6. 对未完成义务教育的未成年犯和被采取强制性教育措施的未成年人应当进行义务教育，所需经费由(　　)予以保障。

A. 人民政府　　B. 未成年人本人

C. 未成年人父母　　D. 未成年人所在的学校

7. 某幼儿园准备修建新教学大楼，要求每名新生家长缴纳 3000 元集资款，并承诺在毕业时如数返还。这一做法(　　)

A. 正确，幼儿园承诺返还集资款　　B. 正确，家长应支援幼儿园建设

C. 不正确，幼儿园不能非法集资　　D. 不正确，幼儿园应当返本付息

8. 某学校为了发展自己的双语教学特色，让其所聘用的外教人员在境外收集了教材，并在学校里使用。根据《中华人民共和国义务教育法》的规定，该学校的做法(　　)

A. 合法，有利于促进学生的第二语言发展　　B. 合法，能够让学校更有特色，增强竞争力

C. 不合法，学校不得使用未经审定的教材　　D. 不合法，文化不同，不能直接采用

9. 班主任陈老师因为某学生不遵守课堂纪律强令该学生家长到学校陪读，由于学生家长工作忙，不能来学校陪读，陈老师就把该学生赶出了校门，并对学生说：“你家长不来陪读，你就不准来学校上课。”陈老师的做法(　　)

A. 树立了教师的权威　　B. 违反了《中华人民共和国义务教育法》

C. 强化了班级管理　　D. 忽略了学生的感受

10. 李浩在一次放学回家过程中发生了交通事故，需要休学一个学期进行治疗，李浩的父母提出了休学申请，此申请需要(　　)批准。

A. 省级人民政府教育行政部门

B. 学校行政管理部门或学生管理部门

C. 乡镇人民政府或者县级人民政府教育行政部门

D. 班主任老师或年级组长

11. 已满 6 岁的小强左耳听力轻度受损，他的父母曾多次送他到镇里的小学就读，但校方总是以各种理由拒绝接收。于是小强就一直留在家中，迟迟未去上学。根据《中华人民共和国义务教育

法》规定,小强应该(　　)

A. 在特殊学校(如聋校)就读　　B. 留在家里不去上学

C. 在镇里的小学随班就读　　D. 在小学开设的特殊班就读

12. 某学校违规向学生每人收取补课费1000元,共计50万元,部分家长向教育局举报。下列说法正确的是(　　)

A. 学校可以适当收取补课费　　B. 学生家长自愿缴纳补课费,不应当举报

C. 教育局应当责令学校退还所收费用　　D. 教育局应当将学校所收费用全部没收

13. 小雨7岁了,父母不送他去上学,而是联合了几位志趣相投的朋友,在自己家对孩子进行教育。对此,下列说法正确的是(　　)

A. 小雨的父母应报当地人民政府审核批准

B. 小雨的父母应到当地教育行政部门备案

C. 教育行政部门应依法责令小雨父母限期改正

D. 教育行政部门应依法对小雨的父母予以处分

14. 姜某前往一所学校后勤部门求职,陈校长了解到姜某曾因为故意犯罪被剥夺政治权利,拒绝了姜某的求职。陈校长的做法(　　)

A. 不合法,侵犯了姜某的隐私权

B. 不合法,侵犯了姜某的平等就业权

C. 合法,学校没有自主聘任教师及其他职工的权利

D. 合法,姜某不具备从事义务教育工作的基本条件

15. 张某大学毕业后,作为志愿者到农村地区学校任教两年,随后张某又应聘到一所公立学校,连续工作六年。根据《中华人民共和国义务教育法》,张某的工龄应为(　　)

A. 10　　B. 8　　C. 7　　D. 6

专题五 《中华人民共和国未成年人保护法》

链接答案本 P284

单项选择题(每小题2分,共30小题。参考时限45分钟)

1. 小杨的妈妈是一名商人,经常有一些生意上的应酬活动,她总让6岁的小杨也随她一起参与应酬活动,出入娱乐场所,并称这是为了培养小杨的社交能力。小杨妈妈的行为(　　)

A. 符合法律规定的家庭保护　　B. 为小杨成长打好社交基础

C. 侵犯了小杨的人身自由权　　D. 没有正确履行监护人职责

2. 学生唐某上课时感觉饿了，于是在课堂上吃起了零食。刘老师发现后，中断了自己的正常教学，并当着全班同学的面辱骂唐某，并要求他去操场上跑圈。刘老师的做法(　　)

A. 是正确的，唐某这种学生就该被这么教育

B. 是正确的，杀一儆百，能帮助孩子们更好成长

C. 是不正确的，违反了《中华人民共和国未成年人保护法》

D. 是不正确的，违反了《中华人民共和国教育法》

3. 5岁的花花因为父母意外过世，无人照料，经常在各个路口乞讨，根据《中华人民共和国未成年人保护法》，应由(　　)对其承担长期监护责任。(易混)

A. 教育行政部门　　B. 儿童福利院

C. 社区居民委员会　　D. 民政部门

4. 未成年人的保护问题，不仅仅是教育活动领域中的问题，同时也是社会生活领域中的问题。《中华人民共和国未成年人保护法》中所指的未成年人是指(　　)

A. 未满12周岁的公民　　B. 未满14周岁的公民

C. 未满16周岁的公民　　D. 未满18周岁的公民

5. 明明的父母协议离婚，但关于明明的抚养权一直争执不下。依据《中华人民共和国未成年人保护法》，离婚双方因抚养未成年子女问题发生争执，达不成协议时，应当按照(　　)的原则依法处理。

A. 有利于女方　　B. 最有利于未成年子女

C. 听取有表达意愿能力未成年人的意见　　D. 有利于男方

6. 小杨的父母为了使小杨两兄妹顺利完成学业，决定去外省务工，而小杨两兄妹则继续留在老家读书。关于小杨父母对小杨两兄妹的安置，下列做法正确的是(　　)

A. 让他们独自生活，嘱咐邻居多给予关照　　B. 让就读高中的堂哥堂姐帮忙照顾

C. 安排他们住校并请班主任平时多监督　　D. 让他们搬去外婆家并让外婆代为照顾

7. 寒假里的一天，某市科技馆迎来了一群特殊的小客人。来自该市的70名农村儿童在大学生志愿者的带领下，走进城里的科技馆参加科普课堂活动，感受科技魅力。根据《中华人民共和国未成年人保护法》的规定，这是对未成年人的(　　)

A. 社会保护　　B. 学校保护　　C. 司法保护　　D. 家庭保护

8. 依据《中华人民共和国未成年人保护法》，县级以上人民政府应当建立的未成年人保护工作机制是(　　)

A. 合作机制　　B. 监督机制　　C. 协调机制　　D. 考核机制

9. 思涵受不了继母的虐待，找到班主任刘老师求助。刘老师当即向园长汇报，园长却说："清官难断家务事，这种事我们还是别管了。"园长的做法（　　）

A. 错误，学校应依法履行监护责任，保护儿童人身安全

B. 错误，学校应依法履行保护义务，积极采取救助措施

C. 正确，学校没有执法权限，光凭劝说无济于事

D. 正确，学校不是行政机关，无权干预家庭事务

10. 国有企业员工张某离婚之后，经常在家酗酒，打骂孩子，对于张某的行为，下列表述中正确的是（　　）

A. 可由张某所在单位给予劝诫、制止

B. 可由张某所在单位给予处分

C. 可由居民委员会予以劝诫、制止

D. 可由当地人民政府进行行政调解

11. 学生赵某和张某将手机带入课堂被老师发现，老师便将赵某和张某的手机统一管理。老师的做法（　　）

A. 错误，教师没有没收学生手机的权利

B. 错误，侵犯了学生的财产权

C. 正确，遵守了《中华人民共和国未成年人保护法》的规定

D. 正确，待学期结束后可归还

12. 张某和李某两家世代交好，他们为双方的未成年子女订立了婚约。张某和李某的做法（　　）

A. 合法，父母享有对子女的监护权　　B. 合法，父母享有对子女的管教权

C. 不合法，订立婚约应征得双方子女同意　　D. 不合法，父母不得为未成年人订立婚约

13. 根据《中华人民共和国未成年人保护法》规定，幼儿园应当做好保育、教育工作，促进幼儿在体质、（　　）等方面的发展。

A. 品德、纪律　　B. 品德、美育　　C. 智力、品德　　D. 智力、美育

14. 某培训机构对即将升入小学的大班幼儿进行拼音和算术等方面的教育，该培训机构的做法（　　）（常考）

A. 正确，有利于大班幼儿顺利进入小学

B. 正确，符合幼儿身心发展规律

C. 错误，不得对学龄前幼儿进行小学课程教育

D. 错误，应由幼儿园负责教授拼音、算术等课程

15. 幼儿园大(2)班的美美收到了同班同学阳阳的一个爱心小卡片，美美的妈妈看到后，不经美美的同意，便把卡片撕毁了。美美妈妈的行为(　　)

A. 帮助美美减少了干扰学习的因素

B. 违反了我国《未成年人保护法》的规定

C. 有利于美美的人际交往

D. 是为美美好的表现

16. 某网络直播平台为5岁的小虎提供直播账号供其进行网络直播，并从中抽取一定的费用。下列说法正确的是(　　)

A. 小虎可以通过直播赚取费用

B. 网络直播平台不能从中抽取费用

C. 该网络直播平台违反了相关规定，可对其进行处罚

D. 该网络直播平台违反了相关规定，可给予其处分

17. 小明的爸爸经常让6岁的小明去商店帮他买烟，商店的老板也经常将烟卖给小明。商店老板的做法(　　)

A. 错误，商店老板应让小明出示身份证件，再卖给他香烟

B. 错误，商店老板不能向未成年人出售香烟

C. 正确，小明付了买香烟的钱

D. 正确，商店老板不能拒绝小明的要求

18. 康康爸爸因不履行监护职责被撤销其对康康的监护权，根据《中华人民共和国未成年人保护法》的规定，下列说法正确的是(　　)

A. 康康爸爸应继续承担抚养费　　B. 康康爸爸不用再继续承担抚养费

C. 康康爸爸可指定他人代为监护　　D. 康康爸爸不能再见康康

19. 未成年人丹丹的父母因外出务工，在一定期限内不能完全履行对丹丹的监护职责。依据《中华人民共和国未成年人保护法》，丹丹的父母应该履行的义务不包括(　　)

A. 委托具有照护能力的完全民事行为能力人代为照护

B. 及时将委托照护情况书面告知丹丹所在学校

C. 与丹丹所在学校至少每周联系和交流一次

D. 了解丹丹的学习、生活、心理等方面情况

20. 李老师发现学生张某有欺凌行为。李老师的首要工作是(　　)

A. 对张某心理辅导　　B. 通知张某家长

C. 严肃批评张某　　D. 立即制止张某

21. 依据《中华人民共和国未成年人保护法》，下列属于司法保护的是(　　)

A. 人民法院开庭时，未成年被害人一般不出庭作证

B. 公安机关依法维护校园周边的治安和交通秩序

C. 任何组织或个人不得招用未满16周岁的未成年人

D. 监护人依法履行对未成年人的监护职责和抚养义务

22. 小秦的父亲稍不顺心就对他进行打骂，甚至拿烟头烫他。学校了解情况后，可以采取的措施是(　　)

A. 对小秦的父亲给予警告或处分　　B. 对小秦的父亲给予训诫或罚款

C. 向有关部门提出检举或者控告　　D. 向有关部门提出申请或者诉讼

23. 因外出务工，琳琳的父母不能完全履行对琳琳的监护职责。依据《中华人民共和国未成年人保护法》的有关规定，他们可以采取的做法是(　　)

A. 指定琳琳所在学校代为监护　　B. 委托琳琳的伯父代为监护

C. 要求当地人民法院代为监护　　D. 要求当地民政部门代为监护

24. 幼儿陈明常年在外过着流浪乞讨的生活，好心人士发现后把陈明送到了当地的未成年人救助机构。依据《中华人民共和国未成年人保护法》，该救助机构可以采取的措施是(　　)

A. 将陈明交儿童福利机构收留抚养　　B. 将陈明送专门学校接受教育改造

C. 将陈明送当地学校完成义务教育　　D. 将陈明交当地人民政府收留抚养

25. 李某强迫未成年学生沈明装扮残疾人在地铁乞讨。对于李某的行为应当由(　　)

A. 公安机关依法给予处罚　　B. 人民法院依法提起公诉

C. 教育行政部门给予处罚　　D. 社会公益组织提起公诉

26. 小霞是一个早产儿，出生时因病毒感染，导致其双耳失聪，等小霞到小学入学年龄时，其父母应该(　　)

A. 送小霞到当地普通小学就读　　B. 送小霞到特殊教育学校就读

C. 向当地乡镇人民政府申请休学　　D. 送小霞去技术院校学习技术

27. 根据《中华人民共和国未成年人保护法》规定：“禁止胁迫、引诱、教唆未成年人参加黑社会性质组织或者从事违法犯罪活动。”这属于对未成年人的(　　)

A. 司法保护　　B. 家庭保护　　C. 社会保护　　D. 学校保护

28. 《中华人民共和国未成年人保护法》第六十二条规定，密切接触未成年人的单位招聘工作人员时，要查询应聘者是否具有性侵害、虐待、拐卖、暴力伤害等违法犯罪记录，查询途径是向(　　)(易混)

A. 人民法院、公安机关查询　　B. 人民法院、人民检察院查询

C. 公安机关、人民检察院查询　　D. 公安机关、教育行政部门查询

29. 春天幼儿园园长为了应付检查，就去购买各种消防配套设施，让老师自己背诵学习晦涩难懂的突发事件应急手册，而未开展必要的应急演练。该园长的做法(　　)

A. 合法，老师应该通过文字了解突发事件应急知识

B. 合法，安全演练的作用不大

C. 不合法，不仅要告知流程，还要组织老师和儿童观看视频

D. 不合法，学校应该组织老师定期带领儿童进行实践操作

30. 教师蔡某在幼儿午休时在活动室抽烟，蔡某的做法(　　)

A. 不正确，教师不能在幼儿园抽烟　　B. 不正确，教师只能在休息时抽烟

C. 正确，教师有抽烟的权利　　D. 正确，教师在休息时可以抽烟

专题六　《学生伤害事故处理办法》

链接答案本 P289

单项选择题(每小题 2 分，共 20 小题。参考时限 30 分钟)

1. 龙龙在放学回家途中，因为闯红灯，被汽车撞倒在地，导致右腿骨折。对于龙龙所受伤害，下列选项正确的是(　　)

A. 学校没有过错，无须承担赔偿责任

B. 学校没有过错，但要承担赔偿责任

C. 学校有过错，应当承担赔偿责任

D. 学校有过错，但可免除赔偿责任

2. 下列学生伤害事故中，学校已履行了相关责任，行为并无不当，无法律责任的是(　　)

A. 学生在学校就餐后食物中毒

B. 教师罚捣乱的同学跑操场 10 圈，致使学生中暑晕倒

C. 台风来袭导致两名学生受伤

D. 校医院乱用药导致学生感冒加重

3. 某幼儿园让崔老师组织中(1)班小朋友到剧院观看儿童剧，在观看过程中笑笑要去厕所，但因为剧院灯光设置特别暗，在上下台阶时不小心摔倒，致使腿部骨折。对于笑笑所受的伤害应依法承担法律责任的是(　　)

A. 剧院　　B. 崔老师

C. 幼儿园和剧院　　D. 崔老师和剧院

4. 小吴在参加幼儿园开展的义务植树活动中不慎摔倒，导致脚踝受伤，小吴治疗脚伤产生的费用应当由(　　)来承担。

A. 小吴　　B. 小吴所在的幼儿园　　C. 小吴的家长　　D. 小吴的班主任

5. 因学校的校舍、场地、其他公共设施，以及学校提供给学生使用的学具、教育教学和生活设施、设备不符合国家规定的标准，或者有明显不安全因素而造成学生安全事故的，由(　　)承担相应的责任。

A. 教育局　　B. 学校　　C. 设备经销商家　　D. 采购员

6. 小李在跑步时突然昏倒，致使胸部受伤，经检查小李有先天性心脏病，班主任知道，但体育老师不知情。小李父母要求学校支付小李在医院的住院费，这种请求(　　)(易错)

A. 不合理，家长并未告知体育老师小李的情况

B. 合理，事故发生在学校且小李的班主任知晓小李的病情

C. 只要在学校受伤，学校就应支付住院费用，所以该请求合理

D. 体育老师虽然不知情，但是小李在体育课上摔倒受伤，所以体育老师应负责，让学校支付不合理

7. 跳跳在上课的时候不认真听讲，并且一直扰乱课堂秩序，吴老师便让跳跳在教室外罚站，结果导致跳跳中暑晕倒，手臂骨折。对跳跳所受的伤害应承担赔偿责任的是(　　)

A. 吴老师　　B. 幼儿园

C. 跳跳的家长　　D. 跳跳的家长和幼儿园

8. 小明偷偷带了芒果并与小红分享，班主任看到后明知小红对芒果过敏，却未及时制止(小明不知道小红对芒果过敏)。小红食用后因严重过敏入院，小红的家长要求赔偿相关费用。下列选项中，应承担主要赔偿责任的是(　　)

A. 小明　　B. 班主任　　C. 该幼儿园园长　　D. 幼儿园

9. 某幼儿园学生在上体育课时，篮球架突然倒塌，导致1名学生受伤，经鉴定为轻微伤。学校处理该事故后，还应当书面报告(　　)

A. 县人民政府　　B. 省教育行政部门

C. 市人民政府　　D. 县教育行政部门

10. 下列关于学生伤害事故责任的说法正确的是(　　)

A. 小顾放学后在学校附近玩耍受伤，学校应当承担赔偿责任

B. 小何在学校受伤，经调解与学校达成赔偿协议，学校不得反悔

C. 小赵在学校组织的运动会中受伤，学校不承担赔偿责任

D. 小王不听劝阻，在走廊打闹，撞伤其他同学，其父母应当承担赔偿责任

11. 初中生张某闯进某幼儿园，将正在操场玩耍的幼儿刘某打伤。对刘某所受的人身伤害应承担赔偿责任的是(　　)(常考)

A. 刘某所在学校

B. 张某的监护人

C. 刘某所在学校和张某所在学校

D. 刘某所在学校和张某的监护人

12. 当前，能减少学生伤害事故给学校造成的压力(负担)，同时能较好解决学生伤害事故损害赔偿或补偿责任的合法且有效的途径是(　　)

A. 学校加强安全教育，学生学会自护自救本领

B. 学校参加责任保险，学生参加意外伤害保险

C. 学校发动师生捐款，设立学生伤害赔(补)偿基金

D. 学校与学生家长签订“学生(子女)安全责任协议”

13. 放学后，3 名学生到教师张某在学校附近开设的商店里，购买了过期食品，导致食物中毒。对这起事故应承担主要责任的是(　　)

A. 政府　　B. 家长　　C. 张某　　D. 学校

14. 某幼儿园组织大班幼儿秋游，活动前与幼儿家长签订了学校免责协议。活动中，幼儿孙某不慎摔伤。对此事故责任的判断，正确的是(　　)

A. 学校已签协议，不应承担法律责任　　B. 学校是监护人，应承担监护人责任

C. 学校组织校外活动，就应该承担全部责任　　D. 学校所签协议无效，应依法承担法律责任

15. 幼儿罗某在学校组织的体育活动中受伤，幼儿园和学生家长书面请求教育主管部门进行调解。根据《学生伤害事故处理办法》，该主管部门完成调解的时间段为(　　)

A. 受理申请之日起 60 日内　　B. 受理申请之日起 45 日内

C. 受理申请之日起 30 日内　　D. 受理申请之日起 15 日内

16. 幼儿小凡在幼儿园教学楼门口发现一条狗，想赶走它，却不慎被咬伤。经查，这条狗是同班小伟从家里带来的。对于小凡所受伤害应当承担赔偿责任的是(　　)

A. 小凡的监护人和幼儿园　　B. 小伟的监护人和幼儿园

C. 小伟的班主任和小伟的监护人　　D. 小凡的班主任和小伟的监护人

17. 某公立幼儿园塑胶跑道不达标，导致有些幼儿身体不适。应对该事故承担赔偿责任的是(　　)

A. 教育行政部门　　B. 幼儿园　　C. 教师　　D. 园长

18. 某幼儿园教室的天花板因地震脱落，学生小林被吓得不敢动弹，刘老师见状急忙冲上前去保护

小林,自己被砸伤,班上的另两名同学也受轻伤。对于这起事故,下列选项中正确的是(　　)(易错)

A. 学校应承担过错赔偿责任　　B. 学校应对教师给予适当补偿

C. 小林的监护人应承担赔偿责任　　D. 学校主管人员应承担刑事责任

19. 幼儿孙某在课间活动时跌倒摔伤,其亲属在事故处理过程中无理取闹,扰乱学校教育教学秩序。依据《学生伤害事故处理办法》的规定,此种情形下,学校应当(　　)

A. 报告教育行政部门处理　　B. 报告公安机关处理

C. 报告纪检监察部门处理　　D. 报告人民法院处理

20. 幼儿高某在学校组织的校外活动中不慎受伤,经教育行政部门调解,高某父母与幼儿园就事故处理达成了协议。但事后学校拒不履行协议。对此,高某的父母可以采取的措施是(　　)

A. 依法提起诉讼　　B. 依法申请行政复议

C. 依法提出申诉　　D. 依法申请行政仲裁

专题七　《中华人民共和国民法典》关于侵权责任的规定

链接答案本 P292

单项选择题(每小题 2 分,共 6 小题。参考时限 10 分钟)

1. 幼儿园放学后,亮亮和聪聪在校外草坪上玩耍,在追逐打闹中,亮亮将聪聪推倒摔伤。对于聪聪所受伤害,应承担赔偿责任的是(　　)

A. 幼儿园　　B. 亮亮　　C. 亮亮的父母　　D. 聪聪的父母

2. 某民办幼儿园小朋友在学校玩秋千时,不小心从秋千上摔下来。关于该事故(　　)

A. 幼儿园无过错,不承担法律责任　　B. 幼儿园无过错,但应负赔偿责任

C. 幼儿园有过错,承担相应法律责任　　D. 应由秋千提供商承担责任

3. 5 岁的小军在幼儿园被 4 岁的小强打伤眼睛,依据我国《民法典》的规定,下列说法正确的是(　　)

A. 小强的父母承担侵权责任

B. 幼儿园的侵权责任适用无过错责任原则

C. 除非小军能够证明幼儿园有过错,否则幼儿园不承担责任

D. 小强只有 4 岁,是无民事行为能力人,因此侵权人只能是小强的父亲

4.《中华人民共和国民法典》规定,帮助、教唆他人实施侵权行为的,应当(　　)

A. 承担主要责任　　B. 承担次要责任

C. 承担连带责任　　D. 无须承担责任

5. 暑假期间，幼儿王某和李某相约在学校玩耍。在玩耍过程中，王某不慎将李某撞倒在地上，导致李某小腿骨折。对于李某所受伤害，应当承担主要赔偿责任的是(　　)

A. 王某　B. 李某的监护人　C. 王某的监护人　D. 学校

6. 在幼儿园开展的户外活动中，小明和小刚一起玩游戏，小明推了小刚好几下，致使小刚摔倒受伤。事后园长调取监控发现带班老师当时在和班级其他老师聊天。根据《中华人民共和国民法典》的规定，对于小刚所受伤害应当承担赔偿责任的是(　　)(常考)

A. 幼儿园　B. 小明的监护人

C. 小刚的监护人　D. 小明的监护人和幼儿园

专题八　《幼儿园工作规程》

链接答案本 P293

单项选择题(每小题2分，共34小题。参考时限50分钟)

1. 某幼儿园在教学计划中大量增加了小学一年级的课程内容，该幼儿园的做法(　　)(常考)

A. 正确，有利于幼儿园和小学的衔接　B. 错误，背离了幼儿教育的基本目标

C. 正确，有利于提高儿童认知发展水平　D. 错误，只能适量增加小学教育的内容

2. 为婴幼儿选择玩具和游戏材料，正确的描述是(　　)

A. 婴幼儿的玩具应该高档化

B. 废旧材料不适合作为婴幼儿的玩具和游戏材料

C. 给婴儿选择的玩具越小越好

D. 应根据婴儿年龄特点选择玩具

3. 幼儿园应当把安全教育(　　)，并定期组织开展多种形式的安全教育和事故预防演练。

A. 融入一日生活　B. 重点反复强调　C. 交给监护人负责　D. 进行个别教育

4. 根据《幼儿园工作规程》，下列选项说法不正确的是(　　)

A. 幼儿园是对3周岁以上学龄前幼儿实施保育和教育的机构

B. 幼儿园以游戏为基本活动，寓教育于各项活动之中

C. 幼儿入园前必须进行简单的测试，通过者方可入园

D. 幼儿入园前须进行体检，合格者方可入园

5. 当教师发现幼儿遭受或疑似遭受家庭暴力的情况时，正确的做法是(　　)(易错)

A. 依法向公安机关报案　B. 与家长进行沟通交流

C. 向园领导汇报　D. 向幼儿的其他监护人反应

6. 某幼儿园为了实现管理工作的规范化，要求保育员控制好幼儿的便溺时间和次数，该幼儿园的做法（　　）

A. 正确，有利于幼儿园的规范管理　　B. 正确，有利于幼儿形成良好的习惯

C. 不正确，违反了《幼儿园工作规程》　　D. 不正确，违反了《儿童权利公约》

7. 根据《幼儿园工作规程》规定，幼儿入园前禁止进行（　　）

A. 幼儿入园健康检查　　B. 幼儿学习能力考试或智力测查

C. 向家长了解家庭教养方式　　D. 向家长了解幼儿的性格和爱好

8. 幼儿园应当建立幼儿健康档案，幼儿体检的时间间隔是（　　）

A. 每两个月一次　　B. 每季度一次　　C. 每半年一次　　D. 每年一次

9. 某幼儿园重新修葺了幼儿活动室，园长建议将电源插座安装在离地 1.2m 高的位置，该园长的建议（　　）

A. 正确，这符合《托儿所、幼儿园建筑设计规范》要求

B. 正确，这有利于班级各类电器的使用

C. 不正确，电源插座安装高度应该在离地面不低于 1.8m 处

D. 不正确，电源插座安装高度应该在离地面不低于 1.5m 处

10. 幼儿园应当成立家长委员会，家长委员会的主要任务不包括（　　）

A. 对幼儿园重要决策和事关幼儿切身利益的事项提出意见和建议

B. 帮助家长了解幼儿园工作计划和要求，协助幼儿园开展家庭教育指导和交流

C. 发挥家长的专业和资源优势，支持幼儿园保育教育工作

D. 定期召开家长会议，并接待家长来访和咨询

11. 寄宿制幼儿园的户外活动时间不得少于（　　），高寒、高温地区可酌情增减。（易混）

A. 1 小时　　B. 2.5 小时　　C. 2 小时　　D. 3 小时

12. 某幼儿园担心幼儿在户外活动中不好管理，因此取消了所有的户外活动，改在教室内活动。该幼儿园的做法（　　）

A. 错误，应该把户外活动的时间改来上一些提高幼儿能力的课

B. 错误，在正常情况下，幼儿必须每天进行户外活动

C. 正确，保护了幼儿不受伤害

D. 正确，保证了幼儿充足的睡眠，有利于身体成长

13. 《幼儿园工作规程》指出，幼儿园的品德教育应当以（　　）和培养良好行为习惯为主，注重潜移默化的影响，并贯穿于幼儿生活以及各项活动之中。

A. 生活教育　　B. 情感教育　　C. 社会教育　　D. 安全教育

14. 从幼儿园的环境到一日生活,各个环节的安全隐患无处不在,在孩子离园的时候同样不能放松警惕。下列做法错误的是(　　)

A. 必须确认接孩子的家长身份

B. 控制好家长接孩子的时间,让自己有足够的精力去接待每位家长

C. 必须确保所有幼儿和家长都已安全离开后再离开

D. 如果孩子的父母忙,可以将孩子交给别人,无须与孩子父母取得联系

15. 孙某和张某共同举办了一家具有法人资格的幼儿园,由张某担任园长,该幼儿园的一切活动由(　　)负责。

A. 张某　　B. 孙某　　C. 孙某和张某　　D. 教职工大会

16. 下列关于《幼儿园工作规程》的说法中,错误的是(　　)

A. 幼儿园是对3周岁以上学龄前幼儿实施保育和教育的机构

B. 幼儿膳食费应实行民主管理制度,保证全部用于幼儿膳食,并每月向家长公布账目

C. 幼儿入园前必须进行体检,合格者方可入园

D. 在幼儿园吃晚餐的幼儿人数较少,故晚餐可以不留样

17. 午休起床后平平小脸通红,刘老师给平平量了体温后,发现有些低烧,就让平平吃了上周带的退烧药。刘老师的做法(　　)

A. 不合理,应该买新的药　　B. 不合理,应该征求监护人的同意

C. 合理,是平平家长带来的药,没有问题　　D. 不合理,应在医师的指导下用药

18. 幼儿园应当制定合理的幼儿一日生活作息制度,正餐间隔时间为(　　)

A. 2 ~ 3 小时　　B. 4.5 ~ 5 小时　　C. 3 ~ 4 小时　　D. 3.5 ~ 4 小时

19. 小班的彤彤经常尿裤子,彭老师想要帮助彤彤改掉尿裤子的习惯,便规定了每天的如厕时间和次数。彭老师的做法(　　)

A. 正确,帮助彤彤改掉不良习惯

B. 正确,减轻了自己的工作

C. 不正确,不得限制幼儿便溺的次数和时间

D. 不正确,不利于彤彤的自主发展

20. 某幼儿园以提高幼儿的特长发展为由开展特长班,并向家长收取费用。该幼儿园的做法(　　)(易错)

A. 合理,促进了幼儿的特长发展

B. 合理,有利于促进家园合作

C. 不合理,没有关注到幼儿的全面发展

D. 不合理,幼儿园不能以培养幼儿技能为由向家长另外收取费用

21. 依据《幼儿园工作规程》规定，下列哪项不是幼儿园教师的主要职责（　　）

A. 制订和执行教育工作计划，合理安排幼儿一日生活

B. 负责与社区的联系和合作

C. 创设良好的教育环境，合理组织教育内容

D. 与家长保持经常联系

22. 某市直幼儿园从不向家长公示幼儿食谱，因为园长认为，只要膳食营养均衡，公示与否并无意义。该幼儿园的做法（　　）

A. 正确，不公开食谱是幼儿园的权利

B. 正确，只要饮食合理即可，不必拘泥于形式

C. 不正确，违反了《中华人民共和国教育法》的规定

D. 不正确，违反了《幼儿园工作规程》的规定

23. 幼儿园教职工必须具有安全意识，掌握基本急救常识和防范、避险、逃生、自救的基本方法，在紧急情况下应当优先保护（　　）

A. 幼儿园的财产安全　　B. 幼儿的人身安全

C. 教师的人身安全　　D. 幼儿的财产安全

24. 根据《幼儿园工作规程》规定，下列说法不正确的是（　　）

A. 健康检查不合格的幼儿，可以拒绝其入园

B. 幼儿一日活动组织应动静交替，以动为主

C. 幼儿的每日户外体育活动不得低于一小时

D. 幼儿园可按年龄分别编班，也可混合编班

25. 《幼儿园工作规程》规定，（　　）是对幼儿进行全面发展教育的重要形式。

A. 数学　　B. 英语　　C. 拼音　　D. 游戏

26. 某幼儿园为增强家园协作决定设立家长委员会协助开展工作。根据《幼儿园工作规程》的规定，家长委员会的主要任务是（　　）

A. 负责与社会的联系和合作　　B. 对幼儿园重要决策提出意见和建议

C. 管理园舍、设备和经费　　D. 监督指导幼儿园管理工作

27. 加强冬季锻炼，要充分利用（　　）等自然因素以及本地自然环境，有计划地锻炼幼儿肌体，增强身体的适应和抵抗能力。

A. 雨水、阳光、地势　　B. 教室、操场

C. 日光、空气、水　　D. 太阳、空气、水

28. 根据《幼儿园工作规程》规定，下列说法错误的是（　　）

A. 幼儿园不得教授小学内容

B. 每年秋季招生，平时不可补招

C. 应当将环境作为重要资源

D. 患有传染病的幼儿教师应立即停止工作

29. 某幼儿园大班日常的课程为：拼音课、数学课、英语课、科学课等。该幼儿园的做法（　　）

A. 正确，实行了科学的幼小衔接课程　　B. 正确，有助于幼儿提前适应小学课程

C. 错误，可以学拼音，但是不能学英语　　D. 错误，幼儿园不得提前教授小学课程

30. 某幼儿教师在办公室饮酒，该教师做法（　　）（常考）

A. 合法，办公室可以饮酒　　B. 合法，幼儿教师可以饮酒

C. 不合法，幼儿教师不得饮酒　　D. 不合法，不得在幼儿园内饮酒

31. 《幼儿园工作规程》规定，幼儿园的任务是：贯彻国家的教育方针，按照保育与教育相结合的原则，遵循幼儿身心发展特点和规律，实施德、智、体、美等方面全面发展的教育，促进幼儿（　　）

A. 身心和谐发展　　B. 身体健康发展　　C. 身心尽快发展　　D. 个性化发展

32. 为有效开展计划免疫工作，幼儿园应当建立（　　）、晨检、午检制度、病儿隔离制度。

A. 卫生消毒　　B. 安全检查　　C. 卫生培训　　D. 药品管理

33. 下列各项中，哪一项与《幼儿园工作规程》第三十九条规定的职工素质要求不一致（　　）

A. 为人师表，忠于职责，身心健康

B. 幼儿园教职工患传染病期间暂停在幼儿园的工作

C. 有犯罪、吸毒记录的不得在幼儿园工作

D. 精神病患者治愈后可以在幼儿园工作，但不能从事保教工作

34. 某幼儿园开设了多种兴趣班以培养幼儿的不同特长和技能，由于某些师资需要园外聘请，因此该幼儿园向相关幼儿家长收取一定费用，以支付外聘教师的课时经费。该幼儿园的做法（　　）

A. 正确，幼儿学习了技能应另收费用

B. 正确，有利于幼儿全面发展

C. 不正确，应征得家长同意后再聘请教师

D. 不正确，幼儿园不得额外收取费用

专题九　《儿童权利公约》

链接答案本 P297

单项选择题(每小题 2 分,共 8 小题。参考时限 15 分钟)

1. 下列选项中,不符合联合国《儿童权利公约》对儿童权利保护规定的是(　　)

A. 确认儿童享有结社自由的权利　　B. 确保儿童免受惩罚的权利

C. 确认儿童获得姓名的权利　　D. 承担尊重儿童维护其身份的权利

2.《儿童权利公约》所确定的保护儿童的基本原则不包括(　　)

A. 无歧视原则　　B. 尊重儿童发展原则

C. 儿童最大利益原则　　D. 尊重儿童观点的原则

3.《儿童权利公约》中提到的儿童的基本权利不包括(　　)(常考)

A. 生命权　　B. 发展权　　C. 受保护权　　D. 游戏权

4. 根据联合国《儿童权利公约》的规定,各缔约国应采取措施保障儿童获得保健服务的权利,确认儿童有权享受(　　)

A. 成人同等水平的健康　　B. 可达到的最高标准的健康

C. 可达到的最低标准的健康　　D. 社会平均水平的健康

5. 下列对《儿童权利公约》的有关描述不正确的是(　　)

A. 缔约国确认每个儿童均有固有的生命权

B.《儿童权利公约》适用于全世界的儿童,即 14 岁以下的所有儿童

C. 儿童享有自由发表言论的权利、结社自由以及和平集会的自由权利

D. 儿童的隐私、住宅或通信不受任意或非法干涉

6. 下列选项中,不属于联合国《儿童权利公约》中确认和保护的儿童权利的是(　　)

A. 信仰和宗教自由的权利　　B. 享受社会保障的权利

C. 自由发表言论的权利　　D. 选举和被选举的权利

7. 为确保儿童享有接受教育的权利,联合国《儿童权利公约》规定各缔约国应当(　　)

A. 实现全面的免费小学教育　　B. 采取有效措施降低辍学率

C. 使得所有人接受高等教育　　D. 发展不同形式的学前教育

8. 根据《儿童权利公约》,为确保儿童能够从多种国家和国际来源获得信息和资料,各缔约国应该采取的措施不包括(　　)

A. 保护儿童免受不良信息和资料之害　　B. 鼓励儿童读物的著作和普及

C. 鼓励开发有益儿童的玩具和游戏　　D. 鼓励散播有益于儿童的信息和资料

专题十　教师的权利与义务

链接答案本 P299

单项选择题(每小题2分,共20小题。参考时限30分钟)

1. 某校规定教师不得外出参加脱产学习,这实际上侵犯了教师的(　　)

A. 受教育权　　B. 进修培训权　　C. 参与权　　D. 发展权

2. 李老师在完成教学工作后经常参加各种学术交流活动,并发表相关的学术论文,但校长以参加这些活动会分心为由对李老师进行了批评教育,校长这样做侵犯了李老师的(　　)

A. 教育教学权　　B. 学术研究权

C. 教学评价权　　D. 参与教学管理权

3. 李老师向校领导反映学校考评考核制度中存在的问题,有的同事却说李老师不自量力。其实李老师是在(　　)

A. 履行教师职责　　B. 履行教师义务

C. 行使公民权利　　D. 行使教师权利

4. 某县教师小赵通过了研究生入学考试,而其所在学校校领导拒绝了小赵就读的申请。对此,小赵的做法正确的是(　　)(常考)

A. 向市教育局申诉　　B. 向该县教育局申诉

C. 向该县政府申诉　　D. 向教育部申诉

5. 马老师申请参加园里开展的教师交流大会,园长以其是硕士学历,没必要参加为由拒绝了马老师的申请。该园的做法侵犯了马老师的(　　)

A. 教育教学权　　B. 学术研究权

C. 进修培训权　　D. 指导评价权

6. 教师张某不执行学校的教学计划,随意安排教学内容和教学进度。张某的做法(　　)

A. 合法,教师有选择教学内容的权利

B. 合法,教师有安排教学进度的权利

C. 不合法,教师有执行学校教学计划的义务

D. 不合法,教师有提高教学业务水平的义务

7. 幼儿教师黄某认为自己的学历和能力都已达标,拒绝参加教育行政部门利用假期组织的教师培训活动。黄某的做法(　　)

A. 正确,教师可以放弃个人权利　　B. 不正确,教师不能放弃培训的权利

C. 正确,教师享有专业自主权利　　D. 不正确,提升业务水平是教师义务

8. 下列行为属于侵犯教师权利的是(　　)

A. 蒋老师因为体罚学生遭到学校行政处罚

B. 幼儿园组织教师进行经验交流会

C. 幼儿园扣除教师部分工资用于修建教师宿舍

D. 周老师对学校提出管理意见,校长给予奖励

9. 教师李某对学校作出的处理决定不服,便提出申诉,教育行政部门应当在收到申诉书的(　　)内进行处理。

A. 60 天　　B. 15 天　　C. 30 天　　D. 7 天

10. 陈老师根据本班学生的实际情况进行课堂教学改革,但校领导担心家长会反对,同事们对他的计划也很不支持。陈老师应该(　　)

A. 坚持改革,这是教师的权利　　B. 坚持改革,这是教师的义务

C. 放弃改革,这纯属没事找事　　D. 放弃改革,这违背教学常识

11. 某教师积极参加学校工会活动,并对学校的改革发展建言献策。该教师行使的权利是(　　)

A. 教育教学权　　B. 控告检举权　　C. 民主管理权　　D. 培训进修权

12. 王老师是一位对学生教育有独到见解的老师,前段时间由于教学理念的分歧与校长产生了争执,后来校长一怒之下罚他停课一周进行反思。校长的这种行为侵犯了王老师的(　　)

A. 教育教学权　　B. 专业发展权　　C. 参与管理权　　D. 人身自由权

13. 教师张某上班迟到了,学校按照制度规定扣除了张某当月的部分绩效工资。张某对学校的处分不服,他可以向教育行政部门(　　)

A. 申请仲裁　　B. 提出申诉　　C. 检举控告　　D. 申请复议

14. 学校以朱老师暑假时不在工作岗位为由,拒绝为朱老师的职称评定提供相应材料。朱老师向当地教育局提出申诉,教育局驳回了其申诉。朱老师可向(　　)提出行政复议。

A. 当地法院　　B. 当地人民政府　　C. 当地公安局　　D. 当地教育局

15. 某县要修水电站,县政府下发文件要求每个公职人员都要参加电站集资。某民办幼儿园领导按照文件要求,在领工资之前,从每位教职工的工资中分别扣除了文件规定上交的集资款。对此,下列说法错误的是(　　)

A. 侵犯了教职工的隐私权

B. 侵犯了教职工的获取劳动报酬权

C. 违反了国家要求的不得对幼儿园和教师乱摊派的规定

D. 侵犯了教职工的个人财产自主权

16. 华老师向教育局提出了关于学校的改进意见，被校长打击报复，华老师可对此提出(　　)

A. 教育行政申诉　　B. 教育行政复议

C. 教育行政诉讼　　D. 申请仲裁

17. 寒假期间，某幼儿园要求所有代课教师加班两周，对于不加班的教师予以扣发工资处理。学校的做法(　　)

A. 正确，学校有权给教师布置工作任务　　B. 正确，学校可以合理使用教师的时间

C. 不正确，学校侵犯了教师自由发展权　　D. 不正确，学校侵犯了教师获取报酬待遇权

18. 东东在户外活动中不小心擦破了胳膊，第二天东东的家长便投诉了带班的吴老师。园长为平息东东家长的怒火，便决定暂停吴老师的教学工作。园长的做法(　　)

A. 正确，有利于缓解东东家长的情绪　　B. 正确，有利于提高教师的教学能力

C. 不正确，侵犯了教师的教育教学权　　D. 不正确，幼儿园应解聘吴老师

19. 某老师因为工作能力不足，不能承担教学工作，调到了后勤岗，后来因不服从工作安排，学校将他辞退，该老师认为辞退是不合法的，则该老师可以通过(　　)途径获得救济。

A. 教育行政复议　　B. 教育申诉

C. 民间请愿　　D. 申请劳动仲裁

20. 星兴学校的杨老师在教职工代表大会上，对学校管理提出了一些意见，校长却说他做好教学工作就好了，不要操心职责范围以外的事情。该校长的做法侵犯了杨老师的(　　)(易错)

A. 科学研究权　　B. 指导评价权　　C. 获取报酬权　　D. 民主管理权

专题十一　幼儿的权利

链接答案本 P301

单项选择题(每小题 2 分，共 20 小题。参考时限 30 分钟)

1. 幼儿园在招生时，未经璐璐家长同意，便自作主张将璐璐的视频放在了某招生网站上，该园的做法侵犯了璐璐的(　　)

A. 财产权　　B. 肖像权　　C. 隐私权　　D. 健康权

2. 某学校学生每天上学时都要在校门口接受“搜身”检查，校长回应称是为了检查是否有学生带着零食或者玩具进入校园，这种做法(　　)

A. 错误，侵犯了学生的隐私权　　B. 错误，侵犯了学生的人身自由

C. 正确，能够使校园环境保持整洁　　D. 错误，侵犯了学生的财产权

3. 幼儿李某在幼儿园不允许携带手机到幼儿园的情况下，私自携带手机到校。班主任张老师没收其手机后拒不归还。张老师的行为侵犯了幼儿的(　　)

A. 财产权　　B. 人身自由　　C. 人格尊严　　D. 荣誉权

4. 在教学过程中，经常会碰到调皮捣蛋的学生扰乱课堂纪律，下列教师的做法中，没有侵犯幼儿合法权益的是(　　)

A. 小明扰乱课堂纪律，教师让他在外面站一节课

B. 小麦上课打扰其他同学，老师眼神提醒

C. 小王没有按时完成老师布置的任务，老师让他回家完成了再来上学

D. 小李上课经常说话，老师让他绕操场跑 2 圈

5. 某幼儿园让大班幼儿停课参加某公司庆典，公司给予幼儿园一定的经济回报。该幼儿园做法(　　)(易错)

A. 正确，可以改善幼儿园办学条件　　B. 正确，幼儿园拥有管理幼儿的权利

C. 不正确，侵犯了幼儿的受教育权　　D. 不正确，侵犯了幼儿的人身权

6. 某天，陈老师在上课时因个别幼儿不遵守课堂纪律而对班上幼儿进行责骂和拖拽，在拖拽过程中造成朵朵全身多处擦伤。根据相关法律，陈老师的这一行为侵犯了幼儿的(　　)

A. 财产权　　B. 平等权　　C. 隐私权　　D. 健康权

7. 某幼儿园中班老师陈某带头给该班幼儿小强起绰号，并且经常以此绰号叫他，同学们也都竞相模仿。陈某的做法侵犯了幼儿的(　　)

A. 肖像权　　B. 名誉权　　C. 财产权　　D. 荣誉权

8. 磊磊经常流鼻涕，弄得全身上下都是脏的。齐老师嫌弃磊磊，不让他参加班级里的集体活动，只给磊磊玩他自己从家带过来的玩具。齐老师的做法(　　)

A. 正确，减轻了教师的工作负担　　B. 正确，有利于磊磊养成好习惯

C. 不正确，应该让磊磊一起参加活动　　D. 不正确，侵犯了磊磊的名誉权

9. 小强在校园内踢球时不小心撞碎了宣传栏的玻璃，黄老师当众对其进行粗暴的言语辱骂。黄老师的做法主要侵犯了小强的(　　)

A. 受教育权　　B. 人格尊严　　C. 健康权　　D. 人身自由

10. 班主任将小明的画送去参赛，获得了一等奖，奖金应该归(　　)所得。

A. 小明　　B. 班主任　　C. 小明父母　　D. 幼儿园

11. 汤老师在班级黑板上贴了一个“坏学生”榜。上课喜欢捣乱、不听话的幼儿都榜上有名，汤老师的做法(　　)

A. 不合理，没有认真备课上课　　B. 不合理，没有尊重幼儿人格

C. 合理，有助于维护教师权威　　D. 合理，体现了对幼儿的严格要求

12. 皮皮活泼好动，经常在上课时扰乱课堂纪律。于是，徐老师在上课期间将皮皮关在卫生间里，

徐老师的做法(　　)(常考)

A. 不合法,侵犯了皮皮的受教育权　　B. 不合法,侵犯了幼儿的名誉权

C. 合法,教师有管理教学权　　D. 合法,教师有教育幼儿的权利

13. 小红的父母以小红是女孩为由,不愿意供她继续读书,强行让她辍学回家。小红的父母侵犯了小红的(　　)

A. 名誉权　　B. 受教育权　　C. 人格尊严　　D. 隐私权

14. 丁丁偶然得知同学丽丽在家经常尿床,便在同学中广泛传播。丁丁的做法侵犯了丽丽的(　　)

A. 隐私权　　B. 肖像权

C. 荣誉权　　D. 财产权

15. 小亮在课堂上没有回答出王老师的提问,王老师生气地说:"刚讲的还不会,笨得像头猪!"王老师的做法(　　)

A. 正确,有利于激发学生的学习动机　　B. 正确,教师有批评教育学生的权利

C. 错误,侵犯了学生的名誉权　　D. 错误,侵犯了学生的个人隐私

16. 班上有人遗失了财物,孔老师未经调查就怀疑是学生熊某偷拿了,尽管熊某一再否认,但孔老师还是要求他当着全班同学的面承认"罪行"。孔老师的行为(　　)

A. 侵犯了熊某的人身自由　　B. 侵犯了熊某的人格尊严

C. 侵犯了熊某的隐私权　　D. 侵犯了熊某的荣誉权

17. 梓轩的画多次在市儿童画展上获奖,前段时间,某出版社因修订地方教材的需要,在未联系他的情况下,就用了他的一幅作品作为插图。该出版社的做法(　　)(易错)

A. 合法,教材的编辑和出版属于社会公益事业

B. 合法,出版社使用的是已公开发表的作品

C. 不合法,出版社应该事先取得梓轩的授权

D. 不合法,不应该选择未成年人的作品作为插图

18. 教师李某让班里调皮的学生的家长缴纳违纪金,以加强班级管理。该教师的做法(　　)

A. 合法,有助于维护班级秩序　　B. 合法,对其他人有警示作用

C. 不合法,教师没有罚款的权利　　D. 不合法,学校才有罚款的权利

19. 每当学生小明在课堂上捣乱时,王老师就把他关进体育器材室,直到放学后才放他出来。王老师的行为侵犯了小明的(　　)

A. 荣誉权　　B. 隐私权　　C. 名誉权　　D. 人身自由权

20. 某幼儿园在体检后,将学生的体检结果公布在幼儿园的公示榜。该园做法(　　)

A. 体现了学校的管理权　　B. 体现了学校的教育权

C. 侵犯了学生的受教育权　　D. 侵犯了学生的隐私权

第三章　教师职业道德

链接答案本 P304

- 教师职业道德
  - 教师职业道德规范
    - 教师职业道德概述
      - 教师职业道德的主要范畴
      - 教师职业道德在幼儿园教育活动中的作用:动力作用、调节作用、评价作用★
    - 《中小学教师职业道德规范(2008 年修订)》★★★
      - 爱国守法
      - ①__________
      - ②__________
      - 教书育人
      - ③__________
      - 终身学习
    - 《中小学教师职业道德规范》(1997 年)★
      - 依法执教
      - 爱岗敬业
      - 热爱学生
      - 严谨治学
      - ④__________
      - 尊重家长
      - ⑤__________
      - 为人师表
  - 教师的职业行为
    - 幼儿教师的职业特点★★
      - 劳动对象的⑥__________和主动性
      - 劳动任务的⑦__________和细致性
      - ⑧__________的复杂性和创造性
      - 劳动手段的示范性和主体性
      - 劳动过程的⑨__________和艰巨性
    - 教师职业行为规范
      - 教师职业行为规范的主要内容
      - 教师职业行为规范的基本要求★★
    - 教师职业行为规范在保教实践中的应用
      - 教师职业行为规范在⑩__________中的运用★★
      - 教师职业行为规范在保教活动中的践行要求

刷真题

链接答案本 P304

一、单项选择题(每小题 2 分,共 34 小题。参考时限 50 分钟)

1.[2023 上半年]李老师一直要求班上的小朋友不要手拉手上下楼梯,可是小丽和小熙经常手拉着手一起走,在上下楼梯时也不松手。对此,李老师恰当的做法是(　　)

A.尽量不让她俩一起上下楼梯,消除安全隐患

B.要求她俩松手后再上下楼梯,避免发生意外

C.允许她俩拉着手上下楼梯,提醒注意安全

D.减少她俩当天的户外活动,强化教育效果

2.[2023 上半年]李老师暑假参加同学聚会时,发现一些同学收入高于她,她很沮丧,一度想跳槽。可一开学,当活泼可爱的小朋友围着她分享暑假趣闻时,她顿时心情舒畅,跳槽念头全无。这表明了教师职业幸福具有(　　)

A.自在性　　B.主观性　　C.精神性　　D.无限性

3.[2022 下半年]李老师打扫完班级卫生后,顺便坐在教室的玩具柜上,这时他看到小杰也从椅子上爬到柜子上坐着,便说:"小杰,不能坐到柜子上,这样太危险,老师说过很多次了,你忘了吗?"旁边程程说:"老师,你也坐在上面呢。"此时李老师恰当的回应是(　　)

A.老师和柜子说过了,它同意哦　　B.谢谢你,以后我们都不要坐了

C.老师打扫卫生太累了,只坐了一小会　　D.谢谢你,老师不会摔,小朋友会有危险的

4.[2022 下半年]小馨的奶奶去幼儿园给小馨送被子,走到寝室时,老师刚好带孩子们去做操了,奶奶发现小馨的床位在一个角落里,便将小馨的床位换到了寝室中间。老师回来后,下列哪项做法是正确的(　　)(易错)

A.认同奶奶调整床位的行为　　B.让小馨告诉奶奶不能调

C.立即把小馨的床位调回原位　　D.打电话与奶奶沟通,不应该这样做

5.[2022 上半年]第二天一早李老师就要交职称材料了,他发现还缺少两份听课材料,但是他已经没有时间听课了。李老师正确的做法是(　　)

A.请同事帮忙提供听课材料　　B.参考同事的教案改写听课材料

C.根据自己的教案编写听课材料　　D.直接放弃本次职称评定机会

6.[2022 上半年]午睡起床时,小班的李老师发现小朋友常将两只鞋子穿反,就编了首儿歌:"一双小鞋子,套上小脚丫。背对背,脸背脸,就像刚刚吵过架。咦——怎么了?"小朋友听完儿歌纷纷

检查了自己的鞋子，“哦，小鞋子穿反了！”下列选项与该案例所体现的教师职业道德要求相符的是(　　)(易错)

A.“不闻不若闻之，闻之不若见之。”

B.“耳濡目染，不学以能。”

C.“不愤不启，不悱不发。”

D.“动人以言者，其感不深；动人以行者，其应必速。”

7.[2021 下半年]活动开始后，冬冬突然躲到柜子后面，张老师让他出来，可他就是不动。张老师生气地说：“赶紧出来！不出来就让大灰狼把你带走！”冬冬赶忙出来了。这表明张老师(　　)

A. 没有体现教师的教学权威　　B. 没有尊重幼儿的独特心理

C. 没有损害幼儿的人格尊严　　D. 没有关注幼儿的权利保护

8.[2021 下半年]李老师组织绘画活动前，首先思考这次活动对幼儿的意义，根据本班幼儿的年龄特点、接受能力判断本次活动的目标是否合适，活动过程能否引起幼儿的兴趣，活动后还进行了反思。李老师的行为体现了教师职业道德的(　　)

A. 评价作用　　B. 引导作用　　C. 动力作用　　D. 示范作用

9.[2021 下半年]小豆五岁了，但说话发音还是不太清楚。陈老师平时除了鼓励之外，还专门查了很多相关资料并制定矫正方案。通过老师在日常生活中的指导，以及儿歌、绕口令的练习，小豆有了较大的进步。下列选项与该案例中所体现的教师职业道德要求相符合的是(　　)(常考)

A.“学而不思则罔，思而不学则殆”

B.“道而弗牵，强而弗抑，开而弗达”

C.“其身正，不令而行，其身不正，虽令不从”

D.“圣贤施教，各因其材，小以小成，大以大成”

10.[2021 上半年]离园的时间已经过了半个小时，明明的家长还没有来，也不接电话。于是蒋老师把明明送回了家，发现明明的妈妈在打麻将。事后，蒋老师与明明的妈妈进行沟通，明明妈妈以后再也没出现过类似情况，这体现了(　　)

A. 家长是教师的帮手　　B. 家庭教育是幼儿教育的延伸

C. 教师是家庭教育的指导者　　D. 幼儿园教育是家庭教育的补充

11.[2021 上半年]甜甜拿着一辆玩具汽车，丁丁也很想玩，可是甜甜不给，丁丁就去抢，两人扭打起来。邓老师看见后，就走过去一把夺过玩具说：“居然打起架来了，谁都不准玩了！”邓老师的做法(　　)

A. 恰当，有利于保护幼儿人身安全　　B. 恰当，有利于教育丁丁尊重他人

C. 不恰当，不利于培养幼儿良好的品行　　D. 不恰当，不利于保护丁丁的求知欲

12. [2021 上半年]果果的妈妈给王老师送去一袋家乡特产,请王老师多关照果果。王老师婉言谢绝,并表示照顾好每一个孩子是自己的责任。下列说法与对王老师的做法的评价不符的是(　　)

A. 大厦之成,非一木之材也;大海之阔,非一流之归也

B. 谁云交际之常,廉耻实伤;倘非不义之财,此物何来

C. 心不动于微利之诱,目不眩于五色之惑

D. 一丝一粒,我之名节

13. [2020 下半年]每次教学活动前,吴老师都会组织小朋友们做"请你跟我这样做"的游戏,每次动作都一样,小朋友们感觉有些乏味。这天吴老师又做这个游戏,她热情地说:"请你跟我这样做。"小英突然冒出一声:"不想跟你这样做。"全班孩子哄堂大笑。对此,吴老师恰当的做法是(　　)

A. 停止游戏,直接进入教学环节　　B. 停止游戏,批评该小朋友扰乱秩序

C. 继续游戏,对小朋友不理睬　　D. 继续游戏,根据小朋友兴趣调整动作

14. [2020 下半年]小万毕业后来到幼儿园,觉得自己专业基础好,很少参加教研,头两年还不错,后来的教学效果越来越差。对此认识不正确的是(　　)(易错)

A. 职业认知偏误　　B. 职业定位偏差　　C. 职业目标过高　　D. 职业态度不正

15. [2019 下半年]新时代的教师不应只是会燃尽自己的"蜡烛",更要成为"长明灯";不应只是"一桶水",更要成为"源头活水"。这说明教师需要终身学习,究其原因,下列说法不正确的是(　　)

A. 教师劳动具有专业性　　B. 教师劳动具有创造性

C. 教师劳动具有复杂性　　D. 教师劳动具有重复性

16. [2019 下半年]李老师要面向全区骨干教师上一节示范课,有老师建议他选择班级中比较乖巧的孩子参加,但是李老师安排了全班小朋友参加。这表明李老师认识到(　　)

A. 幼儿发展是能动的　　B. 幼儿发展是平衡的

C. 幼儿发展是平等的　　D. 幼儿发展是持续的

17. [2019 下半年]小班的豆豆在厕所里不慎弄得裤子、鞋子上都是粪便,张老师一遍遍地给他清洗,最后洗得干干净净。第二天,家长把一张 100 元购物卡放在了张老师的口袋里,张老师婉拒了。下列说法与对张老师的做法评价不符的是(　　)

A."祸患常积于忽微,而智勇多困于所溺"　　B."不要人夸好颜色,只留清气满乾坤"

C."明者因时而变,知者随事而制"　　D."善禁者,先禁其身而后人"

18.［2019 上半年］在小班的家长会上，有两个家长质问带班的李老师："为什么不教孩子写字和拼音？再不教的话，我们的孩子就转园。"对此，李老师恰当的做法是(　　)

A. 接受建议，适当增加拼音和写字的内容　　B. 听取意见，耐心向家长分析不教的原因

C. 尊重家长，推荐校外辅导机构　　D. 不予理会，尊重家长的转园自由

19.［2019 上半年］赵老师在省政府机关幼儿园工作，他对班上每个孩子家长的工作单位和职务都了如指掌，在日常的保教活动中，赵老师对省政府工作人员的孩子总是特别照顾。赵老师的做法(　　)

A. 不正确，没有维护幼儿的同伴关系　　B. 不正确，没有做到对幼儿一视同仁

C. 正确，有利于良好家园关系的建立　　D. 正确，有利于获得更多的办园资源

20.［2019 上半年］王老师发现，孩子们进入大班后，变得太吵闹了，有时老师喊破了嗓子，孩子才安静下来。下列王老师的解决方法中不恰当的是(　　)

A. 引导幼儿逐渐学会自我约束　　B. 对吵闹的幼儿进行说服教育

C. 让家长接吵闹的孩子回家安抚　　D. 引导幼儿参与感兴趣的活动

21.［2019 上半年］中班幼儿正在做手工，佳佳尿裤子了。刘老师发现后，对嘲笑佳佳的幼儿说："佳佳可能是做手工太认真，忘记上厕所了，以后我们要学习她认真做事的态度。当然，我们在认真做事时记得上厕所，那就更好了。"刘老师的做法(　　)

A. 有利于保护幼儿的自尊心　　B. 有利于提高幼儿的操作能力

C. 有利于增强幼儿的秩序感　　D. 有利于培养幼儿的时间观念

22.［2018 下半年］休息时，王老师让孩子们排队接水喝，可队伍总也排不好，你推我，我挤你。王老师只好扯着嗓门提醒孩子们，可队伍刚排好，过一会儿又乱了。这时，王老师也口渴了，她端起杯子走到队伍前面接了一杯水喝，很无奈地看着眼前乱哄哄的接水队伍。这表明王老师(　　)

A. 未能廉洁从教　　B. 未能公平对待幼儿

C. 未能以身作则　　D. 未能公正对待幼儿

23.［2018 下半年］一天，陈老师正在组织孩子们踢球，方方总是抢球后抱着跑。陈老师看到后就让他站到一边，并对带班老师说："以后都别让他踢球了！"陈老师的做法(　　)

A. 正确，维护了整个活动的良好秩序　　B. 正确，保护了其他孩子的人身安全

C. 不正确，破坏了同事间的团结协作　　D. 不正确，打击了方方的参与积极性

24.［2018 上半年］小(2)班的孩子们在排练"六一"会演的节目时，洋洋和健健总是不能跟着刘老师做动作，站在原地发呆。为了不影响班集体的表演效果，刘老师不让他俩参加演出。刘老师

的做法( )

A. 恰当,教师应尊重幼儿的选择

B. 恰当,教师应维护班集体荣誉

C. 不恰当,教师应引导全体幼儿参与集体活动

D. 不恰当,教师应要求幼儿必须参与集体活动

25. [2018 上半年]幼儿园派夏老师外出学习。回来后,园长要求她给全园老师开一次讲座,分享她的学习体会。夏老师应该( )

A. 只与园长分享学习体会

B. 婉拒分享学习体会的要求

C. 积极主动与全园老师分享

D. 挑选不重要的内容与全园老师分享

26. [2017 下半年]最近徐老师将头发染成了红色。在一处区域活动中,“理发室”里的几个孩子边玩边说:“请给我染发,我要红颜色的,像徐老师一样的红色。”“我也要红颜色的!”徐老师“染头发”的行为( )

A. 恰当,反映幼儿教师合理的审美需求

B. 恰当,促进幼儿审美能力的发展

C. 不恰当,不符合区域活动的组织要求

D. 不恰当,不符合幼儿教师的仪表规范

27. [2017 下半年]教师节那天,李老师一进教室,就看见桌上放着孩子们送给自己的礼品,有包装精美的鲜花、音乐卡等。李老师从桌子上特意拿起了一张贺卡,笑着对大家说:“这张贺卡真漂亮,是小朋友自己做的吧,老师最喜欢这样的礼物!”该做法表明李老师( )(易错)

A. 偏爱袒护个别幼儿

B. 不尊重大部分幼儿

C. 自觉抵制不良风气

D. 能维护幼儿的权益

28. [2017 下半年]周老师在活动课中趁孩子自主游戏的时候,拿出手机看微信,并给有些孩子看手机上漂亮的图片和有趣的小视频。周老师的做法( )

A. 不正确,不利于公平地对待幼儿

B. 不正确,不利于保护幼儿的安全

C. 正确,有助于拓宽幼儿的知识面

D. 正确,有助于建立和谐的师幼关系

29. [2017 上半年]唐老师准备参加全市幼儿园教师基本技能大赛,因缺乏参赛经验,就去请教经常担任各类大赛评委的谢老师,但被谢老师拒绝。谢老师的做法( )

A. 不注重同事间团结协作

B. 促进唐老师自我发展

C. 不注重同事的探索创新

D. 维护比赛公正公平

30. [2017 上半年]兵兵动作比较迟缓,小朋友们都不喜欢跟他玩,因此兵兵变得越来越孤僻。对此,兵兵老师应该( )

A. 尊重其他幼儿的交往选择

B. 引导其他幼儿多与兵兵交往

C. 责怪其他幼儿不应该冷落兵兵

D. 责令家长加强对兵兵的动作训练

31. [2016 下半年]东东经常欺负别的同学。今天,他又惹得琪琪大哭,张老师马上走过去,生气地对东东说:“如果你是我的儿子,我恨不得打死你。”张老师的行为( )

A. 可以理解,因为有些孩子的行为确实令人生气

B. 可以理解,因为批评也是一种有效的教育方式

C. 不恰当,应该先了解孩子间发生矛盾的原因

D. 不恰当,因为东东毕竟不是他的儿子

32. [2016 上半年]许多老师发现,不少孩子在家过了一个双休日之后再回到幼儿园,一些良好的行为习惯就退步了。例如,不认真吃饭、乱扔东西,活动时喜欢说话。对此老师正确的做法是( )

A. 召开家长会,点名要求做得不好的家长向做得好的家长学习

B. 密切联系家长,并要求家长完全按照老师的要求去做

C. 发挥自己学有专攻的优势,为家长提供指导

D. 不过于干涉家庭教育,做好园内教育工作

33. [2015 下半年]李老师在一个学期对父亲是副乡长的小壮家访了 8 次,却从未对需要帮助的留守儿童小龙家访过。李老师的做法( )

A. 符合主动联系家长的要求

B. 有违平等待生的要求

C. 符合因材施教的教育要求

D. 有违严慈相济的要求

34. [2015 上半年]晓光很有舞蹈天赋,小小年纪已经参加过很多的大型比赛,但他不愿参加幼儿园组织的科学活动,方老师劝说道:“老师很喜欢会跳舞的晓光,可是如果你在其他方面也很能干的话,大家会更加喜欢你。”方老师的做法( )

A. 不合理,不利于幼儿发展特长

B. 不合理,不尊重幼儿的兴趣爱好

C. 合理,教师应该关注幼儿的全面发展

D. 合理,幼儿必须在各个学习领域平均发展

二、材料分析题(每小题 14 分,参考时限 10 分钟。共 5 小题)

1. [2023 上半年]**材料:**

晨间活动时,琳琳跑到我面前,把一本绘本递给我,难过地说:“黄老师,你看,谁把我这本书的封面撕掉了!”我接过绘本,对着平时比较淘气的涛涛说:“这肯定是你撕掉的!”涛涛抬起头看着我,摇了摇头,于是我生气地说:“你们把东西放下,都不要玩了,坐好!”孩子们都坐到了自己的小椅子上。接着,我又说:“到底是谁把书皮弄坏了,承认了,老师会原谅你;如果不承认,被老师发现了,就惨了!”教室里顿时鸦雀无声,没有人敢承认。看到孩子们露出了紧张不安的神情,我意识到自己的言行有些不妥。这时,我突然想到了“悄悄话”的办法。我问孩子们:“大家想不想把自己想说的话悄悄告诉老师啊?”孩子们都点点头,然后就一个接一个凑到我耳边说。小军

凑到我耳边小声道："书皮是我弄坏的，刚才我看到这本书丢在地上，想捡起来，可是一使劲儿，书皮就掉下来了。"我也悄悄地对他说："谢谢你告诉老师，你主动把书捡起来，老师要表扬你，但把书皮弄坏了，一会儿你能向琳琳道歉吗？"小军笑着点点头，便过去向琳琳道了歉。我对全班幼儿说："刚刚老师错怪了涛涛。涛涛，对不起！"

问题：请结合材料，从教师职业道德的角度，评析黄老师的教育行为。

2. [2022 下半年]**材料**：

周老师让小朋友们续编大灰狼的故事，强强的想象力特别好，他讲的故事绘声绘色，但是他在讲到最后的时候，说小动物们都打败了大灰狼，把大灰狼的头砍了下来。这让其他的小朋友都觉得非常地害怕，琪琪还害怕得哭了起来。周老师便把琪琪抱在怀里说："老师在这儿呢，不害怕。"随后周老师便引导小朋友一起玩了一个愉快的游戏。

后来，周老师带领大家一起学习绘本故事《你看起来很好吃》，讲完之后让小朋友们分享自己喜欢故事中的哪个人物，并说出为什么。小朋友们都说喜欢霸王龙，因为它很有爱心，很善良。分享结束的时候，周老师说："我们要做一个善良的、有爱心的人，要爱护和保护小动物，不能伤害它们。"

问题：请结合材料，从教师职业道德的角度，评析周老师的教育行为。

3.［2022上半年］**材料：**

一天，刘老师组织区域活动时，小朋友们发现建构区新添了不少积木，十多个小朋友都涌进了建构区，兴高采烈地搭起了积木。

“喂，你踩到我的积木了。”超超说。“干吗呀？你别挤我。”静静说。

这时，有的孩子开始争抢自己喜欢的积木，甚至扭打在一起。见此情景，刘老师立刻予以制止。

刘老师问：“你们觉得这么多人挤在一起，好玩吗？”

孩子们七嘴八舌地说：“不好玩！”“太挤了，都撞疼我了……”

刘老师接着说：“那我们得想个办法呀！”

超超说：“得互相谦让，就让我先玩会儿吧。”“我也要先玩。”静静着急地说。

刘老师说：“互相谦让是别人先让自己，还是自己先让别人呀？”孩子们互相看看不说话。

静静说：“好吧，我先去手工区，下午再来玩。”

刘老师马上说：“看，静静先让别人玩了，下午我们让静静先玩。”

这时，超超和几个小朋友也陆续去了别的游戏区。现在建构区还剩下9个小朋友，刘老师感觉还是多了，但没再说话，她想让小朋友自己感受后再解决问题。

果然，没玩多久就有小朋友提出还是太挤了。“那么多少人一起玩合适呢？”刘老师继续引导孩子们，于是大家商定一个一个往外减人，直到感到合适为止。最后，大家一致认为五六个小朋友玩比较合适。

下班以后，别的老师都回家了，刘老师还在办公室回看在建构区拍摄的活动视频，分析幼儿在活动中的游戏行为与表现，并形成了观察报告。

问题：请结合材料，从教师职业道德的角度，评析刘老师的教育行为。

4.［2021 下半年］**材料：**

开学初，中(2)班来了一位叫瑞瑞的插班生，班主任刘老师通过一个月的观察发现，瑞瑞不愿意与小朋友交往，经常咬人、打人，还发现瑞瑞在言语交流和表达等方面明显低于同龄幼儿的发展水平。

刘老师决定与家长进行沟通，通过沟通了解到，瑞瑞长期与奶奶在一起生活，爸爸妈妈都不在身边。接下来的一段时间，刘老师对瑞瑞的行为进行了仔细的观察和记录，还多次去瑞瑞家进行家访，了解瑞瑞在家的具体情况。针对瑞瑞的情况，刘老师专程到儿童医院向专业人士进行了咨询。回来后，刘老师把咨询的情况与远在外地的瑞瑞妈妈进行了沟通，建议瑞瑞妈妈及早带孩子去专业机构进行科学的发展测评。同时，刘老师在班级的各项活动中有意识地引导其他小朋友和瑞瑞交朋友，做游戏。

通过测评，发现瑞瑞真的存在发展迟缓问题。专业人士为瑞瑞拟定了矫治方案，在刘老师和家长的共同配合下，这一方案得以实施。

问题：请结合材料，从教师职业道德的角度，评析刘老师的教育行为。

5.［2021 上半年］**材料：**

婉婉一岁多的时候生过一场大病，身体发育比同龄幼儿晚。上幼儿园后，身体还是比较瘦弱，语言表达不太清晰。一次，陈老师教孩子们唱儿歌《两只老虎》。陈老师发现大部分孩子都会唱了，就叫孩子们到教室中间一个一个表演。陈老师给唱得好的孩子奖励一朵小红花。轮到婉婉了，她刚唱了一句，就不记得歌词，还跑调了。陈老师对婉婉说："你怎么总是比别人差！"接着在婉婉额头上贴了一朵绿色的小花。小朋友们都不屑地看着婉婉，婉婉羞愧极了。

回到家里,婉婉大哭了一场。第二天,婉婉说什么也不愿意再去幼儿园了。婉婉的妈妈非常生气,找到陈老师理论:"亏你还是老师,怎么这样对待小孩子?"陈老师回应道:"你家婉婉就是比别人差,不信,你去问其他老师。"婉婉的妈妈气得说不出话,只好找园长投诉。园长在弄清楚情况后,严肃地批评了陈老师,要求她当着全班幼儿的面给婉婉道歉。

问题:请结合材料,从教师职业道德的角度,评析陈老师的教育行为。

专题一　教师职业道德规范

链接答案本 P313

一、单项选择题(每小题 2 分,共 67 小题。参考时限 100 分钟)

1. 方铭是老师眼里的"问题生"。班主任王老师经常与他的家长联系,每次方铭的家长态度都很诚恳,希望得到王老师的帮助,但王老师总是训斥方铭家长没有教育好孩子。王老师的这一做法违背了教师职业道德规范中的(　　)要求。

A. 为人师表　　B. 关爱学生　　C. 终身学习　　D. 爱岗敬业

2. 父母在外打工的玲玲和年迈的奶奶住在一起,吴老师得知后经常去帮助她们,村民们受到感染,也纷纷伸出援手。下列与该案例体现的教师职业道德相符的是(　　)

A."其身正,不令而行,其身不正,虽令不从。"

B.“师道立，则善人多，善人多，则朝廷正，而天下治矣。”

C.“安其学而亲其师，乐其友而信其道。”

D.“师严然后道尊，道尊然后民知敬学。”

3. 新入职的赵老师利用课余时间，系统地学习教育学和心理学的相关知识，探索教育教学规律，提高教育教学水平。这说明赵老师具有(　　)的意识。(易混)

A. 爱岗敬业　　B. 廉洁从教　　C. 为人师表　　D. 终身学习

4. 幼儿李某在课堂上擅自离开座位，被老师打了二十下手心。该老师的做法(　　)

A. 正确，有利于维护课堂教学秩序　　B. 正确，这是教师惩戒学生的权利

C. 错误，对学生的惩罚应当适度　　D. 错误，不能对幼儿实施体罚或变相体罚

5. 这学期乐乐没有参加刘老师亲戚办的校外补习班，刘老师便经常找乐乐的茬。上周还把他调到教室角落里坐，乐乐感觉刘老师不如以前那样喜欢自己了。这表明刘老师没有做到(　　)

A. 公平待生　　B. 言行一致　　C. 严慈相济　　D. 以身立教

6. 李老师和幼儿家长产生矛盾，被家长辱骂和投诉，但李老师还是努力做好本职工作。这体现了其具备(　　)的职业道德。

A. 爱岗敬业　　B. 教书育人　　C. 关爱学生　　D. 终身学习

7. 刘老师经常与校内外同行交流教学心得，并且在职攻读教育学硕士，在学术刊物上发表多篇论文。刘老师的行为符合(　　)

A. 遵循教育规律，实施素质教育的要求　　B. 严于律己，以身作则的要求

C. 拓宽知识视野，更新知识结构的要求　　D. 知荣明耻，谦虚谨慎的要求

8. 刘老师家庭负担重，老人要看病，孩子要读书，于是用假名在培训机构上课，挣钱补贴生活。这种行为(　　)

A. 不可以，可能影响正常的教育教学活动

B. 可以，刘老师可以在业余时间做任何事

C. 可以，培训机构聘任刘老师做老师，不是利用职务之便谋取私利

D. 不可以，刘老师的这种行为违反了教师职业道德

9. 下列教师的行为符合教师职业道德相关要求的是(　　)

A. 小明早上迟到，老师罚其在教室外半蹲一小时

B. 教室发生火灾时老师不顾幼儿自己先跑

C. 教师收下晓红家长的礼物并承诺会好好照顾晓红

D. 某老师平等对待幼儿家长，认真听取意见和建议

10. 殷老师特别喜欢学习,不仅上班的时候积极听老教师的课,而且在业余时间自修研究生课程,还潜心研究教学方法。她虽然年轻,但是已经连续三年当选教学能手了。这体现了殷老师(　　)

A. 关爱学生　　B. 专注自身学习,将来能考研究生

C. 有终身学习的理念　　D. 志存高远,乐于奉献

11. 贾老师在逛商场时偶遇班上一位幼儿和其家长,便一同挑选衣服,付款时,这位家长坚持把贾老师的500元钱一起付了,对此,贾老师的正确做法是(　　)

A. 勉强接受并回送价值相当的礼物　　B. 数额不大,不必在意,但下不为例

C. 表示感谢并注意格外关照她的孩子　　D. 表示感谢并坚持把钱还给家长

12. 王老师每月都会给自己制订阅读计划,并严格执行。这体现了王老师注重(　　)

A. 团结协作　　B. 教学创新　　C. 终身学习　　D. 循循善诱

13. 亦凡的妈妈要求梁老师把弱视的亦凡调到教室前排,梁老师答应了。可两周过去了,亦凡还坐在后排。见此情形,亦凡的妈妈带上礼物到梁老师家拜访。第二天,梁老师把亦凡的座位调到了前排。梁老师的行为(　　)

A. 正确,促进了家园沟通　　B. 正确,帮助了亦凡

C. 错误,不利于家园合作　　D. 不正确,没有做到关爱学生

14. 郑老师在班级里提出了一项规定,课堂上回答问题最多的小朋友可以免除班级卫生任务。郑老师的做法(　　)(易错)

A. 不利于幼儿品德养成　　B. 不利于幼儿均衡发展

C. 有利于班级管理　　D. 有利于激发幼儿的学习兴趣

15. 姚老师总是随地乱扔垃圾,小朋友们看到后互相模仿,在教室里也乱扔垃圾。对于这种现象,姚老师最好的做法是(　　)

A. 说服教育,告诉幼儿乱扔垃圾不对

B. 指责学生,不应该乱扔垃圾

C. 指派班级里爱捣乱的学生进行打扫

D. 教育幼儿不随地乱扔垃圾,自己必须做到不乱扔垃圾

16. 小虎在课堂上喜欢与周围的小朋友讲话,就算其他小朋友不理睬他,他也能一个人说个不停,李老师为了不影响其他人学习,让小虎把桌椅搬到教室角落一个人坐。下列选项中对该班主任的行为评价正确的是(　　)

A. 激励幼儿学习的积极性　　B. 没有发挥幼儿主体性

C. 没有尊重幼儿人格　　D. 维护了教师权威

17. 下列选项中，没有违背教师职业道德规范的是( )

A. 王老师收了学生家长赠送的购物卡
B. 赵老师收到了不少学生制作的贺卡
C. 李老师经常让学生家长开车送其回家
D. 宋老师每天都给学生布置过量的练习题

18. 某幼儿园班主任黄老师从教 5 年，每当有新老师入职，黄老师都会把自己的教案直接提供给他们，要求他们严格按照自己的教学设计开展教学，黄老师的做法( )

A. 不利于新教师成长
B. 不利于自身的专业发展
C. 有利于教学质量提升
D. 有利于与同事搞好关系

19. 王老师的亲戚开办了一家美术兴趣班，希望王老师推荐自己班上的孩子参加兴趣班，或者提供班上幼儿的联系方式。面对这种情况，王老师应该( )

A. 坚决拒绝亲戚的请求，并说明自己的理由
B. 提供学生的联系方式，不时推荐幼儿参加兴趣班
C. 仅提供幼儿的联系方式，不推荐幼儿参加兴趣班
D. 推荐幼儿参加兴趣班，促进幼儿全面发展

20. 下列教师的行为中没有违反职业道德的是( )

A. 幼儿园陈老师想让幼小衔接更顺利，便教授小学数学的内容
B. 罗老师在家长会上给家长们推荐了一本有关亲子关系的书籍
C. 马老师将学生家长的信息有偿提供给某学前智能开发中心
D. 杨老师在活动课上让幼儿自由活动，自己在一旁自顾自地玩手机

21. 某学校邀请专家来做教育理念辅导报告，夏老师拒绝参加，他说：“学那些理论没有用，把自己的课上好才是教师的看家本领。”夏老师的说法( )

A. 错误，教师应该不断提高理论素养
B. 错误，教师应该把自我提升作为首要目标
C. 正确，能把课上好就是优秀的教师
D. 正确，教育理念报告对教学实践没有任何帮助

22. 绘画活动中，廖老师对绘画能力强的嘟嘟关爱有加，对调皮捣蛋的齐齐则不理睬，廖老师的行为违反了师德规范要求中的( )

A. 关爱学生
B. 爱岗敬业
C. 为人师表
D. 终身学习

23. 小白老师是刚入职的新老师，今年刚从大学毕业。在工作中，她会虚心向同事请教，遇到问题时，会寻求幼儿专家的帮助。对于学生提出的问题，她也从不胡编乱造，信口开河。这说明小白老师可以做到( )

A. 团结协作
B. 因材施教
C. 严谨治学
D. 关爱学生

24. 孙老师认为爱国主义教育应从幼儿开始，她经常在班级里开展“我会唱国歌”“我爱祖国妈妈”“五星红旗”等主题活动，这表明孙老师在教学中能够做到(　　)(易混)

A. 爱岗敬业　　B. 终身学习　　C. 爱国守法　　D. 关爱幼儿

25. 涂鸦活动中，贝贝笔下的卢老师奇丑无比，有同伴讥笑贝贝，卢老师笑着对有些不高兴的贝贝说：“贝贝，你把我的头发画得卷卷的，挺好看的。”卢老师的行为体现了(　　)

A. 公正待生　　B. 正面激励　　C. 严于律己　　D. 严慈相济

26. 班主任卢老师发现，最近班级里的小朋友特别喜欢昆虫，于是特地开展了一节“认识昆虫”的活动。卢老师的做法体现了(　　)

A. 爱岗敬业　　B. 为人师表　　C. 教书育人　　D. 终身学习

27. 月月小朋友动作发展不协调，经常摔倒，针对这种情况，李老师给全班孩子讲了《一二三，自己爬起来》的故事，并加强孩子们在游戏中的平衡协调能力和腿部力量锻炼。这说明李老师做到了(　　)

A. 尊重学生　　B. 关注幼儿生活教育　　C. 关爱学生　　D. 为人师表

28. (　　)是教师的天职。教师要循循善诱，诲人不倦，因材施教。不以分数作为评价学生的唯一标准。

A. 关爱学生　　B. 为人师表　　C. 教书育人　　D. 爱岗敬业

29. 范老师常常在言辞间充满讽刺、挖苦，以此教育不听话的学生。范老师的行为(　　)

A. 正确，这是范老师认真负责的表现

B. 正确，范老师是为了学生好

C. 不正确，讽刺、挖苦学生的效果不好，可以选择让学生站着上课等措施

D. 不正确，这种行为违反了教师职业道德

30. 在一次班干部竞选中，家长给陈老师送礼，请求照顾一下自己的孩子，陈老师予以拒绝。陈老师的这种做法体现了(　　)

A. 廉洁从教　　B. 因材施教

C. 关爱学生　　D. 严慈相济

31. 刘校长派刚评上高级职称的谢老师去参加骨干教师培训，谢老师说：“谢谢领导，我已经评完高级职称了，参加培训的意义不大，就让年轻人去吧。”关于此事，下列说法中正确的是(　　)

A. 谢老师具有团队协作意识　　B. 谢老师具有专业发展意识

C. 谢老师缺乏终身学习的意识　　D. 谢老师缺乏课程建设的意识

32. 学校实施青年教师成长“导师制”，作为导师的李老师手把手地对青年教师进行“传”“帮”“带”。这体现了李老师(　　)

A. 廉洁从教，勤恳敬业　　B. 因材施教，乐于奉献

C. 团结协作，甘为人梯　　D. 治学严谨，勇于创新

33. 幼儿园大班的乔老师发现班里很多孩子都带了电子手表，便以学校规定学生不能带电子产品入园为由，将电子手表全部没收并拒绝归还。乔老师的做法违背了(　　)

A. 关爱学生　　B. 爱国守法　　C. 教书育人　　D. 终身学习

34. 疫情期间，某学校胡老师说：“教育管理部门不应该要求‘停课不停学’，我们实施起来太困难。”并且不予配合。这表明胡老师在教师职业道德方面没有做到(　　)(常考)

A. “庄严自持，内外若一”　　B. “知者必量其力所能至而从事焉”

C. “善为师者，既美其道，有慎其行”　　D. “不以一人疑天下，不以天下私一人”

35. 某校李老师对于教材内容不主动领会和吃透，反而经常从网上下载相关资料直接作为自己的教案，或者照抄其他老师的教案。上课的时候态度敷衍，教学方法单一，引起了学生的诸多不满。李老师这些行为主要违反的教师职业道德要求是(　　)

A. 廉洁从教　　B. 爱岗敬业

C. 以人为本　　D. 关爱学生

36. 某幼儿园放学接孩子时，朵朵妈妈迟到了半小时才来接，却发现朵朵不见了。经调查发现，原来班级里的沈老师等不到孩子的家长，便把孩子交给了同路的学生家长。下列说法正确的是(　　)

A. 教师为家长考虑，符合爱岗敬业的职业道德

B. 幼儿最终安全到家即可，不用大惊小怪

C. 家长不配合老师工作，应该给予教训

D. 教师不负责任，违背了爱岗敬业的职业道德

37. 孙老师常在表扬或批评学生时说：“你做得不错！要是像×××同学一样，可就惨啦！”“千万不要像×××同学一样！”“你就不能像×××同学一样表现好点吗？”孙老师的做法(　　)

A. 正确，能够培养学生的谦逊品质　　B. 正确，能够促进学生认识自己

C. 不正确，会伤害被比较的学生　　D. 不正确，应只与优秀学生比较

38. 张老师在幼儿园对小朋友态度亲和，耐心细致，她的工作获得了领导和家长的一致好评，小朋友也喜欢她，可是一回到家里，张老师就只想安静休息，不让家人开电视，稍不如意就会和家人吵架，常常弄得心力交瘁。下列说法正确的是(　　)(常考)

A. 张老师缺乏心理调适能力　　B. 张老师的家人缺乏体谅之心

C. 张老师的情绪反应很正常　　D. 张老师善于转移负面情绪

39. 教师在上课之前，对于教材上的一个字、一句话、一个例子、一个小实验、一句课堂指令的解释都要仔细斟酌、反复推敲，力求把每节课都上成精练的课、准确的课、精彩的课。这反映了教师(　　)的精神。

A. 寻弊索瑕和严格要求　　B. 努力学习和不断创新

C. 实事求是和摆正位置　　D. 严谨治学和精益求精

40. 梦晨同学今天心情不好，上课老走神，班主任当着全班同学的面说："你爸妈真会取名字，难怪生下来就不行，每天都做白日梦。"该班主任的做法主要违背了教师职业道德规范中的(　　)

A. 爱岗敬业　　B. 关爱学生　　C. 教书育人　　D. 为人师表

41. 有位学生将几片纸屑随意扔在走廊上，王老师路过顺手捡起并扔进垃圾桶，该学生满脸羞愧。王老师的行为体现的职业道德是(　　)

A. 热爱学生　　B. 爱岗敬业　　C. 为人师表　　D. 廉洁奉公

42. 贝贝是班级里的"富二代"，经常把高级昂贵的玩具带到学校，还常常向别的小朋友炫耀。作为贝贝的老师，你会(　　)

A. 批评贝贝，经常将玩具带到学校是不对的

B. 把贝贝的家长叫到幼儿园，让家长处理

C. 与贝贝谈心，让他认识到炫富的坏处

D. 不必理会，这是贝贝自己的事

43. 张老师在市舞蹈大赛中获得一等奖，在家长们的强烈要求下，她利用休息时间给部分学生培训舞蹈，并收取一定费用。这实际上违背了(　　)

A. 爱国敬业的职业道德　　B. 依法执教的职业道德

C. 严谨治学的职业道德　　D. 廉洁从教的职业道德

44. 黄老师到上海参加了教学技能培训活动，回来后教研组的其他老师想分享他的培训资料，遭到黄老师的拒绝。这种做法表明黄老师(　　)

A. 不能严谨治学　　B. 不能以身作则

C. 不能团结协作　　D. 不能爱岗敬业

45. 某教师一边要求幼儿安静地玩玩具，一边和同事聊天说笑。该教师的行为(　　)

A. 正确，应该培养幼儿安静玩耍的习惯　　B. 错误，应该小声聊天

C. 正确，利于融洽同事关系　　D. 错误，应该以身作则

46. 并不富裕的汪老师时常资助一些家庭经济困难的学生，还鼓励他们克服困难，在生活上给予他们切实的帮助。这体现了汪老师能够做到(　　)

A. 长善救失　　B. 严慈相济　　C. 因材施教　　D. 关爱学生

47. 于老师在课堂上被学生的一个问题难住。课后，她遍查资料，还专门请教了专家，最终详细地回复了学生。下列选项与该案例所体现的教师职业道德要求相符的是（　）

A.“言必信，行必果”

B.“知不足，然后能自反也；知困，然后能自强也”

C.“故君子之教喻也，道而弗牵，强而弗抑，开而弗达”

D.“君子知至学之难易，而知其美恶，然后能博喻，能博喻然后能为师”

48. 小茹说话有些口吃，常有同学嘲笑她。班主任付老师除教育学生要尊重小茹外，还指导小茹朗读，鼓励她坚持练习。后来，小茹在朗读比赛中获奖，人也渐渐开朗了。这表明付老师具有（　）

A. 维护课堂秩序的能力　　B. 严格要求学生的意识

C. 尊重关爱学生的情怀　　D. 严以律己的从教意识

49. 习近平总书记曾这样描述自己心中的好老师：“当老师，就要心无旁骛，甘守三尺讲台。”这主要是告诫教师要践行教师职业道德规范中的（　）要求。

A. 教书育人　　B. 爱岗敬业　　C. 爱国守法　　D. 终身学习

50. 下列教师行为中违背了关爱学生的职业道德规范的是（　）

A. 罗某经常以身体不适为由不到校上课

B. 王某在课堂上只向互动积极的学生提问

C. 周某与学生谈心了解学生的思想动态

D. 李某在课堂上发表与课程无关的言论

51. 同学们正在听孙老师讲故事，乐乐却偷偷地扯了一下糖糖的头发，糖糖疼得大叫。孙老师立即大声呵斥道：“乐乐，你不想听就出去！”“乐乐太坏了，以后同学们都别跟他玩。”孙老师的做法（　）

A. 合理，维护了教师的权威　　B. 不合理，侮辱了乐乐的人格

C. 合理，保护了糖糖的健康　　D. 不合理，破坏了课堂学习氛围

52. 黄老师在组织教学活动过程中，注重培养学生正确的审美观和健康向上的人格。这是黄老师遵守（　）职业道德规范的表现。

A. 教书育人　　B. 为人师表　　C. 团结协作　　D. 宽严相济

53. 李老师尽管从教多年，但每次备课依然一丝不苟，同一节课在不同的班级往往采取不同的授课方式。下列对李老师行为的评析，不恰当的是（　）

A. 因材施教　　B. 严谨治学　　C. 严慈相济　　D. 潜心钻研

54. 园长让李老师策划大班毕业典礼活动，李老师积极沟通，多方征求意见，加班加点也毫无怨言，最终拿出了一份令大家都非常满意的活动方案。李老师这一做法体现了其（ ）

A. 教书育人　　B. 爱岗敬业　　C. 为人师表　　D. 爱国守法

55. 小海的家长给刘老师送来贵重礼品，拜托刘老师在日常生活与教学中多多关注小海，刘老师收下了礼品并承诺会额外关注小海。刘老师的做法（ ）（常考）

A. 体现了礼尚往来的良好品德　　B. 体现了关爱学生的教育情怀

C. 反映了他利用职权谋取私利　　D. 反映了他忽视学生主体意愿

56. 一位教师说："我因为热爱自己的教师职业，把自己的收入也拿来助学，没钱时我就出力。"该教师践行的职业道德规范是（ ）

A. 爱国守法　　B. 爱岗敬业　　C. 热爱学术　　D. 教书育人

57. 最美教师张丽莉在失控的汽车冲向学生时，一把推开好几个学生，自己却被车轮碾压，造成双腿高位截肢。这最能体现《中小学教师职业道德规范（2008 年修订）》中的（ ）

A. 爱岗敬业　　B. 关爱学生　　C. 教书育人　　D. 为人师表

58. 还有半年就要退休的郑老师仍在学校仅凭经验带头上示范课，对徒弟要求严格，以致个别徒弟对其心存抱怨。下列关于郑老师行为的说法中不正确的是（ ）

A. 爱岗敬业　　B. 与时俱进　　C. 甘为人梯　　D. 勤恳乐教

59. 在汶川特大地震中，大批教师为保护学生的生命安全做出了重大贡献，甚至付出了巨大的牺牲。这说明这些教师遵循了（ ）的师德规范。

A. 甘于平凡　　B. 敬业乐教　　C. 关爱学生　　D. 积极进取

60. 在教育教学活动中，教师对学生的不良行为视而不见、不问不管。这种行为违反的是现行《中小学教师职业道德规范》中的（ ）

A. 关爱学生　　B. 爱岗敬业　　C. 教书育人　　D. 为人师表

61. 唐代韩愈提出"以身立教"，才能"其身亡而其教存"。这在教师职业道德中是指（ ）

A. 学而不厌，诲人不倦　　B. 关爱学生，因材施教

C. 以身作则，为人师表　　D. 爱岗敬业，终身学习

62. 为人师表是师德规范的重要内容，著名教育家叶圣陶也曾说："教育工作者的全部工作就是为人师表。"下列选项中，与"为人师表"的内涵一致的是（ ）

A. "学为人师，行为世范"　　B. "凡学之道，严师为难"

C. "德无常师，主善为师"　　D. "仰之弥高，钻之弥坚"

63. 四十多岁的王老师又一次拒绝了学校要他参加培训的安排，并说："我都快退休了，还学什么！"这表明王老师缺乏(　　)

A. 终身学习的理念　　B. 热爱学生的情怀

C. 诲人不倦的品格　　D. 严谨治学的精神

64. 以前人们说："要给学生一杯水，教师要有一桶水。"但现在人们又说："要给学生一杯水，教师要有一眼泉。"这要求教师严格遵守教师职业道德规范中的(　　)

A. 关爱学生　　B. 终身学习

C. 依法执教　　D. 爱岗敬业

65. 马老师从教20多年，教学经验十分丰富，平时积极参加教师培训，创新教学方法，以不断提高自己的职业素养和教学水平。马老师的行为体现的教师职业道德是(　　)(常考)

A. 严谨治学　　B. 关爱学生

C. 终身学习　　D. 为人师表

66. 下列情形中，违反依法执教要求的是(　　)

A. 甲教育局要求辖区内所有的学生在播放国歌和升国旗时都要行注目礼

B. 乙学校要求本校所有的学生在上课期间都穿着校服

C. 教师丙在教师节期间收取学生家长赠送的购物卡

D. 教师丁在课堂上教授学生识别低俗、诈骗网站的方法

67. 宋老师发现有的学生常将"鸟"和"乌"混淆，就编了首儿歌："小鸟小鸟有眼睛，没有眼睛看不见。"他创编了很多类似的儿歌，对学生识字有很大帮助。宋老师的做法体现的师德规范是(　　)

A. 廉洁从教　　B. 公正待生　　C. 探索创新　　D. 举止文明

二、材料分析题(每小题14分，参考时限10分钟。共6小题)

1. 材料：

一天上午，晓轩突然在教室里大叫起来："陈老师，我新买的钢笔不见了。"这时，很多同学把怀疑的目光转向小明，有的想要打开他的书包检查，小明一边说"我没拿"，一边推开同学们的手。我大概知道是怎么回事了，因为班上同学丢的几件东西都是在小明那里找到的，我安慰了一下晓轩，然后让大家安静下来，说："晓轩的钢笔肯定会找回来的，现在大家先安心上课。"中午，小明悄悄来到办公室，递给我一支钢笔，我问他："这是晓轩的钢笔吗？"他点头。我又问他："你为什么要拿他的钢笔呢？"他说："这支钢笔很漂亮。"我说："东西再漂亮也是别人的，没有经过别人的同意，不能拿别人的东西，你知道吗？"小明惭愧地点点头。经过调查我发现，小明平时去亲朋好友家里，想要什么东西都可以随便拿，久而久之，养成了"顺手牵羊"的坏毛病。就此，我多次跟小明的父母沟通，要求家长不要溺爱孩子，帮助孩子意识到，不是自己的东西不能随便

拿。我还在班上组织班会活动，让大家熟练掌握向别人借东西的礼貌用语。经过不断的努力，小明终于改掉了乱拿别人东西的不良习惯。

问题：请结合材料，从教师职业道德的角度，评析陈老师的教育行为。

2. **材料**：

中(1)班区域活动时间，厨房的“小厨师”正在用橡皮泥做蛋糕、包饺子，突然有一个“小厨师”来找方老师告状，说星星抢了许多小朋友的橡皮泥，还故意把它们乱七八糟地混在一起。方老师看到后问星星：“你自己也有橡皮泥，为什么又要拿别人的呢？”星星说：“我想做个粽子，可没有棕色橡皮泥呀。”方老师说：“你拿了别人的橡皮泥，别人就没法玩了！”星星认识到了自己的错误，不好意思地低下头说：“我是想用调颜料的方法，用不同颜色的橡皮泥调出棕色的橡皮泥。”方老师鼓励说：“这主意很好啊，有创意，你可不可以试试问问旁边的小朋友愿不愿意把橡皮泥借给你，然后再做粽子呢？”得到老师的鼓励后，星星询问了旁边小朋友的意见，得到肯定答复后，兴致勃勃地做完了粽子，并把粽子与小朋友们分享。

问题：请结合材料，从教师职业道德的角度，评析方老师的教育行为。

3. 材料：

体育课上，老师教小朋友们玩“老鹰抓小鸡”的游戏，王老师当老鹰，刘老师当鸡妈妈，小朋友们当小鸡，明明在游戏开始的时候，就一直乱跑，不遵守游戏规则，还拽其他小朋友的衣服，影响了游戏的进行，于是王老师一把将明明扯到了旁边，罚他站在墙角，今天的午饭也不能吃，并且大声地对其他小朋友说：“明明老是捣乱，我们今天都不要理他了。”

问题：请结合材料，从教师职业道德的角度，评析王老师的教育行为。

4. 材料：

学校组织秋游，关老师带领学生到动物园参观。大家参观猴山时发现老猴子抢小猴子的东西吃，于是纷纷议论“它怎么不爱护小猴子呢”“老猴子怎么抢小猴子的东西吃呢”“猴子又不是人”“人有时候也会抢东西吃”……听着同学们的议论，关老师若有所思。

返校后，关老师组织全班同学进行讨论，同学们踊跃发言：“老猴子抢小猴子的东西吃就是不对。”“《动物世界》里面说，这是动物的生存竞争，属于动物的本能，无所谓好坏。”“动物间可以这样，我们人可不能这样。”“对！动物之间可以抢东西吃，但人不能，因为人类社会是讲文明的。”

关老师赞同道：“我们要尊老爱幼。”小松站起来追问道：“有的人捕杀猴子，卖到酒店去，他们这样做，对吗？”关老师回答：“他们这样做是不对的，爱护动物是我们每一个人的责任，我们不

能仅停留在保护动物的口号上，而应思考如何与动物和谐相处，做一个负责任、有爱心的人。”

问题：请结合材料，从教师职业道德的角度，评析关老师的教育行为。

5. **材料**：

活动开始了，蔡老师请幼儿轻轻地搬椅子到老师身旁来。这时，有的幼儿抱着椅子，有的幼儿推着椅子，有的幼儿拖着椅子往老师身边挤，活动室一片混乱。看到这幅情景，蔡老师轻轻地走到一位推着椅子的幼儿跟前，抱起他的椅子，说：“哎呀，小椅子，对不起，你的腿很疼，是吗？我帮你揉揉。”蔡老师充满关爱的神情和言语引起了幼儿的注意，活动室一下子静了下来。“老师，我不推椅子了。”“老师，我会抱起椅子的。”推着椅子和拖着椅子的幼儿小心翼翼地抱起椅子走到老师身边，轻轻地将椅子放下。蔡老师做出询问小椅子的样子，说：“现在椅子很高兴，它说谢谢大家爱护它。”

问题：请结合材料，从教师职业道德的角度，评析蔡老师的教育行为。

6. 材料：

徐老师的班上新来了一个男孩，不爱说话，更没有笑声。徐老师问他叫什么名字，他只会摇头。通过和家长交谈，徐老师知道这个名叫晓天的幼儿从小失去了母亲，爸爸忙于生计也无暇顾及他，所以晓天性格孤僻，语言表达能力很差，动作发育迟缓。

了解到晓天的身世后，徐老师更加关心晓天，在教室里为他专门准备了开发智力的玩具。还亲手为他编织毛衣，徐老师经常亲切地跟晓天说话，教他练习发音，以提高其语言表达能力；利用图片和图书给他讲故事，以提高其理解能力；跟他一起堆积木、折纸，以提高其动手能力。徐老师还指导晓天的爸爸在家里如何对孩子进行早期智力训练。

时间一天天过去，渐渐地，晓天的眼睛亮了，能与人进行简单的交谈了，脸上也常挂着微笑。

问题：请结合材料，从教师职业道德的角度，评价徐老师的保教行为。

专题二　教师的职业行为

链接答案本 P323

单项选择题（每小题 2 分，共 35 小题。参考时限 50 分钟）

1. 张老师为了提高学生学习语言的兴趣，设计了“童话故事大比拼”“故事续写”等一系列活动，让学生在活动中主动学习。张老师的做法体现的教师劳动特点是（　　）（易混）

A. 长期性　　B. 示范性　　C. 主体性　　D. 创造性

2. 李老师在班里开展“大家一起找优点”活动，要求学生准备“优点记录本”，既记录自己的优点，也记录同学的优点。李老师的做法（　　）

A. 不恰当，将导致学生的盲目自信　　B. 不恰当，将导致学生报喜不报忧

C. 恰当，能激励学生不断进步　　D. 恰当，能减少班主任工作量

3. 国庆节前夕，幼儿园组织教师参加市里的政治宣传活动，但徐老师认为自己不是党员，没有必要参加。徐老师的做法违背了（　　）

A. 教师教学行为规范　　B. 教师思想行为规范

C. 教师人际行为规范　　D. 教师仪表行为规范

4. 王老师与同事之间相互尊重、相互理解、相互学习、相互帮助……在解决学生学习和纪律问题时，王老师很重视其他教师的意见。这种做法（　　）

A. 正确，有利于处理好师生关系

B. 错误，王老师这样做缺乏主见

C. 正确，是一种良好的师师互动关系

D. 错误，教师间缺乏竞争意识，不利于教师专业发展

5. 钱老师和孙老师都准备参加市里举办的优秀教师评选大赛，钱老师是首次参加，于是向经验丰富的孙老师请教，孙老师借口说自己家里忙拒绝了帮忙。孙老师的做法表明她（　　）

A. 具有帮助同事自我创新的意识　　B. 缺乏尊重别人的品质

C. 具有促进同事自主发展的意识　　D. 缺乏与同事互助合作的精神

6. 张老师在上课前喜欢在教室巡视一遍，看到垃圾就捡起来，看到黑板没擦干净就自己动手擦。久而久之，班上的卫生状况也变好了，这体现了教师劳动的（　　）

A. 示范性　　B. 连续性　　C. 长久性　　D. 创造性

7. 皮皮在幼儿园咬伤了同学，皮皮爸爸来幼儿园接皮皮时，班主任陶老师当着众人的面说："这是皮皮第二次咬伤同学了，你到底会不会教育孩子呀！"陶老师的语言（　　）

A. 合理，符合师德要求，无可厚非

B. 合理，教育幼儿是家长的责任

C. 不合理，生活能力的培养应由老师负责

D. 不合理，王老师应该注意与家长沟通的方式

8. 邹老师是新入职的老师，平时在生活中对幼儿无微不至，课前认真备课，教学中积极开展丰富的教学活动。但是一次户外活动时，跳跳不小心摔倒，磕破了膝盖，邹老师处理过后还是留下了伤疤。第二天，跳跳的父母来幼儿园大闹一场，让邹老师很丢脸。邹老师回到教室后，便对班里的孩子说："平时好好跟你们说注意安全，非不听，你们都没长耳朵吗？"邹老师的行为（　　）

A. 不合理，教师应该接受家长的意见

B. 不合理，邹老师缺乏心理调适能力

C. 合理，邹老师善于转移自己的负面情绪

D. 合理，邹老师在表达自己的真实感受

9. 军军在吃饭的时候总是将蔬菜扔在地上，只吃自己喜欢的米饭和肉，韩老师看到后，严厉批评了军军，使军军改掉了不吃蔬菜的习惯。韩老师的做法（　　）（易错）

A. 不合理，没有做到严慈相济　　B. 不合理，应该让军军的父母管教

C. 合理，帮助军军改掉了坏习惯　　D. 合理，教师可以教育学生

10. 万老师脾气急躁，有一次打了小夏同学一巴掌，小夏的母亲第二天来学校找万老师，如果你是万老师，你会（　　）

A. 告诉小夏母亲自己打小夏的理由

B. 不理会，因为自己情绪控制不好可能会与她吵起来

C. 在小夏面前告诉其家长小夏如何不好好学习

D. 特别注意控制自己的情绪，向小夏及其母亲道歉

11. 刚参加工作的丁老师积极找有经验的老师请教教学方法，还经常主动听其他老师的课，但在实

际教学过程中，丁老师发现这些方法对自己并不适用。这主要是因为丁老师无视教学工作的(　　)

A. 技巧性　　B. 复杂性　　C. 系统性　　D. 经验性

12. 教师要处理好与学生家长的关系，以下方式不正确的是(　　)

A. 主动加强联系，谋求共同立场　　B. 尊重并且迁就，待人公正平等

C. 征求意见建议，谋求支持配合　　D. 教育学生尊重家长，提高父母威信

13. 段老师一直在关爱学生、严谨从教、待人和善等方面严格要求自己，但有时却穿着拖鞋上课，经常不修边幅。对段老师职业修养最恰当的评价是(　　)

A. 值得肯定，师德修养重在内在品质，与仪表修饰无关

B. 有待改善，师德修养是内在品质与仪表修饰的结合

C. 无可非议，仪表随意是个性的表现

D. 无关紧要，上好课才是最重要的

14. 刚参加完培训的张老师自费将培训资料复印给同事，并将自己的心得与同事分享。下列说法正确的是(　　)

A. 张老师富有循循善诱的品德　　B. 张老师富有团结协作的精神

C. 张老师注重业务能力的提高　　D. 张老师重视专业素养的提升

15. 方老师工作勤奋，为人直爽，教学能力也极强，但经常和同事发生矛盾冲突，甚至和有的教师已经发展到了互不理睬的地步。方老师应该(　　)

A. 不予理睬，只需关注教学质量　　B. 反思自我，加强与同事的沟通

C. 无须改变，继续保持独特个性　　D. 避免冲突，减少与同事的来往

16. 刚参加工作的彭老师买了许多关于班主任工作的“处方”类书籍，阅读后信心十足地开展班主任工作。但他发现这些攻略并不管用。他充满困惑，不断地问自己，问题出在哪呢？彭老师忽视的是(　　)

A. 班主任工作的技巧性　　B. 班主任工作的复杂性

C. 班主任工作的反思性　　D. 班主任工作的经验性

17. 当一位新入职的老师向经验丰富的林老师借教案上课时，林老师拒绝道：“我的教案不一定适合你，不过，这个周末我们可以一起来探讨。”这表明林老师(　　)(易错)

A. 缺乏良性竞争的能力　　B. 善于保护自己的隐私

C. 注意帮助同事的方法　　D. 缺乏团结协作精神

18. 苏老师发现，承担本班教学任务的林老师有对幼儿罚站的行为。面对这种情况，苏老师应该(　　)

A. 严厉批评林老师，责令其立即改正

B. 耐心与林老师交流，探讨更好的学生管理办法

C. 学习借鉴林老师的做法，提升自己的课堂管理能力

D. 尊重林老师的主动权，不干预林老师的这种课堂管理行为

19. 大班的李凡经常在上课的时候捣乱，注意力差，还总是影响其他小朋友。班主任召开家长会时说："我们班有几个像李凡这样的孩子，不好好学习，他们今后的发展很令人担忧啊！"这位班主任的做法(　　)

A. 不恰当，应私下提醒家长做好心理准备　　B. 不恰当，应综合评价之后再与家长沟通

C. 恰当，能帮助家长正确预期孩子的发展　　D. 恰当，能帮助李凡等学生准确定位自己

20. 在户外活动中，贝贝每次玩"跳房子"的游戏时都停不稳，小朋友们都笑话他。李老师说："贝贝虽然没停稳，但他勇敢地进行了尝试。"李老师的行为(　　)(常考)

A. 不正确，不利于贝贝自主发展　　B. 不正确，因为贝贝没有完成任务

C. 正确，对贝贝进行正面鼓励　　D. 正确，没有嘲笑贝贝

21. 针对已有教学方法的不足，李老师提出并在实践中不断完善情境教学法，取得了良好的成效，这充分体现了李老师(　　)

A. 学科知识扎实　　B. 具有奉献精神

C. 勇于探索创新　　D. 关心爱护学生

22. 夏老师工作很努力，教学能力强，业余时间经常自学教育教学理论和专业知识，但他对教学能力差的同事不屑一顾，致使一些老师不愿意搭理他。夏老师应该(　　)

A. 置之不理，继续提高自己的教学水平　　B. 反思自己，想办法改善与同事的关系

C. 团结同事，降低自身专业发展的要求　　D. 减少往来，避免与同事发生正面冲突

23. 某校实施了"师徒制"，经验丰富的吴老师对新入职的蒋老师进行帮助时，要做到(　　)

A. 尊重同事，等蒋老师请教时才进行指导

B. 主动指导，和蒋老师商讨并确定教学方案

C. 推门听课，发现不妥之处及时在课堂上纠正

D. 充分信任，让蒋老师独自探索并积累教学经验

24. 放学时，小张把小蕊的新裙子弄脏了，小蕊哭着回了家，当晚班主任便接到小蕊妈妈的电话，要求老师必须处理好此事。下列处理方法中最适当的是(　　)

A. 直接跟家长解释清楚，请家长谅解

B. 找小张了解情况，引导其主动向小蕊道歉

C. 找来双方家长，向家长说明情况，希望双方能互相理解

D. 找来小张家长，让家长知道孩子的表现，回家对孩子进行教育

25. 幼儿园教师既要承担保育的工作，又要承担教育教学的任务；既要负责儿童的学习，又要负责儿童的生活。这体现了幼儿园教师劳动的(　　)

A. 创造性　　B. 全面性　　C. 主动性　　D. 单一性

26. 特级教师李老师经常去听年轻老师的课并给予指导。一次听孙老师上课时，李老师发现孙老师对某个知识点的讲解存在偏差，便当场打断教学予以纠正。这说明李老师(　　)

A. 帮扶心切，严慈相济　　B. 甘为人梯，示范失当

C. 教学严谨，循循善诱　　D. 严于律己，缺乏尊重

27. 班主任李老师在利用现代通信方式联系家长的同时，坚持定期家访，研究学生个性特点，制定班级管理规则。对于李老师的做法，下列说法不正确的是(　　)

A. 管理班级实现了优化高效　　B. 注重教师专业能力提升

C. 教育学生做到了因材施教　　D. 注重家校沟通的多元化

28. 姜老师听到晓成等几个学生说不喜欢自己，更喜欢别的班主任，因此对他们总是没有好脸色，经常当众斥责或罚站。这表明姜老师没有(　　)

A. 严格要求学生　　B. 维护课堂秩序　　C. 调整自我心态　　D. 督促学生学习

29. 在课堂上，余老师注重激发学生对所学内容进行讨论，从中发现他们不懂的问题，然后有针对性地进行讲解，形成了一种“问题导向”的教学模式。下面对余老师教学行为的描述不正确的是(　　)

A. 余老师善用信息技术　　B. 余老师注重改革创新

C. 余老师善于教学重构　　D. 余老师勤于教学反思

30. 班主任王老师在班上开展“悦读悦享”活动，与同学们同读一本书，经常将自己的“阅读心得”与同学们分享。下列分析不恰当的是(　　)

A. 王老师注重师生同读互促，率先垂范　　B. 王老师注重营造读书氛围，激趣启智

C. 王老师注重学习，不断提升自我素养　　D. 王老师注重公正，对同学们一视同仁

31. 本学期，班主任方老师组织学生开展了多次防火、防灾及交通安全等主题演练活动。这表明方老师(　　)(易错)

A. 善于倾听学生的心声　　B. 重视学生的亲身体验

C. 注重学生的自由发展　　D. 重视培养学生施救意识

32. 数学老师小段多才多艺，在文体活动等方面给各个班级许多帮助，受到同事好评。这表明段老师具有(　　)

A. 因材施教能力　　B. 团结协作精神　　C. 严谨治学意识　　D. 课堂教学素养

33. 欢欢的妈妈是幼儿园园长的好朋友。带班的何老师知道后，在课堂教学中给予欢欢更多表现的机会，并让其担任小助手。何老师的行为(　　)

A. 有利于促进家园合作　　B. 有利于履行教师职责

C. 影响了其他幼儿的成长　　D. 影响了园长的廉洁从教

34. 小红怀疑同桌小刚偷拿了她新买的文具盒，并报告了老师，老师让班干部搜查小刚的书包和抽屉。小刚再三辩白，拒绝被搜。该老师的做法(　　)

A. 错误，应该充分尊重信任小刚　　B. 错误，应该搜查所有学生的书包

C. 错误，应不当着学生的面搜查　　D. 错误，应该通知学生家长再搜查

35. 部分家长认为教育孩子是教师的事情，自己可以不管孩子。对此，教师的下列做法正确的是(　　)

A. 引导家长一同做好教育工作　　B. 责怪家长对孩子教育不负责任

C. 放弃合作，自己好好教育学生　　D. 给予理解，家长教育能力有限

第四章　文化素养

- 文化素养
  - 历史素养
    - 中国古代史
      - 原始社会★★
      - 封建社会★★
    - 中国近代史
      - 旧民主主义革命时期★★
      - 新民主主义革命时期★
    - 中国现代史
      - 社会主义过渡时期★
      - 社会主义现代化建设曲折前进
    - 世界历史
      - 世界古代史★
      - 世界近代史
        - 文艺复兴
        - 地理大发现
        - 启蒙运动
        - 近代资本主义国家的发展★
        - 科学社会主义的诞生
        - 第一次世界大战★
  - 科学素养
    - 中国古代科技成就
      - 四大发明
      - 天文历法成就★
      - 数学物理成就
      - 农业、手工业成就★★
      - 医学成就★
      - 地理学成就
    - 中国近现代科技成就
      - 国防建设成就
      - 航空航天成就
      - 生物学和医学成就
      - 信息技术成就
      - 航海科考成就★
      - 其他成就

- 文化素养
  - 科学素养
    - 西方科技成就
      - 近代科学家及其成就
        - 天文学成就★
        - 物理学成就
        - 化学成就★
        - 生物学和医学成就
      - 三次科技革命成果
    - 生活科学常识
      - 物理常识★★
      - 化学常识
      - 天文地理常识★★★
      - 生物常识★★
      - 安全常识★★
      - 气象灾害预警信号
  - 传统文化素养
    - 传统思想
    - 天文历法★
    - 节日习俗
    - 历史典故与人物★★
    - 古代启蒙教育★
    - 古代特殊称谓★
    - 文化遗产
  - 文学素养
    - 中国文学
      - 上古神话、先秦文学、两汉文学、魏晋南北朝文学★★
      - 唐代文学、宋代文学、元代文学★
      - 明代文学、清代文学★
      - 现当代文学
    - 外国文学
      - 古希腊、古罗马文学
      - 文艺复兴时期文学
      - 十七世纪文学、启蒙文学
      - 十九世纪文学★
      - 二十世纪文学★
    - 中外儿童文学作品★★
  - 艺术素养
    - 书法★
    - 绘画
      - 中国绘画★
      - 外国绘画★
    - 雕塑
      - 中国雕塑
      - 外国雕塑
    - 建筑
      - 中国建筑★
      - 外国建筑
    - 音乐
      - 基本乐理知识★
      - 中国音乐★
      - 外国音乐★
    - 戏曲★
    - 电影与动画
      - 电影常识★
      - 中国电影与动画★
      - 外国电影与动画★★

刷真题

链接答案本 P328

单项选择题(每小题2分,共60小题。参考时限90分钟)

1. [2023 上半年]青蛙属于脊索动物门两栖纲的动物,成体青蛙已有肺,但在冬眠时,其呼吸主要依靠的是(　　)

A. 舌头　　B. 眼睛　　C. 皮肤　　D. 心脏

2. [2023 上半年]科学发现可以通过观察实验得到,也可以通过理论推算得到。1846 年,法国天文学家勒威耶和英国天文学家亚当斯根据天体力学理论,几乎同时计算出一颗新行星的位置,这颗新行星是(　　)

A. 火星　　B. 木星　　C. 海王星　　D. 天王星

3. [2023 上半年]在 1934 年 10 月,中央红军和中共中央机关实施战略性转移,开始长征,历经艰难险阻,红一、四方面军在甘肃会宁胜利会师。这次会师的时间是(　　)

A. 1935 年 8 月　　B. 1935 年 10 月　　C. 1936 年 8 月　　D. 1936 年 10 月

4. [2023 上半年]现代作家张天翼在其写作生涯后期,以儿童文学创作为主,著有多部童话作品。下列选项中,不属于其作品的是(　　)

A.《稻草人》　　B.《金鸭帝国》

C.《大林和小林》　　D.《宝葫芦的秘密》

5. [2022 下半年]星星眨巴眼睛,让人产生无限联想。繁星闪烁这一现象出现的原因是(　　)

A. 星星距离遥远　　B. 人看星星时不停眨眼

C. 星星不断运动　　D. 大气密度不断变化

6. [2022 下半年]安全标志是表达特定安全信息的标志,由图形符号、安全色以及形状或文字构成,用于公共场所、工业企业、建筑工地和其他有必要提醒人们注意安全的场所,指导人们采取合理行为。下列安全标志中,表示"当心夹手"标志的是(　　)

A.　　B.　　C.　　D.

7. [2022 下半年]国歌是代表国家的歌曲,以鼓舞爱国主义精神行为为主题,往往能反映一个国家的历史。下列历史事件中,与法国国歌《马赛曲》的诞生相关的是(　　)

A. 普法战争　　B. 法国大革命

C. 英法百年战争　　D. 拿破仑远征俄国

8. [2022 下半年]要教育儿童从小热爱英雄、尊敬英雄、学习英雄,如果给孩子们讲述民族英雄抗击倭寇的故事,下列人物事迹可作为讲述内容的是( )

A. 霍去病 B. 文天祥 C. 戚继光 D. 林则徐

9. [2022 下半年]果戈理是 19 世纪俄国著名作家,其作品对俄国现实主义文学的发展影响很大,下列选项中,不属于果戈理作品的是( )

A.《变色龙》 B.《死魂灵》 C.《外套》 D.《钦差大臣》

10. [2022 下半年]"小刺猬,去理发,嚓嚓嚓,嚓嚓嚓,理完头发瞧瞧他,不是小刺猬,是个小娃娃。"这首儿歌的作者是( )(易错)

A. 鲁兵 B. 乔羽 C. 柯岩 D. 任溶溶

11. [2022 下半年]毕加索是著名艺术家,其著名作品有《格尔尼卡》《和平鸽》等,毕加索的国籍是( )

A. 德国 B. 荷兰 C. 葡萄牙 D. 西班牙

12. [2022 上半年]罕见病是一类患病率极低的疾病,但由于种类很多,而且我国人口基数庞大,因此罕见病患者并不罕见。下列选项中,俗称为"月亮孩子"的罕见病是( )

A. 白化病 B. 戈谢病 C. 血友病 D. 脆骨症

13. [2022 上半年]阿尔卑斯山脉是欧洲最高大的山脉,其主干向东延伸为喀尔巴阡山脉,向东南延伸为迪纳拉山脉,向南延伸为亚平宁山脉,向西南延伸为比利牛斯山脉。下列选项中,境内没有阿尔卑斯山脉及其支脉的国家是( )

A. 法国 B. 意大利 C. 瑞士 D. 挪威

14. [2022 上半年]"小满"是二十四节气之一,这时,江南大麦进入黄熟期,油菜籽成熟,蚕开始结茧,古时有"小满动三车"的习俗。下列选项中,不属于"三车"的是( )(常考)

A. 纺车 B. 滑车 C. 油车 D. 水车

15. [2022 上半年]理学,也叫道学,是宋明儒家哲学思想,影响深远。很多思想家为理学的形成和发展作出了重要贡献。下列理学家中,人称"濂溪先生"的是( )

A. 周敦颐 B. 邵雍 C. 程颢 D. 王守仁

16. [2022 上半年]《小布头奇遇记》描写布娃娃"小布头"偶然从城里来到乡下,经历了种种奇遇,开阔了眼界,懂得了许多道理。这部童话的作者是( )

A. 严文井 B. 张天翼 C. 孙幼军 D. 曹文轩

17. [2021 下半年]很多运动项目常常是遵循科学原理而设计的,下面是一幅撑竿跳高图,撑竿跳

高应用的主要科学原理是( )

A. 重力的原理 B. 浮力的原理 C. 弹力的原理 D. 磁力的原理

18. [2021 下半年]罕见病是一种患病率极低的疾病,但由于种类很多,而且我国人口基数庞大,因此罕见病患者并不罕见。下列选项中,俗称为“瓷娃娃”的罕见病是( )(常考)

A. 脆骨症 B. 白化病 C. 血友病 D. 戈谢病

19. [2021 下半年]1927 年,毛泽东领导武装起义后,率领部队到井冈山地区创建了革命根据地,将武装斗争的重心从城市转移到农村,迈出了中国革命的关键一步。这次起义是( )

A. 南昌起义 B. 秋收起义 C. 广州起义 D. 百色起义

20. [2021 下半年]古代中国历来重视农业,关于农业的书籍很多,下列著作与作者对应不正确的是( )(易错)

A.《氾胜之书》——王祯 B.《齐民要术》——贾思勰

C.《四民月令》——崔寔 D.《农政全书》——徐光启

21. [2021 下半年]迪士尼是美国动画片的艺术先驱,一生共获 26 项奥斯卡金像奖。其作品想象力丰富,动画造型与音乐结合完美,他摄制的作品中,为世界第一部长篇动画的是( )

A.《威利号汽船》 B.《木偶奇遇记》

C.《三只小猪》 D.《白雪公主和七个小矮人》

22. [2021 上半年]郑和下西洋是中国航海史上的壮举,加强了中国与世界其他国家的联系,也显示了中国明朝高超的造船技术和航海技术。下列选项中,郑和下西洋到达最远的地方是( )

A. 东南亚一带 B. 非洲西岸和西班牙一带

C. 地中海一带 D. 非洲东海岸和红海一带

23. [2021 上半年]年号是中国历代帝王用以纪年的名称,起源于汉代,为皇帝当政的时代标志。下列选项中,年号与帝王对应错误的是( )(易混)

A. 贞观—李世民 B. 开元—李隆基

C. 洪武—朱元璋 D. 永乐—朱翊钧

24. [2021 上半年]“小人国”“大人国”的故事富于想象,出自 18 世纪英国作家斯威夫特的一部小

说。这部小说是(　　)

A.《海的女儿》　　B.《格列佛游记》

C.《鲁滨逊漂流记》　　D.《汤姆·索亚历险记》

25.[2021 上半年]中国古代儿童玩具千姿百态,蕴含着深厚的文化底蕴和灿烂的民族智慧之光。下列选项中,不属于中国古代儿童玩具的是(　　)

A.七巧板　　B.九连环　　C.魔方　　D.陀螺

26.[2021 上半年]下列历史人物中,与成语“相煎何急”直接相关的是(　　)

A.班固与班超　　B.廉颇与蔺相如

C.曹丕与曹植　　D.周瑜与诸葛亮

27.[2021 上半年]中国画要求“意存笔先,画尽意在”,做到以形写神,形神兼备。右图所示画作的作者是(　　)

A.徐悲鸿　　B.黄宾虹

C.齐白石　　D.丰子恺

28.[2020 下半年]“三皇五帝”是中国古代文明形成过程中几大发展阶段中的代表人物,孙中山诗句“中华开国五千年,神州轩辕自古传”中的该人物是指(　　)

A.黄帝　　B.炎帝　　C.尧　　D.禹

29.[2020 下半年]19 世纪中后期,洋务派认为自强以练兵为要,练兵以制器为先,下列选项中体现制器为先的是(　　)

A.兴办新式学堂　　B.创办民用工业　　C.创办军事工业　　D.派留学生出国

30.[2020 下半年]海市蜃楼是在剧烈的温度梯度下,在沙漠或者水平面形成的。形成海市蜃楼的光学现象是(　　)

A.光的反射　　B.衍射　　C.光的直射　　D.光的折射

31.[2020 下半年]遗传一般指亲代的性状又在下代中出现,对植物、动物遗传起决定作用的是(　　)

A.蛋白质　　B.多糖　　C.DNA　　D.多肽

32.[2020 下半年]童话是儿童文学特有的文学样式,下面图片是哪一部童话作品(　　)

A.《拇指姑娘》　　B.《白雪公主》　　C.《睡美人》　　D.《灰姑娘》

33. [2020 下半年]秦始皇建立中央集权制之后，统一了度量衡和币制，实行车同轨、书同文，统一规范的字体是(　　)

A. 大篆　　B. 小篆　　C. 隶书　　D. 楷书

34. [2019 下半年]我国医学历史悠久，很早就有了中医学理论，后世不断丰富和发展，产生了许多中医学著作。要通过一本中医学著作了解我国古代在药物学、生物学、矿物学、化学等诸多科学领域的成就，下列选项中适合的是(　　)

A.《黄帝内经》　　B.《伤寒杂病论》　　C.《千金方》　　D.《本草纲目》

35. [2019 下半年]盆地的主要特征是四周高(山地或高原)、中部低(平原或丘陵)。下列盆地中，海拔高度低于海平面的是(　　)(易混)

A. 柴达木盆地　　B. 四川盆地　　C. 吐鲁番盆地　　D. 塔里木盆地

36. [2019 下半年]1979 年，我国第一艘航天测量船投入使用，成为世界上第四个拥有远洋航天测量船的国家。该航天测量船的名称是(　　)

A. 大洋一号　　B. 远望一号　　C. 东方红一号　　D. 向阳红一号

37. [2019 下半年]"冬不穿白，夏不穿黑"是人们在实践中总结出来的生活经验，它体现的科学常识是(　　)

A. 太阳光的吸收与反射　　B. 冬夏雨水的变化规律

C. 颜色搭配的视觉效果　　D. 冬夏景物的巨大变化

38. [2019 下半年]邻近的水龙头放水时，自来水管偶尔会发出阵阵响声。其原因是(　　)

A. 自来水管内水的流动声　　B. 自来水管与流动的水碰撞

C. 水龙头拧紧阻碍了水流动　　D. 水冲出时与水管共振

39. [2019 上半年]小行星带是太阳系内的一个小行星密集区域，聚集了大约 50 万颗以上的小行星，它所在的位置是(　　)

A. 金星轨道和地球轨道之间　　B. 地球轨道和火星轨道之间

C. 火星轨道和木星轨道之间　　D. 木星轨道和土星轨道之间

40. [2019 上半年]下列科学家中提出并阐明了燃烧作用的氧化学说的是(　　)

A. 拉瓦锡　　B. 波义耳　　C. 普利斯特利　　D. 阿伏伽德罗

41. [2019 上半年]下列影片中，以抗美援朝战争为题材的是(　　)(易错)

A.《闪闪的红星》　　B.《渡江侦察记》　　C.《南征北战》　　D.《英雄儿女》

42. [2019 上半年]芭蕾舞剧《胡桃夹子》，改编自德国作家霍夫曼的童话故事《胡桃夹子与老鼠王》，音乐充满了单纯而神秘的神话色彩，其作者是(　　)

A. 舒曼　　B. 贝多芬　　C. 勃拉姆斯　　D. 柴可夫斯基

43.［2019 上半年］中国象棋蕴含了丰富的历史文化，棋盘中间的间隔处，通常被称为“楚河汉界”，与其中的“楚”“汉”相关的历史人物是（　　）

A. 刘邦项羽　　B. 曹操袁绍　　C. 苻坚谢安　　D. 孙膑庞涓

44.［2019 上半年］京剧《贵妃醉酒》经京剧大师梅兰芳倾尽毕生心血精雕细琢，是梅派经典代表剧目之一。它源自古代一部戏曲，该戏曲是（　　）

A.《桃花扇》　　B.《南柯梦》　　C.《牡丹亭》　　D.《长生殿》

45.［2018 下半年］人类的发展进程与使用工具密切相关。下列选项中，属于人类最早使用的工具是（　　）

A. 石器　　B. 陶器　　C. 瓷器　　D. 铁器

46.［2018 下半年］中国古代蒙学教育基本目标是培养儿童认字，发展书写能力，养成良好的日常生活习惯，具备基本的道德伦理规范，掌握一些中国基本文化常识及日常生活常识。下列选项中，不属于中国蒙学教材的是（　　）

A.《千字文》　　B.《百家姓》　　C.《急就章》　　D.《山海经》

47.［2018 下半年］中国传统民居风格众多，有很深的人文与地理环境烙印，生动反映了人与自然的关系。图中所示的民居名称是（　　）

A. 傣族竹楼　　B. 福建土楼　　C. 侗族鼓楼　　D. 西藏碉房

48.［2018 上半年］春秋战国时期，各诸侯国为富国强兵、增强争霸实力，先后实行变法。下列选项中，诸侯国与变法活动对应不正确的是（　　）

A. 魏国——李悝变法　　B. 楚国——吴起变法

C. 秦国——商鞅变法　　D. 赵国——管仲变法

49.［2018 上半年］历法是推算年、月、日的时间长度和它们之间的关系，制定时间序列的法则。我国最早制定历法的朝代是（　　）

A. 夏朝　　B. 商朝　　C. 西周　　D. 西汉

50.［2018 上半年］用来记数的符号叫“数字”，世界各大文明都曾创造过“数字”，有的现代已经不再使用，有时只用于特定的场合。下图钟表盘面上表示时间的数字，使用的是（　　）

A. 希腊数字　　B. 罗马数字　　C. 阿拉伯数字　　D. 巴比伦数字

51. [2017 下半年]自从 1927 年发现“北京猿人”化石后,我国又相继在多处发现原始人类的遗迹,并为这些原始人类命名。北京周口店龙骨山遗址的原始人,考古学上称其是(　　)

A. 山顶洞人　　B. 元谋猿人　　C. 巫山猿人　　D. 蓝田猿人

52. [2017 下半年]“千锤万凿出深山,烈火焚烧若等闲。粉身碎骨浑不怕,要留清白在人间。”这首诗通常被认为是明代政治家于谦的一首托物言志诗。它吟咏的对象是(　　)

A. 花岗岩　　B. 大理石　　C. 石灰　　D. 煤炭

53. [2017 上半年]古代社会中,对国王的称谓有很多,下列选项中,把国王尊称为“法老”的是(　　)

A. 古希腊　　B. 古罗马　　C. 古印度　　D. 古埃及

54. [2017 上半年]在进化的过程中,鸟嘴形成了各种不同的形状,下图是鹦鹉、鹭鸶、老鹰和金丝雀头部的画像,从嘴型看,鹭鸶应当是(　　)

A. 　　B. 　　C. 　　D.

55. [2016 下半年]一位英国科技史家花费将近 50 年心血编著了多卷本《中国科学技术史》,全面、系统地论述了中国古代科学技术的辉煌成就及其对世界文明的伟大贡献。这位科技史家是(　　)

A. 莫塞莱　　B. 布拉格　　C. 达尔文　　D. 李约瑟

56. [2016 下半年]没有发动机的过山车,由高处下滑,速度越来越大,到达斜坡底部时速度最大,足以使车体冲上下一个斜坡,使该过山车保持运动状态冲上下一个斜坡的是(　　)

A. 势能　　B. 惯性　　C. 加速度　　D. 视速度

57. [2016 上半年]下列关于韩愈、柳宗元的表述,不正确的是(　　)

A. 韩愈、柳宗元都是唐代文学家　　B. 他们倡导了著名的“古文运动”

C. 他们力倡内容充实,形式严整的散文　　D. 他们都是“唐宋八大家”的重要成员

58. [2016 上半年]杜甫《饮中八仙歌》诗句“脱帽露顶王公前,挥毫落纸如云烟”所描写的书法家是(　　)

A. 张旭　　B. 怀素　　C. 颜真卿　　D. 柳公权

59. [2015 下半年]文成公主入藏和亲嫁于松赞干布,这一历史事件发生的朝代是(　　)

A. 汉朝　　B. 隋朝　　C. 唐朝　　D. 宋朝

60. [2015 上半年]第一次世界大战的起始时间是(　　)

A. 1840 年　　B. 1914 年　　C. 1937 年　　D. 1945 年

专题一 历史素养

链接答案本 P336

单项选择题(每小题2分,共60小题。参考时限90分钟)

1. 世界上所有国家里,只有我们国家的汉字是从古代一直演变过来、没有间断的文字。我国现存的最古老的汉字是( )

A. 金文　　B. 大篆　　C. 小篆　　D. 甲骨文

2. 商朝最初定都于亳,此后迁都,其中最重要的一次是迁都到殷,自此逐渐强盛起来,农业发达,政局稳定,诸侯来朝。下列选项中,迁都至殷的商王是( )(易错)

A. 盘庚　　B. 南庚　　C. 太庚　　D. 祖庚

3. 无产阶级建立政权的第一次伟大尝试是( )

A. 英国宪章运动　　B. 十月革命

C. 法国里昂丝织工人起义　　D. 巴黎公社

4. 早在1921年,我国便开始对仰韶文化遗迹进行考察,由此诞生了我国现代考古学。仰韶文化是( )中游地区一种重要的新石器时代彩陶文化。

A. 长江　　B. 黄河　　C. 松花江　　D. 湄公河

5. 三星堆遗址群位于( )

A. 湖南　　B. 四川　　C. 湖北　　D. 云南

6. "冷战"正式开始的标志是( )

A. 杜鲁门主义的出台　　B. 马歇尔计划的提出

C. "北约"的成立　　D. "华约"的成立

7. 汉朝时"丝绸之路"的起点是( )

A. 敦煌　　B. 张掖　　C. 咸阳　　D. 长安

8. 长征是工农红军进行的伟大的战略转移,这里的转移是指( )

A. 党的工作重心发生转移　　B. 中国革命的性质发生变化

C. 革命中心地区发生转移　　D. 中国革命任务发生变化

9. 近代史是中国人民的屈辱史,清政府与列强签订了一系列不平等条约,其中首次允许外国人在

中国通商口岸开设工厂的是(　　)

A.《南京条约》　B.《天津条约》　C.《马关条约》　D.《辛丑条约》

10. 毛泽东的诗中写道:"虎踞龙盘今胜昔,天翻地覆慨而慷。""天翻地覆"是指中国人民解放军(　　)

A. 解放南京　B. 挺进大别山

C. 转战陕北　D. 解放长江以北地区

11. 全国性抗战开始后,中国军队的第一次重大胜利是(　　)

A. 台儿庄战役　B. 淞沪会战　C. 平型关战役　D. 豫湘桂战役

12. 毛泽东在(　　)中提出了"须知政权是由枪杆子中取得"的著名论断。

A. 八七会议　B. 瓦窑堡会议　C. 遵义会议　D. 洛川会议

13. 君主立宪制是指国家元首由世袭的君主担任,君主的权利受到宪法和议会制约的君主制政体。下列选项中,不是君主立宪制政体的国家是(　　)(易错)

A. 日本　B. 丹麦　C. 奥地利　D. 西班牙

14. 1945 年秋,国共两党重庆谈判的主要成果是(　　)

A. 通过了《共同纲领》　B. 制定了《中国土地法大纲》

C. 通过了《和平建国纲领》　D. 签署了《政府与中共代表会谈纪要》

15. 新中国成立以来,中国共产党历史上具有深远意义的伟大转折是(　　)

A. 遵义会议　B. 中共八大

C. 中共十一届三中全会　D. 中共十五大

16. 为三国鼎立局面的形成奠定基础的关键性战役是(　　)(易混)

A. 巨鹿之战　B. 官渡之战　C. 赤壁之战　D. 昆阳之战

17. 1936 年 12 月 12 日,张学良和杨虎城为劝谏蒋介石改变"攘外必先安内"的既定国策,达成一致抗日的目的,发动"兵谏"。这次历史事件是(　　)

A. 皖南事变　B. 辛酉政变　C. 卢沟桥事变　D. 西安事变

18. 拿破仑认为,他一生战争胜利的光荣,被滑铁卢一战抹去了,但有一件功绩是永垂不朽的。这里的"功绩"指的是(　　)

A. 抵御外国的侵略　B. 颁行《拿破仑法典》

C. 建立法兰西帝国　D. 征服众多欧洲国家

19. 公元前 7 世纪后期,晋国和楚国进行了一场战役,晋军大败楚国,从此奠定了晋文公的"霸主"地位。这场战役是(　　)

A. 城濮之战　B. 桂陵之战　C. 马陵之战　D. 长平之战

20. “尽道隋亡为此河,至今千里赖通波。若无水殿龙舟事,共禹论功不较多。”诗中的“河”是指(　　)

A. 黄河　　B. 隋朝大运河　　C. 淮河　　D. 渭河

21. 以下中国历史上著名历史事件按发生先后顺序排序,完全正确的是(　　)

A. 安史之乱—八王之乱—玄武门之变—土木堡之变

B. 诸葛亮七擒孟获—陈汤平定匈奴—郑成功收复台湾—郑和下西洋

C. 牧野之战—长平之战—赤壁之战—淝水之战

D. 黄巾起义—陈胜吴广起义—太平天国运动—李自成起义

22. 下列是与第二次世界大战有关的历史事件,按事件发生的先后顺序排列,正确的是(　　)

①诺曼底登陆②德国进攻波兰③慕尼黑阴谋④日本偷袭珍珠港

A. ②①③④　　B. ③④②①　　C. ②③④①　　D. ③②④①

23. 两河流域是古代巴比伦王国的发源地。其中“两河”是指(　　)

A. 幼发拉底河和底格里斯河　　B. 印度河和恒河

C. 白尼罗河和青尼罗河　　D. 长江和黄河

24. 圆明园始建于康熙四十六年,由圆明园、长春园、绮春园三园组成,为西洋兼中式皇家风格园林。火烧圆明园发生于(　　)时期。

A. 第一次鸦片战争　　B. 第二次鸦片战争

C. 甲午战争　　D. 八国联军侵华

25. 著名学者余秋雨在《千年一叹》中说道:古埃及的文明是被“封存”的。下列选项属于古埃及文明成果的是(　　)

A. 创立佛教　　B. 象形文字　　C.《汉谟拉比法典》　　D.《罗摩衍那》

26. 凯旋门是欧洲人纪念战争胜利的建筑。巴黎凯旋门上的《马赛曲》浮雕所反映的历史事件是(　　)

A. 普法战争　　B. 法国大革命

C. 拿破仑战争　　D. 1848 年欧洲革命

27. 在中国历史上,仿照《周礼》的制度推行新政,以“王田制”为名恢复“井田制”,将盐、铁、酒、铸钱收归官府专营,多次改变币制的改革运动是(　　)

A. 邹忌变法　　B. 王莽改制　　C. 庆历新政　　D. 戊戌变法

28. 现代世界各国一般以国家建立、独立日为国庆日,有的君主立宪制国家规定在位国王或皇帝的即位、诞辰之日为国庆日,也有的国家把对建国具有重要意义的历史事件发生日定为国庆日。下列选项中,与法国国庆日的确立相关的历史事件是(　　)

A. 拿破仑一世发动“雾月政变”　　B. 法兰西第一共和国的成立

C.《人权与公民权宣言》发表　　D. 巴黎人民起义攻占巴士底狱

29. 1919 年爆发的五四运动,是中国近代史上一个划时代的事件。下列关于五四运动的表述,正确的是(　　)

A. 直接导火线是第一次世界大战的爆发

B. 具备了旧民主主义革命的一些基本特点

C. 青年学生在五四运动中发挥了决定性的作用

D. 为中国共产党成立做了思想上和干部上的准备

30. 下列说法中正确的是(　　)

A."战国七雄"分别是齐、秦、赵、魏、楚、郑、燕

B. 与北宋对峙的西夏政权由鲜卑族创建

C. 汉阳兵工厂是洋务运动时期张之洞主持创办的军工制造企业

D. 被陈毅元帅称为"用小车推出来的胜利"指的是辽沈战役

31."二战"结束后,在亚洲和欧洲分别对主要战犯进行了审判,亚洲审判史称"东京审判",欧洲审判被称为(　　)

A."伦敦审判"　　B."柏林审判"　　C."纽伦堡审判"　　D."波茨坦审判"

32. 确立以毛泽东为代表的马克思主义正确路线在中国共产党内领导地位的会议是(　　)(易混)

A. 瑞金会议　　B. 遵义会议　　C. 井冈山会议　　D. 西柏坡会议

33. 下列中国历史上的变法与其内容对应不正确的是(　　)

A. 商鞅变法—推行县制　　B. 王安石变法—颁行保甲法

C. 张居正改革—推行青苗法　　D. 戊戌变法—开办京师大学堂

34. 第二次世界大战后,美国实行了一项援助欧洲的计划,促进了西欧的联合和经济的恢复,并为北约和欧共体的建立奠定了基础。该计划的名称是(　　)

A. 曼哈顿计划　　B. 马歇尔计划

C. 阿波罗计划　　D. 第四点计划

35. 江南机器制造总局是清朝洋务运动中成立的现代军事工业生产机构,同时也是现代中国最大的军火工厂。下列历史人物中,筹建此机构的是(　　)

A. 张之洞　　B. 李鸿章　　C. 沈葆桢　　D. 左宗棠

36. 下列说法错误的是(　　)

A. 中国人民解放军诞生于 1927 年八一南昌起义

B. 井冈山革命根据地的建立标志着人民军队建设的开端

C. 第一面军旗是以红色为底,以镰刀斧头和一颗白色五角星为图案组成的

D. 中国人民解放军是我国最主要的武装力量

37. 中国是人类发源地之一，是世界上发现早期人类化石和遗物最多的国家。中国境内已知最早的人类是（　　）（常考）

A. 北京人　　B. 元谋人　　C. 半坡人　　D. 河姆渡人

38. 德国历史上长期处于城邦分治的封建割据状态，直至1871年才统一。下列人物中，领导德意志经过三次王朝战争实现统一的是（　　）

A. 拿破仑　　B. 俾斯麦　　C. 黑格尔　　D. 希特勒

39. 战国时代有七个强大的诸侯国争雄称霸，史称"战国七雄"。下列选项中，不属于"战国七雄"的是（　　）

A. 齐国　　B. 鲁国　　C. 楚国　　D. 秦国

40. "唐朝被中国和西方许多历史学家称为最辉煌的朝代。对外国人来说，……唐朝比其他任何时期都更加开放。"下列事件不能说明唐朝对外开放的是（　　）

A. 遣唐使来华　　B. 玄奘西游　　C. 鉴真东渡　　D. 郑和下西洋

41. （　　）素有"十三朝古都，八代陪都"之称，是我国建都时间最长，建都朝代较多的千年古都。

A. 开封　　B. 杭州　　C. 西安　　D. 洛阳

42. 1839年6月，清朝政府委任钦差大臣（　　）在广东虎门海滩集中销毁收缴鸦片，此事后来成为英国发动第一次鸦片战争的借口。

A. 戚继光　　B. 林则徐　　C. 左宗棠　　D. 李鸿章

43. （　　）打响了武装反抗国民党反动派的第一枪。

A. 南昌起义　　B. 五四运动　　C. 辛亥革命　　D. 新文化运动

44. 公元前221年，秦始皇统一中国后，颁布诏书统一度量衡。下列选项中，刻有这一诏书的是（　　）

A. 秦半两钱　　B. 秦铜马车　　C. 阳陵虎符　　D. 商鞅方升

45. 第一个航行到印度的西方人是（　　）

A. 达尔文　　B. 达·伽马　　C. 麦哲伦　　D. 马可·波罗

46. 殖民主义兴起后，非洲各地逐渐沦为殖民地，至20世纪初，欧洲列强在非洲占有殖民地面积最大的国家是（　　）

A. 法国　　B. 德国　　C. 西班牙　　D. 葡萄牙

47. 我国将（　　）确立为中国人民抗日战争胜利纪念日。

A. 8月15日　　B. 9月3日　　C. 9月2日　　D. 12月13日

48. 在中国历史上，资产阶级新文化开始打破封建文化独占文化阵地的局面的起点是（　　）

A. 维新运动　　B. 洋务运动　　C. 辛亥革命　　D. 五四运动

49. 公车上书是爱国志士联名上书，反对签订丧权辱国的(　　)的历史事件。

A.《南京条约》　B.《北京条约》　C.《马关条约》　D.《辛丑条约》

50. 中国近代史上第一个较为系统地介绍西方资产阶级社会政治学说的思想家是(　　)

A. 康有为　B. 谭嗣同　C. 严复　D. 魏源

51. 中国古代三省六部制中“户部”职能是(　　)(易混)

A. 掌管吏政　B. 掌管财政　C. 掌管军政　D. 掌管学政

52. 随着佛教在中国的发展，人们对佛经译文的质量要求日益提高。有一位僧人有感于中国经律残缺，西行求法，前后十四年游历三十余国，带回大量梵本佛经并进行翻译，又将其旅行见闻撰成《佛国记》。这位僧人是(　　)

A. 法显　B. 玄奘　C. 朱士行　D. 竺法护

53. 中国是丝绸的故乡。下列传说人物中，首创种桑养蚕之法、抽丝织绢之术，被后世奉为“先蚕圣母”的是(　　)

A. 黄帝　B. 神农　C. 女娲　D. 嫘祖

54. 1972 年，考古学家在发掘一座汉墓时发现一具女尸，不仅千年不腐，而且各部位和内脏器官的外形相当完整，各组织细微结构保存较好，为世所罕见。该墓葬的名称是(　　)

A. 满城汉墓　B. 狮子山汉墓

C. 西汉南越王墓　D. 马王堆汉墓

55. 17 世纪西方对东方进行商业垄断贸易和殖民扩张中，一些国家纷纷建立“东印度公司”，其中英国的“东印度公司”最为人熟知。下列国家中，也建立“东印度公司”的是(　　)

A. 德国　B. 荷兰　C. 西班牙　D. 葡萄牙

56. 中国古代封建社会历经两千多年，下列近代历史事件，以推翻封建制度为目标的是(　　)

A. 戊戌变法　B. 义和团运动　C. 辛亥革命　D. 新文化运动

57.《汉谟拉比法典》是世界迄今完整保存下来的最早的法典，其中包括了诉讼、财产、家庭以及买卖奴隶等内容。这部法典的呈现形式是(　　)

A. 刻在岩石上　B. 刻在甲骨上　C. 写在羊皮上　D. 写在绢绸上

58. 中国共产党的第一部党章对党员条件、党的各级组织和党的纪律作出具体规定，对加强党的自身建设具有重要意义。通过该党章的会议是(　　)(易错)

A. 中共一大　B. 中共二大　C. 中共三大　D. 中共四大

59. 北美殖民地人民宣告脱离英国，正式成立美利坚合众国的纲领性文件是(　　)

A.《权利法案》　B.《独立宣言》　C.《人权宣言》　D.《联邦宪法》

60. 二战期间，中、美、英三国首脑召开国际会议，商讨了联合对日作战计划，确认了日本归还所侵占的台湾等中国领土。该国际会议名称是(　　)

A. 波茨坦会议　　B. 凡尔赛会议　　C. 开罗会议　　D. 巴黎和会

专题二　科学素养

链接答案本 P343

单项选择题(每小题 2 分，共 60 小题。参考时限 90 分钟)

1. 中东地区储藏着丰富的石油资源，是最重要的石油输出地之一，海湾地区的石油输往世界各地时都要经过唯一的海上通道(　　)，因此该海峡被誉为“世界油阀”。

A. 霍尔木兹海峡　　B. 马六甲海峡　　C. 直布罗陀海峡　　D. 德雷克海峡

2. 关于两汉天文学成就的叙述，不正确的是(　　)(易错)

A. 制订出中国第一部较完整的历书——《太初历》

B. 张衡对月食作了最早的科学解释

C. 最早记录太阳黑子

D. 制订出当时世界上最先进的历法——《授时历》

3.《天体运行论》的出版，标志着“日心说”的正式创立。这是天文学上的一次革命，引起了人类宇宙观的重大变革，使西方文明从宗教的束缚中解脱出来。《天体运行论》的作者是(　　)

A. 哥白尼　　B. 牛顿　　C. 伽利略　　D. 开普勒

4. 下列关于我国古代科学技术的说法，正确的是(　　)

A. 毕昇发明了造纸术

B.《神农本草经》是我国现存最早的医书

C.《天工开物》被称为“中国 17 世纪的工艺百科全书”

D. 三国时期，祖冲之精确计算出圆周率在 3.1415926 至 3.1415927 之间

5. 历史文化名人中，2500 年前与学生们进行了世界上第一个小孔成像实验，对光的直线传播第一次作出科学解释的是(　　)

A. 曾子　　B. 墨子　　C. 鲁班　　D. 甘德

6. 樟脑丸是常见的生活用品，放在衣橱中的樟脑丸时间长了体积会缩小，这是物理中的什么现象(　　)

A. 液化　　B. 升华　　C. 凝华　　D. 蒸发

7. 亚洲与非洲的分界线是(　　)

A. 乌拉尔山脉　　B. 高加索山脉　　C. 苏伊士运河　　D. 巴拿马运河

8. 学校发生火灾时,下列做法错误的是(　　)

A. 第一时间组织学生疏散转移　　B. 组织学生转移时要防止造成踩踏事故

C. 指导学生用湿毛巾捂住口鼻　　D. 让学生通过电梯迅速逃生

9. 下列导电导热性最好的金属是(　　)

A. 铜　　B. 铝　　C. 银　　D. 铅

10. 中国的极地事业已经走过30多个年头。下列属于我国北极科学考察站的是(　　)

A. 长城站　　B. 泰山站　　C. 黄河站　　D. 中山站

11. 世界上迄今为止年代最久、唯一留存、仍在一直使用、以无坝引水为特征的我国最古老的水利工程是(　　)

A. 郑国渠　　B. 都江堰　　C. 通济渠　　D. 白渠

12. 下列被誉为“中国古代农业百科全书”的是(　　)(易混)

A.《农书》　　B.《农政全书》　　C.《齐民要术》　　D.《天工开物》

13. 中国首次载人航天获得圆满成功的飞船是(　　)

A.“风云一号”　　B.“嫦娥一号”　　C.“神舟四号”　　D.“神舟五号”

14.《伤寒杂病论》的主要成就在于(　　)

A. 奠定了中医治疗学的基础　　B. 奠定了中医病理学的基础

C. 确立了中医传统的诊断方法　　D. 初步建立了中医的专业分科

15. 2016年8月16日凌晨,我国成功发射了世界首颗量子科学实验卫星,该卫星以我国古代一位先贤命名,以纪念他对自然科学做出的贡献。这位先贤是(　　)

A. 孔子　　B. 老子　　C. 墨子　　D. 荀子

16. 国家重大科技基础设施建设项目——“中国天眼”(500米口径球面射电望远镜,简称FAST)的发起者和奠基人是(　　)

A. 黄旭华　　B. 潘建伟　　C. 黄大年　　D. 南仁东

17. 康德是德国著名哲学家,同时也是一位有重大贡献的自然科学家。他积极探索天体的起源及其运动变化规律,提出了关于太阳系自然形成的理论,这一理论是(　　)

A.“星云”假说　　B.“大爆炸”学说

C.“银河星系”假说　　D.“银河系中心”学说

18. 继美国的GPS、俄罗斯的格洛纳斯之后,我国也有了自己的导航卫星,这是世界上第三个成熟的卫星导航系统,我国的卫星导航系统名称是(　　)

A. 天宫　　B. 北斗　　C. 嫦娥　　D. 神舟

19. 多数汽车的前窗都是倾斜的,最主要是为了(　　)

A. 避免因反光而影响驾驶员视线　　B. 减少空气阻力

C. 结构合理,视野开阔,承受冲击力强　　D. 便于雨水流走

20. 罐头食品耐久贮、便运输,在现代生活中非常普遍。下列选项中,发明食品罐藏法的是(　　)

A. 英国杜兰德　　B. 法国阿培尔　　C. 法国巴斯德　　D. 荷兰艾克曼

21. 下列关于"北回归线"的说法中,不对的是(　　)

A. 是太阳光直射在地球上最北的界线　　B. 候鸟迁徙返回的分界线

C. 又称夏至线　　D. 是热带和北温带的分界线

22. 许多国家的著名城市都是沿河而建的,下列组合正确的是(　　)

A. 法国—巴黎—塞纳河　　B. 匈牙利—布达佩斯—易北河

C. 德国—汉堡—莱茵河　　D. 埃及—开罗—尼日尔河

23. 尼龙是世界上最早实现工业化生产的合成纤维,它的发明使纺织品的面貌焕然一新,被称为改变世界的重大发明之一。尼龙的发明人是(　　)

A. 卡罗瑟斯　　B. 莱特兄弟　　C. 弗莱明　　D. 贝克兰

24. 我国东南西北四个方向与邻国都有分界线,最西部的分界线是(　　)

A. 西藏喜马拉雅山脉　　B. 新疆天山山脉

C. 新疆祁连山脉　　D. 新疆帕米尔高原

25. 连接地中海和大西洋的海峡是(　　)(易混)

A. 巴士海峡　　B. 麦哲伦海峡　　C. 马六甲海峡　　D. 直布罗陀海峡

26. 在寒冷的冬天,大雪过后我们通常会看到路面上撒了一层盐,这样做能够加速融雪。这是因为(　　)

A. 盐和冰发生了化学反应　　B. 增大了冰面摩擦力

C. 盐和冰混合后熔点降低　　D. 盐和冰混合后熔点升高

27. 某战士在抗洪救灾时受伤,失血过多需要输血,如果该战士是O型血,则应给他输入(　　)

A. A型血　　B. B型血　　C. AB型血　　D. O型血

28. 青霉素的发现为人类抵抗细菌感染提供了有力武器,但抗生素的滥用也会造成危害。下列选项中,发现第一种抗生素——青霉素的科学家是(　　)

A. 朱既明　　B. 屠呦呦　　C. 巴斯德　　D. 弗莱明

29. 关于天文学知识,下列说法错误的是(　　)

A. 任何东西(包括光)都无法从黑洞逃离

B. 月球自东向西自转,同时围绕着太阳公转

C. “大爆炸”是关于宇宙起源影响最大的理论

D. 宇宙中大部分质量和能量是未知的暗能量

30. 雷电是伴有闪电和雷鸣的一种雄伟壮观而又令人生畏的放电现象。人们在户外遇到雷雨天气时,要注意防范。下列说法错误的是(　　)

A. 在雷雨天气中,不宜在旷野中打伞,或高举羽毛球拍、高尔夫球棍等

B. 如果在雷电交加时,头、颈、手处有蚂蚁爬走感,头发竖起,说明将发生雷击,应赶紧趴在地上,这样可以降低遭雷击的风险

C. 远离建筑物外露的水管、煤气管等金属物体及电力设备

D. 尽快找棚屋、岗亭、大树等处所避雨

31. 下列关于碳水化合物的说法,正确的是(　　)

A. 蛋白质是碳水化合物中的一种

B. 碳水化合物中氢和氧的比例一般为1∶1

C. 碳水化合物的主要生理功能包括储存和提供热能

D. 碳水化合物是自然界存在最多、分布最广的无机化合物

32. 白炽灯是一种热辐射光源,能量的转换效率很低,只有2% ~4%的电能可以转换为眼睛能够感受到的光。在现代,白炽灯灯丝的主要成分通常为(　　)

A. 钨　　B. 铜　　C. 铝　　D. 银

33. 第一次工业革命中蒸汽机的出现带动了一系列的发明,人们利用蒸汽机在各领域改进生产,提高效率。下列(　　)设计并制造了世界上第一台蒸汽机车。

A. 瓦特　　B. 富尔顿　　C. 惠特尼　　D. 史蒂芬孙

34. 空空导弹是从飞行器上发射攻击空中目标的导弹。“响尾蛇”导弹是全世界第一款实用化的空空导弹,也是第一款有击落目标记录的空空导弹。该导弹采用的制导方式是(　　)

A. 红外制导　　B. 雷达制导　　C. 天文制导　　D. 激光制导

35. 以下关于四大发明,表述正确的是(　　)

A. 西汉蔡伦改进造纸术　　B. 唐朝火器有火箭、突火枪

C. 隋唐时期就有活字印刷　　D. 北宋将指南针用于航海事业

36. 被誉为“气体化学之父”的化学家是(　　)

A. 普利斯特里　　B. 舍勒　　C. 卡文迪许　　D. 哈伯

37. 第一架天文望远镜是由(　　)发明的,这位科学家用望远镜发现了木星的卫星。后来用这位科学家的名字命名了此卫星。

A. 开普勒　　B. 哥白尼　　C. 伽利略　　D. 达·芬奇

38. 杂交水稻被国际上称为中国“第五大发明”和世界“第二次绿色革命”的原因是(　　)

A. 有助于解决世界饥饿问题　　B. 使大米变得更加美味

C. 使全球掀起种植水稻的热潮　　D. 水稻产值高

39. 我国水能资源分布不均,水能资源最集中的地区是(　　)

A. 东北地区　　B. 东南地区

C. 西南地区　　D. 东部沿海地区

40. 下列重大科技成果中,名称与研发项目对应有误的是(　　)

A. “天宫一号”—空间实验室　　B. “悟空号”—量子科学实验卫星

C. “蛟龙号”—载人潜水器　　D. “中国天眼”—射电望远镜

41. 太阳系八大行星中,最亮的是(　　)

A. 金星　　B. 火星　　C. 天王星　　D. 水星

42. 关于物理现象,下列描述正确的一项是(　　)

A. 液体的浓度越低越容易沸腾　　B. 常温下没有可以保持液态的金属

C. 白炽灯使用时间越长,它的灯丝越细　　D. 炎热的夏天更容易形成水蒸气

43. 下列关于医学知识的说法,不正确的是(　　)

A. 砒霜在中医里是可以入药的　　B. 放疗要使用放射线进行照射

C. 肝脏的功能之一是分解排除血液中的毒素　　D. 针灸中的“灸”是指用针扎刺人体的穴位

44. 在我国历史上,创造和改进了简仪、仰仪、圭表等观测天象的仪器,主持编制了《授时历》,将一个回归年的天数精确到365.2425天的数学家、天文学家是(　　)

A. 张衡　　B. 祖冲之　　C. 郭守敬　　D. 徐光启

45. 在(　　)时期,我国纸张取代简牍成为最主要的书写材料。

A. 战国　　B. 魏晋南北朝　　C. 秦汉　　D. 隋唐

46. 宣纸得名于它的(　　)(易错)

A. 用途　　B. 材质　　C. 产地　　D. 使用人群

47. 明朝医药学家李时珍编著的(　　),分类科学严密,包含药物数目众多,文笔流畅生动,被誉为“东方医药巨典”。

A.《千金方》　　B.《神农本草经》　　C.《伤寒杂病论》　　D.《本草纲目》

48. 空间站是一种载人航天器,可供多名航天员巡防、长期工作和居住。2021年4月29日,我国发射空间站核心舱进入预定轨道,全面开启空间站建造,该空间站核心舱的名称是(　　)

A. 天宫　　B. 天问　　C. 天和　　D. 天舟

49. 下列将中国古代的科学家与其科学贡献对应错误的是(　　)

A. 张衡—浑天仪　　B. 徐光启—《梦溪笔谈》

C. 蔡伦—造纸术　　D. 宋应星—《天工开物》

50. 温标是温度的数值表示法,它是为度量物体温度高低而对温度零点和分度方法所作的规定。下列选项中,最早建立的温标是(　　)

A. 国际温标　　B. 摄氏温标　　C. 华氏温标　　D. 列氏温标

51. 能源按其基本形态分为一次能源和二次能源,下列属于二次能源的是(　　)

A. 太阳能　　B. 石油　　C. 海洋能　　D. 煤气

52. 指南针是中国古代四大发明之一。中国人很早就认识到磁石指南的特性,先后发明了磁针和罗盘。指南针经阿拉伯传到欧洲,大大促进了世界远洋航海技术的发展。下列选项中,中国最早使用指南针航海的朝代是(　　)

A. 唐朝　　B. 北宋　　C. 元朝　　D. 明朝

53. 下列属于霍金作品的是(　　)

A.《大爆炸探秘》　　B.《自然的终结》

C.《物理世界奇遇记》　　D.《时间简史——从大爆炸到黑洞》

54. 黄金分割是由公元前 6 世纪古希腊的数学家毕达哥拉斯发现的,被公认为是最能引起美感的比例。其比例是(　　)

A. 1∶0.418　　B. 1∶0.518　　C. 1∶0.618　　D. 1∶0.718

55. 地球被一层很厚的大气层包围着,空气密度随高度而减小。根据随高度不同表现出的不同特点,大气层可分为对流层、平流层、电离层和散逸层等。其中,经常出现极光、流星等天文现象的是(　　)

A. 对流层　　B. 平流层　　C. 电离层　　D. 散逸层

56. “五禽戏”是汉末医学家华佗倡导的一种模仿动物的动作和神态进行健身的方法。下列不属于“五禽”之一的是(　　)

A. 虎　　B. 蛇　　C. 熊　　D. 猿

57. 下列历史人物中属于我国古代著名医学家的是(　　)

A. 郭守敬　　B. 孙思邈　　C. 沈括　　D. 朱世杰

58. 北斗卫星导航系统是中国自主研发、独立运行的卫星导航系统,已成功应用于测绘、电信、交通、减灾等诸多领域,产生了显著的经济效益和社会效益。下列关于北斗卫星导航系统的表述中,不正确的是(　　)

A. 尚未正式进入民用市场　　B. 具有定位和通信双重功能

C. 定位精度正在不断地提高　　D. 已覆盖中国本土的全部区域

59. 细菌是单细胞的微小原核生物，属于微生物的一大类，遍布于土壤、水、空气、有机体物质中及生物体内和体表，对自然界物质循环和全球生物平衡起着巨大作用。有些细菌能引起人和动植物的病害。下列病害中，属于细菌引起的是(　　)(易错)

A. 疟疾　　B. 麻疹　　C. 乙型肝炎　　D. 百日咳

60. 花露水有一定的消毒杀菌作用，对蚊叮虫咬之处有止痒消肿的功效，也能缓解皮肤起痱的不适。下列选项中，属于花露水主要成分的是(　　)

A. 甲烷　　B. 乙烯　　C. 甲苯　　D. 乙醇

专题三　传统文化素养

链接答案本 P350

单项选择题(每小题 2 分，共 60 小题。参考时限 90 分钟)

1. 宋代理学是以儒家思想为基础，吸收佛教和道教思想而形成的新儒学。南宋的(　　)是理学发展的集大成者，他继承了北宋哲学家程颢、程颐的思想，进一步完善和发展了客观唯心主义的理学体系。

A. 陈淳　　B. 吕祖谦　　C. 陆九渊　　D. 朱熹

2. 提出“生而知之者，上也；学而知之者，次也；困而学之，又其次也；困而不学，民斯为下矣”的思想学派是(　　)

A. 儒家　　B. 墨家　　C. 道家　　D. 法家

3. 在教育问题上尤其重视道德教育，强调尚志养气和意志锻炼，主张“舍生取义”和“生于忧患死于安乐”的儒家学派代表人物是(　　)

A. 孔子　　B. 孟子　　C. 荀子　　D. 墨子

4.《礼记·月令》用“蝼蝈鸣，蚯蚓出，王瓜生，苦菜秀”解释我国的二十四节气之一。在这个时节，蝼蝈开始聒噪，蚯蚓也忙着帮农民翻松土地，田埂的野菜也都彼此争相出土，日日攀长。这一节气是(　　)(常考)

A. 惊蛰　　B. 春分　　C. 谷雨　　D. 立夏

5. 下列关于中国古代“四大美女”的说法正确的是(　　)

A.“云想衣裳花想容”是形容杨玉环美貌的诗句

B.“王允巧施连环记”与“羞花”讲的是貂蝉的故事

C.“闭月”所形容的美女生活在崇尚“以肥为美”的时代

D.“沉鱼”讲的是王昭君的故事，“落雁”讲的是西施的故事

6. 二十四节气是中国古代订立的一种用于指导农事的补充历法,是中国古代汉族劳动人民长期经验的积累和智慧的结晶。其中,太阳几乎直射北回归线的这一天被称为( )

A. 立春　　B. 春分　　C. 立夏　　D. 夏至

7. 干支是天干和地支的合称,以十干同十二支循环相配,古代用来表示年、月、日和时的次序,周而复始,循环使用,现今夏历的年和日仍用干支计。下列干支名称中,属于地支的是( )

A. 甲　　B. 壬　　C. 癸　　D. 申

8. 下列关于文化常识的解说,不正确的一项是( )

A. 科举制,我国古代通过考试选拔官吏的制度

B. 服除,指穿上丧服,意谓开始守孝

C. 顿首,以头叩地而拜,在古代书信中,也用于表示对对方尊崇的敬语

D. 讣闻,又叫"讣告",是向亲友报丧的通知,多附有死者的事

9. 下列选项中,未列入我国"四大名绣"的是( )

A. 湘绣　　B. 蜀绣　　C. 苏绣　　D. 京绣

10. "初伏日在夏至第三庚",意思是三伏中入伏第一天是在夏至后的第三个庚日。据此判断,下列选项中,距离初伏最近的是( )

A. 大暑　　B. 立秋　　C. 处暑　　D. 秋分

11. 古人对于一昼夜有等分的时辰概念,用十二地支表示十二个时辰,每个时辰恰好等于现代的两小时。下列古代时辰和现代时间对应对的是( )(易混)

A. 辰时 9:00～11:00　　B. 子时 23:00～1:00

C. 未时 15:00～17:00　　D. 亥时 19:00～21:00

12. 2018 年 11 月 28 日,被列入联合国教科文组织人类非物质文化遗产代表作名录的中国申遗项目是( )

A. 针灸　　B. 昆曲　　C. 梵净山　　D. 藏医药浴法

13. 下列节气不在夏季的是( )

A. 小满　　B. 夏至　　C. 芒种　　D. 惊蛰

14. 我国的成语很多来源于含有历史人物、历史事件和那个时代的社会生活的典故。下列选项中,来源于汉代的人物和事件的成语是( )

A. 竭泽而渔　　B. 完璧归赵　　C. 马革裹尸　　D. 洛阳纸贵

15. 二十四节气是一年中地球绕太阳运行到二十四个固定位置上的日期,各节气分别冠以反映自然气候特点的名称,在中国古代主要用于指导农事活动。下列选项中,不属于二十四节气的

是(　　)

A. 清明、谷雨　　B. 立夏、小满　　C. 中秋、重阳　　D. 冬至、小寒

16. 关于我国的节气,以下说法不正确的是(　　)

A. 公元前104年,由邓平等制定的《太初历》,正式把二十四节气纳入历法

B. “杨花落尽子规啼”反映的是四川盆地谷雨时节的景象

C. 节气反映了月球围绕地球运动的过程

D. 二十四节气的命名反映了季节、物候现象、气候变化三种,其中反映物候现象的有惊蛰、清明等

17. “卑己尊人”是中华民族的传统美德。下列属于古人称自己父亲时的谦辞的是(　　)

A. 家严　　B. 令父　　C. 家慈　　D. 舍父

18. “韦编三绝今知命,黄绢初裁好著书”是一幅贺寿对联,所贺寿主的年龄是(　　)(易混)

A. 30　　B. 40　　C. 50　　D. 60

19. “一九二九不出手,三九四九冰上走”,数九天气的计算是从(　　)开始的。

A. 冬至　　B. 大雪　　C. 立冬　　D. 小寒

20. 下列选项中正确的是(　　)

①宜昌市秭归县是屈原的诞生地,屈原是中国伟大的浪漫主义诗人

②“端午节”是中国的传统节日,距今已有2000多年的历史

③端午民俗等传统习俗对人们的精神生活产生了持久的影响

④端午节赛龙舟时,发出的阵阵鼓声是由鼓面的振动产生的

A. ①②③　　B. ①②④

C. ①③④　　D. ①②③④

21. 中国的传统节日形式多样,内容丰富,是中华民族悠久历史文化的重要组成部分。火把节是下列哪个民族的传统节日(　　)

A. 藏族　　B. 回族　　C. 彝族　　D. 傣族

22. 下列诗句描述的是重阳节的是(　　)

A. 不效艾符趋习俗,但祈蒲酒话升平　　B. 月色灯山满帝都,香车宝盖隘通衢

C. 江涵秋影雁初飞,与客携壶上翠微　　D. 家家乞巧望秋月,穿尽红丝几万条

23. 太阳系中的一些行星在中国古代有独特的名称,这些名称反映了古人对其特征的认识。其中公转周期接近12年,因用以纪年而被称为“岁星”的是(　　)

A. 土星　　B. 木星　　C. 金星　　D. 水星

24. “卧薪尝胆”现在用于形容人刻苦自励，立志雪耻图强，它原来指的是春秋时期的(　　)励精图治以图复国的事迹。

A. 越王勾践　　B. 吴王夫差　　C. 楚庄王　　D. 郑庄公

25. 我国是一个多民族的国家，民族服饰多样优美，体现了各族人民对美的追求。下列剪纸画中的民族人物服饰，属于傣族的是(　　)

A.　　B.　　C.　　D.

26. 人们常用“杏林春暖”“杏林满园”“誉满杏林”来赞扬医生的精湛医术和高尚医德。“杏林”这一词语出自下列哪一医家(　　)

A. 张仲景　　B. 华佗　　C. 董奉　　D. 扁鹊

27. 中国用天干地支算年份，若今年为乙丑年，则上一年为(　　)

A. 甲申年　　B. 丙申年　　C. 甲子年　　D. 丙子年

28. 四大名绣指的是汉民族传统刺绣工艺中的湘绣、粤绣、苏绣、蜀绣。其中构图饱满，繁而不乱，装饰性强，色彩浓郁鲜艳且题材广泛，多为百鸟朝凤、龙凤的图案的是(　　)

A. 苏绣　　B. 湘绣　　C. 粤绣　　D. 蜀绣

29. 下列选项中，城市与别称对应不正确的是(　　)

A. 昆明—春城　　B. 拉萨—日光城

C. 广州—山城　　D. 苏州—中国的威尼斯

30. “爆竹声中一岁除，春风送暖入屠苏”，这里的“屠苏”指的是(　　)

A. 苏州　　B. 房屋　　C. 酒　　D. 庄稼

31. 中国古代年龄称谓中的“束发”和“及笄”分别指(　　)

A. 男子十四岁和女子十五岁　　B. 男子十五岁和女子十五岁

C. 男子十五岁和女子十四岁　　D. 男子十四岁和女子十四岁

32. 古人的年龄有时不直接用数字表示，而是用一种与年龄有关的称谓来代替。《桃花源记》中有“黄发垂髫，并怡然自乐”的语句。“垂髫”是指(　　)

A. 三四岁到八九岁的儿童　　B. 八九岁到十三四岁的少年

C. 男子十五岁　　D. 少女十三四岁

33. 下列成语故事与其主人公对应的关系不正确的是(　　)(常考)

A. 指鹿为马—赵高　　B. 凿壁偷光—匡衡

C. 程门立雪—杨时　　D. 孺子可教—班超

34. 下列不属于佛教名山的是(　　)

A. 山西五台山　B. 四川峨眉山　C. 安徽九华山　D. 湖北武当山

35. 我国的成语常与历史传说和人物有关。成语“入木三分”原指字迹的墨汁透入木板有三分深，后来形容书法笔力遒劲，也常用以比喻见解、议论深刻确切。与这个历史传说有关的书法家是(　　)

A. 王献之　B. 王羲之　C. 颜真卿　D. 柳公权

36. 下列说法和其相关人物联系正确的是(　　)

A. 何处招魂，香草还生三户地；当年呵壁，湘流应识九歌心—诸葛亮

B. 一门三父子，都是大文豪，诗赋传千古，蛾眉共比高—曹操、曹植、曹丕

C. 枫叶四弦秋，怅触天涯迁谪恨；浔阳千尺水，勾留江上别离情—杜甫

D. 铁板铜琶，继东坡高唱大江东去；美芹悲黍，冀南宋莫随鸿雁南飞—辛弃疾

37. “江边枫落菊花黄，少长登高一望乡”所描写的节日是(　　)

A. 中秋节　B. 重阳节　C. 清明节　D. 端午节

38. 下列依次与蒙古族、回族、藏族、维吾尔族、壮族有关的是(　　)(易错)

A. 马头琴、冬不拉、铜钦、葫芦丝、芦笙

B.《嘎达梅林》《穆斯林的葬礼》《格萨尔王传》《阿凡提的故事》《刘三姐》

C. 那达慕大会、开斋节、雪顿节、古尔邦节、泼水节

D. 酥油茶、馓子、青稞酒、馕、萨其马

39. 汉代的董仲舒将天道和人事相比附，提出了(　　)说，成为古代封建统治的理论基础之一。

A. 天人相通　B. 天人合一　C. 天人感应　D. 天人同流

40. 关于孔子，下列观点中正确的是(　　)

A. 法家学派创始人

B. 著有世界上最早的一部专门论述教育问题的《学记》

C. 秦国时期最伟大的教育家

D. 我国私人办学的创始人

41. 古人用一些特殊的名称指代不同的年龄或年龄段，正确理解这些名称，有助于理解古代文化。下列选项中，不用于指代老年的是(　　)

A. 垂髫　B. 耳顺　C. 耄耋　D. 期颐

42. 3 月 5 日是学雷锋纪念日，各地会开展各种形式的纪念活动。3 月 5 日和下列哪个节气的时间最接近(　　)

A. 惊蛰　B. 雨水　C. 春分　D. 清明

43. 2022年为农历壬寅年，这一称谓沿用了古代干支纪年的方法。下列表述中没有使用干支纪年的是( )

A. 永和九年，岁在癸丑，暮春之初，会于会稽山阴之兰亭

B. 夏四月辛巳，败秦师于殽

C. 淳熙丙申至日，予过维扬

D. 死事之惨，以辛亥三月二十九日围攻两广督署之役为最

44. 下列传统节日按照一年中的先后顺序排列，正确的一项是( )

①今夜月明人尽望，不知秋思落谁家。 ②遥知兄弟登高处，遍插茱萸少一人。

③国亡身殒今何有，只留离骚在世间。 ④爆竹声中一岁除，春风送暖入屠苏。

A. ④③②① B. ④③①②

C. ③④①② D. ③②④①

45. "姑苏城外寒山寺，夜半钟声到客船"出自唐代诗人张继的《枫桥夜泊》，古时候，我国把一日分为"十二时"，诗句中的"夜半"对应的时间是( )

A. 从前一日23时至次日1时 B. 从11时至13时

C. 从15时至17时 D. 从19时至21时

46. 我国的成语大多与历史事件和历史人物有关。"四面楚歌"比喻四面受敌，处于孤立危急的困境。这一成语出自《史记》，与这个成语相关的历史人物是( )

A. 毛遂与平原君 B. 韩信与项羽

C. 廉颇与蔺相如 D. 屈原与怀王

47. 西安市历史悠久，其建制在各朝各代中曾有不同名称。下列选项中，不是其历史名称的是( )

A. 镐京 B. 西京 C. 临安 D. 长安

48. 古人的年龄有时不直接用数字表示，而是用一种与年龄有关的称谓来代替。陆游有诗"余生已过足，不必到期颐"，苏轼有诗"到处不妨闲卜筑，流年自可数期颐"。"期颐"指的是( )

A. 七十岁 B. 六十岁 C. 九十岁 D. 一百岁

49. 古人有称名、称字、称官职、称籍贯以及称谥号等习惯。有些诗文中称岳飞为"岳武穆"，"武穆"是( )

A. 籍贯 B. 表字 C. 谥号 D. 官职

50. "伯仲之间"比喻两者之间差不多，难分优劣，其中"伯"和"仲"分别指( )

A. 老大、老二 B. 老二、老三 C. 老大、老三 D. 老三、老四

51. 下图是古代士大夫玩的一种投掷游戏，同时也是一种礼仪，在春秋战国时期就已经出现，直至明末都较为流行。该游戏是(　　)

A. 射覆　　B. 藏钩　　C. 投壶　　D. 击壤

52. 农历中的二十四节气，反映气候、物候的变化，用以指导农事。下列节气中，白昼最长的是(　　)

A. 春分　　B. 夏至　　C. 秋分　　D. 冬至

53. 下列历史故事，与秦始皇有关的是(　　)

A. 图穷匕见　　B. 指鹿为马　　C. 望梅止渴　　D. 三顾茅庐

54. 北京市历史悠久，其建制在各朝各代中曾有不同名称。下列选项中，不是其历史名称的是(　　)

A. 蓟城　　B. 燕京　　C. 汴梁　　D. 大都

55. 小王对小李说："令尊常对我说，活在世上，最为重要的是清清白白地做人。"句中的敬辞所指的人是(　　)

A. 小王的父亲　　B. 小王的母亲

C. 小李的父亲　　D. 小李的母亲

56. "巢居"与"穴居"同为中华先民最早的居住方式，后来"巢居"逐渐发展，在基址上打木桩，加铺板，再加盖，成为"干栏式建筑"。下面所列"新石器时期"文化遗址中，居室采用干栏式建筑的是(　　)

A. 河姆渡文化遗址　　B. 仰韶文化遗址

C. 大汶口文化遗址　　D. 龙山文化遗址

57. 我国不同民族的室内装饰与居住环境各有特色，下图的民居室内装饰反映的民族特色是(　　)(常考)

A. 彝族特色　　B. 壮族特色　　C. 藏族特色　　D. 汉族特色

58. 下列历史故事，与曹操有关的是(　　)

A. 破釜沉舟　　B. 望梅止渴　　C. 三顾茅庐　　D. 草木皆兵

59. 古人在交际或著述中，谈及年龄，除了直接用数量词，还常使用隐喻、转喻和借助诗词、典故来代称。下列选项中，代称与所表示的年龄对应不正确的是(　　)

A. 豆蔻年华—13 岁　　B. 桃李年华—30 岁　　C. 知天命—50 岁　　D. 古稀—70 岁

60. 我国是多民族国家，许多民族用史诗、叙事诗以及传唱等方式，歌颂本民族的英雄或传说人物。下列选项中属于蒙古族的是(　　)

A.《玛纳斯》　　B.《嘎达梅林》　　C.《阿诗玛》　　D.《格萨尔王传》

专题四　文学素养

链接答案本 P356

单项选择题(每小题 2 分，共 70 小题。参考时限 105 分钟)

1. 宋代著名词人辛弃疾和李清照都是济南人，字号中都有“安”字，于是后人将他们合称为“济南二安”。下列名句不是出自二人作品的是(　　)

A. 生当作人杰，死亦为鬼雄

B. 我见青山多妩媚，料青山见我应如是

C. 枝上柳绵吹又少，天涯何处无芳草

D. 众里寻他千百度。蓦然回首，那人却在，灯火阑珊处

2. 创作了《骆驼祥子》《四世同堂》等影响后人的文学作品，并获得“人民艺术家”称号的现代作家是(　　)

A. 老舍　　B. 巴金　　C. 林语堂　　D. 王朔

3.《菌儿自传》是我国科普事业的先驱和奠基人(　　)的代表作。他一生为青少年创作了大量的科学文艺作品。

A. 叶圣陶　　B. 冰心　　C. 林之光　　D. 高士其

4. 下列属于英国幼儿科普读物的是(　　)

A.《小小探索者百科全书》　　B.《神奇校车》

C.《简单的科学》　　D.《世界上最脏最脏的科学书》

5.《丧钟为谁而鸣》是美国作家海明威的小说，这部小说是以一场内战为历史背景的，这次战争是(　　)

A. 西班牙内战　　B. 墨西哥内战　　C. 美国南北战争　　D. 英国玫瑰战争

6. 下列对故事情节的叙述,不正确的一项是(　　)(易错)

A. 听说关羽在东吴被害,张飞立即起兵报仇。因为丧兄心痛,他经常醉酒并随意打骂军士,范疆、张达无故被鞭打,心生怨恨,就趁张飞熟睡之际将他杀死,投奔东吴去了。(《三国演义》)

B. 甄士隐可怜寄居庙内的穷儒贾雨村,赠银让他赶考,因葫芦庙失火,甄家被烧毁。不久以后的元宵之夜,女儿英莲被拐走。一日,他听到了道人的《好了歌》,顿悟人生,遂与道人一起飘然而去。(《红楼梦》)

C. 觉慧是高家年青一代中最激进、最富有斗争精神的人。他积极参加学生运动,创办进步刊物,公开支持觉民抗婚,大胆地和丫鬟鸣凤恋爱,最后奔赴上海,彻底走上叛逆的道路。(《家》)

D. “我只能接受一个能保护我的男子汉。”干果瓦脸红了一会儿,知道这是在责备他,显然艾斯梅拉达指的是两个钟头以前弗罗洛和卡西莫多想把艾斯梅拉达抢走这件事。(《巴黎圣母院》)

7. “尔曹身与名俱灭,不废江河万古流”出自(　　)

A. 秦观《越王》　　B. 杜甫《戏为六绝句》

C. 刘禹锡《重酬前寄》　　D. 白居易《偶作寄朗之》

8. 小说《荒原狼》被誉为德国的《尤利西斯》,主人公身上有“狼性”和“人性”的对立,看不到出路,小说反映了两次世界大战之间一般中年知识分子的孤独、彷徨和苦闷。这部作品的作者是(　　)

A. 赫尔曼 · 黑塞　　B. 阿尔贝 · 加缪

C. 威廉 · 福克纳　　D. 辛克莱 · 刘易斯

9. 俄国著名小说家契诃夫是世界三大短篇小说家之一,下列作品不属于契诃夫的是(　　)

A.《变色龙》　　B.《小公务员之死》　　C.《套中人》　　D.《复活》

10. 法国作家儒勒 · 凡尔纳的科幻小说,把现实与幻想巧妙结合起来,在科学知识基础上大胆地设想和预言未来,具有典型的“预言性”。下列作品中,不属于凡尔纳的是(　　)

A.《基地》　　B.《神秘岛》

C.《地心游记》　　D.《海底两万里》

11. 诙谐幽默,寓悲于喜,形成“含泪的微笑”的独特风格,并被誉为“美国生活的幽默百科全书”的小说家是(　　)

A. 屠格涅夫　　B. 莫泊桑　　C. 欧 · 亨利　　D. 杰克 · 伦敦

12. (　　)是一部自传体的作品,记述了卢梭从出生到1766年被迫离开圣皮埃尔岛的生活经历。

A.《忏悔录》　　B.《爱弥儿》

C.《新爱洛伊丝》　　D.《社会契约论》

13. 被苏轼评价为"诗中有画，画中有诗"的唐代诗人是(　　)

A. 李白　　B. 王维　　C. 杜甫　　D. 李贺

14. 书信体小说《少年维特之烦恼》通过对主人公痛苦、憧憬、多愁善感和愤世嫉俗等情绪的描写，表达了一代青年要求摆脱封建束缚、建立合乎自然的社会秩序和平等的人际关系、实现人生价值的心声。其作者是(　　)

A. 歌德　　B. 席勒　　C. 茨威格　　D. 格拉斯

15. "字字看来皆是血，十年辛苦不寻常"和"文不甚深，言不甚俗"分别讲的是中国古典文学中的(　　)

A.《儒林外史》和《三国演义》　　B.《红楼梦》和《三国演义》

C.《水浒》和《聊斋志异》　　D.《西游记》和《聊斋志异》

16. 下列说法正确的一项是(　　)

A. 毛泽东的《沁园春·雪》中"唐宗宋祖，稍逊风骚"中的"风骚"指的是文学才华。其中"风"原指我国最早的一部诗歌总集《诗经》中的《国风》；"骚"原指《离骚》，"路漫漫其修远兮，吾将上下而求索"就是出自这部作品

B.《变色龙》《我的叔叔于勒》是俄国作家契诃夫的代表作

C. 鲁迅的《从百草园到三味书屋》《社戏》、朱自清的《背影》和魏巍的《我的老师》都是脍炙人口的回忆性散文

D.《陈涉世家》选自西汉史学家、文学家司马迁的编年体通史《史记》

17. "才高八斗"是南朝诗人谢灵运称颂(　　)时用的比喻。

A. 陶渊明　　B. 屈原　　C. 萧衍　　D. 曹植

18. 童话通过丰富的想象、幻想和夸张来塑造艺术形象，反映生活，对自然物的描写常用拟人化手法。下列选项中，作者与作品对应不正确的是(　　)(常考)

A. 科洛迪—《木偶奇遇记》　　B. 圣埃克苏佩里—《夏洛的网》

C. 拉格洛夫—《骑鹅旅行记》　　D. 卡罗尔—《爱丽丝漫游奇境记》

19. 下列文学常识说法正确的是(　　)

A. 鲁迅，原名周树人，中国文学家、思想家和革命家，作品有短篇小说集《呐喊》和《彷徨》，散文诗集《野草》，散文集《朝花夕拾》

B. 老舍，原名舒庆春，字舍予，著有短篇小说《骆驼祥子》《寒夜》

C. 茅盾，原名沈德鸿，字雁冰，著有长篇小说《平凡的世界》

D. 路遥，原名王卫国，著有长篇小说《子夜》，短篇小说《林家铺子》《农村三部曲》

20. 关于20世纪欧美文学作品的表述,不正确的是( )

A. 美国作家德莱赛的长篇小说是《美国的悲剧》

B. 法国作家罗曼·罗兰的长篇小说是《约翰·克利斯朵夫》

C. 德国作家贝克特的剧本是《等待戈多》

D. 苏联作家肖洛霍夫的长篇小说是《静静的顿河》,并获诺贝尔文学奖

21. 中唐传奇的压卷之作、代表了中唐传奇最高水平的作品是( )

A.《柳毅传》 B.《莺莺传》 C.《李娃传》 D.《霍小玉传》

22. 下列表述不正确的是( )

A. 被誉为"诗中有画,画中有诗"的诗人是王维 B. 高适、孟浩然都是田园诗派的代表人物

C. 李白是盛唐时期伟大的浪漫主义诗人 D. 杜牧和李商隐合称为"小李杜"

23. 下列选项中,作品与评价对应不正确的是( )

A.《三国演义》——文不甚深,言不甚俗 B.《资治通鉴》——帝王的镜子

C.《太公兵法》——不朽的战争艺术 D.《史记》——史家之绝唱,无韵之离骚

24. 莎士比亚被认为是英国文学史上最杰出的戏剧家。下列不属于莎士比亚"四大悲剧"的是( )

A.《奥赛罗》 B.《麦克白》

C.《罗密欧与朱丽叶》 D.《哈姆雷特》

25. 诗句"故人西辞黄鹤楼,烟花三月下扬州"中的"故人"是指( )

A. 李白 B. 王维 C. 杜甫 D. 孟浩然

26. 古代世界各民族创造的科技和文化为近代文明的起步和发展奠定了基础。再现早期希腊社会图景,对西方文学发展产生了深远影响的文学巨著是( )

A.《威尼斯商人》 B.《圣经》

C.《俄狄浦斯王》 D.《荷马史诗》

27. 下列情节与《三国演义》有关的是( )

A. 景阳冈打虎 B. 元妃省亲 C. 三顾茅庐 D. 倒拔垂杨柳

28. 雨果在作品( )的序言中指出:"只要本世纪的三个问题——贫穷使男子潦倒,饥饿使妇女堕落,黑暗使儿童羸弱——还得不到解决……那么,和本书同一性质的作品都不会是无益的。"

A.《海上劳工》 B.《巴黎圣母院》

C.《悲惨世界》 D.《九三年》

29. 下列童话故事不属于安徒生童话的是( )(常考)

A.《海的女儿》 B.《拇指姑娘》 C.《皇帝的新装》 D.《白雪公主》

30. 我国现代儿童文学的奠基之作是( )

A. 叶圣陶的《稻草人》和冰心的《寄小读者》

B. 叶圣陶的《稻草人》和张天翼的《大林和小林》

C. 冰心的《小橘灯》和陈伯吹的《阿丽思小姐》

D. 张天翼的《宝葫芦的秘密》和贺宜的《野小鬼》

31. 第一本真正针对儿童创作的儿童文学作品是1744年出版的( )

A.《汤姆·索亚历险记》 B.《精品袖珍小书》

C.《汤姆求学记》 D.《七个淘气包》

32. 笛福的作品《鲁滨逊漂流记》的主人公是( )

A. 西班牙流浪汉典型 B. 具有才能却自甘堕落的时代畸形典型

C. 资本原始积累时期英国商业资产者的典型 D. 堂吉诃德的典型

33. 先秦诸子的著作,经常采用寓言来阐明道理。下列寓言故事,出自《庄子》的是( )

A. 庖丁解牛 B. 愚公移山 C. 自相矛盾 D. 揠苗助长

34. 下列搭配不正确的是( )

A. 莎士比亚—《威尼斯商人》—英国 B. 海明威—《老人与海》—美国

C. 莫里哀—《李尔王》—德国 D. 司汤达—《红与黑》—法国

35. 杜甫"白也诗无敌,飘然思不群。清新庾开府,俊逸鲍参军"一诗称赞的诗人是( )

A. 李白 B. 白居易 C. 庾信 D. 鲍照

36. 中国第一篇由作家创作的文学童话是1922年3月在上海《儿童世界》杂志刊登的( )

A.《宝葫芦的秘密》 B.《稻草人》

C.《猪八戒吃西瓜》 D.《寄小读者》

37. 在古希腊历史上有三个思想家被称为"希腊三贤",他们在文学、艺术、哲学领域做出了非凡的贡献,至今仍影响着世界文学、哲学、艺术等领域的发展。与苏格拉底、柏拉图并称为"希腊三贤"的是( )

A. 埃纽斯 B. 埃斯库罗斯 C. 亚里士多德 D. 毕达哥拉斯

38. 下列古诗词与所涉及的历史人物对应错误的是( )

A. 三十功名尘与土,八千里路云和月—岳飞

B. 人生自古谁无死,留取丹心照汗青—文天祥

C. 三顾频烦天下计,两朝开济老臣心—诸葛亮

D. 恸哭六军俱缟素,冲冠一怒为红颜—唐玄宗

39. 李白的诗歌具有豪放飘逸的风格、雄起壮美的意象、大胆恣意的夸张和清新明快的语言。下列诗句为李白所写的是( )

A. 无边落木萧萧下，不尽长江滚滚来
B. 孤帆远影碧空尽，唯见长江天际流
C. 晴川历历汉阳树，芳草萋萋鹦鹉洲
D. 衰兰送客咸阳道，天若有情天亦老

40. 林语堂在描述中国古代一位著名作家时说："他是一个无可救药的乐天派、一个伟大的人道主义者、一个百姓的朋友、一个大文豪、大书法家、创新的画家、造酒试验家……"他所描述的作家是( )

A. 李太白 B. 王摩诘 C. 黄山谷 D. 苏东坡

41. "春秋三传"中的三部著作不包括( )

A.《左传》 B.《春秋》 C.《公羊传》 D.《谷梁传》

42.《昆虫记》的全文行文优美，它的作者是( )

A. 韦尔斯 B. 法布尔 C. 布莱森 D. 乔安娜·柯尔

43. 我国著名的长篇章回体神魔小说，被誉为古典文学中最辉煌的神话作品的是( )(易错)

A.《山海经》 B.《世说新语》 C.《搜神记》 D.《西游记》

44. "文章合为时而著，歌诗合为事而作"是由( )提出的。

A. 白居易 B. 柳宗元 C. 周敦颐 D. 刘禹锡

45. 美国作家马克·吐温于1876年创作了史上最经典的历险记( )

A.《汤姆·索亚历险记》
B.《鲁滨逊漂流记》
C.《纳尼亚传奇》
D.《神秘岛》

46.《蚊子和狮子》出自( )

A.《安徒生童话》 B.《格林童话》 C.《一千零一夜》 D.《伊索寓言》

47. 在《中国诗词大会》上，主持人董卿曾送给攻擂者一句诗"双鬓多年作雪，寸心至死如丹"，这句诗出自( )

A. 李清照《如梦令》
B. 陆游《感事六言》
C. 杜甫《江南逢李龟年》
D. 辛弃疾《清平乐》

48. 叙事长诗《唐璜》将早在欧洲流行的传说加以改造，把主人公从一个纨绔子弟变成善良的热血青年，通过其奇特、复杂的经历，描述了当时欧洲的社会生活。这部作品代表了19世纪英国诗歌的最高成就。该诗的作者是( )

A. 弥尔顿 B. 丁尼生 C. 拜伦 D. 雪莱

49. 被评论界认为是意大利继《木偶奇遇记》之后又一部流传各国的传世佳作，给意大利和作者本人带来了世界性声誉的是意大利著名游记作家亚米契斯的( )

A.《绿野仙踪》
B.《小王子》

C.《爱丽丝漫游奇境记》　　D.《爱的教育》

50. 使少年儿童“一面翻书,一面狂笑”的是西班牙作家塞万提斯的(　　)

A.《天路历程》　B.《一千零一夜》　C.《堂吉诃德》　D.《小癞子》

51. 欧洲文学长廊中有四个以吝啬而著称的经典人物形象,他们将吝啬贪婪发挥到了极致。下列文学形象中不属于吝啬鬼的是(　　)

A.《悭吝人》中的阿巴贡

B.《死魂灵》中的泼留希金

C.《威尼斯商人》中的夏洛克

D.《叶甫盖尼·奥涅金》中的叶甫盖尼·奥涅金

52. 美国作家马克·吐温以童年经历为题材写成了两部儿童小说,成为世界儿童文学的经典作品。其中一部是《汤姆·索亚历险记》,另一部是(　　)

A.《王子和贫儿》　　B.《哈克贝利·费恩历险记》

C.《傻子国外旅行记》　　D.《镀金时代》

53. 创作了荒诞神奇的《爱丽丝漫游奇境记》的作者是英国作家(　　)

A. 科洛迪　B. 米尔恩　C. 王尔德　D. 卡洛尔

54. 有一部作品和叶圣陶的《稻草人》一同被认为是“新文化运动以来的关于童话的两个时期的杰作”。它是(　　)

A. 张天翼的《大林和小林》　　B. 洪汛涛的《神笔马良》

C. 冰心的《寄小读者》　　D. 秦文君的《男生贾里》

55. 鲁迅是我国著名作家,他有着强烈的爱国主义热情,其多部作品被奉为经典。其中,鲁迅在作品(　　)中讲述了自己童年时的生活。

A.《狂人日记》　B.《阿Q正传》　C.《朝花夕拾》　D.《野草》

56. 女性人物形象是世界文学宝库中的珍贵财富。下列女性形象中,由英国女作家夏洛蒂·勃朗特塑造的是(　　)

A. 苔丝　B. 简·爱　C. 娜拉　D. 卡门

57. “茕茕孑立,形影相吊”出自(　　)

A.《出师表》　　B.《答司马谏议书》

C.《陈情表》　　D.《报刘一丈书》

58.《论语》中有很多体现孔子教育思想的名言,下列教育名言不是出自《论语》的是(　　)

A. 博学而笃志,切问而近思　　B. 敏而好学,不耻下问

C. 闻道有先后,术业有专攻　　D. 学而不厌,诲人不倦

59. 2012 年 10 月 11 日，山东籍作家莫言获得 2012 年诺贝尔文学奖。下列是莫言创作的作品的是(　　)

A.《活着》　B.《人生》　C.《蛙》　D.《白鹿原》

60. 世界各地古代文明是世界历史谱系的有机组成部分，尊重和包容不同文明及其发展历史，是构建人类命运共同体的重要准则。下列古代文明中，产生的寓言经后人加工集结为《伊索寓言》的是(　　)

A. 古埃及文明　B. 苏美尔文明　C. 古希腊文明　D. 古罗马文明

61. 下列名句、作者、出处对应不正确的是(　　)

A. 路漫漫其修远兮，吾将上下而求索—屈原—《离骚》

B. 先天下之忧而忧，后天下之乐而乐—范仲淹—《岳阳楼记》

C. 老吾老，以及人之老；幼吾幼，以及人之幼—孟子—《孟子·梁惠王上》

D. 真的猛士敢于直面惨淡的人生，敢于正视淋漓的鲜血—鲁迅—《为了忘却的记念》

62. 下列有关文学常识的表述，正确的一项是(　　)

A. 前四史，是指二十四史中前四部史书，包括西汉司马迁的《史记》，东汉班固的《汉书》，南朝宋范晔的《后汉书》，西晋陈寿的《三国志》

B. 传奇，在中国古代不同阶段的文学史中具有不同的内容。在唐代，传奇指小说，如李朝威的《柳毅传》；在明清，传奇指戏剧，如明代孔尚任的《桃花扇》

C. 老舍(1899～1966 年)，现代小说家、戏剧家。代表作有长篇小说《骆驼祥子》《四世同堂》《茶馆》等，话剧有《龙须沟》《春华秋实》等，被授予“人民艺术家”称号

D. 雨果，法国 19 世纪批判现实主义文学的杰出代表。共出版了 26 部诗集，12 个剧本，20 部小说，21 部理论著作。最著名的作品有长篇小说《巴黎圣母院》《悲惨世界》等

63. 关于中外文学常识的表述，下列说法正确的是(　　)

A.《阿 Q 正传》是我国现代文学史上第一部白话文小说

B.《资治通鉴》是我国第一部纪传体通史

C.《十日谈》是欧洲文学史上第一部现实主义巨著

D.《致大海》是意大利作家普希金的作品

64. 我国现代诗歌史上最能体现“五四”时期精神的第一部诗集是(　　)(易错)

A. 郭沫若的《女神》　B. 鲁迅的《野草》

C. 胡适的《尝试集》　D. 闻一多的《红烛》

65. 1989 年开始全球发行的法国著名丛书(　　)系列幼儿科普启蒙读物，以生动而百科性的特质向2～8岁的孩子们展开了一个丰富多彩、深入浅出的立体世界，内容涉及孩子们感兴趣的所有领域：自然、动物、植物、历史、技术、日常生活、人的身体等，为孩子自主发现神奇的世界提供了

一个很好的窗口。

A.《科技馆里的奥秘》 B.《第一次发现》 C.《科学好好玩》 D.《奇妙世界》

66. 名句“碧云天,黄花地,西风紧,北雁南飞。晓来谁染霜林醉?总是离人泪。”这句出自( )

A.《倩女离魂》 B.《梧桐雨》 C.《汉宫秋》 D.《西厢记》

67. 对意大利民族语言的统一有着重大贡献,并被恩格斯称为“中世纪的最后一位诗人,同时又是新时代的最初一位诗人”的文艺复兴时期先驱性人物是( )

A. 但丁 B. 薄伽丘 C. 彼特拉克 D. 马基雅维利

68. 下列诗句中,不是描写春天的是( )

A. 杨花榆荚无才思,惟解漫天作雪飞 B. 沾衣欲湿杏花雨,吹面不寒杨柳风

C. 忽如一夜春风来,千树万树梨花开 D. 雪消门外千山绿,花发江边二月晴

69. 我国古人善用对联吟咏杰出历史人物。“志见出师表,好为梁父吟”这副对联所说的人物是( )

A. 司马懿 B. 诸葛亮 C. 刘备 D. 周瑜

70. 瑞典女作家拉格洛夫创作的一部长篇童话,通过一个调皮的男孩变成一个小精灵的故事,把地理、历史和文化熔于一炉,富有科学性、知识性和艺术性。作者也因此于 1909 年获得诺贝尔文学奖。这部作品是( )

A.《格列佛游记》 B.《尼尔斯骑鹅旅行记》

C.《丁丁历险记》 D.《木偶奇遇记》

专题五 艺术素养

链接答案本 P364

单项选择题(每小题 2 分,共 50 小题。参考时限 75 分钟)

1.《愚公移山》创作于 1940 年,以其宏大的气势、震人心魄的力度,表现了中华民族坚韧不拔的精神,以及团结一心打败日本侵略者的信念。该画开辟了中国画的一条创新之路,这幅画的作者是( )

A. 刘海粟 B. 徐悲鸿 C. 蒋兆和 D. 吴冠中

2. 下列人物,属于奥地利作曲家的是( )

A. 舒曼 B. 海顿 C. 贝多芬 D. 李斯特

3. 我国是目前拥有世界非物质文化遗产数量最多的国家。下列我国文化遗产中,不属于世界非物质文化遗产名录的是( )

A. 昆曲 B. 剪纸 C. 京剧 D. 秦腔

4. 戏曲是中国传统艺术之一，剧种繁多有趣，表演形式多样，下列剧种与发源地匹配错误的是(　　)

A. 花儿剧—甘肃　　B. 平弦戏—青海

C. 泗州戏—安徽　　D. 柳子戏—山东

5. 中国大陆第一部荣获柏林电影节"金熊奖"的作品是(　　)

A.《本命年》　B.《我的父亲母亲》　C.《红高粱》　D.《喜宴》

6.《黄河大合唱》以中华民族的发源地黄河为背景，热情地讴歌了中华儿女不屈不挠、保卫祖国的必胜信念。它的曲作者是(　　)

A. 马思聪　B. 贺绿汀　C. 黎锦晖　D. 冼星海

7.《卖报歌》以明快、流畅的曲调和朴实的语言深刻描述了旧社会报童的苦难生活及其对光明的向往。这首儿歌的创作者是(　　)(易混)

A. 聂耳　B. 冼星海　C. 贺绿汀　D. 吕其明

8. (　　)的代表作《洛神赋》，其字体圆润成熟，笔意中已不见波磔隶意，世称"行世小楷无出其右"。

A. 王献之　B. 王羲之　C. 王珣　D. 王导

9. 白居易的诗句中"嘈嘈切切错杂弹，大珠小珠落玉盘"所形容的是什么乐器的演奏声(　　)

A. 琵琶　B. 古筝　C. 扬琴　D. 风琴

10. 乐器是指能发出乐音，供演奏音乐使用的器具，古今中外乐器多达四万余种。按照乐器不同的演奏方法，可分为不同的种类。我国民族乐器中，古琴属于(　　)(易混)

A. 打击乐器　B. 弹拨乐器　C. 拉弦乐器　D. 吹管乐器

11. 下列古典名曲与王维的送别诗歌有关的是(　　)

A.《高山流水》　B.《阳关三叠》　C.《梅花三弄》　D.《平沙落雁》

12. 下列不是京剧四大名旦的是(　　)

A. 尚小云　B. 荀慧生　C. 周信芳　D. 程砚秋

13. 被称为梆子戏，代表剧目有《穆桂英挂帅》《花木兰》《朝阳沟》等的是(　　)

A. 豫剧　B. 评剧　C. 话剧　D. 戏剧

14. 世界著名华裔建筑大师贝聿铭于2019年5月16日去世，享年102岁，他的许多作品享誉世界，其中不包括(　　)

A. 悉尼歌剧院　　B. 苏州博物馆

C. 香港中银大厦　　D. 卢浮宫玻璃金字塔

15. 下列选项中，不属于中华戏曲百花苑中五大戏曲剧种的是(　　)

A. 黄梅戏　B. 秦腔　C. 越剧　D. 豫剧

16. 下列京剧剧目不是出自《三国演义》的是(　　)

A.《失空斩》　　B.《定军山》　　C.《宇宙锋》　　D.《长坂坡》

17. 被称为"天下第一行书"的书法作品是(　　)

A.《九成宫醴泉铭》　　B.《洛神赋》

C.《赤壁赋》　　D.《兰亭集序》

18. 霍去病墓石雕作品《伏虎》所属的朝代是(　　)

A. 汉　　B. 唐　　C. 宋　　D. 北魏

19. 近现代西方美术家因其主张题材风格不同,形成许多美术流派,每一流派都有自己的代表画家。法国莫奈属于(　　)

A. 印象派　　B. 学院派　　C. 古典主义　　D. 浪漫主义

20. 巴洛克建筑的特点是外形自由,追求动感,喜好富丽的装饰、雕刻和强烈的色彩,常用穿插的曲面和椭圆空间来表现自由的思想和营造神秘的气氛。下列属于巴洛克风格的建筑是(　　)

A. 索菲亚教堂　　B. 巴黎圣母院　　C. 罗马耶稣会教堂　　D. 比萨大教堂

21. 杜甫诗句"三月三日天气新,长安水边多丽人"能够使人联想到的美术作品是(　　)

A.《簪花仕女图》　　B.《挥扇仕女图》

C.《虢国夫人游春图》　　D.《虢国夫人夜游图》

22. 下列属于苗族最具代表性的传统乐器的是(　　)

A. 笙　　B. 笛　　C. 箫　　D. 芦笙

23. 中国戏曲是中国传统戏剧的独特称谓,具有综合性、虚拟性和程式性三大特征。下列关于中国戏曲的表述不正确的是(　　)

A. 元杂剧、京剧都属于戏曲　　B. 戏曲要有人物和故事情节

C. 它包含散曲、话剧、说书、相声等　　D.《西厢记》《牡丹亭》是其代表作品

24. 1987 版电视连续剧《红楼梦》的插曲《枉凝眉》《红豆曲》《葬花吟》等,风格各异而又主题鲜明。这些作品的曲作者是(　　)

A. 谭盾　　B. 王立平　　C. 苏聪　　D. 徐沛东

25. 下图描述的是哪个朝代的都市生活(　　)

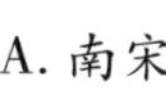

A. 南宋　　B. 北宋　　C. 明朝　　D. 唐朝

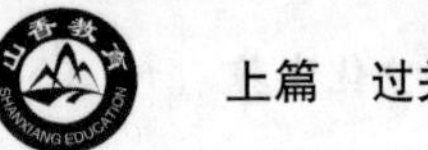

26. 元代画家(　　)擅长山水画,下图为其代表作《富春山居图》被称为"中国十大传世名画之一"。

A. 黄公望　　B. 吴镇　　C. 倪瓒　　D. 张择端

27. 京剧作为我国著名剧种,它和中医、国画并称为中国三大国粹,下列关于京剧的表述正确的是(　　)

A. 人们习惯称戏班、剧团为"杏园"

B. 京剧当中的"净"指女性角色

C. "梅派"唱腔创始人是京剧艺术大师梅兰芳先生

D.《梁山伯与祝英台》是京剧经典曲目之一

28. 下列与意大利比萨斜塔、法国埃菲尔铁塔并称为世界三大奇塔的是(　　)

A. 陕西西安大雁塔　　B. 山西朔州应县木塔

C. 江苏苏州虎丘塔　　D. 云南大理崇圣寺三塔

29. 吴哥窟是世界上最大的宗教建筑,被称为东方四大奇迹之一。吴哥窟是哪个国家的著名建筑群(　　)

A. 新加坡　　B. 泰国　　C. 柬埔寨　　D. 印度尼西亚

30. 下列选项中,被誉为"山西的紫禁城"的著名民居是(　　)

A. 徐家大院　　B. 王家大院　　C. 乔家大院　　D. 渠家大院

31. 国画是我国传统的美术形式,我国存世最早最完整的国画作品是下列的哪件作品(　　)

A. 顾恺之的《女史箴图》　　B. 张僧繇的《梁武帝像》

C. 周昉的《簪花仕女图》　　D. 吴道子的《天王送子图》

32.《玄秘塔碑》全篇布局严谨,章法上行间茂密,精妙高雅。它是唐代著名书法家(　　)的作品。

A. 颜真卿　　B. 柳公权　　C. 欧阳询　　D. 怀素

33. 作品取材于儿童生活、街头景象和古诗词意,风格平淡、意味隽永的中国现代漫画家是(　　)(常考)

A. 刘海粟　　B. 齐白石　　C. 丰子恺　　D. 张大千

34. "八音"分类法把乐器按照制作材料的不同分为"金、石、丝、竹、匏、土、革、木"八类。下列依据"八音"分类法分类正确的一项是(　　)

A. 琵琶、三弦、古琴、二胡属于丝类　　B. 琵琶、三弦、笛子、埙属于竹类

C. 编钟、三弦、古筝、二胡属于金类　　D. 笛子、三弦、古琴、埙属于土类

35. 世界各地的建筑风格因受时代的政治、社会、经济、建筑材料和建筑技术的制约以及建筑设计思想、观念和艺术素养的影响而有所不同。下列关于建筑风格的说法错误的是(   )

A. 巴洛克式建筑风格起源于文艺复兴时期

B. 帕特农神庙是古希腊式建筑的典型代表

C. 哥特式建筑风格是以法国为中心发展起来的

D. 洛可可式建筑的特点是气势恢宏、简约大气

36. 瘦金体的创立者是(   )

A. 宋仁宗赵祯　B. 宋徽宗赵佶　C. 宋高宗赵构　D. 宋光宗赵惇

37. 我国的地方戏曲剧种多样、精彩纷呈,各个剧种都有自己的经典剧目,有些唱段甚至在民间广为传唱。《刘巧儿》塑造了一个反对包办婚姻、追求恋爱自由的农村女子形象,在国民中产生了极大的影响。该剧的剧种是(   )

A. 越剧　B. 评剧　C. 黄梅戏　D. 豫剧

38. 下列世界著名的美术作品中不属于雕刻作品的是(   )

A.《掷铁饼者》　B.《呐喊》

C.《思想者》　D.《米洛斯的维纳斯》

39. 京剧是中国五大戏曲剧种之一,被视为中国国粹之一。在京剧的行当中,天真活泼的年轻女性被称为(   )

A. 正旦　B. 花旦　C. 彩旦　D. 刀马旦

40. 国际电影节是国际性的电影展映评比活动,各大电影节都设置了自己的奖项。下列选项中,属于柏林国际电影节的最高奖项的是(   )

A. 金狮奖　B. 金鹰奖　C. 金马奖　D. 金熊奖

41. 被誉为"中国戏曲之母"的剧种是(   )

A. 京剧　B. 豫剧　C. 秦腔　D. 昆曲

42. 新中国成立后,我国拍摄了一系列优秀的经典影视作品。以下电影的主题思想中没有反映抗日战争的是(   )(常考)

A.《平原游击队》　B.《红色娘子军》

C.《铁道游击队》　D.《血战台儿庄》

43. 关于中国戏剧,下列说法错误的是(   )

A. 中国戏剧包括戏曲与话剧,戏曲是传统戏剧,话剧引自西方

B. 中国戏曲与古希腊悲喜剧、印度梵剧并称为世界三大古剧

C. 明清传奇的出现标志着中国戏剧进入成熟阶段

D.《茶馆》显示了中国话剧的民族化追求,被誉为"东方舞台的奇迹"

44. 巴赫是17世纪杰出的作曲家、管风琴家,其创作广泛吸取16世纪以来意大利、法国等国音乐的成功经验,成就很高,对后世音乐发展有深远影响。他的国籍是(   )

A. 德国　B. 法国　C. 英国　D. 俄国

45. 彩塑是中国民间手工艺品，以黏土加上纤维物、河沙、水揉合的胶泥为材质，在木制骨架上进行形体塑造，阴干后填缝、打磨，再着色描绘。我国的彩塑到盛唐达到了顶峰，这一时期的代表作品是(　　)

A. 云冈石窟像　　B. 山西晋祠像　　C. 麦积山石窟像　　D. 甘肃敦煌塑像

46.《西斯廷圣母》是意大利文艺复兴时期极负盛名的油画，塑造了端庄、娴静、温婉的圣母形象，体现了画家的美学追求。该油画的作者是(　　)

A. 伦勃朗　　B. 毕加索　　C. 安格尔　　D. 拉斐尔

47. 书法是中国传统艺术之一，已有三千多年历史，讲究用笔、结构、章法和墨法等艺术表现手段，形成了风格多样的书体。下图作品的书体被称为(　　)

A. 柳体　　B. 馆阁体　　C. 颜体　　D. 瘦金体

48. “高贵的单纯和静穆的伟大”是艺术史家温克尔曼对古希腊艺术特别是古希腊雕塑艺术的评价。下列选项中，不属于古希腊雕塑的是(　　)

A. 　　B. 　　C. 　　D. 

49.《长征组歌》讴歌了中国工农红军历经艰辛、英勇作战、无私无畏的革命精神，词作者是一位亲历长征的中国人民解放军开国将军，这位将军是(　　)

A. 谭政　　B. 陈赓　　C. 邓华　　D. 萧华

50. 佛塔是一种有着特定的形式和风格的建筑，最初用以藏舍利和经卷等物。下列选项中，不属于佛塔的是(　　)

A. 　　B. 　　C.　　D. 

第五章　基本能力

- 基本能力
  - 信息处理能力
    - 计算机基础知识
      - 计算机系统的组成★
      - 计算机病毒的含义
      - Windows 操作系统
    - 文字处理软件 Word
      - Word 的工作界面
      - Word 的基本操作★★★
    - 电子表格软件 Excel
      - Excel 的常用术语★
      - Excel 的工作界面
      - Excel 的基本操作
    - 演示文稿软件 PowerPoint
      - PowerPoint 的常用术语
      - PowerPoint 的工作界面
      - PowerPoint 的基本操作★★★
  - 逻辑思维能力
    - 命题
      - 直言命题
      - 复合命题★
    - 推理
      - 智力推理
      - 类比推理★★★
      - 图形推理★★★
      - 数字推理★★★
  - 阅读理解能力
    - 题型简介
    - 理解阅读材料中重要概念的含义
    - 理解阅读材料中重要句子的含义
    - 分析文章结构,把握文章思路
    - 归纳内容要点,概括中心意思
    - 分析概括作者在文中的观点态度

基本能力——写作能力
- 了解教育写作
  - 答题要求
  - 阅卷要求
  - 写作思路
- 题型概述：基于文字材料的自由命题作文
- 常见文体——论说文
  - 论说文的三要素
  - 论说文的结构
  - 论说文的语言特点
- 论说文写作核心法则
  - 立意
  - 结构布局
  - 标题
  - 开头
  - 论证
  - 结尾
- 作文素材：挫折教育、因材施教、赏识人才、言传身教、实践、责任、文化传承与创新

链接答案本 P369

一、单项选择题(每小题 2 分,共 40 小题。参考时限 60 分钟)

1.［2023 上半年］在 Word 的编辑状态下，选择了文档全文，要在段落对话框中设置行距为 20 磅的格式。下列选项中，应选择的是(　　)

A. 单倍行距　　B. 1.5 倍行距　　C. 2 倍行距　　D. 固定值

2.［2023 上半年］PowerPoint 中不可以在空白幻灯片中直接插入的是(　　)

A. 剪贴画　　B. 背景样式　　C. 艺术字　　D. 屏幕截图

3.［2023 上半年］与“正方形—四边形”的逻辑关系相同的是(　　)

A. 太湖—淡水湖　　B. 六边形—菱形

C. 北京—上海　　D. 春城—昆明

4.［2023 上半年］按照给出图形的逻辑特点，下列选项中，填入空格处最恰当的是(　　)

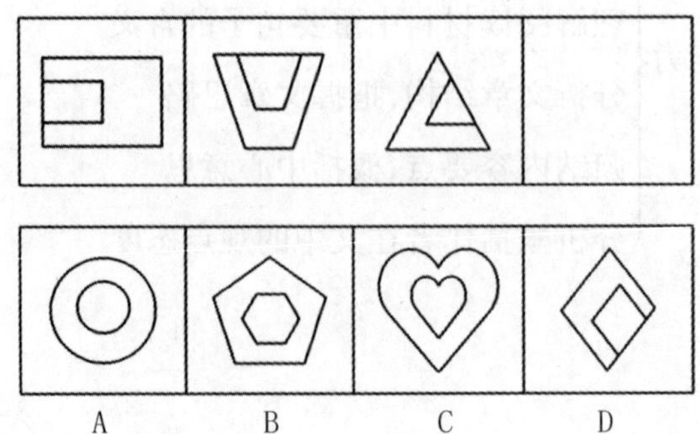

5. [2022 下半年]图文混排是 Word 的特色功能之一,关于图文混排,下列表述错误的是(　　)

A. 可以在文档中插入图形　　B. 可以插入剪贴画

C. 可以使用文本框　　D. 可以使用配色方案

6. [2022 下半年]用 PowerPoint 编辑某张幻灯片时,不能实现的操作是(　　)

A. "插入"→"图片"按钮　　B. "插入"→"版式"按钮

C. "插入"→"表格"按钮　　D. "插入"→"图表"按钮

7. [2022 下半年]下列选项中,与"水杯—瓷器"的逻辑关系相同的是(　　)(易错)

A. "木制品—家具"　　B. "鲸鱼—海鱼"　　C. "豆制品—大豆"　　D. "河虾—河蟹"

8. [2022 下半年]按规律填数字是一项很有趣的活动,特别锻炼观察和思考能力。按照 1 = 3,2 = 9,3 = 15,4 = (　　),5 = 27 的规律,下列选项中,应填入空缺处的数字是(　　)

A. 17　　B. 19　　C. 21　　D. 23

9. [2022 上半年]Word 文档中,要将一张图片作为一段文字的背景,应该将图片版式设置为(　　)

A. 四周型环绕　　B. 紧密型环绕　　C. 浮于文字上方　　D. 衬于文字下方

10. [2022 上半年]在使用 Excel 制作表格时,可实现输入数字字符串 0210409 的是(　　)

A. [0210409]　　B. "0210409"　　C. 0210409　　D. '0210409

11. [2022 上半年]下列选项中,与"首饰—镯子"的逻辑关系相同的是(　　)

A. 汽车—轮胎　　B. 石窟—石雕　　C. 玉石—翡翠　　D. 摆件—胸针

12. [2021 下半年]在 PowerPoint 的浏览视图下,在多张幻灯片中选定一张并拖动,可实现的操作是(　　)

A. 复制幻灯片　　B. 选定幻灯片　　C. 删除幻灯片　　D. 移动幻灯片

13. [2021 下半年]下列选项中,与"学术著作—探险小说"的逻辑关系相同的是(　　)(易混)

A. 电商—微商　　B. 商人—晋商　　C. 浙商—闽商　　D. 直销—销售

14. [2021 下半年]按照给出图形的逻辑特点,下列选项中,填入空白处最恰当的是(　　)

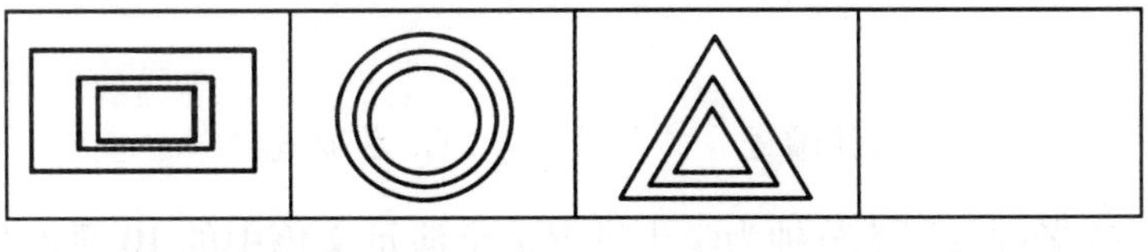

A. 　　B. 　　C. 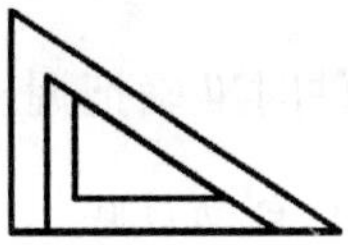　　D.

15. [2021 上半年]关于 Word 文档打印,下列选项中,说法正确的是( )

A. 不可打印文档的指定页内容　　B. 打印操作的最小单位是页

C. 文档的属性信息不可被打印　　D. 文档处于编辑状态不可打印

16. [2021 上半年]Excel 中的名称框显示"D5",则当前单元格所在的位置是( )

A. 第四列第五行　　B. 第一列第五行　　C. 第四列第一行　　D. 第一列第一行

17. [2021 上半年]下列选项中,与"医生—护士"逻辑关系相同的是( )

A. 军人—军医　　B. 教授—助教　　C. 校长—教师　　D. 法警—警察

18. [2021 上半年]找规律填数字是一项很有趣的活动,特别锻炼观察和思考能力。下列选项中,填入数列"2、4、12、52、________、32660"空缺处的数字,正确的是( )(常考)

A. 624　　B. 628　　C. 632　　D. 636

19. [2020 下半年]Word 中,双击"格式刷",可将格式从一个区域一次复制到的区域数目是( )

A. 1 个　　B. 2 个　　C. 3 个　　D. 多个

20. [2020 下半年]Internet 为每一台计算机都分配了一个地址,其中 Internet 地址的英文缩写是( )

A. TCP　　B. IP　　C. WEB　　D. HTML

21. [2020 下半年]数字游戏是一种非常有意思的游戏,能锻炼人的观察能力和逻辑思维能力,"2 +3 +4→6820""3 +3 +2→9612""2 +2 +4→4816",以下选项正确的是( )

A. 5 +6 +3→153033　　B. 5 +6 +3→301545

C. 5 +6 +3→301533　　D. 5 +6 +3→153045

22. [2019 下半年]下列选项中,与"橙子"和"橘子"逻辑关系相同的是( )

A. 土豆与马铃薯　　B. 桃子与水蜜桃

C. 芒果与火龙果　　D. 萝卜与红萝卜

23. [2019 下半年]在 Word 文档中,不缩进段落第一行,而缩进其余行,可实现该效果的操作是( )

A. 首行缩进　　B. 悬挂缩进　　C. 左缩进　　D. 右缩进

24. [2019 下半年]李老师想用 5 分钟为学生讲解某个演示文稿中的 10 页幻灯片,下列选项中,可以帮助李老师在制作课件时准确把握讲解时间的是( )

A. 排练计时　　B. 自动放映　　C. 批注功能　　D. 使用母版

25.［2019 下半年］按照给出图形的逻辑特点，下列选项中，填入空白处最恰当的是（　　）

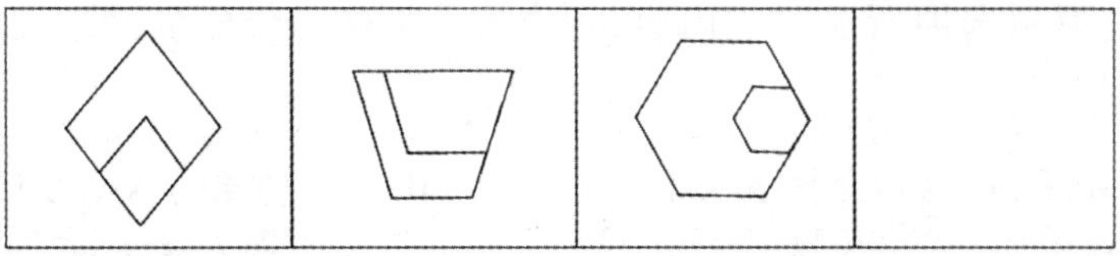

A. 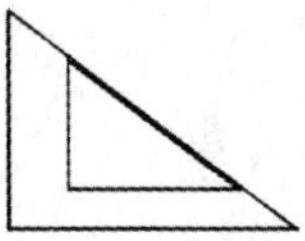　　B. 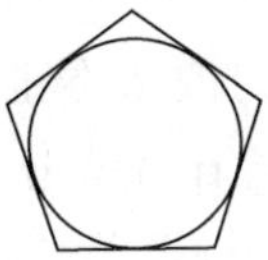　　C. 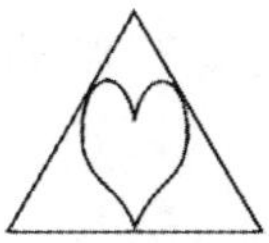　　D.

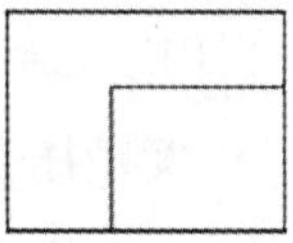

26.［2019 上半年］下列关于 Word 中的多文档窗口操作，表述不正确的是（　　）

A. 通过多文档窗口操作，文档窗口可以拆分成为两个文档窗口

B. 多个文档编辑工作结束，只能全部存盘后才可关闭文档窗口

C. 允许同时打开多个文档进行编辑，每个文档有一个文档窗口

D. 多个文档窗口的内容之间可以进行剪切、粘贴和复制等操作

27.［2019 上半年］找规律填数字是一项很有趣的活动，特别锻炼观察力和思考力。下列选项中，填入数列"1、2、9、33、________"空缺处的数字，正确的是（　　）

A. 122　　B. 124　　C. 126　　D. 128

28.［2018 下半年］下列关于 PowerPoint 中"自定义动画"的表述，正确的是（　　）

A. 只能用鼠标不能用时间来控制动画　　B. 只能用时间不能用鼠标来控制动画

C. 鼠标和时间都能够控制动画　　D. 鼠标和时间都不能控制动画

29.［2018 下半年］下列选项中，与"家具—大衣柜"逻辑关系相同的是（　　）

A. 电冰箱—空调　　B. 坐具—双人床　　C. 消毒柜—冰柜　　D. 炊具—煤气灶

30.［2018 上半年］在 Word 文档编辑状态下，点击功能图标，可实现的操作是（　　）

A. 居中对齐　　B. 分散对齐　　C. 右对齐　　D. 左对齐

31.［2018 上半年］按照给出图形的逻辑特点，下列选项中，填入空白处最恰当的是（　　）（易错）

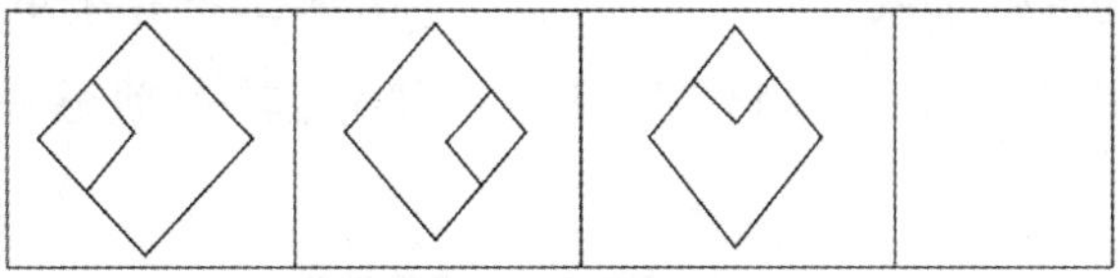

A. 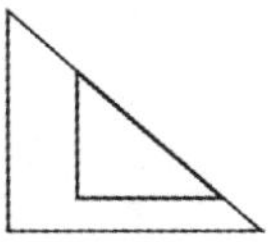　　B. 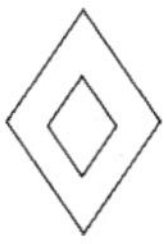　　C. 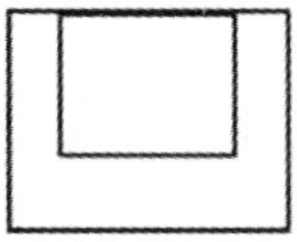　　D.

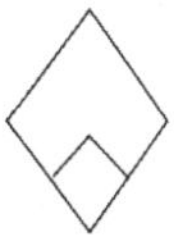

32.［2017 下半年］在 PowerPoint 中，新建演示文稿已选定某特定的应用设计模板，在该文稿中插入一个新幻灯片时，新幻灯片的模板将（　　）

A. 采用默认设计模板　　B. 随机选择任意设计模板

C. 采用已选设计模板　　D. 需要指定另外设计模板

33. [2017 下半年]下列选项所表述的内容,包含在“没有学会分享,就不能感受更多快乐”中的是(　　)

A. 只要学会了分享,就能感受更多快乐　　B. 即使学会分享,也未必感受更多快乐

C. 没感受更多快乐,是因为没学会分享　　D. 只有学会了分享,才能感受更多快乐

34. [2017 上半年]下列选项中,关于 Word 中“项目符号”的说法不正确的是(　　)

A. 项目符号可以改变　　B. 项目符号只能是阿拉伯数字

C. 项目符号可增强文档可读性　　D. $ 和@ 都可定义为项目符号

35. [2017 上半年]找规律填数字是一项很有趣的活动,特别锻炼观察力和思考力,下列选项中,填入数列“36、24、15、12、________、9”空缺处的数字,正确的是(　　)

A. 8　　B. 7　　C. 6　　D. 5

36. [2016 下半年]在 PowerPoint 中,对幻灯片中某对象建立超链接需要添加的是(　　)

A. 文本框和超链接点　　B. 文本和图片

C. 文本框和动作按钮　　D. 超链接点和动作按钮

37. [2016 下半年]下列选项所表述的内容,包含在“只有想不到,没有做不到”中的是(　　)

A. 如果想不到,肯定做不到　　B. 只要想得到,就能做得到

C. 既然做到了,肯定想到了　　D. 既有想不到,也有做不到

38. [2016 上半年]下列选项中与“三角形—几何图形”逻辑关系相同的是(　　)

A. 矩形—椭圆形　　B. 菱形—六边形

C. 圆形—三角形　　D. 梯形—四边形

39. [2015 下半年]四个杯子上各写着一句话,第一个杯子:每个杯子中都是酸性溶液,第二个杯子:本杯中是矿泉水,第三个杯子:本杯中不是蒸馏水,第四个杯子:有的杯子中不是酸性溶液。如果四句话中只有一句真实,则可以确定的是(　　)

A. 所有的杯子中都是酸性溶液　　B. 第二个杯子中是矿泉水

C. 所有杯子中都不是酸性溶液　　D. 第三个杯子中是蒸馏水

40. [2015 上半年]下图是 Word 所制作文档的一部分,其中剪贴画“青蛙”的文字环绕方式是(　　)

A. 四周型环绕　　B. 浮于文字上方

C. 紧密型环绕　　D. 衬于文字下方

二、材料分析题(每小题14分,参考时限15分钟。共3小题)

1.[2022下半年]材料:

冠礼,是冠礼和笄礼的合称,是我国古代的成年礼,标志着男女由少年迈入成年。因而冠礼在古代社会家礼文化和人生成长诸阶段中占有极为重要的地位。

根据《礼书》记载,先秦冠礼在宗庙进行,主持者一般为受冠者的父亲,即孟子说的:"丈夫之冠也,父命之。"(《孟子·滕文公下》)如果父亲已经去世,则由兄长主持。加冠前,主人要通过占卜的方式确定冠日,随后邀请参加冠礼的宾客,尤其是为子弟加冠的正宾。加冠当日,主人要准备好冠礼所用的冠服器物等。加冠前,受冠者由赞冠者为其梳头、挽髻、加笄,再把头发系好以便加冠。冠礼的主体仪式为"三加",即由正宾依次给受冠者加缁布冠、皮弁、爵弁,每次加冠都要配以相应的服饰。加冠时,主宾要向受冠者宣读祝辞,内容是勉励其树立高尚的道德品质和远大的人生志向。加冠后,正宾为受冠者取字。同时,子弟加冠后要拜见母亲和尊长,并接受他们的教诲。

传统冠礼包含着深刻的伦理意蕴、道德追求与责任担当。

首先,借助冠服使受冠者明确自身的权利和责任。"三加"仪式无疑是整个冠礼程序的中心环节。初加缁布冠,该冠为太古之制,蕴含尊古尚朴之意。再加皮弁,皮弁为臣子上朝时所戴之冠,意味着受冠者可以参与政治事务。三加爵弁,爵弁为先秦宗庙祭祀时所戴之冠,象征着受冠者开始拥有祭祀权。加冠过程中,受冠者通过穿戴具有不同意义和功能的冠服,明确其作为成人开始享有治人、参政、祭祀等权利和义务,使其对自身社会角色获得更为明晰的认知。

其次,借助冠辞教导受冠者不断砥砺自己。例如,初加时祝辞有"弃尔幼志,顺尔成德"的内容,就是要求受冠者放弃幼年孩子气的行为,以成年人的道德准则来砥砺自己的德行。再加的祝辞说:"敬尔威仪,淑慎尔德。"告诫其成年人的气质是端庄威仪,内在善良温和,凡事以礼行之,希望受冠者能始终以此为准绳来要求自己。三加的祝辞说:"以成厥德。"嘱告受冠者已经成人,要以成人的礼仪标准来约束自己。

再次,古人对冠礼的重视不仅仅在于冠服本身,更在于他们希望借助冠服仪式,构建一种儒家倡导的理想社会秩序和生活方式。宋代以来世风浇薄,民间胡服盛行,车服多僭越而禁之不绝,道学家们对此无不感到痛心疾首。譬如,司马光认为不行冠礼,则不知"为人子、为人弟、为人臣、为人少"四者之行,不知"成人之道"(《书仪》)。朱熹则批评"今衣服无章,上下混淆"(《家礼》),以致华夷不辨,尤需加以整顿。

冠礼是中华优秀传统家礼文化的重要内容,是中华家文化与礼文化融合的结晶。中共中央、国务院印发的《新时代公民道德建设实施纲要》强调"充分发挥礼仪礼节的教化作用。礼仪礼节是道德素养的体现,也是道德实践的载体"。虽然时代发生了变迁,但无论是冠礼的礼义内容还是其礼仪教化方式，都有诸多值得我们深入挖掘、吸纳借鉴的地方。

一方面，借鉴传统冠礼仪式和教化方式，为广大青少年提供角色认知，培育礼仪文明素养。《礼记·冠义》云："凡人之所以为人者，礼义也。礼义之始，在于正容体、齐颜色、顺辞令。容体正，颜色齐，辞令顺，而后礼义备。"在儒家看来，人之所以为人，在于人有礼义。虽然传统家礼存在一定的历史局限性，但这种借助极富象征意义与教育性质的礼仪形式，为个体提供社会角色认知，并在潜移默化中涵养文明素质的教化方式，在今天看来仍具有非常积极的意义。建议有关部门在吸纳传统冠礼仪节的基础上，设计一套简明易行的成人礼加以实验推广，助推亿万青少年通过仪式更好地理解和践行"成人之责"。

另一方面，承故拓新，充分挖掘传统冠礼文化中的积极内容，使之成为涵养青少年道德人格的丰厚滋养。在漫长历史长河中，冠礼礼义中浸润和倡导的修身之德、成人之责、立世之道和感恩之心，仍然是新时代青少年成人成才所需要的必备素质，对于促进家德家风建设乃至整个社会的精神文明建设，仍然大有裨益。

（摘编自陈延斌、王伟《传统冠礼及其时代价值》，有删改）

问题：

(1)什么是冠礼？请结合文章，简要概括。

(2)冠礼在我国传统家礼文化中为什么占有重要地位？对今天有何借鉴意义？请结合文章，简要分析。

2.［2022 上半年］**材料：**

无论中外，也无论古今，大家都要求“老实话”，可见“老实话”是不容易听到见到的。大家在知识上要求真实，他们要知道事实，寻求真理。但是抽象的真理，打破砂锅问到底，有的说可知，有的说不可知，至今纷无定论，具体的事实却似乎或多或少总是可知的。况且照常识上看来，总是先有事后才有理，而在日常生活里所要应付的也都是些事，理就包含在其中，在应付事的时候，理往往是不自觉的。因此强调就落到了事实上。常听人说“我们要明白事实的真相”，既说“事实”，又说“真相”，叠床架屋，正是强调的表现。说出事实的真相，就是“实话”。买东西叫卖的人说“实价”，问口供叫犯人“从实招来”，都是要求“实话”。

人们为什么不能或不肯说实话呢？归根结底，关键是在利害的冲突上。自己说出实话，让别人知道自己的虚实，容易制自己。就是不然，让别人知道底细，也容易比自己抢先一着。在这个分配不公平的世界上，生活好像战争，往往是有你无我；因此各人都得藏着点儿自己，让人莫名其妙。于是乎勾心斗角，捉迷藏，大家在不安中猜疑着。向来有句老话，“知人知面不知心”，还有“逢人只说三分话，未可全抛一片心”，这种处世的格言正是教人别说实话，少说实话，也正是暗示那利害的冲突。我有人无，我多人少，我强人弱，说实话恐怕人来占我的便宜；强的要越强，多的要越多，有的要越有。我无人有，我少人多，我弱人强，说实话也恐怕人欺我不中用；弱的想变强，少的想变多，无的想变有。人与人如此，国与国又何尝不如此！

人们在情感上要求真诚，要求真心真意，要求开诚相见或诚恳的态度。他们要听“真话”，“真心话”，心坎儿上的，不是嘴边儿上的话，这也可以说是“老实话”。但是“心口如一”向来是难得的，“口是心非”恐怕大家有时都不免，读了奥尼尔的《奇异的插曲》就可恍然。“口蜜腹剑”却真成了小人。真话不一定关于事实，主要的是态度。可是，如前面引过的，“知人知面不知心”，不看什么人就掏出自己的心肝来，人家也许还嫌血腥气呢！所以交浅不能言深，大家一见面儿只谈天气，就是这个道理。所谓“推心置腹”，所谓“肺腑之谈”，总得是二三知己才成；若是泛泛之交，只能敷敷衍衍，客客气气，说一些不相干的门面话。这可也未必就是假的，虚伪的。他至少眼中有你。有些人一见面冷冰冰的，拉长了面孔，爱理人不理人的，可以算是“真”透了顶，可是那份儿过了火的“真”，有几个人受得住！本来彼此既不相知，或不深知，相干的话也无从说起，说了反容易出岔儿，乐得远远儿的，淡淡儿的，慢慢儿的，不过就是彼此深知，像夫妇之间，也未必处处可以说真话。“人心不同，各如其面”，一个人总有些不愿意教别人知道的秘密，若是不顾忌着些个，怎样亲爱的也会碰钉子的。真话之难，就在这里。

（摘编自朱自清《论老实话》，有删减）

问题：

(1)文章画线句说“也无论古今，大家都要求‘老实话’”的理由是什么？请简要概括。

(2)在“说老实话”这一问题上，文章有哪些看法？请简要分析。

3.[2021 下半年]材料：

1610 年，伽利略把他刚刚制作出来的第一架望远镜对准了满天繁星。那时候行星和恒星的区别还远不像现在这么清晰。有些星星尽管看上去是以别的星星为背景来运动的，但这种运动的原因尚未明了。伽利略选择以木星为观察对象并不代表他明白这是怎么一回事，也许就是因为木星是天空中最明亮的星星之一，所以最吸引人。

伽利略的第一个惊人发现就是木星并不仅仅是一个点，而是一个小圆圈。这意味着这个“光点”很可能是一个有固定大小的实体。伽利略一定见过一个人提着灯笼慢慢走近他的场景。在远处，这个灯笼看上去就像是一个没有大小的点，但是慢慢地，这个点慢慢变大，就成了具有某一直径的圆。正是通过与他所熟悉的现象的类比，伽利略才能够把木星当时的这个光点想象成一个物体，这个物体和他身边的东西并没有本质区别。

他的第二个惊人发现就是在木星这个白色圆圈的背景里，有几个微小的黑点。那么第三个发现来了，这些小黑点都沿着直线穿过这个圆圈，有些需要几小时，有些则需要好几天。更有意思的是，每当这些小黑点到达白色圆圈的边缘时，它们就会变成白色，与圆圈外的黑色背景形成对比。之后，小黑点会继续沿着直线运动，但是会慢下来，然后停下来，再沿着相反的方向运动。当它回到白色圆圈的边缘时，就会完全消失，一段时间后才在白色圆圈的另一端出现。

这里，我们并不打算讨论伽利略时代科学发现中的细节，而是想看看，一位杰出的科学家是如何解释他通过望远镜所看到的现象的。伽利略认为木星是一个球形的物体，并且有不少较小的物体绕着它做严格的周期运动，周期从 2 天到 15 天不等。他还知道地球也是圆的，并且月球围绕地球做规则的周期运动，周期约为 30 天。所有这些信息放在一起，让伽利略灵光一现，他

“看”到了天空中的第二个地球，并且由好几个月亮环绕着。在地球的卫星月亮和木星的小点之间建立起类比关系，这是伽利略的天才之见。

就算其他人也有一台望远镜，并且花上几个星期盯着木星，也并不意味着他们都能“看”到伽利略所看到的类比。这其中的原因就是，在那个年代，“月亮”这个词仅仅被用来特指一个物体，几乎没有人敢想象两个或者更多的“月亮”，如果有人胆敢这么做，那就想想1600年的布鲁诺，仅仅是因为提出宇宙中还有许多和我们的世界相同的世界，就在罗马被活活烧死，更重要的是，伽利略通过类比大胆地想象出多个月亮来，这个类比是把我们的世界和一个小到不能再小的光点联结起来了。这个类比虽然看上去实在令人难以置信，但还是让人们接受了宇宙中存在多个“地球”的可能性，因为木星就可以被比作另一个地球。接下来人们又接受了宇宙中可能有许多个月球，并称其为卫星。“卫星”这个概念就这样产生了。从此，任何一个天体，甚至卫星，都可以有多个围绕它转动的卫星。

那么我们在伽利略的发现和小孩子所作的归类之间做类比，让我们将伽利略的深刻洞见与小孩子将玩具小车看作卡车之间做个比较。小孩子将地板上不能发声、没有气味的玩具卡车，与在高速公路上跑着的、声振屋瓦、排放尾气的大卡车联系起来时所做的小型认知飞跃，是否与伽利略将脚下的地球、头顶的明月与遥远的木星及其卫星联系起来时所做的复杂认知飞跃大同小异呢？无论如何，有一件事是可以确定的，在这两种情况下，都有一个很小的物体被想象成为很大的物体，同时，观察者都是通过熟悉的事物去了解不熟悉的事物。那么，我们在伽利略的发现和小孩子所做的归类之间做类比，能否算作从一个类比到另一个类比的认知飞跃呢？

（摘编自侯世达、桑德尔《表象与本质》，有删改）

问题：

(1)文章画线句中“看”的意思是什么？请结合原文，简要概括。

(2)伽利略的发现与小孩子对玩具车和卡车所做的归类之间有何异同？请结合文本，简要分析。

三、写作题(每小题50分,参考时限40分钟。共4小题)

1. [2022下半年]阅读下面的材料,根据要求写作。

在一个著名的博物馆里,小学生和中学生席地而坐,听取详细而系统的讲解。幼儿园的孩子们也来参观,讲解员是一位富有经验的老奶奶,她并没有向孩子们讲解博物知识,而是在展出的美术作品前问:孩子们,这上面有几个人呀?这件衣服是什么颜色的呀?这儿都有几棵树呀?孩子们看得很认真,回答得也很认真。

综合上述材料所引发的思考与感悟,写一篇论说文。

要求:用规范的现代汉语写作,角度自选,立意自定,标题自拟,不少于800字。

2. [2022上半年]阅读下面的材料,按要求作文。

综合材料所引发的联想和感悟,写一篇论说文。

要求:用规范的现代汉语写作,角度自选,立意自定,标题自拟,不少于800字。

3. [2021 下半年]阅读下面的材料,按要求作文。

2017 年春节期间,央视一档以古诗词为主要内容的文化综艺节目《中国诗词大会》吸引了无数低头玩手机的年轻人。该节目的一位嘉宾对此评论道:“中国人的诗心一直在,但需要被激活。”另有学者认为,中国古典诗词是一座巨大的精神宝库,它唤醒了中国人内心深处的文化自信。

综合上述材料所引发的联想和感悟,写一篇论说文。

要求:用规范的现代汉语写作,角度自选,立意自定,标题自拟,不少于 800 字。

4. [2021 上半年]阅读下面的材料,按要求作文。

材料一　一位擅长画荷花的艺术家说:“画荷花不一定要整天拿着笔在池边写生,而应该静坐在荷花旁欣赏,看风中的荷,雨中的荷,夏天的盛荷,秋天的老荷,冬天的残荷。久而久之,你已经不知道什么是我,什么是荷,从而融入其中,摊开纸,自然满眼荷花,四季的烟雨一起涌上,还怕画不生动吗?”

材料二　苏轼在《文与可画筼筜谷偃竹记》一文中说:“故画竹必先得成竹于胸中,执笔熟视,乃见其所欲画者,急起从之,振笔直遂,以追其所见,如兔起鹘落,少纵则逝矣。”

综合上述材料所引发的联想和感悟,写一篇论说文。

要求:用规范的现代汉语写作,角度自选,立意自定,标题自拟,不少于 800 字。

专题一　信息处理能力

链接答案本 P379

单项选择题(每小题 2 分,共 60 小题。参考时限 90 分钟)

1. 某单位要求公文传输必须使用专门的办公自动软件,该软件属于(　　)

A. 工具软件　　B. 系统软件　　C. 编辑软件　　D. 应用软件

2. Word 功能区中常会出现一些暗灰色的选项,这表示(　　)

A. 系统运行故障　　B. Word 本身缺陷

C. 文档带病毒　　D. 这些选项当前无效

3. 在 Word 文档中,如果出现了多处相同的错误,下列操作中,可一次性修改这些错误的是(　　)

A. 逐字查找更正　　B. 使用"撤消"命令与"恢复"命令

C. 使用"定位"命令　　D. 使用"编辑"菜单的"替换"命令

4. 在 Word 中,以下哪种操作可以使在下层的图片移至上层(　　)

A. "格式"选项卡下的"更正"　　B. "格式"选项卡下的"图片版式"

C. "格式"选项卡下的"重设图片"　　D. "格式"选项卡下的"上移一层"

5. 在 Word 的编辑状态下,选择整个表格,执行"表格"菜单中的"删除行"命令,对其结果表述正确的是(　　)(易错)

A. 表格中一行被删除　　B. 整个表格被删除

C. 表格中一列被删除　　D. 表格没有被删除

6. 在 Word 中,选择"文件"选项卡下的"另存为"命令,可以将当前打开的文档另存为(　　)

A. txt 文件类型　　B. pptx 文件类型

C. xlsx 文件类型　　D. bat 文档类型

7. Word 的"开始"选项卡按钮栏中,表示"两端对齐"操作的按钮是(　　)

A.　　B.　　C.　　D.

8. 在 Word 中,如果用户选中了大段文字,不小心按了空格键,则大段文字将被一个空格所代替,此时可用(　　)操作还原到原先的状态。

A. 替换　　B. 粘贴　　C. 撤消　　D. 恢复

9. 在 Windows 操作系统中，关于文件命名说法错误的是(　　)

A. 文件名的长度不允许超过 8 个字符　　B. 扩展名中允许使用多个分隔符

C. 不允许使用 *、/、\等符号　　D. 一个文件夹里不能有名字相同的文件

10. Word 的两种文本编辑模式是(　　)

A. 改写与删除　　B. 插入与删除　　C. 插入与改写　　D. 复制与删除

11. 使用 Word 在查看文档过程中，发现不能进行修订操作，在左下方出现“不允许修改，因为所选内容已被锁定”提示信息，可用以下哪种方法解决(　　)

A. 勾选“设置格式”　　B. 勾选“插入与删除”

C. 关闭文档保护　　D. 单击“修订”按钮

12. 在 Word 中，需要完成如图所示“插入表格”功能，下列选项中，表述正确的是(　　)

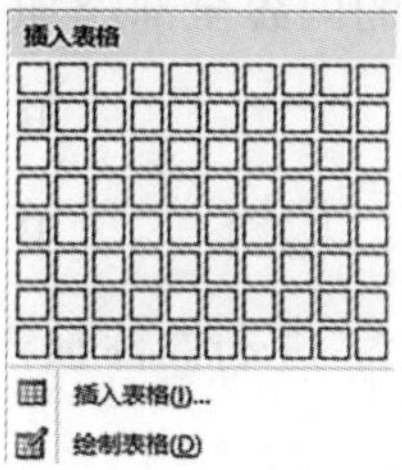

A. 可以选择需要的行数和列数　　B. 只能使用表格设定的默认值

C. 只能选择行数　　D. 只能选择列数

13. 在 Word 中，如果进行了多次剪切或复制，此时点击“粘贴”按钮，光标所在处插入的内容是(　　)

A. 第一次剪切或复制的内容　　B. 最后一次剪切或复制的内容

C. 无任何剪切或复制的内容　　D. 所有被剪切或复制过的内容

14. Word 在编辑一个文档完毕后，要想知道它打印后的效果，可使用(　　)功能。

A. 打印预览　　B. 模拟打印　　C. 提前打印　　D. 屏幕打印

15. 在使用 Word 编辑文档时，当光标在第一段最末位置，按 Delete 键，其结果是(　　)

A. 把第二段的第一个字符删除掉　　B. 仅删除第一段最末行的最后一个字符

C. 把第一段落和第二段落合并成了一个段落　　D. 把第一段落全部删除

16. 在 Word 中，如果输入的文字或标点下面出现红色波浪线，可能表示(　　)

A. 句法错误　　B. 拼写和语法错误　　C. 系统错误　　D. 格式错误

17. 在 Word 编辑文本时,可以在标尺上直接进行的操作是( )

A. 文章分栏 B. 建立表格

C. 嵌入图片 D. 段落首行缩进

18. 在 Word 编辑状态下,绘制一个图形,首先应该选择( )

A."插入"选项卡→"图片"命令按钮 B."插入"选项卡→"形状"命令按钮

C."开始"选项卡→"更改样式"按钮 D."插入"选项卡→"文本框"命令按钮

19. 在 Word 中,下列关于表格操作的表述不正确的是( )

A. 两个连续单元格可合并成一个单元格 B. 两张表格可以合并成一张完整的表格

C. 一张表格可拆分成多张表格 D. 表格的外框可加上实线边框

20. 关于 Word,下列说法正确的是( )

A. 可以将文本转化为表,但表不能转成文本 B. 可以将表转化为文本,但文本不能转成表

C. 文本和表不能互相转化 D. 文本和表可以互相转化

21. 在 Word 编辑状态下,要将另一文档的内容全部添加在当前文件光标处,正确的操作是( )

A. 单击"文件"→"新建" B. 单击"插入"→"对象"

C. 单击"文件"→"打开" D. 单击"插入"→"超链接"

22. 在 Word 中,要实现对文档中的文字进行"替换",在默认设置下,首先选择的功能菜单是( )

A."工具" B."文件" C."视图" D."编辑"

23. 使用 Word 软件处理文档,合适的是( )

A. 段落开始处按两次空格键 B. 文档中设置的字体种类越多越好

C. 多个段落之间按回车键添加空行 D. 用样式给文档各级标题排版

24. 在 Word 表格中,单元格内能填写的信息( )

A. 只能是文字 B. 只能是文字或符号

C. 只能是图像 D. 文字、图像、符号均可

25. Word 文档"打印"时,"页码范围"设置为"8 - 15,25,60",表示打印( )(易错)

A. 第 8 页至第 15 页 B. 第 8 页,第 15 页,第 25 页,第 60 页

C. 第 8 页至第 15 页,第 25 页和第 60 页 D. 以上都不是

26. 在 Word 中,调整文本行间距应选取( )

A."开始"选项卡中的"段落"命令中的"行距"

B."插入"选项卡中的"段落"命令中的"行距"

C.“视图”选项卡中的“标尺”

D.“插入”选项卡中的“文本”命令中的“文本框”

27. 在 Excel 工作表中，表示以单元格 C5、N5、C8、N8 为顶点的单元格区域，正确的是（　　）（常考）

A. C5: C8: N5: N8　　B. C5: N8　　C. C5: C8　　D. N8: N5

28. 下列关于 Excel 单元格的说法，错误的是（　　）

A. 可以选定连续的多个单元格　　B. 可以选定不连续的多个单元格

C. 一个数据表只有一个活动单元格　　D. 一个数据表可以有多个活动单元格

29. Excel 中，用条件“数学 >70”与“总分 >350”对成绩数据表进行筛选，结果是（　　）

A. 所有数学 >70 的记录　　B. 所有数学 >70，并且总分 >350 的记录

C. 所有总分 >350 的记录　　D. 所有数学 >70，或者总分 >350 的记录

30. 在 Excel 工作表单元格中输入（　　）时，应首先输入“ = ”。

A. 中文　　B. 公式　　C. 日期　　D. 关键词

31. 假定一个单元格存入的公式为“ =13 * 2 +7”，则当该单元格处于非编辑状态时显示的内容为（　　）

A. 13 * 2 +7　　B. =13 * 2 +7　　C. 33　　D. =33

32. 在 Excel 中，对数据源进行分类汇总之前，应先完成的操作是（　　）

A. 排序　　B. 筛选　　C. 有效地计算　　D. 建立数据库

33. 在 Excel 2010 中，对数据表进行排序时，在“排序”对话框中能够指定的排序关键字个数限制为（　　）

A. 1 个　　B. 2 个　　C. 3 个　　D. 任意个

34. 在单元格 A1、A2、A3、B1、B2、B3 中分别输入 1、2、3、4、5、6，单元格 C5 中输入“ =AVERAGE(A1: B3)”，则 C5 单元格中的数据为（　　）

A. 3　　B. 3.5　　C. 21　　D. #NAME?

35. 在 Excel 中，用鼠标右键单击工作簿中的“Sheet1”标签（下图），不能实现的功能是（　　）

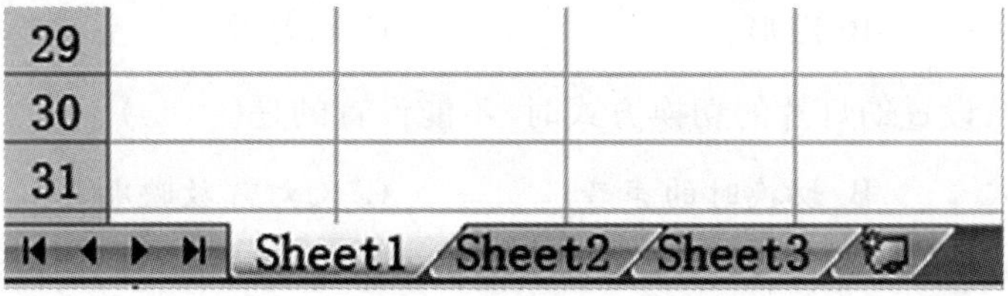

29
30
31
Sheet1　Sheet2　Sheet3

A. 插入一个工作表　　B. 删除一个工作表

C. 重命名一个工作表　　D. 打印一个工作表

36. 在当前工作表的单元格中输入"=MAX(0.5,0,-2,false,true)"则单元格的结果显示为( )

A. 1　　B. 4　　C. -2　　D. 0.5

37. 在记录工资的 Excel 表格中,C 列是每名员工的工资,第 2~9 行分别代表 8 名员工的记录。下列公式能正确计算出这 8 名员工工资总额的是( )

A. AVG(C2:C9)　　B. COUNT(C2:C9)

C. MAX(C2:C9)　　D. SUM(C2:C9)

38. 下列关于 Excel 的自动筛选功能的叙述,错误的是( )

A. 使用自动筛选时,将隐藏不满足条件的数据行

B. 使用自动筛选时,将删除不满足条件的数据行

C. 设置了筛选条件后,可以取消筛选条件,显示所有数据行

D. 用"数据"选项卡中的"排序和筛选"命令中的"筛选",可以进入自动筛选

39. 下列关于 Excel 的分类汇总功能的说法,正确的是( )

A. 在分类汇总前需要按分类的列进行排序

B. 在分类汇总前不需要按分类的列进行排序

C. 可以使用删除行操作来取消分类汇总的结果,恢复到汇总前的状态

D. 分类汇总的方式是求和

40. Excel 工作表中第 6 行第 7 列的单元格地址是( )

A. F7　　B. 7F　　C. G6　　D. 6G

41. 在 Excel 中,在单元格输入的数据前加"'",则该单元格的格式是( )(易错)

A. 时间类型　　B. 数值类型　　C. 日期类型　　D. 字符类型

42. 下列选项中,可以改变一张幻灯片中各部分放映顺序的是( )

A. 采用"预设动画"设置　　B. 采用"自定义动画"设置

C. 采用"动画方案"设置　　D. 采用"幻灯片"切换设置

43. 在 PowerPoint 中,演示文稿的基本组成单元是( )

A. 文本　　B. 图形　　C. 幻灯片　　D. 工作表

44. 在 PowerPoint 中,设置幻灯片的切换方式时,不能设置的是( )

A. 切换效果　　B. 切换时的声音　　C. 幻灯片放映顺序　　D. 持续时间

45. 在 PowerPoint 中,( )模式可以实现在其他视图中可实现的一切编辑功能。(易混)

A. 大纲视图　　B. 普通视图

C. 幻灯片视图　　D. 幻灯片浏览视图

46. 使用 PowerPoint 软件制作“吉祥物设计”作品,其中一张幻灯片中有 4 张图片,要使它们播放时依次出现,应设置(　　)

A. 自定义动画　　B. 幻灯片切换　　C. 幻灯片版式　　D. 超链接

47. 某 PowerPoint 文件打开时显示的界面如图所示,下列说法正确的是(　　)

A. 第 2、3 张幻灯片已被删除

B. 第 2、3 张幻灯片已被锁定,不能修改

C. 在幻灯片浏览视图中,第 2、3 张幻灯片不会显示

D. 在幻灯片放映视图中,第 2、3 张幻灯片不会显示

48. 计算机病毒能利用系统信息资源进行繁殖并生存,影响计算机系统正常运行。下列关于计算机病毒的表述正确的是(　　)

A. 编制未完成的计算机程序　　B. 文件内容已经被破坏了的计算机程序

C. 编译不正确的计算机程序　　D. 被蓄意设计的具有破坏性的计算机程序

49. 在 PowerPoint 各种视图中,可以同时浏览多张幻灯片,便于选择、添加、删除、移动幻灯片等操作的是(　　)

A. 普通视图　　B. 备注页视图

C. 阅读视图　　D. 幻灯片浏览视图

50. 下列关于设置幻灯片背景的说法中,错误的是(　　)

A. 可以为单张幻灯片设置背景

B. 不可以同时为多张幻灯片设置相同的背景

C. 可以将图片设置为背景

D. 用户可以为幻灯片设置不同颜色的背景

51. 下列关于 PowerPoint 自定义动画的说法,正确的是(　　)

A. 幻灯片中的每一个对象都只能使用相同的动画效果

B. 各个对象动画的出现顺序是固定的,不能随便调整

C. 各个对象动画可以以任意顺序出现

D. 一个文件中的幻灯片的对象只能使用相同的动画效果

52. 在 PowerPoint 中,下列关于图片来源的说法,错误的是(　　)

A. 剪贴画中的图片　　B. 来自文件的图片

C. 来自扫描仪的图片　　D. 来自打印机的图片

53. 搜索下列哪个关键词可以找到音频资源(　　)

A. 水晶. swf　　B. 北戴河. docx　　C. 狼牙山. wav　　D. 故乡的云. bmp

54. 下列设置中,能使幻灯片中的标题、图片、文字等按要求顺序呈现的是(　　)

A. 设定放映方式　　B. 切换幻灯片　　C. 链接幻灯片　　D. 自定义动画

55. 某位教师用 PowerPoint 软件给学校制作一个招生宣传材料,为该材料添加校徽合适的操作是(　　)

A. 分别在每张幻灯片中插入校徽

B. 将校徽插入母版中,应用母版制作

C. 复制插入的校徽分别粘贴到每张幻灯片中

D. 将校徽插入幻灯片中作为模板,复制使用

56. 在 Excel 中,工作表被删除后,下列说法正确的是(　　)

A. 表中数据也被删除,但可用“撤消”来恢复

B. 数据仍然保存在内存里,只不过是不再显示

C. 数据被全部删除,而且不可用“撤消”来恢复

D. 数据进入了回收站,可以去回收站将数据恢复

57. 在 Excel 中,下列函数表达式可完成计算工作表中数据平均值的是(　　)

A. =SUM(A1:A6)　　B. =COUNTIF(A1:A6)

C. =MIN(A1:A6)　　D. =AVERAGE(A1:A6)

58. 关于 PowerPoint 设计模板,下列说法正确的是(　　)

A. 只限定了模板类型,版式不受限定　　B. 既限定了模板类型,也限定了版式

C. 既不限定模板类型,也不限定版式　　D. 不限定模板类型,但限定了其版式

59. 下列关于 PowerPoint 的说法中,正确的是(　　)

A. 可以编辑修改内容的视图有幻灯片视图和幻灯片浏览视图

B. 幻灯片播放时可以显示占位符

C. 幻灯片中一个对象可以设置多种动画效果

D. 每张幻灯片不可以使用不同的版式

60. 计算机病毒可以使整个计算机瘫痪,危害极大。下列选项中对计算机病毒描述最为准确的是(　　)

A. 一条命令　　B. 一段特殊的程序　　C. 一种生物病毒　　D. 一种芯片

专题二　逻辑思维能力

链接答案本 P384

单项选择题(每小题 2 分,共 30 小题。参考时限 45 分钟)

1. 下列选项所表述的内容,包含在“只有经历过无数失败才懂得成功的艰辛”中的是(　　)

A. 没有经历过无数失败,就无法懂得成功的艰辛

B. 如果经历了无数失败,就可以懂得成功的艰辛

C. 不懂成功的艰辛,是因为没有经历过无数失败

D. 即使没经历过无数失败,也可以懂得成功的艰辛

2. 赵、钱、孙、李四个人比谁的身高最高。已知:赵、钱的身高之和与孙、李的身高之和相等,当将钱、李互换后,赵、李的身高之和高于钱、孙的身高之和,钱的身高高于赵、孙的身高。如果上述为真,以下哪项为真(　　)

A. 钱的身高最高　　B. 赵的身高最高

C. 孙的身高最高　　D. 李的身高最高

3. 妈妈要带两个女儿去参加一个晚会,女儿在选择搭配的衣服。家中有蓝色短袖衫、粉色长袖衫、绿色短裙和白色长裙各一件。妈妈不喜欢女儿穿长袖配短裙。以下哪种是妈妈不喜欢的方案(　　)

A. 姐姐穿粉色衫,妹妹穿短裙　　B. 姐姐穿蓝色衫,妹妹穿短裙

C. 姐姐穿长裙,妹妹穿短袖衫　　D. 妹妹穿长袖衫和白色裙

4. 下列表述,与“以事实为根据,以法律为准绳”不属于同类判断的是(　　)(易错)

A. 团队重要,平台也很重要　　B. 品德看言行,知识看谈吐

C. 若想人不知,除非己莫为　　D. 善人必勤俭,恶人必奢华

5. 某跨国单位选出国留学人员,条件是:业务精通,并且英语流利或者法语流利。小洪没有被选上。以下哪一项解释可以从上面得出(　　)

A. 小洪业务精通,但英语不流利

B. 小洪业务精通,但法语不流利

C. 小洪只有英语流利是不够的,还需要法语也比其他候选人流利

D. 如果小洪业务精通的话,那么他的英语和法语都不够流利

6. 甲、乙、丙三人各自举着红旗、绿旗和黄旗,分别从东面、南面和西面三个方向朝山顶攀登。甲不

举红旗，也不从东面上山；举红旗的人从西面上山；乙举着绿旗。由此可以推出（　　）

A. 举黄旗的不是甲　　B. 举绿旗者从南面上山

C. 乙不从南面上山　　D. 丙从东面上山

7. “医生都穿白衣服，所以，有些穿白衣服的人留长头发。”下列选项中，这一陈述的必要前提是（　　）

A. 有些医生留长头发　　B. 有些医生不留长发

C. 穿白衣服的人不留长发　　D. 穿白衣服的人都是医生

8. A、B、C、D四个球队进行循环赛（每队与其他队各比赛一场），比赛结果：B队输一场，C队比B队少赢一场，B队比D队少赢一场。那么，A队的名次为（　　）

A. 第一名　　B. 第二名　　C. 第三名　　D. 第四名

9. 某篮球队主教练规定，如果一号上场，而且三号没有上场，那么五号与七号队员中至少要有一人上场。如果主教练的规定被贯彻执行了，一号队员没有上场的充分条件是（　　）

A. 三号上场，五号与七号没上场　　B. 三号没上场，五号与七号上场

C. 三号五号七号都没上场　　D. 三号五号上场，七号没上场

10. 下列选项中，与“植物不可能都是多年生的”意思相同的是（　　）

A. 植物可能都不是多年生的　　B. 有的植物有可能是多年生的

C. 有的植物必然是多年生的　　D. 有的植物必然不是多年生的

11. 全国运动会举行女子5000米比赛，辽宁、山东、河北各派了三名运动员参加。比赛前，四名体育爱好者在一起预测比赛结果。甲说：“辽宁队训练就是有一套，这次的前三名非他们莫属。”乙说：“今年与去年可不同了，金银铜牌辽宁队顶多拿一块。”丙说：“据我估计，山东队或者河北队会拿奖牌。”丁说：“第一名如果不是辽宁队，就该是山东队了。”比赛结束后，发现四个人中只有一人言中。以下哪项最可能是该项比赛的结果（　　）

A. 第一名辽宁队，第二名辽宁队，第三名辽宁队

B. 第一名辽宁队，第二名河北队，第三名山东队

C. 第一名山东队，第二名辽宁队，第三名河北队

D. 第一名河北队，第二名辽宁队，第三名辽宁队

12. 甲、乙、丙、丁四位球迷有一段对话。甲说：“Y球队能进入决赛。”乙说：“如果X球队能进入决赛，那么Y球队也能进入决赛。”丙说：“我看Y球队不能进入决赛，但X球队能进入决赛。”丁说：“X球队不能进入决赛。”如果四人中只有一人是对的，那么可以推出（　　）

A. X和Y球队都能进入决赛　　B. X球队不能进入决赛，Y球队能进入决赛

C. X和Y球队都不能进入决赛　　D. X球队能进入决赛，Y球队不能进入决赛

13. 找规律填数字是一项很有趣的活动,特别锻炼观察和思考能力。下列选项中,填入数列“1、6、5、9、12、________”空缺处的数字,正确的是(　　)

A. 13　　B. 15　　C. 17　　D. 19

14. 找规律填数字是一项很有趣的活动,特别锻炼观察和思考能力。下列选项中,填入数列“4、2、2、3、6、________”空缺处的数字,正确的是(　　)

A. 6　　B. 8　　C. 10　　D. 15

15. 找规律填数字是一项很有趣的游戏,特别锻炼观察和思考能力。下列选项中,填入数列2、3、9、30、________、8193空缺处的数字,正确的是(　　)

A. 263　　B. 273　　C. 283　　D. 293

16. 找规律填数字是一项很有趣的活动,特别锻炼观察和思考能力。按照“2 +5 +7→144935”“3 +5 +6→184830”“4 +4 +9→367236”的规律,下列选项中正确的是(　　)(常考)

A. 7 +6 +4→285224　　B. 7 +6 +4→284270

C. 7 +6 +4→422452　　D. 7 +6 +4→422824

17. 找规律填数字是一项很有趣的活动,特别锻炼观察和思考能力。下列选项中,填入数列1、6、36、216、________空缺处的数字,正确的是(　　)

A. 1296　　B. 1297　　C. 1299　　D. 1230

18. 找规律填数字是一项很有趣的活动,特别锻炼观察和思考能力。下列选项中,填入数列“2、7、14、25、38、________”空缺处的数字,正确的是(　　)

A. 54　　B. 55　　C. 57　　D. 58

19. 下列选项中,与“车票—票据”逻辑关系相同的是(　　)

A. 飞机票—船票　　B. 戏票—入场券

C. 购水票—门票　　D. 餐券—优惠券

20. 下列选项中,与“蝴蝶:蟋蟀”逻辑关系相同的是(　　)

A. 桑葚:鲜花　　B. 海棠:海参　　C. 鹦鹉:海鸥　　D. 恒星:太阳

21. 下列选项中,与“量尺和厘米”逻辑关系一致的是(　　)

A. 时间和小时　　B. 天平和千克

C. 电话和号码　　D. 显微镜和细胞

22. 下列选项中,与“琵琶:琴弦”逻辑关系相同的是(　　)

A. 钢琴:钢琴凳　　B. 眼镜:眼镜盒　　C. 台灯:灯管　　D. 书法:毛笔

23. 下列选项中,与“科学家—画家”的逻辑关系相同的是(　　)

A.“蜜蜂”和“昆虫”　　B.“戏迷”和“美食家”

C.“面粉”和“大米”　　D.“汽车”和“润滑油”

24. 下列选项中,与"青年—记者"的关系相同的是(　　)(常考)

A."护士"和"医生"　　B."学生"和"团员"

C."警察"和"狱警"　　D."作家"和"文人"

25. 按照给出图形的逻辑特点,下列选项中,填入?处最恰当的是(　　)

?

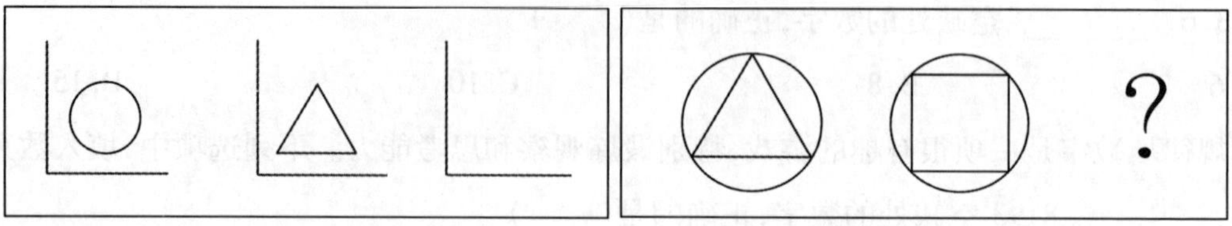

A. 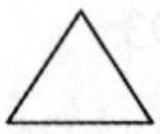　　B.　　C. 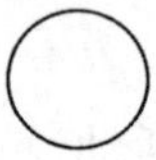　　D.

26. 按照给出图形的逻辑特点,下列选项中,填入?处最恰当的是(　　)

?

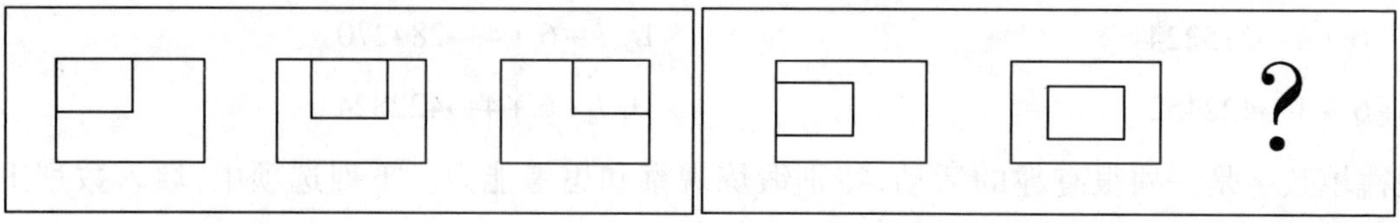

A. 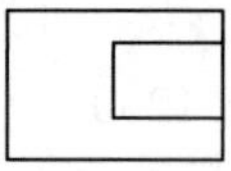　　B. 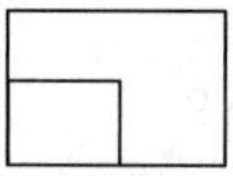　　C. 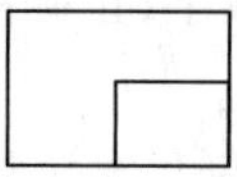　　D.

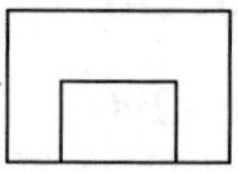

27. 下列选项中,与例图的四个图形有一致性规律的是(　　)

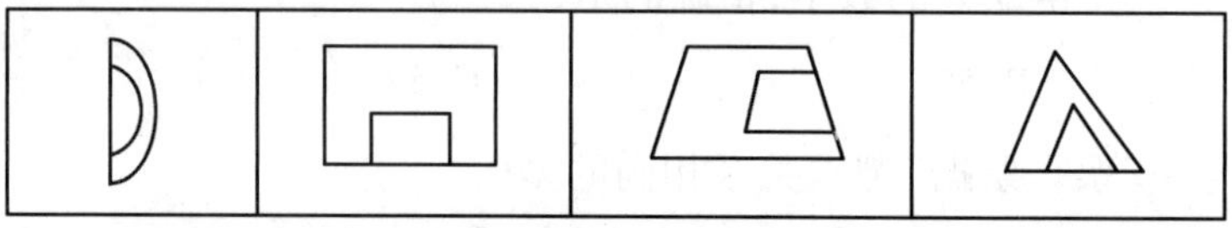

A. 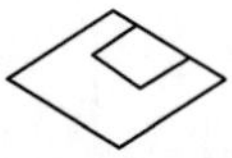　　B. 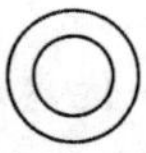　　C. 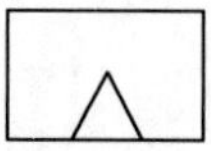　　D.

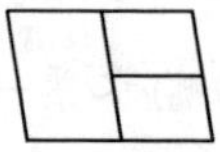

28. 根据所给图形的逻辑特点,下列选项中,填入空白处最恰当的是(　　)(常考)

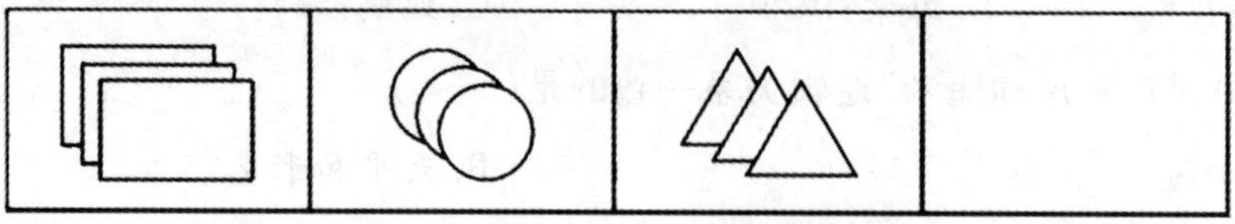

A. 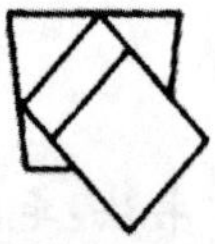　　B. 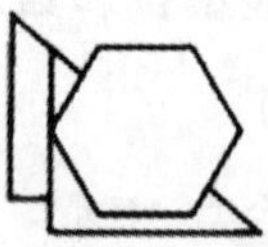　　C. 　　D.

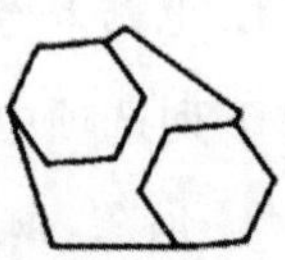

29. 下列表述,与"并非'只有本地人当经理,才能把企业搞好'"的判断一致的是(　　)

A. 要想把企业搞好,必须由本地人当经理　　B. 只要把企业搞好了,谁来当经理都可以

C. 不由本地人当经理,也可以把企业搞好　　D. 不由本地人当经理,就不能把企业搞好

30. 下列选项中,与“大学生—志愿者”的逻辑关系不一致的是(　　)

A. 英文书—教材　　B. 铅笔—画笔

C. 老年人—科学家　　D. 医生—护士

专题三　阅读理解能力

链接答案本 P386

材料分析题(每小题 14 分,参考时限 15 分钟。共 18 小题)

1. 材料:

儒家伦理的原生形态是家庭伦理。这种说法包含两重意思:其一,它首先是针对家庭的人伦关系而提出的;其二,其核心观念后来被投射到对家庭以外的人际关系的理解。

儒家提倡“爱有差等”,最根本的爱是对己亲而言。它是血缘的,故爱人,首先就是亲亲。亲子之间的亲或爱,是人类的天性,它是自然的,不需要更高的理由。儒家从它提升出一种最基本的伦理规范,叫做孝。在具体的孝亲行为中,爱是无条件的。类此,不仅亲子之间,长兄(姐)与小弟(妹)之间,关系也依此而来。因此,在家庭中,悌也可以与孝相提并论。

然而家庭是变化的。从只有父母与子女的小家庭,发展为包括祖父母及其子孙在内的大家庭,结构变复杂了。同时,许多小家庭,又正是在大家庭中派生出来的。随着世代的延续,大家庭就成了大家族。而时代拉长,超大家庭或大家族壮大,就是氏族共同体的形成。乡村中有宗祠的村落即血缘向地缘转化的象征。一般大家族的界限在于,共同祖宗在世。不仅纵向的关系清楚,第四代甚至第五代横向之间的关系也可明白。大家族内部的关系是广义的家庭关系。但是一旦世代延长,范围继续扩大,后代就只能记住共同祖先的名字或故事,横向之间的关系靠名字来确定辈序而已。在这种规模上,他们就不是家族而是构成了社会。费孝通在《乡土中国》中写道:

以“己”为中心,像石子一般投入水中,和别人所联系成的社会关系,不像团体中的分子一般大家立在一个平面上的,而是像水的波纹一般,一圈圈推出去,愈推愈远,也愈推愈薄。在这里我们遇到了中国社会结构的基本特性了。我们儒家最考究的是人伦,伦是什么呢?我的解释就是从自己推出去的和自己发生社会关系的那一群人里所发生的一轮轮波纹的差序。《释名》于沦字下也说“伦也,水文相次有伦理也”。

我们社会中最重要的亲属关系就是这种丢石头形成同心圆波纹的性质。亲属关系是根据生育和婚姻事实所发生的社会关系。从生育和婚姻所结成的网络,可以一直推出去包括无穷的人,过去的、现在的和未来的人物。

因此,虽然乡土社会或民族共同体包含家庭,但它毕竟超出了家庭,从伦理关系而言,需要有所不同的原则提出。也就是说,必须从家庭伦理转向社会伦理,亦即从面对亲人转向面对熟人的问题上来。

熟人不需定义,但类型是多样的。亲戚、邻里、同事、朋友、师生,都是熟人。亲戚是血缘关系的延伸,一旦关系疏远,亲人就向熟人转化。邻里就是地缘关系,没准是血缘关系转变而来的。同事是工作关系,朋友、师生则有精神关系的味道。儒家重家庭,但关怀没有局限于家庭。因此,除孝悌之外,《论语》还有其他社会伦理观念的提出,如忠与信。"吾日三省吾身。为人谋而不忠乎?与朋友交而不信乎?"(《论语·学而》)"主忠信,无友不如己者。"(《论语·子罕》)忠是忠于职守,尽自己的能力为服务对象工作,无论对国君或国家,甚至某种团体,均要求如此。在孔孟时代,忠还不是对权力的无条件服从,士是否服务于具体对象,应当或者可以考虑道义上是否正当。一旦关系解除,这种服从尽职的要求就不存在。信则是可信赖的品行,要求心口如一、言行一致。它从朋友关系开始,意味着在平等的社会地位间的伦理要求。家庭关系基于血缘,是不可选择的,而君臣,特别是朋友,是选择的,是社会关系。因此,忠信的要求超越家庭,是社会伦理。

为什么亲亲或者无条件之爱不能成为处理所有人我关系的伦理原则?原因在于,这种伦理价值奠基在一种自然感情的基础上,而这种感情的作用是有局限的。这种限制包括自然与社会两个方面。自然方面,血缘关系的深浅会导致感情的亲疏之别,所以有费孝通"愈推愈远,也愈推愈薄"的说法。社会方面,则每个个体能力或拥有资源的不充分,也没法支持其全面施爱的行动。一个大家族内部尚且如此,遑论更广阔的社会。所以孔子认为"博施于民而能济众",就不是一般仁人能做得到的。儒家强调"爱有差等",是从亲情开始培养并落实爱的伦理。它就是仁,即种子的内核。但同时,又努力推广这种爱的范围,老吾老及人之老,幼吾幼及人之幼。从亲亲、仁民到爱物,让种子长成参天大树。

(摘编自陈少明《亲人、熟人与生人》,有删改)

问题:

(1)文章分别介绍了儒家的哪些家庭、社会伦理?请简要概括。

(2)文章认为家庭伦理与社会伦理有联系和区别,请简要分析。

2. 材料：

走进可可西里，我的耳朵里只剩下风。我想看清楚那些掠过原野的藏羚羊，但又怕惊扰它们。于是只好把脸扭向另一边。尽管我转移了视线，但还是嗅到了风中血腥的味道。

在可可西里，所有的声音都是风中藏羚羊的声音。它凄惨的叫声穿过冷冷的月光，像一支走调的歌谣。偷猎者所到之处，一颗颗雪白的藏羚羊头颅，垒在历史的风口，把我的眼睛烫伤。

远远看见"可可西里自然保护站"几个红字时，我还看到一排简单的白房子。这座为挽救藏羚羊生命屹立在风中的自然保护站，使我想起许多年前一些志愿者在这里为藏羚羊的生命捐出了自己的生命，我的灵魂不禁随风而颤。

我一任风吹，吹去泪水，开始用手中的相机捕捉仓皇奔逃的藏羚羊。我知道它们怕我，我只好悄悄选择一个隐蔽的角落，将它们的惶恐统统收藏进我的镜头。

在风里，蓦地，一只受伤的藏羚羊进入了我的视野，我情不自禁走近孤零零的它。其实，我非常怕直接面对藏羚羊。因为在那些枪声乍起的风里，藏羚羊对人影早已有了防备，而我的闯入或多或少对藏羚羊都是一种不可抗拒的惶恐。

我刚蹲下身，一个声音从身后冒出来："喂！"

高高的石堆后，闪出一个美丽的藏族少女，她望着我，惶恐的脸上堆着愤恨。

我连忙说："小波姆（姑娘）啦，你在做什么？"

她回答说："我的藏羚羊，我的藏羚羊在流血啊！"她把怀抱着的一只幼小的藏羚羊给我看。

我抚摸着那可怜的小羚羊，发现它的眼睛在风中一眨一眨的，浑身都在抖动。但我却没有发现流血的伤口。虽然我听懂了少女说的汉语，但我想她一定还有一些表达不当的词，使我没理解她的意思。

她见我不语，伸手扯住我的衣裳大声吼："血，血，血你有吗？"她捂住自己的胸口，突然跪在我的面前。

这让我很震惊。血？难道她指的不是藏羚羊在流血？她是说她的心在流血，可可西里在流血？

她坚硬的发丝被风吹得很弯，她耳边的九条辫子已被风吹散，她的声音在风中颤抖，但她的眼睛依然像高原天空那样明澈。我明白了：她在向我苦苦祈求——别再伤害羊了，好吗？

看着她绝望的表情，我久久无言。耳边的风小口小口地吞噬着我想要说的话。沉寂片刻，仿佛可可西里的心也停止了跳动。

我抱起脚下那受伤的藏羚羊，踩着风的翅膀，越过美丽的山路，向那小小的自然保护站走去。

背后仍有风吹来，风中回荡着美丽少女呜咽的声音。风过可可西里，我看到生命如此苍凉。

（摘自《少年文艺》2005 年第 8 期，有删改）

问题：

(1)文中多次出现对风的描写，简要分析这一环境描写的作用。

(2)有人说，本文赞颂了关爱生命的人性之美；有人说，本文控诉了猎杀野生动物的罪恶行径。结合文章内容，谈谈你的看法。

3. 材料：

本来，曹禺从南开转学到清华，一半是冲着王文显。他早就听说，这位外国语文学系主任，对戏剧颇有研究。

但听课后，他竟有些失望。从头至尾，王文显都在念英文讲义，而且年年如此，从不增删。难怪教《近代诗歌》的温源宁教授说，那情形"好似一个长老会的牧师正在主持葬礼"。

即便在课下，他也枯燥无味。据说，学生登门拜访，大多是谈正事，说完便走，"没有人逗留，也没有人希望延长约会时间"。

他不苟言笑，瘦长白净的脸上，嘴角略微向下撇。1936 年外国语文学会的合影里，他穿件深色的西服，搭配斜纹领带，背着手，和吴宓一左一右立在中央，满脸严肃。自 1915 年伦敦大学毕业，王文显便在清华教书，直至 1937 年学校南迁。其间，他历任教务主任、代理校长和外文系主任。

不同于为人的刻板，他写出的剧本却别有一番幽默，“没有丝毫沉闷无味之处”。

在暗讽袁世凯称帝的喜剧《梦里京华》中，他写下一幕大小老婆争当皇后的闹剧：“大太太喘气喘得活像夏天的狗。她旋转得眼花缭乱。一姨太太一个箭步跳到她身后，伸手要抓她的头发。她没有抓住头发，仅仅撕下她的领子。”

他的另一部英文喜剧《委曲求全》，写的则是教授勾心斗角的丑态。男主角是一位大学校长，一出场，便抱着哈巴狗，大言不惭地对下人说：“我要不耍一点儿手腕，你想我能维持五分钟之久吗?”

这是这位代理校长的切身感受吗？人们不得而知，至少，在现实中不大看得出来。在会议上，他不慌不忙，不东拉西扯；做事方面，他一丝不苟，“各个方面无疵可求”。甚至，他永远一个样儿，抽烟斗，打网球，夏天穿短装，冬天换长袍。

温源宁说他“像个固定的设备毫无改变”，调侃他为清华的“不倒翁”和“定影液”：“没有他，清华就不是清华；有了他，不管清华还会再有多少变革，也依旧是清华。”

与学生曹禺的悲剧不同，王文显的作品是喜剧，充满了嘲讽，令人捧腹大笑后若有所思。《委曲求全》在耶鲁大学演出时，《波士顿报》一位记者评价：“柔和的、恶嘲的微笑……实在是中国人对于喜剧的一种贡献。”

“（他的作品）是那种坐在小剧场里，一边喝着咖啡和茶，一边细细品味的话剧。”中国艺术研究院话剧研究所副研究员张耀杰说。

1990 年，正读研究生的张耀杰在资料室无意中发现一本二三十年代的杂志。上面布满灰尘，旧得“翻几下就会烂掉”，其中介绍了王文显。不同于那个年代常有的慷慨激昂，他的剧作文字温文尔雅，很有情趣。

“这种情趣充满了文人式幽默，没有火药味，温厚中带着一丝人文关怀。”张耀杰说，“我们现在很少还有这种幽默。”

只是这种情趣“缺乏战斗性”，这些文字也在以往的戏剧史研究中被忽略。出版于上世纪 80 年代、被称为中国戏剧史权威著作的《中国现代戏剧史稿》一书，732 页里对他的介绍只有薄薄 4 页。“剧中所表现的民主主义和爱国主义精神以及基于这种精神对当时中国黑暗现实的批判，是在历史上起了进步作用的。”书中写道。

清华大学图书馆东北角不远处，曾是王文显居住的北院住宅区。梁启超、朱自清等学者也一度在这里居住。

而如今，这里则是一大片草坪，稀稀拉拉种着柳树和杨树，有学生在看书，也有老人推着童车，早已不复是“点点翠竹千般绿，几条小路尽文人”的景象了。

（摘编自《过去的那些人》，有删改）

问题：

(1)文章已有“《梦里京华》”一例，为何还要列举“《委曲求全》”？请简要分析。

(2)请根据文本，探析“没有他，清华就不是清华；有了他，不管清华还会再有多少变革，也依旧是清华”这句话的含义。

4. 材料：

中国古话说：“长江后浪推前浪，世人新人换旧人。”

人类社会的进步，有如运动场上的接力赛。老年人跑第一棒，中年人跑第二棒，青年人跑第三棒。各有各的长度，各有各的任务，互相协调，共同努力，以期获得最后胜利。这里面并没有高低之分，而只有前后之别。老年人先走，青年人也会变老。如此循环往复，流转不息。这是宇宙和人世间的永恒规律，谁也改变不了一丝一毫。所谓社会的进步，就寓于其中。这一番道理，虽然老生常谈，然而却是真理。

人世间的真理都是明白易懂的。可是，芸芸众生，花花世界，浑浑噩噩者居多，而明明白白者实少。你们青年人感觉敏锐，英气蓬勃，首先应该认识这个真理。要想树立正确的人生观和价值观，也必须从这里开始。换句话说就是，要认清自己在人类社会进化的漫漫长河中的地位。人类的前途要由你们来决定，祖国的前途要由你们来创造。这就是你们青年人的责任。千万不要把人生观和价值观当作一个哲学命题来讨论，徒托空谈，无补实际。一切人生观和价值观，离开了这个责任感，都是空谈。

那么，我作为一个过来人，我不想说些空话、废话、假话、大话，更是一无灵丹妙药，二无锦囊

妙计。我只有一点明白易懂、简单朴素,又确实是真理的道理。我引宋代大儒朱子的一首诗:

少年易老学难成,一寸光阴不可轻。

未觉池塘春草梦,阶前梧叶已秋声。

这首诗的关键有二:一是要学习。比如你们对浩如烟海的中华经典必须有深刻的了解。最好能背诵几百首旧诗词和几十篇古文,让它们随时含蕴于你们心中,低吟于你们口头。这对于你们人文素质的提高,都会有极大的好处。二是要惜寸阴。光阴,对青年和老年,都是转瞬即逝,必须爱惜。"一寸光阴一寸金,寸金难买寸光阴",这是古人留给我们的两句意义深刻的话。

对此,你们青年人不仅要心里明白,还要真正能实行,才能接好前人的接力棒,才不会虚度此生。以上都是我的肺腑之谈。

青年们,好自为之。世界是你们的。

(选编自季羡林《我的人生感悟》,有删改)

问题:

(1)文中画线句子中"青年人的责任"在作者眼中指的是什么?

(2)文章认为肩负着希望的青年人应该如何"好自为之"呢?请结合文本简要分析。

5. 材料:

2016 年 1 月 13 日,中国著名语言学家、文字学家周有光迎来了 111 岁大寿。这位名人一生的经历可谓充满传奇,精彩异常。11 日上午,周有光的外甥女毛晓园在接受中新网记者采访时表示,舅舅在百岁之后仍然思路清晰、眼界开阔,只是这两年身体确实比以前差了一些,"他还一直关心国家、世界上发生的大事"。

周有光 10 岁时,随全家迁居苏州,进入当时初始兴办的新式学堂读书。后来,与同为语言学家的吕叔湘成为同学。1923 年,成绩优异的周有光中学毕业,在亲友的资助下,来到上海圣约翰大学就读。

1925 年,周有光改入光华大学继续学习。大学毕业后,他与夫人张允和同往日本留学。1935 年,周有光放弃日本的学业返回上海,任教于光华大学。在此后十多年的时间里,他基本都在经济、金融领域工作,并出国任职。1949 年后,他放弃了海外优裕的生活,毅然选择回国。在周有光的工作经历中,最为人熟知的或许就是他参与"汉语拼音方案"的工作。有资料称,是周有光主导建立中国汉语拼音体系,他也因此被称为"汉语拼音之父"。

1955 年 10 月,时任复旦大学经济学教授的周有光到北京参加全国文字会议,为期一个月的会议结束后,组织上通知他到中国文字改革委员会工作。就这样,周有光在 50 岁左右时,改行专职研究语言学,并取得了不俗的成就。

改行之后的周有光到北京中国文字改革委员会参加拟定拼音方案的工作,在三年的时间里,周有光认认真真工作,深入对语言学和文字学的研究。在与他人的通力合作下,该方案最终于 1958 年正式公布。之后,周有光又提出了"文字三相分类法"(符形、语段、表达法),并把汉字的传播历史分为"学习、借用、仿造、创造"四个阶段,对汉字文字学的研究起到了推动作用。

在周有光的传奇人生中,还有这样一段为人津津乐道的趣事,他曾经做过爱因斯坦的"陪聊",他们见过两次。周有光是极少见的和爱因斯坦聊过天的中国人。

在《周有光百年口述》一书中,周有光这样描述:"打完仗,何廉到美国,我也到美国,他到普林斯顿大学做研究教授,爱因斯坦也在普林斯顿大学做研究教授。他跟我说:'爱因斯坦现在空闲得不得了,想找人聊天,你高兴跟他聊天吗?'我说:'当然很高兴。'就这样两次去访问爱因斯坦。我们是一般的谈话,当时的国际形势,当时美国发生的情况,随便讲讲。为什么我会把这个事情忘掉呢?因为谈话内容没有特点。这是一个遗憾的事情,也不可能有特点,因为他的研究方向跟我不一样。我跟爱因斯坦谈过两次,只是随便的聊天,没有学术性的,所以我就不放在心上。"

到了晚年,乃至年过百岁之后,周有光仍然精神健旺,没有停止思考,先后出版《周有光文集》《朝闻道集》《拾贝集》等作品,撰写了大量兼具学术性与通俗性的文章,文化批评家解玺璋曾这样评价道:"他达到了勇者无惧的境界。"

在叶芳的眼中,周有光既是一位思维敏锐的学者,又是一位宽厚待人的老人,"他过生日,有很多人去看望他。他现在身体很弱,坐那么长时间听别人说话是很耗费体力的,但他特别宽容,不会阻止别人说话,静静等着人家离去。这是一种很高的人格"。

"周老先生自己说过,从来都是把坏的东西尽快忘掉,记住的都是生命中有趣的、美好的事情。"叶芳说,周有光对世界上新奇的东西总是充满好奇心,"他很多次提到高铁发展给人们带来的便利,也非常想坐一次高铁回常州老家,但他心里知道,再也不可能做这样的长途旅行了"。

中评网称周有光具有"自由之思想,独立之人格";苏培成称其"敢于说真话、说实话"。

(选自《中国新闻网》,有删改)

问题：

(1)周有光在语言文字学领域做出了哪些突出贡献？请结合文本，简要概括。

(2)有人说，周有光的百年人生充满了传奇。你如何看待这个观点？请结合文本简要分析。

6. **材料：**

苏轼作为诗、文、书、画无所不能的文艺全才，是中国封建社会后期文人们最亲切最喜爱的对象。其实，苏轼的文艺成就本身并不算太高，比起屈、陶、李、杜，要逊色一筹。然而他在中国文艺史上却有巨大影响，是美学史中的重要人物，道理在哪里呢？我认为，他的典型意义正在于，他是地主士大夫矛盾心情最早的鲜明人格化身。他把中晚唐开其端的进取与退隐的矛盾双重心理发展到一个新的质变点。

苏轼一方面是忠君爱国、学优则仕、抱负满怀、谨守儒家思想的人物，这上与杜、白、韩，下与后代无数士大夫知识分子，均无不同，甚至有时还带着似乎难以想象的正统迂腐气。但要注意的是，苏东坡留给后人的主要形象并不是这一面，而恰好是他的另一面。这后一面才是苏之所以为苏的关键所在。苏轼一生并未退隐，也从未真正“归田”，但他通过诗文所表达出来的那种人生空漠之感，却比前人任何口头上或事实上的“退隐”“归田”“遁世”要更深刻更沉重。因为，苏轼诗文中所表达出来的“退隐”心绪，已不只是对政治的退避，而是一种对社会的退避；它不是对政治杀戮的恐惧哀伤，而是对整个人生、世上的纷纷扰扰究竟有何目的和意义这个根本问题的怀疑、厌倦和企求解脱与舍弃。这当然比前者又要深刻一层了。前者是可能做到的，后者实际上是不可能做到的，除了出家做和尚。这便成了一种无法解脱而又要求解脱的对整个人生的厌倦和感伤。这种整个人生空漠之感，这种对整个存在、宇宙、人生、社会的怀疑、厌倦、无所希冀、无所寄托的深沉喟叹，是苏轼最早在文艺领域中把它充分透露出来的。

正是这种对整体人生的空幻、悔悟、淡漠感，求超脱而未能，欲排遣反戏谑，使苏轼奉儒家而出入佛老，谈世事而颇作玄思。苏轼在美学上的追求是一种朴质无华、平淡自然的情趣韵味，一种退避社会、厌弃世间的人生理想和生活态度，反对矫揉造作和装饰雕琢，并把这一切提到了某种透彻了悟的哲理高度。无怪乎在古今诗人中，就只有陶潜最合苏轼的标准，才是苏轼所愿顶礼膜拜的对象。苏轼发现了陶诗在极平淡朴质的形象意境中，所表达出来的美，把它看作人生的真谛，艺术的极峰。千年以来，陶诗就一直以这种苏化的面目流传着。

"人生到处知何似？应似飞鸿踏雪泥；泥上偶然留指爪，鸿飞那复计东西。"苏轼传达的就是这种携带某种禅意玄思的人生偶然的感喟。尽管苏轼不断地进行自我安慰，时时现出一副随遇而安的"乐观"情绪，但与陶渊明、白居易等人毕竟不同，其中总深深地埋藏着某种要求彻底解脱的出世意念。无怪乎同样具有敏锐眼光的朱熹最不满意苏轼了，他宁肯赞扬王安石，也决不喜欢苏东坡。他感受到苏轼这一套对当时社会秩序具有潜在的破坏性。苏东坡生得太早，他没法做封建社会的否定者，但他的这种美学理想和审美趣味，却对从元画、元曲到明中叶以来的浪漫主义思潮，起了重要的先驱作用。直到《红楼梦》中的"悲凉之雾，遍被华林"，更是这一因素在新时代条件下的成果。苏轼在后期传统美学上的深远的典型意义，其实就在这里。

（选自李泽厚《美的历程》，有删改）

问题：

（1）简要概述第四段的论证层次。

（2）"苏轼的意义"在文中的具体表现有哪些？

7. 材料：

美国文化传播学家波兹曼的《把我们自己娱乐死》是一部声讨电视文化的著作。在阅读的过程中，我确实时时听见一声声急切有力的喝问：难道我们真的要把自己娱乐死？

无人能否认电视带来的便利，问题在于，这种便利在总体上是推进了文化，还是损害了文化。

波兹曼认为媒介的变化意味着并且导致了认识世界方式的变化。在文字一直是主要媒介的时代，人们主要通过书籍来交流思想和传播信息。在书籍的阅读中，我们得以进入用文字记载的悠久传统。相反，电视则以现时为中心，所传播的信息越具有当下性似乎就越有价值。文字是抽象的符号，作为一种媒介，它要求阅读的同时必须思考。而电视直接用图像影响观众，它有时甚至忌讳思考，因为思考会妨碍观看。在波兹曼看来，做一个有文化的人，就是置身于人类精神传统之中进行思考。书籍能够帮助我们实现这个目标，电视却会使我们背离这个目标。那么，电视究竟把我们引向何方？引向文化的反面——娱乐。一种迷恋当下和排斥思考的文化，我们只能恰如其分地称之为娱乐。

并不是说娱乐和文化一定势不两立，问题也不在于电视展示了娱乐性内容，而在于电视上的一切内容都必须以娱乐的方式表现出来。波兹曼的结论是，在电视的强势影响下，一切文化都依照其转变成娱乐的程度而被人们接受，因而在不同程度上都转变成了娱乐。“除了娱乐业没有其他行业”——到了这个地步，本来意义上的文化就荡然无存了。

波兹曼是把美国作为典型来对电视文化进行分析和批判的，但是，电视主宰文化、文化变成娱乐的倾向却是世界性的。譬如说，在我们这里，通过电视剧学习历史，而历史仅仅作为戏说、也就是作为娱乐而存在，消灭历史的方式再也不可能有比这更加彻底的了。又譬如说，在我们这里，电视也成了印刷媒介的榜样，报纸和杂志纷纷向电视看齐，蜕变成了“电视型印刷媒介”。且不说那些纯粹娱乐性的时尚杂志，只要翻开几乎任何一种报纸，你都会看到一个所谓文化版面，所报道的全是娱乐圈的新闻和大小明星的逸闻。这无可辩驳地表明，文化即娱乐日渐成为新的约定俗成，只有娱乐才是文化即将成为不争的事实。

赫胥黎曾预言：一旦无人想读书，无人想知道真理，一旦文化成为滑稽戏，文化就灭亡了。波兹曼认为，赫胥黎的预言应验了。这个结论也许太过悲叹，我相信，只要人类精神存在一天，文化就决不会灭亡。不过，我无法否认，对于文化来说，一个娱乐至上的环境是最坏的环境。在这样的环境中，任何严肃的精神活动都不被严肃地看待，人们不能容忍不是娱乐的文化，非把严肃化为娱乐不可；如果做不到，就干脆把戏侮严肃当作一种娱乐。面对这样的行径，我的感觉是，波兹曼的书名听起来像是诅咒。

（摘编自《波兹曼的诅咒》，有删改）

问题：

(1)文章第三段阐述了波兹曼的媒介文化观，请作简要概括。

(2)作者既说波兹曼的结论“也许太过悲观”，又说“波兹曼的书名听起来像是诅咒”，对此应当如何理解？

8. 材料：

今日所讲，专为现在有职业及现在正做职业上预备的人——学生——说法，告诉他们对于自己现有的职业应采何种态度。

第一要敬业。敬字为古圣贤教人做人最简易、直捷的法门，可惜被后来有些人说得太精微，倒变得不适实用了。惟有朱子解得最好，他说：“主一无适便是敬。”用现在的话讲，凡做一件事，便忠于一件事，将全副精力集中到这事上头，一点不旁骛，便是敬。业有什么可敬呢？为什么该敬呢？人类一面为生活而劳动，一面也是为劳动而生活。人类既不是上帝特地制来充当消化面包的机器，自然该各人因自己的地位和才力，认定一件事去做。凡可以名为一件事的，其性质都是可敬。当大总统是一件事，拉黄包车也是一件事。事的名称，从俗人眼里看来，有高下；事的性质，从学理上解剖起来，并没有高下。只要当大总统的人，信得过我可以当大总统才去当，实实在在把总统当作一件正经事来做；拉黄包车的人，信得过我可以拉黄包车才去拉，实实在在把拉车当作一件正经事来做，便是人生合理的生活。这叫作职业的神圣。凡职业没有不是神圣的，所以凡职业没有不是可敬的。惟其如此，所以我们对于各种职业，没有什么分别拣择。总之，人生在世，是要天天劳作的。劳作便是功德，不劳作便是罪恶。至于我该做哪一种劳作呢？全看我的才能何如、境地何如。因自己的才能、境地，做一种劳作做到圆满，便是天地间第一等人。

怎样才能把一种劳作做到圆满呢？惟一的秘诀就是忠实，忠实从心理上发出来的便是敬。《庄子》记佝偻丈人承蜩的故事，说道："虽天地之大，万物之多，而惟吾蜩翼之知。"凡做一件事，便把这件事看作我的生命，无论别的什么好处，到底不肯牺牲我现做的事来和他交换。我信得过我当木匠的做成一张好桌子，和你们当政治家的建设成一个共和国家同一价值；我信得过我当挑粪的把马桶收拾得干净，和你们当军人的打胜一支压境的敌军同一价值。大家同是替社会做事，你不必羡慕我，我不必羡慕你。怕的是我这件事做得不妥当，便对不起这一天里头所吃的饭。所以我做这事的时候，丝毫不肯分心到事外。曾文正说："坐这山，望那山，一事无成。"一个人对于自己的职业不敬，从学理方面说，便亵渎职业之神圣；从事实方面说，一定把事情做糟了，结果自己害自己。所以敬业主义，于人生最为必要，又于人生最为有利。庄子说："用志不分，乃凝于神。"孔子说："素其位而行，不愿乎其外。"所说的敬业，不外这些道理。

（摘编自梁启超《敬业与乐业》，有删改）

问题：

(1)文中所说的"人生合理的生活"，这句话的意思是什么，如何理解？

(2)文中说，"事的性质，从学理上解剖起来，并没有高下。"又说，"我信得过我当木匠的做成一张好桌子，和你们当政治家的建设成一个共和国家同一价值"。然而，也有人引用拿破仑名言说："不想当元帅的士兵不是好士兵。"请你谈谈你的看法。

9. 材料：

学生时代读沈括的《梦溪笔谈·雁荡山》，其中有云“按西域书，阿罗汉诺矩罗居震旦东南大海际雁荡山芙蓉峰龙湫”，从此知道“震旦”是中国古称。后来了解到有一段距今6亿年的地质年代，最先在中国被调查研究，故而被称为震旦纪。由此看来，“震旦”一词似乎凝结了中国悠久历史和深厚文化底蕴。而以“震旦”命名的小鸟，必定有其特别之处吧。

2007年6月初，我们前往河北衡水湖自然保护区做鸟类繁殖季节调查。机缘巧合，在这里竟与久仰的震旦鸦雀不期而遇。调查进行到最后半天时，我们突然在芦苇丛中发现了一个精致的杯状巢，里面有5枚尚有余温的卵。巢的形状很像大苇莺的巢，但根据经验判断这不是。虽然它们都是固定在几根芦苇上的杯状巢，但仔细观察发现，这个巢的巢材都是精选的苇茎，编织也更精细，巢色黄褐，一尘不染，卵的颜色和斑点也与大苇莺不同。一会儿，一只小鸟从芦苇丛中悄悄钻出飞进巢中。对照鸟类图鉴，我们兴奋地发现这竟是一只震旦鸦雀！无奈工作已接近尾声，下午我们就将结束这次调查返京。

6月底，我们再赴衡水湖。一连几日，淫雨霏霏，我们冒雨泡在齐腰深的苇塘里，寻找上次发现的震旦鸦雀巢。好不容易找到了，却发现早已雀去巢空。“也许选了新巢址呢！”朋友的话让我们重拾信心，继续寻找。果然拨开层层苇叶发现苇秆上正有一个震旦鸦雀嫩黄色的小巢，里面还有一枚呈奶茶色略带斑点的卵，拇指盖大小！不一会儿，一只震旦鸦雀就飞回来了。孵化期的震旦鸦雀不太怕人，它泰然稳“坐”巢中孵卵，与我们仅隔五六米。这一次我们总算能仔细地观察它了。它头部为灰色，两道黑色的眉纹从眼上方一直延伸到后颈。最特别的就是它们黄色的钩状喙，与鹦鹉的喙非常相似。拍摄完震旦鸦雀的孵化行为后，我们在附近几个苇塘里又陆续发现了数个巢，其中一个巢中有5枚卵，其中1枚颜色和大小与其他的略有不同，我们猜测这可能是杜鹃鱼目混珠的把戏。同时也发现一个有趣的现象，部分新巢附近都有一个旧巢。为什么震旦鸦雀会在繁殖季节营巢两次？是不是它们一年繁殖两次？疑问增加了我们的兴趣，不知道它们的育雏又将带给我们怎样的惊喜。

三周后，我们又来到衡水湖。我们在粗壮、高大的芦苇丛中，满怀希望地走向最早发现的那个震旦鸦雀巢，小心拨开苇叶，震旦鸦雀的小巢慢慢显露出来。只见4个黑乎乎的小家伙挤在一起！光溜溜的皮肤还没有长出羽毛，双眼紧闭。我们立即架好设备，等亲鸟回巢育雏。没过多久，苇叶晃动了，亲鸟回巢了。显然，亲鸟还是比较警惕，没有直接飞入巢中喂食，它衔着满嘴的虫子在苇叶间一蹦一跳，迂回地向巢靠近，最终还是绕过我们的机器跳回巢里。一落到巢边，巢中4只小鸟就炸开了锅。我们从监视器上看到它们伸长了脖子，橙黄色的大嘴张得几乎和头一样大。亲鸟喂光虫子，又俯身从巢里叼出一团白乎乎的东西吞进肚子，这是雏鸟的粪，外面裹着白色的蛋白膜。看着亲鸟清理巢内卫生的一幕，不由让人有“可怜天下父母心”的慨叹！通过

观察我们还发现，震旦鸦雀取食寄生苇秆虫子的方法十分特别，很像啄木鸟。取食之前，先用奇特粗厚的钩状喙敲击芦苇秆以确定虫子的位置，然后用喙将苇秆咬碎并将虫子叼出。

三访衡水湖，我们也仅仅对衡水湖地区的震旦鸦雀有了初步的了解，希望在不久的将来，震旦鸦雀能得到人们更多的关注。

（选自双月刊《大自然》2008 年第 2 期，有删改）

问题：

（1）根据文本概括震旦鸦雀的巢的特征。

（2）作者对震旦鸦雀的研究初有成效，从全文看取得成效的缘由有哪些？试作简要分析。

10. 材料：

我们开始写作时，有时也许为出名；有时也许为稿费；有时则受编辑先生的逼迫，情不可却，我们的动机可说并不纯粹。不过写到后来，我们把这些都忘记了，我们的精神飞腾到忘我忘人的境界，我们的思想白热化到要把整个的自己融化，我们只是写、写、写，忘记疲劳、忘记饥渴、忘记疾病，要把自己最后一滴精力都绞沥出来，来完成一件自己认为满意的艺术品。司马相如写《子虚赋》，焕然如醒，昏然如睡者百日；扬雄作某文，构思极苦，梦见己身五脏流出满地；但丁完成《神曲》最后部分，自觉精力枯涸，不能再振，不久病死。他们以宝贵生命去兑换艺术的完美，除了为创作而创作之外，还有别的企图吗？作家必如此，才算艺术忠臣，文艺必在这种情况下写出，才有永久的生命。

不过我说这话也许有人要提出反驳，他们说倘使文艺创作果然是受神秘的内在力量之压迫，是作家于不自觉之中为人类文化的进步而努力，则作家的作品应该篇篇纯正才对。为什么世间偏有许多诲淫诲盗的小说，浪漫颓废，堕人志气的诗歌，及各种方式的不道德的文艺呢？作家撰写这类作品，说图名，则此类作品每采匿名方式，说图利，则那时代人的写作十之八九没有稿费版税可收，可见他们的动机也甚纯洁，但作品的结果则与文化进步背道而驰，可见你的话是没有根据的了。这种事实，我也承认，不过原因也很复杂，有教育环境的关系，有个性兴趣的关系，致作家走错方向，故文学之需要纯正的批评亦犹做人之需要生活规律的约束。

（选自苏雪林《谈文学创作的动机》，有删改）

问题：

（1）文中画线句子“不过我说这话也许有人要提出反驳”应怎样理解？请结合文本，简要分析。

（2）文章认为作家怎样才能创作出纯正的艺术作品？请结合文本，概括说明。

11. 材料：

“废墟”在很多中国人的心目中是一个跟文化和美学不相干的贬义词，甚至《现代汉语词典》对“废墟”一词的解释也仅仅是“城市、村庄遭受破坏或灾害后变成的荒凉地方”。《现代汉语词典》的解释并没有错；但若用世界知识来衡量，这样的理解就很不够了。在欧洲，“废墟”的含义自近代以来有了明显的丰富和扩充，这个语词被赋予了更为深厚的内涵。

“废墟”的词义变化是从欧洲的文艺复兴开始的。早在15世纪，人们从偶然的废墟挖掘中发现了古代希腊、罗马时代那些生机勃勃的壁画、雕塑等绝妙艺术品，受到极大的震撼和鼓舞，于是决心以古代为榜样来复兴文学和艺术。古代那些巍峨的神庙和宫殿，尽管多半都在战火

和天灾中沦为废墟了，但它们依然令人肃然起敬，不仅引起人们思古的幽情，更激发人们对艺术创造的热情。从那时起，欧洲人就渐渐养成了对所谓“残缺美”的欣赏习惯。于是各地残破的古建筑遗址越来越成为文学艺术家描写和表现的对象，“文物”的意识也在人们心中萌发了。

废墟的美学价值及品位的提升，另一个重要进程是18世纪末、19世纪初的浪漫主义运动。这一历史时期，欧洲工业化运动的弊端已开始显现，加上启蒙运动中提出的“返归自然”的主张，这些都在浪漫主义运动中引起强烈的反响。一些浪漫派作家厌恶工业化的喧嚣，缅怀中世纪的田园生活和情调，创作中喜好远古的题材，追求神奇和神秘，爱好废墟的景象。欧洲常见的古堡遗址很符合他们的审美理想。

第三股推动力量是1820年爱琴海米罗岛上的女性雕塑阿弗洛狄忒，即“断臂维纳斯”的发现。这尊被认为世界上最美的女性雕塑，多少人想复原她的双臂姿势都以失败告终。“断臂维纳斯”也由此作为残缺美的经典永远定格，为废墟的残缺美进入美学殿堂提供了有力的依据，使保护废墟遗址成为一种文化行为。

有位外国作家在观赏希腊卫城废墟的时候，发出这样的惊叹：“那种想象的喜悦，不是所谓的空想的诗，而是悟性的陶醉。”我国有作家旅欧时也兴发类似的惊叹：“看到一座古堡废墟耸立在多瑙河畔，就像看到了600年前塞尔维亚人的智慧和力量。”美学家朱光潜说：“年代的久远常常使一种最寻常的物体也具有一种美。”那些遥远年代创造的宏伟的宫殿、陵寝、庙宇、城墙、古桥、古塔等，包含着前人非凡的智慧和巨大的辛劳，不管它毁于兵燹还是天灾，都会引起人们的痛惜，抚残体以思整体，产生心灵的震撼和共鸣，而这种震撼和共鸣就是一个审美的过程。

一见残破的废墟就觉得碍眼，不惜工本修葺一新，这在某种意义上是缺乏文化素养的表现。重修伟大的长城废墟这一“石头的史诗”，修了一段又一段，然后把这些新长城当作旅游点，吸引游人来看这假古董，这是对国民文物意识的严重误导！殊不知这种以假乱真的做法，对那些稍有文物意识的游客来说是倒胃口的。笔者曾多次陪同来自各地的朋友游览长城，人家往往事先就提出要求：“可不要领我们去看新的长城哦！”一次我陪两对外国夫妇游览司马台长城，起初我也不知道它是“修旧如旧”过的，以为是被岁月特赦了的。直到走完最后一个完好的岗楼时，眼前突然出现乱石满地的残破的长城遗迹。大家不约而同喊了起来：“长城在这里呢！”不顾一切地攀爬了起来。不难理解，人家要瞻仰和领悟的是那尽管残破，却带着岁月沧桑，因而能唤起“悟性的陶醉”的伟大长城废墟，而不是任何用钱就能换来的崭新建筑。

联系近年来重修圆明园的呼声，特别是上世纪90年代以来无数大拆大建事件，不难看出，关于废墟美的意识在有些人那里还是“0”！

（摘编自叶廷芳《保护废墟，欣赏废墟之美》，有删改）

问题：

(1)作者是如何理解“废墟”的？请结合文本，简要概括。

(2)文章勾勒了欧洲自近代以来理解“废墟”过程中的三个重要历史节点，请分别概括三个节点中人们对“废墟”的不同审美感悟。

12. 材料：

看过很多描写一个人应该怎样自信的文章，它们说得非常有道理。我们的生命之所以能拥有某种高度，是因为我们的心灵已经抵达了它，否则，你永远只能是山脚下一棵矮小的狗尾巴草。然而，一般的人很少想到适当的自卑有时也是一种生命的补液，偶尔使用它，我们的事业之花就会开放得更艳、更美，也更持久。

或许你早已听说过奥地利小说家卡夫卡的故事。卡夫卡出生于布拉格一个犹太商人家庭，他的父亲性情暴躁，而且非常专制，这使卡夫卡从小就形成了敏感多疑、忧郁孤独的性格，他有时不免有点自卑。事业最不顺的时候，他甚至说过“巴尔扎克的手杖上写着‘我粉碎了一切困难’，我的手杖上写着‘一切困难粉碎了我’”这样很绝对的话，不过，卡夫卡没有放任这种自卑，而是一直企图超越自己，终于写出了《变形记》《城堡》这样的优秀小说，成为西方现代派文学的鼻祖。

拥有一点点自卑之心，对人生多有教益。爱迪生的学业成绩差得让老师想跳楼，为此，老师竟建议家长让他退学。爱迪生也曾自卑过，但他把这种自卑当成动力，最后成了伟大的发明家。普希金当学生时，他的数学一塌糊涂，无论做什么题目，也不管运用哪种方法，最后他都会

让答案等于零。为了自我鼓劲,他选择了写诗,结果成为一代文豪……

自卑能促使我们对自我作出一种冷静的剖析。一个人不难走向自信,人天性中就有一种自恋和唯我独尊的基因,这种基因使我们自以为是,听不进别人的好意见。我们真正难以做到的是时刻认识到自己生命的不完善、不完美,从而保持一种谦和的心境。自卑是这种谦和的母亲。

自卑对人生还有一个重要价值:让你变得有所敬畏。人生的很多问题都是因为无所顾忌而起的:贪官之所以把手伸得很长,无非是因为觉得在他那个小圈子里,他可以搞定一切;奸商之所以泯灭天良牟取暴利,不过是因为他认为自己有足够的智慧对付国家的政策、法律……这些人的确没有自卑感,然而,没有道理的"自信"却毁了他们。

人生自然不能过于自卑,过分的自卑会打倒一个人的毅力和勇气,使我们自己消灭自己;但也绝不能盲目自信,一个人盲目自信容易变得狂妄,自己挡住前进的道路。最理想的是把两者结合起来,用自卑探照自己性格、知识、才华的黑洞,用自信寻找走出迷途的道路。

(选自《时文选粹》第二辑,有删改)

问题:

(1)文章第三段运用了什么论证方法?有什么作用?

(2)请结合文章,联系生活实际,谈谈你对自卑的理解。

13. **材料:**

"苦难是人生的一笔财富。"这是人们常说的一句激励人奋进的话,但学会正确对待苦难更有现实的意义,毕竟,苦难不是幸事,也不是每个人都能承受得起的。

在一次聚会上,那些堪称成功的实业家、明星谈笑风生,其中就有著名的汽车商约翰·艾顿。艾顿向他的朋友、后来成为英国首相的丘吉尔回忆起他的过去——他出生在一个偏远小镇,父母早逝,是姐姐帮人洗衣服、干家务,辛苦挣钱将他抚育成人。但姐姐出嫁后,姐夫将他撵到了舅舅家。舅妈更是刻薄，在他读书时，规定每天只能吃一顿饭，还得收拾马厩和剪草坪。刚工作当学徒时，他根本租不起房子，有一年多时间是躲在郊外一处废旧的仓库里睡觉……

丘吉尔惊讶地问："以前怎么没有听你说过这些？"艾顿笑道："有什么好说的呢？正在受苦或者正在摆脱受苦的人是没有权利诉苦的。"这位曾经在生活中失意、痛苦了很久的汽车商又说："苦难变成财富是有条件的，这个条件就是，你战胜了苦难并远离苦难，不再受苦。只有在这里，苦难才是你值得骄傲的一笔人生财富。别人听你的苦难时，也不觉得你是在念苦经，只会觉得你意志坚强，值得敬重。但如果你还在苦难中或者没有摆脱苦难的纠缠，你说什么呢？在别人听来，无异于就是请求廉价的怜悯甚至乞讨……这个时候你能说你正在享受苦难，在苦难中锻炼了品质、学会了坚韧？别人只会觉得你是在玩精神胜利、自我麻痹。"

艾顿的一席话，使丘吉尔重新修订他"热爱苦难"的信条。他在自传中这样写道——苦难，是财富还是屈辱？当你战胜了苦难时，它就是你的财富；可当苦难战胜了你时，它就是你的屈辱。

那么，让苦难不再成为屈辱的前提是：坚强面对，不屈不挠，勇于奋斗，最终战胜苦难，而让它成为你人生中真正值得汲取的财富！

（摘编自《课外阅读》，有删改）

问题：

(1)让苦难不再成为屈辱的前提是什么？请结合本文，说说你的看法。

(2)每个人都有表达、自诉的权利，可是艾顿却说"正在受苦或者正在摆脱受苦的人是没有权利诉苦的"，说说你的理解。

14. 材料：

16 岁那年，父亲送我去一家电脑培训中心学习微机课程，那些枯燥的操作命令很快使我厌倦了。渐渐地，一有空我便溜到与中心相邻的“创世纪”网吧上网玩游戏，几个月下来，我微机知识没学到多少，倒是对那些神奇莫测的游戏入了迷，经常玩个通宵达旦。

网吧老板是一个过早秃顶的中年男人，在众多网民中，他好像独独对我这个学生特别反感，走来走去总要教训我两句：“玩物丧志，这词儿你懂吗？”世上哪有老板赶顾客出门的道理？我把他的告诫当成了耳旁风，只顾在网吧中玩得昏天黑地。

一天，父亲从乡下到城里来看我。我正痴迷地玩“僵尸与侠客”的游戏，突然听到身后一个声音说：“好精彩，好安逸哟！”这话音好耳熟，方言土语在城里极少能听见。我猛回头，只见父亲不知何时站在了我的身后。那一刻，我有一种做贼的感觉，赶紧站起身，垂手而立。父亲却神情古怪地一把拉住我的手说：“章子，精彩，来，继续玩！”我做梦也没想到父亲不但不骂我，竟然让我教他玩游戏。我兴奋地抓住他的手，教他如何选择按键、如何控制鼠标、如何躲避对方的打击、如何出击，没想到父亲学得还真快，不到 3 分钟便投入于那醉人的游戏中。

一晃 7 天过去了。父亲的玩法越来越高明，也越来越上瘾，竟好几天通宵达旦泡在网吧中。这时，我的衣袋中只剩下 30 元钱了。父亲省吃俭用，每月寄 400 元钱给我做生活费，我却将它们全都消费在了这些醉人的游戏中，刚过了半个月，我的衣袋就快空了，再向父亲要钱，我开不了口。那天在网吧里，父亲问我：“章子，身上有钱吗？拿出来，让爸过足这把瘾！”一听这话，我的脑袋便“嗡”地一下大了。我家在城里没有亲戚，身上没了钱，我跟父亲在城里如何生活？父亲是个复员军人，只听说他在城里有一个战友叫方伯雄，我到城里来上学，父亲便让我去找方伯伯，可我却压根儿没心思去见那些古板的人。

那个秃顶的网吧老板又来催缴费了。按每小时两元结算下来，父亲已欠费 300 余元。眼看父亲翻遍他所有的衣兜，再也没有翻出一分钱来，我心里焦急万分。网吧老板呈现出他从未有过的凶相，威胁说：“3 个小时内不缴清欠费，就把你们送到派出所。”父亲眼巴巴地望着我，我偷眼看着网吧老板那副讨债不成不罢休的架势，不由胆战心惊。我退下手腕上那块花去父亲 80 元钱买给我的手表作抵押，谁知网吧老板竟然不屑一顾。父亲指着他身上那件过年时新买的呢大衣诚惶诚恐地说：“要不，我……我脱下这身衣服给你？”网吧老板用鼻孔哼了一声说：“一个乡下人的破衣服，能值几个钱？”围观的人里三层外三层，将我们围了个水泄不通，有人在对我的父亲指指点点：“没钱玩什么游戏？乡巴佬！”这时我看见父亲的嘴角抽了抽，就在那一刻，我感觉那讥讽的话语就像皮鞭似的抽打在我的脸上。我发狂似地冲出人群，找我的同学去借钱，可他们一见我，都如见了瘟神，慌忙离去。“天哪，这个时候，我到哪里去弄钱解救我的父亲？”我急得像热锅上的蚂蚁，不停地在心里说。我不禁悔恨交加。回到网吧，跪倒在父亲面前，我痛哭失声地说：“爸，是我害了你，我不该教你玩这种害人的游戏！”父亲也不禁老泪纵横，他一把拉起我说：“孩子，你终于明白了，这就叫玩物丧志！来，爸给你介绍一位伯伯，他就是我在家跟你提起过的方伯雄伯伯！”我抬起头来，顺着父亲所指的方向看去，只见网吧老板一反常态，正笑吟吟地站在我的面前……

（节选自《当代微型小说精选》，有删改）

问题：

（1）小说情节的发展似乎有些“突兀”，但细细看来，一切都在情理之中。试就文中的“伏笔”和“铺垫”各举一例作简要分析。

（2）小说描写了一位父亲独特的教育方式，对于这种方式，有人表示赞同，有人表示异议，你的看法是怎样的呢？请就你认同的一种观点加以探究。

15. 材料：

最近，看了一部话剧《弗罗斯特》。该剧是对1977年一场电视访谈半写实、半虚构的舞台重构，访谈者是英国脱口秀主持人弗罗斯特，被访谈者是美国前总统尼克松。虽然当时水门事件已经过去了5年，尼克松也下台了3年，但是尼克松从来没有真正承认过错误。弗罗斯特雄心勃勃地想迫使尼克松在访谈中认错，而尼克松步步为营，将弗罗斯特咄咄逼人的提问转化为

自我辩护,但最终还是“战败”了,在亿万电视观众面前出尽洋相,不得不缴械投降。

这个故事的主题,用最简洁的话说就是:不忘记,不原谅。

尼克松30年前的错误并没有随着时间的流逝而在公众的记忆中消失,西方文化中公众对政治家的过错“耿耿于怀”的态度令我感慨。虽然尼克松在世时就受到了政治的、舆论的惩罚,但他并没有因此得到救赎,几十年来人们从没有忘记向已经落入“井底”的他扔“石头”。要许多习惯领导特权的人来说,美国总统对竞选对手进行窃听,好像不是什么大不了的丑闻。但是美国社会没有这种“宽容”,支持率的自由落体、弹劾的压力、甚至入狱的威胁,迅速将尼克松抛入历史的垃圾堆。

“不忘记、不原谅”的表现,就是各类文化产品中反思主题反反复复的出现。拿水门事件来说,电影《尼克松》《迪克》《所有总统的人》都有对水门事件的再现和反思,电视片《辛普森》《X档案》《福图拉马》中也都有反映水门事件的剧情。当然,文化产业对政治错误最不依不饶的典型,还是越战的“文化工业”。且不说书籍、电视、歌曲、漫画等,就拿电影一项来说,作品就已经汗牛充栋,如奥利弗·斯通的越战三部曲。

可以看出,在人类天生的健忘倾向面前,文化产业主动承担了守护记忆、背负记忆、传载记忆的责任。面对权力社会可能手无寸铁,但是至少还有记忆。相比之下,中国有多少文艺作品在守护我们的集体记忆呢?“三年自然灾害”死亡成百上千万,我们有几部电影反映那些苦难?面对血流成河的土改、镇反、文革、四清,我们的奥利弗·斯通在哪里?在《大话西游》里?在《无极》和《满城尽带黄金甲》里?权力固然封锁了记忆,但是社会本身、公众本身又有多少回忆的冲动、诉说的冲动、用历史的火炬去照亮未来的黑暗的冲动?

对于历史的伤痛,我们习惯于说“过去的就让它过去吧,何必揭历史的伤疤”;对于哪怕映射这一伤疤的文艺作品,我们涂抹着西方解构主义、荒诞主义、后现代主义的口红的嘴巴又说,“这种宏大叙事是多么的土气”。但是,如果对生命和痛苦的漠视可以体现在我们对待历史的态度里,它同样可以体现到我们对现实的态度里。事实上,当我们的文艺作品用五光十色的豁达、诗意、颓废、华丽、放荡、恶搞去包裹怯懦时,它正在体现到我们对现实的态度里。

当然,《弗罗斯特》这样的作品集中出现在这几年,绝非巧合。显然,这些作品的编剧导演都或多或少有影射当代政治尤其是伊战的意图。也许,历史的妙处正在于此:它不仅是关于过去的事件,还可以是关于现实和未来的寓言。

(选自《民主的细节》,有删改)

问题：

(1)请简要概括本文的论述思路。

(2)“它不仅是关于过去的事件，还可以是关于现实和未来的寓言。”这句话包含了哪些深意？

16. 材料：

自从有一天，和他因小事争吵，我一怒离家，回来时却发现忘带钥匙，又不肯按铃请他来为我开门，只得索性坐火车去高雄住了一夜。那以后，我对钥匙就十分小心。在这个意义上来说，它是一种自尊的保障，独立的象征，代表着可以我行我素的自由和不必求助于人的快乐。我的钥匙好像就因为这种意义的追求，才逐渐多起来的。

除了自己住处大门、二门的钥匙，以及家中一切备而不用的钥匙之外，我有办公室抽屉和四个柜橱的钥匙，还有发音室的钥匙。另外我还有洛杉矶女儿住处的两套钥匙和纽约朋友住处的钥匙。他们说：“知道你这人喜欢随时高兴就跑来了，给你一套钥匙，我们不在家，你也可以进来。”

钥匙因此不仅是一种自由，也是一种权利和别人对你的信任。

为了预防自己某天忘了带钥匙或丢了皮包，我多配了一些钥匙，放在办公室。必要时，我可以回办公室去拿，而不必麻烦锁匠或任何其他的人。办公室昼夜都有人在。我不怕任何时候会被关在办公室的门外——这另一套的钥匙给我的是一种左右逢源的保障。

我信赖我的钥匙，而且对它们十分感谢，好像它们是黑夜中的一些灯，寒夜里的一炉火，或一把挡雨的伞，一件御寒的大衣。它们是如此的简单、轻便、信实，而又可以由我自己掌握。

仿佛凡不能由我自己一个人来掌握的东西，都使我觉得不安全。不是我不信任别人，而是我不知自己肯不肯去劳烦或支配别人。我总觉得，要劳烦或支配别人的时候是很紧张的。虽然，我知道，那么多的人乐意对我付出关怀与帮助。不说别人，电台的老工友，每当我进了办公室，还未坐定，他就用我留给他的钥匙帮我把抽屉打开了，而且总会问：“又没带钥匙吧？”我接受他的好意。在他面前，我永远可以不必说我带了钥匙。只有当他偶尔休假，或出去访友的时

候，我才庆幸我不会真的没带钥匙，而可以很愉快地打开抽屉，取用我工作上绝对必需的唱片或录音带。这使我产生一种有备无患的快乐。

为了怕使未曾预料我真会从天而降的朋友或女儿大吃一惊，我还没有这样使用过他们善意交给我的钥匙。不过，我也曾想象，如果某一天，天寒地冻或风雨交加，迫使我不得不找个地方落脚的时候，忽然想起，附近就有她们某一个人的住处，而我正带着她们的钥匙，尽管她们已去上班，或者刚好出去度假，我也一样可以轻而易举，开门进入她们舒适的家，让我卸下满身风尘、一心倦意，安稳地蜷卧在沙发上入睡——这钥匙，对我来说，是一种可以安心的投奔。

天气冷了，外面淅淅沥沥地下着冬雨。从外面回来，躲进自己的家里，插上电暖炉，把那串小小的钥匙珍重地放回皮包内存有拉链的口袋，感觉上，我所拥有的一切都在这里了。于是，我忽然记起二十多年前的某一天，住处的邻居发生火警。慌乱中，一点也想不起该先抢救什么，敞着大门跑出去，却带着一把开大门的钥匙。我并不觉得自己反应错误，因为那是一种下意识"提纲挈领"的抢救——有钥匙，就可以让我拥有那个家。

女儿出国前夕，把她用的那把开大门的钥匙交给我。我推还给她，说："万一你什么时候回来，我不在家呢？"——钥匙，在这时，是一种无言的挽留。

当忍痛不得不把房子卖掉的时候，最后的割舍，是交出了那把使用了多年，感觉上犹有余温的钥匙，使我觉得那把交出去的钥匙上，像是缀满了珠钻，而它们却是我在这人生旅途上奔波时的汗滴和泪滴。

（摘编自罗兰《钥匙》，有删改）

问题：

(1)文章围绕"钥匙"而展开，那么"钥匙"在文章中有哪些含义？

(2)文章最后一段，作者说"交出去的钥匙上，像是缀满了珠钻，而它们却是我在这人生旅途上奔波时的汗滴与泪滴"。作者想要表达什么？谈谈你的看法。

17. 材料：

人们常常把人与自然对立起来，宣称要征服自然。殊不知在大自然面前，人类永远只是一个天真幼稚的孩童，只是大自然机体上普通的一部分，正像一株小草只是她的普通一部分一样。如果说自然的智慧是大海，那么，人类的智慧就只是大海中的一个小水滴，虽然这个水滴也映照着大海，但毕竟不是大海。可是，人们竟然不自量力地宣称要用这滴水来代替大海。

看着人类这种狂妄的表现，大自然一定会窃笑——就像母亲面对无知的孩子那样的笑。人类的作品飞上了太空，打开了一个个微观世界，于是人类就沾沾自喜，以为揭开了大自然的秘密。可是，在自然看来，人类上下翻飞的这片巨大空间，不过是咫尺之间而已，就如同鲲鹏看待斥鷃一般，只是蓬蒿之间罢了。即使从人类自身智慧发展史的角度看，人类也没有理由过分自傲：人类的知识与其祖先相比诚然有了极大的进步，似乎有嘲笑古人的资本；可是殊不知对于后人而言我们也是古人，一万年以后的人们也同样会嘲笑今天的我们，也许在他们看来，我们的科学观念还幼稚得很，我们的航天器在他们眼中不过是个非常简单的儿童玩具。人类的认识史仿佛是纠错的历史，一代一代地纠正着前人的错误，于是当我们打开科学史的时候，就会发现科学史也是犯错误的历史。那么，我们有什么理由和资格嘲笑古人，在大自然面前卖弄小聪明呢？

在宇宙中，一定存在着远比我们的智慧要高得多的生物。因为，我们的太阳系只有四十多亿年的历史，就演化出了有智慧的生物；而宇宙至少已有二百亿年的历史了。可以推想，在那些比我们更古老的星系里，一定早就演化出了更高级的生物。这些生物的智慧是我们所无法比拟的。他们看我们，也许就像我们看蚂蚁一般，即使我们中的那些伟大人物，在他们看来也不过尔尔。

这样看来，我就只是宇宙机体上的一个部分，一个器官，就如同大脑是我们身体的一个器官一样，人与宇宙本来就是一体的。宇宙是一个大生命，而我只是这个大生命的一个组成部分。那么，让我们爱护自然就像爱护我们的身体一样吧。

即使那些看起来死气沉沉的物质，也是宇宙生命的构成部分，也是生命的一种存在形式。那些高级的生命形态正是从这“死”的物质中产生的，换言之，包括我们人类在内的高级生命，只是物质的另一种存在方式。在物质中，有无数的生命在沉睡着，一旦出场的时间到了，它们就会从睡梦中醒来。

因此，人类并不孤独，在宇宙中处处是我们的弟兄。

（摘编自《大自然的智慧》，有删改）

问题：

(1)“看着人类这种狂妄的表现，大自然一定会窃笑——就像母亲面对无知的孩子那样的笑”中“这种狂妄的表现”指的是什么？“窃笑”的依据是什么？

(2)“人类并不孤独，在宇宙中处处是我们的弟兄。”其中，“我们的弟兄”指什么？为什么称之为“弟兄”？

18. 材料：

“礼”，这个笔画简单的字眼，解释起来却有些复杂。

这世上本来没有“礼”，只是因为集体生存、社会发展的需要，才产生了“礼”的仪式，造出了“礼”的汉字。因此，“礼”字也是社会生态的描摹。“礼”字的繁体是“禮”，本字为“豊”，一看便知与祭祀有关。在甲骨文中，“豊”的顶部就像两串美玉，底部就像有支架的建鼓。合起来会意，就是击鼓奏乐，用美玉敬奉祖先和神灵。上升到定义，就是敬神祈福的仪式。这托盘状的“豆”，后来也被视作食器或祭器。在人类文明早期，食器和祭器可不是普通物件，而是很重要的符号。食器象征基本的物质寄托，祭器象征虔敬的精神寄托，融汇起来恰巧与“民以食为天”的理念相吻合。

《礼记》有云：“经礼三百，曲礼三千”，大的礼仪准则有三百，小的礼仪规范有三千，可见礼仪数量之多。于是有人说，怪不得中国人太累，是被“礼”压的。其实，这么多“礼”是根据时间、场合和对象制订的，并不需要时时、处处、人人都去掌握，你只要知道什么场合注意什么问题就可以了。外交上有个术语叫“国际惯例”，社交场合的“礼”也是约定俗成的惯例，大家都按惯例行事，就习以为常了。庄重的场合需要彬彬有礼，宽松的场合可以不拘礼数。

在今人字典里，“礼”也分虚实两类，虚的如礼节、礼仪、礼貌、礼俗等，实的如礼品、礼金、礼服、礼花等。还包括与“礼”相关的人事和行为，如礼宾、礼遇、礼聘、礼让等。先贤把夫妻同房看作人伦之大常，文称“敦伦”，戏称“周公之礼”。委婉含蓄之至，诙谐幽默之至。由此可见，大到国家和社团，小到街邻和家庭，“礼”无处不在，所以有“礼尚往来”，所以说“来而不往非礼也”。单“礼多人不怪”这句俗语，只能用在中国人身上，若用在外国人特别是西方人身上，他们会感到莫名其妙。满桌子美味佳肴，却说“略备薄馔，不成礼敬”，外国人怎能不奇怪呢？钱穆先生在会见美国学者邓尔麟时曾说：中国文化的特质是“礼”，“西方语言中没有‘礼’的同义词；它是整个中国人世界里一切习俗行为的准则，标志着中国的特殊性”。我们常说，中国是文明礼仪之邦，因为礼仪与文明是相统一的，礼仪是文明的载体，文明是礼仪的内涵，没有了礼仪，文明也就无所依附。总之，现代的“礼”，主要体现在外交与社交领域。

与现代有所不同的是，“礼”在古代还被看作核心价值观，用来调整社会关系，具有制度属性和法律属性，是社会的典章制度和道德规范，即所谓“礼法”。“礼”的本意是“别尊卑，等贵贱”，其本质是对奴隶主中不同等级的人所享有不同礼遇的规定。先秦诸子都强调“礼”的作用在于维持建立在等级制度和亲属关系基础上的社会差异，这也正是“礼”的本质内涵。荀子说：“人道莫不有辨，辨莫大于分，分莫大于礼。”每个人都要按照自己的社会地位去选择合乎身份的“礼”，否则就是非“礼”。在《论语》中，颜渊问孔子什么是仁。子曰：“克己复礼为仁。一日克己复礼，天下归仁焉。为仁由己，而由人乎哉？”颜渊曰：“请问其目。”子曰：“非礼勿视，非礼勿听，非礼勿言，非礼勿动。”春秋时，鲁季氏以卿的身份行天子之礼，孔子愤慨地说：“是可忍也，孰不可忍也？”

鲁迅有个著名的立论叫“礼教吃人”。他所抨击的“礼教”，兴起于封建社会，其实质是封建礼法。有人把“礼教吃人”与孔子联系起来，其实记错了账。孔子曰：“敦礼教，远罪疾，则民寿矣。”孔子倡导的“礼教”与封建“礼法”有着本质的区别。封建卫道士从孔子那里取火，不是去爱人而是害人，这关孔子什么事？

“礼”经夏、殷、周三代沿革，到周公的时代已经比较完善。因此孔子说，“郁郁乎文哉，吾从周”。孔子遵从的就是周朝的典章礼制，这是他的政治理想。从某种意义上说，孔子是为“礼”而生并为“礼”奋斗了一生。孔子为何给儿子取名孔鲤，“鲤”者，礼也。他让儿子自小就要学诗、学礼，并说：“不学诗，无以言。”“不学礼，无以立。”“诗”和“礼”是古人教育后代最基本的功课，所以有“诗礼传家”之说，这是中国独有的历史文化传统。有的学者把文化分成观念形态、制度形态和物质形态，而在中国传统文化中，礼是把价值观念、制度设计、物质载体统合在一起，并且包含了风俗习惯的文化形态。邹昌林先生认为，文明产生在国家之前，礼仪产生在文

字之前，文化的传承不仅依靠语言、文字，还依靠礼仪。中国文化作为唯一没有间断的原生文化，是以“礼”为标志和根源的。

（摘编自王兆贵《言之有“礼”》，有删改）

问题：

(1)文章为什么说在我国“礼仪是文明的载体”？请简要概括。

(2)请根据文章简要分析，“礼”的发展进程及其存在的意义。

专题四　写作能力

链接答案本 P390

写作题(每小题50分，参考时限40分钟。共15小题)

1. 阅读下面的材料，按要求作文。

《老子》：“合抱之木，生于毫末。九层之台，起于累土。千里之行，始于足下。”

《中庸》：“行远必自迩，登高必自卑。”意思是说，要想远行，就必须从近处开始，要想登上高山，就必须从低处起步。

综合上述材料所引发的思考和感悟，写一篇论说文。

要求：用规范的现代汉语写作，角度自选，立意自定，标题自拟，不少于800字。

2. 阅读下面的材料,按要求作文。

“天街小雨润如酥,草色遥看近却无”是唐代诗人韩愈的名句。诗句的意思是说,在滋润如酥的初春细雨中,春草发芽,远远望去,一片淡淡的绿色,可是走近后,却只见到极为稀疏的草芽,绿色反而感觉不到了。诗句的意境是美的,隐含的哲理也很丰富。它使我们领悟到:置身太近,有时反而感觉不到实际存在的东西;要把握某一事物,有时需要跳出这一事物;人对事物的看法与对美的感受同距离是有关系的……其实,生活中的许多事物和现象,都含有这两句诗的意境与哲理,关键在于你的观察与体会。

综合上述材料所引发的联想和感悟,写一篇论说文。

要求:用规范的现代汉语写作,角度自选,立意自定,标题自拟,不少于800字。

3. 阅读下面的材料,按要求作文。

走进书店,最畅销的全是一些“有用”的书,考试类啊,健康类啊,营销类啊……读它可以直接帮你升学、谋生、获利。其实读一些“无用”的书,做一些“无用”的事,花一些“无用”的时间,都是为了在已知之外,保留一个超越自己的机会。人生中一些很了不起的变化,就是来自这样的机会。不仅读书是这样,世上很多事情又何尝不是如此?

综合上述材料所引发的联想和感悟,写一篇论说文。

要求:用规范的现代汉语写作,角度自选,立意自定,标题自拟,不少于800字。

4. 阅读下面的材料，按要求作文。

窗子就是一个画框，从窗子望出去，就可以看见一幅图画。有人看到的是雅，有人看到的是俗，有人看到的是闹，有人看到的是静……

综合上述材料所引发的联想和感悟，写一篇论说文。

要求：用规范的现代汉语写作，角度自选，立意自定，标题自拟，不少于800字。

5. 阅读下面的材料，按要求作文。

"抢红包"是近年来流行的话题之一。各类抢红包活动此起彼伏，好不热闹。

与此同时，有关"抢红包"的争议也越来越大，有人认为是高科技时代的民俗变化，值得发扬；有人认为把亲情友情晾在一边，只认钱，坏了社会风气，也有人认为玩点游戏并没有错。

综合上述材料所引发的联想和感悟，写一篇论说文。

要求：用规范的现代汉语写作，角度自选，立意自定，标题自拟，不少于800字。

6. 阅读下面的材料，按要求作文。

同声相应，同气相求。人们总是关注自己喜爱的人和事，久而久之，就会被同类信息所环绕、所塑造。智能互联网时代，这种环绕更加紧密，这种塑造更加可感。你未来的样子，也许就开始于当下一次从心所欲的浏览，一串惺惺相惜的点赞，一回情不自禁的分享，一场突如其来的感动。

综合上述材料所引发的联想和感悟，写一篇论说文。

要求：用规范的现代汉语写作，角度自选，立意自定，标题自拟，不少于800字。

7. 阅读下面的材料，按要求作文。

一个年轻人在远行途中遇到一条恶狗挡道，年轻人并不与它对峙，而是绕道而行。

一个路人见了，对年轻人说，一条狗就让你怕了，你又怎么去远方呢？年轻人说，他不是怕狗，而是不想与狗纠缠。

路人说，在通往远方的途中，会遇到许许多多像“恶狗挡道”一样的障碍，你不去一一战胜它们，那怎么能到达远方呢？

年轻人回答说，正因为这样，我才要有选择地去避开它。有时，避开障碍，绕道而行，不失为一条更有效的捷径。

综合上述材料所引发的联想和感悟，写一篇论说文。

要求：用规范的现代汉语写作，角度自选，立意自定，标题自拟，不少于800字。

8. 阅读下面的材料，按要求作文。

近年来，素有“语林啄木鸟”之称的《咬文嚼字》开设专栏，为当代著名作家的作品挑错，发现其中确有一些语言文字和文史知识差错。对此，这些作家纷纷表示理解，并积极回应。中国作协主席铁凝诚恳地感谢读者对她的作品“咬文嚼字”；莫言在被“咬”之后，也表达了自己的谢意，他表示，请别人挑错，可能是消除谬误的好办法。

综合上述材料所引发的联想和感悟，写一篇论说文。

要求：用规范的现代汉语写作，角度自选，立意自定，标题自拟，不少于800字。

9. 阅读下面的材料，按要求作文。

中国共产党走过百年历程。在党团结带领人民进行的伟大斗争中孕育的革命文化和社会主义先进文化，已经深深融入我们的血脉和灵魂。

我们唱的歌曲如《义勇军进行曲》《没有共产党就没有新中国》，我们读的作品如《为人民服务》《沁园春·雪》《荷花淀》《红岩》，我们景仰的革命烈士如李大钊、夏明翰、方志敏、杨靖宇，我们学习的榜样如雷锋、焦裕禄、钱学森、黄大年，等等，都给予我们精神的滋养和激励。

我们心中有阳光，我们脚下有力量。我们的未来将融汇于中华民族伟大复兴的新征程，我们处在一个大有可为的时代……

综合上述材料所引发的联想和感悟，写一篇论说文。

要求：用规范的现代汉语写作，角度自选，立意自定，标题自拟，不少于800字。

10. 阅读下面的材料,按要求作文。

师旷是我国古代著名的音乐家。一天,师旷正为晋平公演奏,忽然听到晋平公叹气说:“有很多东西我还不知道,可我现在已70多岁,再想学也太迟了吧!”师旷笑着答道:“那您就赶紧点蜡烛啊。”晋平公有些不高兴:“你这话什么意思?求知与点蜡烛有什么关系?答非所问!你不是故意戏弄我吧?”师旷赶紧解释:“我怎敢戏弄大王您啊!只是我听人说,年少时学习,就像走在朝阳下;壮年时学习,犹如在正午的阳光下行走;老年时学习,那便是在夜间点起蜡烛小心前行。烛光虽然微弱,比不上阳光,但总比摸黑强吧。”晋平公听了,点头称是。

综合上述材料所引发的联想和感悟,写一篇论说文。

要求:用规范的现代汉语写作,角度自选,立意自定,标题自拟,不少于800字。

11. 阅读下面的材料,按要求作文。

英国患有自闭症的小男孩梅森,心理上无法忍受别人为其理发。他的父母一直为找不到理发师而苦恼。后来,一位名叫威廉姆斯的发型师知道后,愿意前往尝试。

威廉姆斯从给予梅森关心入手,几个月过去了,二人之间建立了互信、友谊及默契。终于有一天,梅森趴在地上玩手机,威廉姆斯见状也伏在旁边,梅森乖乖地让威廉姆斯完成了理发全程。

威廉姆斯让梅森跟他击掌庆祝,梅森却送上了一个温暖的拥抱。威廉姆斯表示,自己在这份工作中获得了很大的满足感和成就感。

综合上述材料所引发的联想和感悟,写一篇论说文。

要求:用规范的现代汉语写作,角度自选,立意自定,标题自拟,不少于800字。

12. 阅读下面的材料,按要求作文。

许多植物自身都有对自然界灵敏的反应,并且不断调整自身的生存状态,如干旱让植物的根深扎于泥土中,风力大的地区的植物长得更牢固。肥沃的土地上生长快的植物往往材质松软,贫瘠的土地上生长慢的植物常常材质坚硬,植物如此,人也一样。

综合上述材料所引发的联想和感悟,写一篇论说文。

要求:用规范的现代汉语写作,角度自选,立意自定,标题自拟,不少于800字。

13. 阅读下面的材料,按要求作文。

为了督促学生学习,某职业技术学院的焦老师想出在课后用微信发红包的新招,对出勤率高、学习成绩好和上课认真的同学,都发了红包。此举一出,他的课没一个学生逃课,课堂气氛活跃,师生关系变好。此事传出,该校老师和学生表示认可,觉得这个做法有新意。媒体报道后,引发争议,有家长明确反对老师这种做法,认为用钱引导学生上课,会让孩子变得功利,使教育变味。

综合上述材料所引发的联想和感悟,写一篇论说文。

要求:用规范的现代汉语写作,角度自选,立意自定,标题自拟,不少于800字。

14. 阅读下面的材料，按要求作文。

一位老人上了公交车，发现忘带老年卡，对司机说：我没带老年卡，让我上车行吧？

司机说：抱歉。按规定，您不出示老年卡，就必须投币。

有位乘客听到，怒了：你这人咋这么不通情达理？人家都已经说明了，你还刁难。

司机说：公司规定，我不能违背；你既然这么好心，要不替老人把车费付了吧？

这位乘客后退，说：凭什么？

司机自己掏出钱来，替老人投了币。

综合上述材料所引发的联想和感悟，写一篇论说文。

要求：用规范的现代汉语写作，角度自选，立意自定，标题自拟，不少于800字。

15. 阅读下面的材料，按要求作文。

贾谊：国耳忘家，公耳忘私。

范仲淹：先天下之忧而忧，后天下之乐而乐。

林则徐：苟利国家生死以，岂因祸福避趋之。

孙中山：天下为公。

毛泽东：为人民服务。

习近平：我将无我，不负人民。

…………

综合上述材料所引发的联想和感悟，写一篇论说文。

要求：用规范的现代汉语写作，角度自选，立意自定，标题自拟，不少于800字。

下篇　全真模考

国家教师资格考试全真模拟试卷(一)

链接答案本 P407

综合素质(幼儿园)

注意事项:

1. 考试时间为120分钟,满分为150分。

2. 请按规定在答题卡上填涂、作答,在试卷上作答无效,不予评分。

一、单项选择题(本大题共29小题,每小题2分,共58分)

在每小题列出的四个备选项中只有一个是符合题目要求的,请用2B铅笔把答题卡上对应题目的答案字母按要求涂黑。错选、多选或未选均无分。

1. 于老师认为,与其开设实践活动课浪费时间和精力,还不如利用那些课时多上些拼音和数学课。于老师的看法(　　)

A. 忽视了学生全面发展　　B. 忽视了学生个性发展

C. 忽视了学生均衡发展　　D. 忽视了学生主动发展

2. 小郑、小刘都是某学校的老师,平时两人都很努力,也喜欢暗暗较劲。学校举办的青年教师说课比赛,小郑和小刘都有参加,但赛前两位老师既无教学的交流,也无比赛想法的讨论,最后双双遗憾出局。关于小郑和小刘的做法,下列说法合理的是(　　)

A. 有利于教师的个人成长　　B. 有利于教师在竞争中成长

C. 体现了教师公平竞争的自觉性　　D. 违背了教师间的合作理念

3. 吴老师经常通过和幼儿聊天来了解他们的生活经验,再结合他们的特点,进行因材施教。吴老师的做法表明他关注(　　)

A. 学生发展的可变性　　B. 学生发展的个别差异性

C. 学生发展的阶段性　　D. 学生发展的不均衡性

4. 多多在家里经常模仿老师的样子给家长讲故事,教家长跳舞,要求家长坐好,不要随意走动。下列选项与该案例所体现的教师劳动特点相符的是(　　)

A. 学如不及,犹恐失之　　B. 行有余力,则以学文

C. 信近于义,言可复也　　D. 桃李不言,下自成蹊

5. 青少年儿童有着独立的社会地位,并依法享受各种合法权利。其中不包括(　　)

A. 生存权　　B. 选举权　　C. 安全权　　D. 受教育权

6. 李老师在幼儿园门口开了一个超市,幼儿张某喝了该超市所售卖的过期酸奶,腹泻不止,在此事件中应当承担责任的是(　　)

A. 张某和其监护人　　B. 幼儿园和李老师

C. 幼儿园　　D. 李老师

7. 小明是个活泼好动的孩子,某天上课的时候,老师以他过分活跃干扰了课堂秩序为由将他赶出课堂,老师这样的做法(　　)

A. 侵犯了小明的人格权

B. 侵犯了小明在学业成绩和品行上获得公正评价的权利

C. 侵犯了小明参加教育教学计划安排的各种活动的权利

D. 可以督促小明遵守课堂行为规范

8. 我国实行适龄儿童、少年免试入学的政策,地方各级人民政府应当保障适龄儿童、少年就近入学的学校所在地是(　　)

A. 出生地　　B. 居住地

C. 父母工作所在地　　D. 户籍所在地

9. 根据《中华人民共和国教育法》的规定,学校、教师可以对学生家长提供(　　)

A. 家长学习教育　　B. 家庭教育指导

C. 家长教育援助　　D. 有偿助学服务

10. 下列明确规定"儿童有权享有休息和闲暇,从事与儿童年龄相宜的游戏和娱乐活动,应尊重儿童参加活动的权利"的是(　　)

A.《中华人民共和国未成年人保护法》　　B.《中华人民共和国教育法》

C.《幼儿园工作规程》　　D.《儿童权利公约》

11. 大班幼儿梁某欺凌同学,扰乱课堂纪律,学校决定将其开除。该校做法(　　)

A. 不合法,学校只能劝退学生　　B. 不合法,学校不得开除学生

C. 合法,学校有教育学生的权利　　D. 合法,学校有处分学生的权利

12. 教师陈某在幼儿园午休期间责令4名嬉戏打闹、影响他人休息的幼儿自己打自己嘴巴。根据

《幼儿园工作规程》的规定,陈某的做法(　　)

A. 合法,保障了其他幼儿的休息权
B. 合法,教师有权惩戒幼儿
C. 不合法,教师严禁体罚幼儿
D. 不合法,教师侵犯了幼儿的受教育权

13. 教师在处理与学校领导的关系时,不符合教师行为规范的是(　　)

A. 教师要支持领导工作
B. 教师要绝对服从学校领导
C. 共同为学校发展出谋划策
D. 教师要尊重领导

14. 谢老师非常热爱教育事业,工作兢兢业业,立志做一名优秀教师。但是自从当了班主任,他遇到了一些困惑。新的一周刚刚开始,谢老师就遇到一个难题,一名小朋友找到他,放下一个罐子,说了句:“谢老师,这是我奶奶要我给您的。”他打开罐子一看,里面整整齐齐躺着十几个鸡蛋。面对这些鸡蛋,谢老师最恰当的做法是(　　)

A. 作为一名光荣的人民教师,不该拿学生的“一针一线”,应该立刻拒绝那名学生
B. 这是学生和学生家长的心意,也不是什么贵重的东西,可以收下
C. 为学生付出了那么多,收他们一点东西也是应该的,没什么大不了的
D. 与学生家长沟通,说明情况,委婉而坚定地谢绝家长的礼物

15. 晓波经常被王老师在课堂上点名批评:“晓波又迟到了”“晓波又捣乱了”。晓波跟同学说:“老师天天训我,让我很没面子,我就更要给他添点乱子。”该事例表明王老师应该注意(　　)

A. 优化处分的方法
B. 重视学生的学习
C. 加大惩罚的力度
D. 尊重学生的人格

16. 李老师对调皮捣蛋的乐乐说:“看你这个样子,将来肯定学习不好。”李老师的行为违反了教师职业道德规范中的(　　)

A. 爱岗敬业　　B. 关爱学生　　C. 教书育人　　D. 为人师表

17. 我国古代有五行之说,指的是(　　)

A. 青、黄、赤、白、黑
B. 仁、义、礼、智、信
C. 金、木、水、土、火
D. 宫、商、角、徵、羽

18. 下列选项中,以“孔雀舞”著称的少数民族是(　　)

A. 土家族　　B. 傣族　　C. 藏族　　D. 蒙古族

19. 下面的诗句中不是白居易写的一句是(　　)

A. 迟迟钟鼓初长夜,耿耿星河欲曙天
B. 同是天涯沦落人,相逢何必曾相识
C. 几处早莺争暖树,谁家新燕啄春泥
D. 溪云初起日沉阁,山雨欲来风满楼

20. 京剧脸谱中,黄色脸谱象征(　　)的性格。

A. 飞扬、肃然　　B. 刚正、稳练　　C. 骁勇、凶暴　　D. 阴险、疑诈

21.《游击队之歌》的作者是(　　)

A. 朱永宁　　B. 林耀基　　C. 贺绿汀　　D. 夏之秋

22. 不锈钢制品与我们的日常生活密切相关,不锈钢的主要组成元素是(　　)

A. 铜、锌　　B. 铜、铁、铬　　C. 铁、碳　　D. 铁、铬、镍

23. 战国时期,诸侯间的兼并战争愈演愈烈,产生了多种外交、军事策略。下列人物中,主张"远交近攻"策略的是(　　)

A. 孙膑　　B. 苏秦　　C. 张仪　　D. 范雎

24. 关于中国画,下列时代和代表作对应关系不正确的是(　　)

A. 夏商周—《人物龙凤图》　　B. 隋唐—《游春图》

C. 魏晋—《女史箴图》　　D. 元明清—《步辇图》

25. 北方许多地区都有"冬至饺子夏至面"的说法,冬至吃饺子这一习俗是为了纪念(　　)而流传下来的。

A. 华佗　　B. 张仲景　　C. 李时珍　　D. 孙思邈

26. Word 中,可多次重复进行格式复制的操作步骤是(　　)

A. 左单击格式刷按钮　　B. 右单击格式刷按钮

C. 左双击格式刷按钮　　D. 右双击格式刷按钮

27. 下列 PowerPoint 功能选项中,可将幻灯片放映的换页效果设为"垂直百叶窗"的是(　　)

A."动画"选项卡　　B."切换"选项卡

C."幻灯片放映"选项卡　　D."设计"选项卡

28. 下列选项中,与"绿茶—茶叶"的逻辑关系相同的是(　　)

A."蔬菜"和"水果"　　B."雨伞"和"雨具"

C."跑鞋"和"跑道"　　D."面粉"和"面包"

29. 找规律填数字是一项很有趣的活动,特别锻炼观察和思考能力。下列选项中,填入数列 2、3、8、26、________、5462 空缺处的数字,正确的是(　　)

A. 70　　B. 120　　C. 160　　D. 210

二、材料分析题(本大题共 3 小题,每小题 14 分,共 42 分)阅读材料,并回答问题。

30. 材料:

刘老师经常带着孩子做模仿游戏,开始很受孩子们的欢迎。后来刘老师发现孩子们渐渐不愿意跟着老师做模仿游戏了,而是喜欢自己创作。有一天孩子们对刘老师说:"老师,我们不想跟你那样做,我们想和你做得不一样!"刘老师说好,于是老师跺脚,孩子拍手,老师扮猴子,孩子扮老虎。孩子们做得特别认真,做出了很多平时没有做过的动作。刘老师发现游戏规则

改变后更能吸引孩子们的注意力,孩子们的反应能力、想象能力和创造能力都得到了发展和提升,游戏的积极性和秩序性比原来更好了。

问题:请结合材料,从儿童观的角度,评析刘老师的教育行为。

31. **材料**:

小班的丹丹有个很奇怪的表现,每次午睡都不愿意脱袜子,夏天也是如此。一天午睡,丹丹依旧不肯脱袜子,李老师决心要帮助她改掉这个毛病,对她说:"丹丹,天气热了,脱了袜子睡觉好吗?"边说边帮丹丹脱袜子。令李老师惊讶的是,丹丹右脚有6个趾头,看丹丹蜷曲着双脚,眼里含着泪水,李老师心里责备自己的莽撞,迅速地帮丹丹穿好袜子,并安慰她:"对不起,宝贝!不愿意脱就不脱吧,没关系!"

班上的乐乐是一个留守儿童,长期和性格孤僻、不善言辞的爷爷一起生活,3岁了还不怎么会说话。在和乐乐相处的过程中,李老师仔细观察,做好记录,发现他要玩玩具就会说"咿呀",上厕所就会说"哦哦"。李老师不厌其烦地放慢语速,嘴型夸张地教他正确地发音。在游戏活动中,李老师积极引导乐乐和小伙伴进行交流。李老师还给乐乐的父母打电话,希望他们能在繁忙的工作之余,每天抽空在固定时间利用电话与乐乐进行交流,尽量多回来看孩子。在家园共同努力下,乐乐的语言能力获得了发展,能主动和小伙伴玩耍,性格开朗多了。

问题:请结合材料,从教师职业道德的角度,评析李老师的教育行为。

32. 材料：

十月，山楂红了。一簇簇，一串串，挂在枝叶间。压弯了的枝头上，绿的叶成了陪衬。从树下或从远处望去，十月的天空也成了它的背景。

想起春天的清晨，揉着惺忪睡眼端着相机站在山楂树下，一个快门按下去惊扰了它的梦，从春日的这一刻，山楂树在我的取景框里不停地变幻着……但不能不说，我并没有按照原有的打算为它写下生长日志，尽管每天不断与它相遇，甚至不得不与它擦肩而过，随着时间的推移，我仍旧不经意地忽略了它的存在。

在我的视线中，山楂树是跳跃的。它的生长像童话里的故事——"忽然间"开了花，"忽然间"结出了果，"忽然间"红了一树，仿佛总被一缕忽如一夜的"春风"拂过，我则通常在这样"忽然间"的惊喜中才去关注它、品味它。

山楂树每天都在生长、变化，时间每天都在奔跑，而我身后的光阴也变得越来越浓重。实际上，山楂树离我很近，根本无须特意抽时间"去"看它。一天，朋友说："你们公司大院种的山楂树真美，写一篇山楂树的文字吧。"其实，我是写过山楂树的，只不过是我家门前的那棵，且记得一位文友读后说"正意犹未尽怎么就戛然而止了？像是没有写完"。我虽莞尔未语，但事实上，这个疑惑是有答案的，且是我内心的一个情结。而每每看到山楂树，我就会很自然地想起。

山楂说红就红了。在十月朗阔的天空，果子们挤来嚷去，一个挨着一个，它们笑声嘎嘎，没有一丝掩饰或修饰地从枝叶间飞出，落在地上，飞向空中，四下到处是喜悦，到处是嘎嘎的笑声。仿佛中，山楂不是一天一天长红的，而是日复一日笑红的，从未经历风雨，从未饱尝暑寒，咄咄的红里全部是欢喜。感慨中，禁不住又想起那个春天的清早，邻居李嫂呵呵地笑着，从集市上带回这棵幼苗，从那一天，李嫂每天站在山楂树下瞧个没够。李嫂呵呵地笑着，山楂树悄悄地长着，久而久之，李嫂的笑声成了山楂树特殊的养分。那天，得知李嫂患下绝症的时候，李嫂正和旁人说笑，我定下神来望向她，四目刚一相碰，笑声便随着一张绽开的笑颜响彻云霄。第二年春天，山楂树还未开花，李嫂便匆匆走了，带着她的笑声。山楂树对于我，除去追忆，因为李嫂的豁达和乐观，从此更多了一种鼓舞。

临近下班时间，带着对山楂树别样的情怀，我来到山楂树的近前。真美！想必是因为日照充足，公司院里的山楂格外红，相比我家门前因楼房挡遮缺少阳光照射的果子颜色要鲜艳得多。此时，在秋阳的笼罩下愈加显得密匝匝、红彤彤。站在树下向上望，秋光挂在浓密的枝叶间闪烁晕染，像一幅镂空而斑驳的画。真美！而并排的另一棵山楂树，和树下站着的同事——两位年轻的孕妇组成的画面更令人怦然心动。两人手牵手仰头看山楂，不时抬手指指点点，隆起的肚子和树上的果子相映成趣，甚是动人。孕育，生长，成熟。我突然觉得植物和人类是多么相似——果子是植物孕育的结果，宝宝是人类相恋的结晶。大自然繁衍不同的物种，同时又

赋予共同的使命。只不过人类的孕育和生长相比植物要张扬热烈得多,但每一种生命的形成和延续却都有着自我的从容,都有着不可抗拒的自然之力与无从计量的恩赐。孕育是喜悦,生长是喜悦,成熟更是喜悦。在这么多喜悦的包围中,我们有什么理由不满怀欢喜和热爱地行走?有什么理由拒绝鼓舞、丧失热情和爱的能力呢?

生命无所谓来去。每每看到山楂树的时候,脑子里总出现这样的一种思绪。因为在我心深处,一个人的来去对于整个世界就好比大海里多了或少了一滴水而已,而真正能够激荡、影响你一生,抚慰你心灵,敦促你,激发你,让你以最佳的姿态从生活、从人生获得欢喜、从容和幸福,能够收获这些能力才是弥足珍贵的。像那一树火红的山楂,无论曾经历过怎样的风霜雪雨,都尽可能结出属于自己的果实。而最终,所有的过往,都会像枝叶或者天空,成为它的背景。

(选自《十月,山楂红了》,有删改)

问题:

(1)文中画线的句子应怎样理解?请结合文本,简要分析。(4分)

(2)文章题目是“十月,山楂红了”,文中又写到了李嫂和孕妇,三者之间有什么内在联系?请结合文本,简要分析。(10分)

三、写作题(本大题1小题,50分)

33. 阅读下面的材料,根据要求作文。

苏霍姆林斯基说:“一个好老师意味着什么? 首先意味着他是这样一个人,他热爱孩子,感到和孩子在一起交往是一种乐趣,相信每个孩子都能成为好人,善于跟他们交朋友,关心孩子们的快乐和悲伤,了解孩子的心灵。”马克思说:“只能用爱来交换爱,只能用信任来交换信任。”高尔基说:“谁爱孩子,孩子就爱谁,只有爱孩子的人才会教育孩子。”

综合上述材料所引发的联想和感悟,写一篇论说文。

要求:用规范的现代汉语写作,角度自选,立意自定,标题自拟,不少于800字。

国家教师资格考试全真模拟试卷(二)

综合素质(幼儿园)

注意事项:

1. 考试时间为120分钟,满分为150分。

2. 请按规定在答题卡上填涂、作答,在试卷上作答无效,不予评分。

一、单项选择题(本大题共29小题,每小题2分,共58分)

在每小题列出的四个备选项中只有一个是符合题目要求的,请用2B铅笔把答题卡上对应题目的答案字母按要求涂黑。错选、多选或未选均无分。

1. 王老师得知红红偷偷拿了同伴的玩具,没有当着全体幼儿的面批评红红,而是把红红叫到办公室耐心引导。王老师的做法(　　)

A. 正确,幼儿需要赏识　　B. 不正确,幼儿是有个性的人

C. 正确,幼儿需要尊重　　D. 不正确,幼儿是有发展潜能的人

2. 康老师跟同事抱怨:“有的幼儿学习习惯差,不论怎样也学不好,他们到了小学肯定跟不上。”康老师的这种说法(　　)

A. 忽视了幼儿发展的整体性　　B. 忽视了幼儿发展的不可逆性

C. 忽视了幼儿发展的阶段性　　D. 忽视了幼儿发展的可能性

3. 可可在滑滑梯时不小心把腿给蹭了,当时只是蹭破一点皮,因此放学时老师也就没有告诉可可家长,可第二天可可的爷爷说孩子的腿都淤青了,问老师是怎么回事。面对家长的指责,老师应该(　　)

A. 解释孩子只是一点点小擦伤,没有必要大惊小怪

B. 解释自己不知道这一情况,所以没有向家长说明

C. 耐心解释情况,将责任归咎到自己身上,向家长诚恳道歉

D. 将责任推到其他老师身上

4. 每次实施新的教学设计之后影老师都会问自己:“有没有必要?是不是最好?能不能改进?要不要调整?”这说明影老师(　　)

A. 善于自我反思　　B. 善于自我激励　　C. 缺乏教育自信　　D. 缺乏学习方法

5. 根据我国《宪法》相关规定,下列选项中不属于国务院职权的是(　　)

A. 领导和管理国防建设事业

B. 管理对外事务,同外国缔结条约和协定

C. 根据全国人大及其常委会决定任免国务院总理

D. 根据宪法和法律,规定行政措施,制定行政法规,发布决定和命令

6. 公民李某在教师资格考试结束前泄露、传播考试试题及答案,且有违法所得,根据我国《教育法》的规定,由公安机关没收其违法所得,并处违法所得(　　)罚款。

A. 一倍以上三倍以下　　B. 一倍以上四倍以下

C. 一倍以上五倍以下　　D. 一倍以上六倍以下

7. 因学校教师或者其他工作人员在履行职务中的故意或者重大过失造成的学生伤害事故,应当(　　)

A. 由学校予以赔偿

B. 由直接责任人赔偿

C. 由学校和直接责任人各赔偿一半或协商赔偿

D. 由学校予以赔偿后,可以向直接责任人追偿

8. 汪某就读于某师范大学全日制学前教育本科专业,依据《中华人民共和国教师法》,他可以享受(　　)

A. 医疗补贴　　B. 购房补贴　　C. 专业奖学金　　D. 国家奖学金

9. 现在很多幼儿园为了迎合家长的需求,活动内容中开始涉及背诵英语单词、提前学习算数,甚至占用户外活动时间开展英语和算数比赛,很多家长还给孩子报了很多辅导班,幼儿园的这种行为(　　)

A. 正确,能够保证生源充足

B. 正确,能够使幼儿不输在起跑线上

C. 不正确,不能促进幼儿身体正常发育和机能的协调发展

D. 不正确,没有遵循幼儿身心发展的规律和特点,不利于实施全面发展的教育

10. 班级里一个同学丢了东西,班主任让大家指认小偷,小明被选了出来,他否认自己偷东西,但班主任依旧认定他是小偷。班主任侵犯了小明的(　　)

A. 健康权　　B. 名誉权　　C. 荣誉权　　D. 隐私权

11. 学生刘某因家庭经济困难无法按照规定完成义务教育。依据《中华人民共和国未成年人保护法》,对于刘某的受教育权利,具有保障责任的是(　　)

A. 刘某的监护人　　B. 当地教育机构

C. 儿童福利机构　　D. 当地人民政府

12. 教师李某因盗窃被法院判处有期徒刑一年缓刑一年,下列说法正确的是(　　)

A. 李某服刑期满可以继续从事教师职业　　B. 李某可在民办幼儿园从事教师职业

C. 李某5年内不得从事教师职业　　D. 李某终身不能从事教师职业

13. 李老师在班级设立了"生日祝福墙",每当有学生过生日时同学们纷纷在祝福墙上留下祝福的话语,还互赠自制卡片。李老师的做法(　　)

A. 不恰当,会加重学生负担　　B. 不恰当,会助长物质攀比之风

C. 恰当,能让学生感受温暖　　D. 恰当,能让学生提高消费意识

14. 张老师生气时在学生面前不自觉地会"爆粗口",学生很反感。张老师应该(　　)

A. 依然如故,顺其自然　　B. 无意为之,不必在意

C. 努力改正,尽量避免　　D. 改变自己,不说脏话

15. 一年来,任老师的家人接二连三地生病住院,她每天下班后都要到医院去照顾。可她还是认真地上好每一堂课,耐心地帮助幼儿解决各种问题。任老师的做法体现的教师职业道德是(　　)

A. 爱岗敬业　　B. 严谨治学　　C. 终身学习　　D. 爱国守法

16. 何老师家访时,晓峰的家长向何老师抱怨:"晓峰这个孩子太调皮了,我每次说他,他总是左耳进,右耳出,把我的话当耳旁风。我感觉我是管不住他了。"下列选项中,何老师最恰当的做法是(　　)

A. 放弃对家长配合自己工作的期望

B. 督促家长,让家长成为自己的"助教"

C. 在孩子面前嘲笑家长

D. 尊重家长,树立家长的威信,一起做好教育工作

17. 夏商周时期,下列有关说法不正确的是(　　)

A. 商王通过垄断神权以强化王权

B. 周武王建立了西周,采取分封制和井田制

C. 除嫡长子外,周王其余的儿子被称为宗子

D. 周礼是维护宗法分封制度必不可少的工具

18.“四书”是封建社会科举取士的初级标准书。它所指的是下列哪四本书(　　)

A.《史记》《春秋》《汉书》《诗经》　　B.《大学》《中庸》《论语》《孟子》

C.《史记》《论语》《诗经》《汉书》　　D.《论语》《春秋》《诗经》《中庸》

19.俗话说“一寸光阴一寸金”。这里的“一寸”是用哪种古代计时器量出的时间单位(　　)

A.圭表　　B.漏刻　　C.日晷　　D.漏壶

20.下列诗句与作者及作品名称的对应,错误的是(　　)

A.“大漠孤烟直,长河落日圆。”—王维《使至塞上》

B.“但使龙城飞将在,不教胡马度阴山。”—王昌龄《出塞》

C.“谁言寸草心,报得三春晖。”—李白《南园》

D.“感时花溅泪,恨别鸟惊心。”—杜甫《春望》

21.小梁看到青青被电线缠住,发生了触电事故,小梁最合适的做法是(　　)

A.直接拖拽青青使其脱离电源　　B.赶快拨打120急救电话

C.立即用木棍挑开电线　　D.呼喊别人一起想办法

22.1895年,列宁在评价某部重要的著作时指出:“这本书虽然篇幅不多,但是价值却相当于多部巨著:它的精神至今还鼓舞着、推动着文明世界全体有组织的正在进行斗争的无产阶级。”这部著作是(　　)

A.《人权宣言》　　B.《权利法案》

C.《共产党宣言》　　D.《人民宪章》

23.下列不是重阳节的诗句的是(　　)

A.守岁家家应未卧,相思那得梦魂来　　B.独在异乡为异客,每逢佳节倍思亲

C.尘世难逢开口笑,菊花须插满头归　　D.满园花菊郁金黄,中有孤丛色似霜

24.下列事件按先后顺序排列正确的是(　　)

①八七会议召开②西安事变和平解决③“九一八事变”④红军长征的开始

A.①③④②　　B.①④②③

C.②①④③　　D.③①②④

25.苏州园林蕴含浓厚的中国传统思想和文化内涵,是东方造园艺术的典范,下列选项中,不属于苏州园林的是(　　)

A.豫园　　B.拙政园　　C.留园　　D.网师园

26.制作PowerPoint课件时如需插入背景音乐,下列选项中,应该选择的素材文件是(　　)

A.汉宫秋月.wav　　B.夕阳箫鼓.gif

C.平沙落雁.png　　D.梅花三弄.jpg

27. 不能将书本上的内容采集为数字图像储存到计算机中的设备是(　　)

A. 数码相机　　B. 扫描仪　　C. 打印机　　D. 手机

28. 下列选项中,与“电视机”和“电话机”两概念的关系一致的是(　　)

A. “自行车”与“摩托车”　　B. “红色”与“红墙”

C. “学生”与“青年”　　D. “教师”与“女教师”

29. 从所给四个选项中,选择最合适的一个填入问号处,使之呈现一定的规律性(　　)

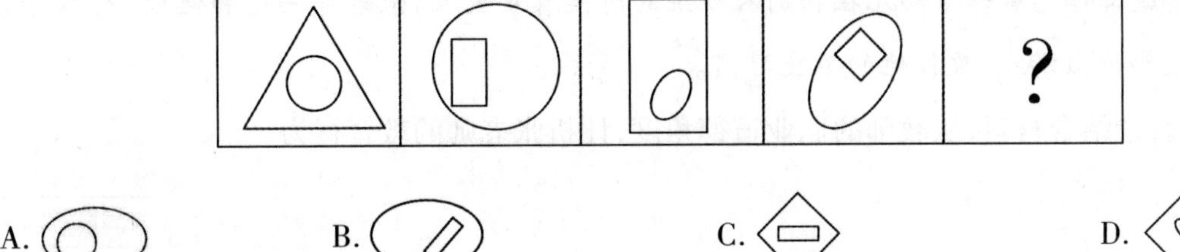

二、材料分析题(本大题共 3 小题,每小题 14 分,共 42 分)阅读材料,并回答问题。

30. **材料:**

全校闻名的“小魔王”——阳阳是我的学生,开学没几天,阳阳的问题便接踵而来,上课不专心,爱捣蛋,喜欢单腿盘坐在座位上,书包随意扔在地上,和同学闹矛盾后就动手打人……如何改变他的这些毛病呢?我利用两周的时间认真观察阳阳,发现他有许多的毛病,但也有不少优点,比如酷爱阅读。于是,我请他在全班交流读书心得,阳阳非常高兴地接受了任务。他利用课余时间认真查阅资料确定内容,反复练习讲解,阳阳在班上的读书交流获得成功。此外,我让阳阳担任“小小阅读员”,阳阳非常认真负责,管理好班级里的阅读角,并为阅读角增加了不少的绘本。渐渐地阳阳改变了以前的毛病,还积极参加学校的各项活动,各方面都有明显的进步,和以前相比判若两人。

问题:请结合材料,从儿童观的角度,评价“我”的教育行为。

31. 材料:

张老师不断学习,制订新的幼儿教育方案,让幼儿有快乐和精彩的童年。当别的老师在思考怎么管住幼儿的时候,张老师制订了主题周式教学方案,每周通过一个主题开展活动、做游戏。“种子的秘密”是通过让幼儿搜集资料,观察种子的生长状况,并开展恰当的游戏,让幼儿更加直观地了解种子的生长。

现在的孩子都有一些不良习惯,张老师通过和家长交流沟通,和家长一起完成了幼儿良好习惯的养成工作。有一位幼儿在和别人吵架的时候喜欢咬人,张老师一边和他说“好孩子不咬人”,一边和他做游戏,改掉他的不良习惯。

问题:请结合材料,从教师的职业道德角度,评析张老师的教育行为。

32. 材料:

中国人对于梅花普遍怀有一种特殊的爱恋之情。应该说,没有哪一种花像梅花这样享受着众口一词的好评。其实,就梅的形象看,若是在花中“选美”,她是无论如何难当花魁的。那薄如蝉翼的花瓣,稀疏的花蕊,淡淡的清香,在众香国里,绝对难以招人眼目。历览前贤崇尚梅的缘由,加之几次充当梅客的感悟,我想,千百年来,梅之所以让人欣赏、赞誉、咏叹,多半是源于她的品格。因此,“品逸如梅”常常被用作对一个人品行的赞誉抑或是自励的标准。宋代林

和靖老先生生性奇俊,超凡脱俗,终生不愿做官,也不娶妻生子,一直在杭州孤山过着隐居生活,平生植梅放鹤,人称“梅妻鹤子”,历来被传为佳话。

梅花在中国文化中得宠,说来说去,还是文人的笔力所致。中国的文人往往自诩以天下为己任,而文人们的际遇又千差万别,各不相同,特别是那些刚正耿直的正人君子和贤达官宦,往往怀才不遇,或是屡遭贬谪,尽尝阶下之苦。而梅花的韵致高格,清雅幽香便往往被他们寄寓远大的志向,比拟自己的意志和胸怀。如陆游的诗“向来冰雪凝严地,力斡春回竟是谁?”王冕也有诗云:“不要人夸好颜色,只留清气满乾坤。”正是这些古仁人的生花妙笔,给梅赋予了淡泊迷人又孤高桀骜的个性,且广为传播。

从拟人的角度看,造物也实在是委屈了梅的。二十四番花信风,梅信属第一,节气恰恰是在“苦寒”之时。尽管生不逢时,命运不济,而梅却我行我素,不屈不挠,在苦寒之中“寂寞开无主”,显现着既勇敢叛逆又悲壮凄楚的色彩。正是梅的这种秉性,才使她在物竞天择、优胜劣汰的大千世界中非但未被挤出局,反而被文人们升华到“岁寒三友”、花中“四君子”的位置。作为一名忠诚的“梅客”,我委实在梅的品行中,汲取了太多太多的教益。每次赏梅归来,时常夙夜忧叹:苦寒之于梅,确属命运的不公,世道的不公。而梅呢,却无怨无悔地傲雪凌霜,年年岁岁按季奉献出自己的幽香。在遇到了挫折,遭到了磨难,碰到了不公之时,我在梦乡里看到那千树万树的梅花。

佛家曾有“一切有情,众生平等”之说。其实人生一世与世上其他生灵的一生就其过程来讲,并无二致。人若托生是国色天香,魏紫姚黄,时时遭人羡慕当然是大好事。但世事往往不尽如人意,在这个世界上,高官厚禄的幸运者终归是极少数,多数人不论从事什么职业,努力的结果充其量只是小康而已。我当然不喜欢贫穷,现今社会,一个终身怀有衣食之忧的人是很难成就事业的。但是我也从不企盼锦衣玉食,大富大贵。凭组织的培养,个人的努力,能有一份自己力所能及又喜欢做的事情,并在生活上进入小康的行列就已足矣。想那冷峻的梅,若真的给她换一个温室环境,怕还真是难以承受呢。梅是在苦寒的背景之下,扎根、生长、开花的,也恰恰是这苦寒,才使她蓄满了成长的动力。苦寒之于梅,何尝不是一份财富呢?人的一生也同样,心想事成,万事顺遂,只是一种美好的愿望而已,苦难同样是人生的必含内容。一个人通过承受苦难而获得的精神价值,同样是一笔特殊的财富,来之不易,自然也不会轻易丧失。梅是在病态的环境中,在不公正的待遇中散放幽香的。

是否要改变这种生存环境,纠正这种不公,讨还个正确的说法呢?这也许是永远做不到的事情。对此,梅采取的是默默承受的态度,正是这种承受,才使得她在万花丛中始终能独树一帜!人若失去对困难的承受能力和达观的心态,还会有生存的信念吗?

(摘编自王本道《梅花几度梦里寻》,有删改)

问题：

(1)文章为什么说"梅花在中国文化中得宠，说来说去，还是文人的笔力所致"？请结合文本，简要概括。(4分)

(2)文中引用佛家语"一切有情，众生平等"是为了表达怎样的观点？结合本文，谈谈自己对这一观点的认识。(10分)

三、写作题(本大题1小题，50分)

33. 阅读下面的材料，按要求作文。

由新教师成长为专家教师，会经历一段艰难甚至于痛苦的转折，在这一时期，教师可能出现各种问题，其中包括职业倦怠，如果不能得到很好的化解，可能会出现教师情绪低落、缺乏意义感、跳槽等。

综合上述材料所引发的联想和感悟，写一篇论说文。

要求：用规范的现代汉语写作，角度自选，立意自定，标题自拟，不少于800字。

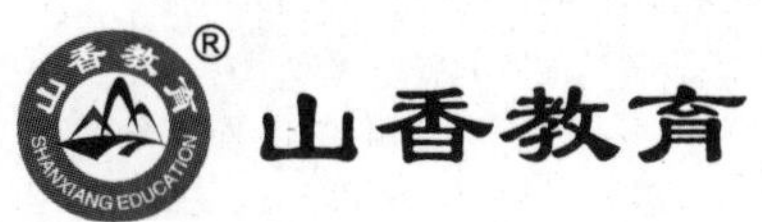

国家教师资格考试

高分过关题库

综合素质·幼儿园

|答 案|

山香教师资格考试命题研究中心　主编

目　录

上篇　过关快刷

下篇 全真模考

上篇　过关快刷

第一章　职业理念

①面向全体学生
②创新精神和实践能力
③全面教育儿童
④因儿童而施教
⑤发展中的人
⑥具有能动性的
⑦公平公正地
⑧提供多样的发展机会
⑨全心全意为幼儿服务
⑩学生学习的促进者
⑪教育教学的研究者
⑫课程的开发者和建设者
⑬社区型开放的教师
⑭尊重、赞赏
⑮帮助、引导
⑯反思
⑰合作

···刷真题···

一、单项选择题

答案速查

1～5	DCCDA	6～10	BDBCD	11～15	DBADB	16～20	ABDAB
21～25	BDADA	26～30	DDCBD	31～35	BCABD	36～41	BACABD

1. D　【解析】本题考查幼儿教育的特点。幼儿教育的生活化特点是指幼儿的年龄特点和身心发展需要决定了幼儿教育目标和内容的广泛性,也决定了生活化的教育教学原则。幼儿园课程具有浓厚的生活化特征,表现为课程的内容来自幼儿的生活,课程实施贯穿于幼儿的生活。题干中"请小朋友找出活动室里有圆形和正方形的物品"是联系幼儿生活提出的要求,体现了生活性。D 项正确。

A 选项,基础性是指幼儿园的教育对象正处于人生发展的起始阶段,这一阶段获得的学习经验不仅会影响他们当下的发展,还会影响他们在小学、中学、大学甚至大学以后的发展。

B 选项,幼儿园教育活动具有整体性的特点,幼儿的发展是一个整体,要求学前教育活动充分协调多种教育资源,利用多种教学手段,采用不同活动形式,整合不同领域内容,发挥多种教育因素的积极作用,结合幼儿学习的兴趣与特点,引导幼儿主动认知、体验、探索和学习,促进幼儿身心全面协调发展,获得相对完整的经验。

C 选项幼儿园课程内容不是系统的、严格的学科知识的再现,而是随着幼儿生活情境的变化而发生变化的。幼儿园的课程要尊重幼儿的直接经验,幼儿的直接经验是有限的,所以,幼儿园课程内容应具有浅显性特点。

2. C　【解析】本题考查教师专业发展的阶段。福勒和布朗根据教师的需要和不同时期所关注的焦点问题，把教师的成长划分为关注生存、关注情境和关注学生三个阶段。(1)关注生存阶段。处于关注生存阶段的一般是新教师，他们非常关注自己的生存适应性，最担心的问题是“学生喜欢我吗”“同事们如何看我”“领导是否觉得我干得不错”等。(2)关注情境阶段。处于关注情境阶段的教师关心的是如何教好每一堂课，以及班级大小、时间压力和备课材料是否充分等与教学情境有关的问题。(3)关注学生阶段。教师将考虑学生的个别差异，认识到不同发展水平的学生有不同的需要，并能根据学生的差异采取适当的教学，促进学生发展。题干中方老师建议姜老师注重自己教学经验的提升，形成易于幼儿理解的教学表现方式，这些建议表明姜老师处于关注情境阶段。故本题选 C。

3. C　【解析】本题考查“育人为本”的儿童观在保教实践中的应用。教师应帮助幼儿形成良好的同伴关系，摆脱不良的行为习惯。题干中出现的幼儿争抢三轮车的情况，作为老师应该平等地对待每一位幼儿，引导幼儿在面对问题时勇敢地表达自己的想法，自己解决遇到的问题，从而促进幼儿良好同伴关系的形成。C 选项老师引导小雯向小莉表达自己的想法，符合这一要求，故本题选 C。

4. D　【解析】本题考查教师在幼儿发展中的角色。教师应成为幼儿学习活动的引导者，教育活动内容的组织应充分考虑幼儿的学习特点和认识规律，各领域的内容要有机联系，相互渗透，注重综合性、趣味性、活动性，寓教育于生活、游戏之中。题干中刘老师根据《小蚂蚁搬豆》的故事画小蚂蚁，并贴在厕所的墙上，引导幼儿在如厕时自觉排队等候，表明了刘老师做到了引导者的角色，故本题选 D。

5. A　【解析】本题考查教师专业发展的阶段。处于关注生存阶段的一般是新教师，他们非常关注自己的生存适应性，最担心的问题是“学生喜欢我吗”“同事们如何看我”“领导是否觉得我干得不错”等。因而，可能会把大量的时间花在如何与学生搞好个人关系上，想方设法控制学生，而不是更多地考虑如何让学生获得学习上的进步。

> **方法技巧：**考生在做此类试题时，可根据以下关键语句进行区分和记忆。
> (1)关注生存阶段——“学生喜欢我吗”“同事们如何看我”“领导是否觉得我干得不错”等；
> (2)关注情境阶段——“内容是否充分得当”“如何呈现教学信息”“如何掌握教学时间”等；
> (3)关注学生阶段——“学生的个别差异”“不同发展水平的学生有不同的需要”“根据学生的差异采取适当的教学”等。

6. B　【解析】本题考查“育人为本”的儿童观。“育人为本”的儿童观认为幼儿身心发展具有个别

差异性,个别差异性是指儿童发展在具有整体共同特征的前提下,每个儿童的身心发展,在表现形式、内容和水平方面,都有其独特之处。题干中幼儿园建立了“过程性数据”与“关键事件”相结合的幼儿发展评价信息系统,目的是跟踪幼儿个体的成长过程,这体现了幼儿园关注幼儿发展中的独特性,故本题选 B 选项。

易错提示:方向性和顺序性是指儿童的发展由低级到高级、由简单到复杂,不能逾越,也不会逆向发展。

幼儿发展的自主性,要求教师要高度尊重幼儿,遵循他们身心发展的内在本性,顺应他们的天性自然,让他们个性自主发展。

幼儿的创造性已经萌芽,但尚处于发展的初级阶段,不同于成人和其他年龄阶段的儿童。幼儿的创造性具有脆弱性和不稳定性、流畅性强但灵活性不够、性别差异和个别差异较大等特点。

7. D　**【解析】**本题考查新课程倡导的教师观。新课程倡导的教师观提出在对待教学关系上,强调帮助、引导。教的本质在于引导,引导的特点是含而不露、开而不达、引而不发。题干中东东的游戏陷入了困境,正是需要教师进行引导的时候,D 选项教师引导幼儿从颜色和形状两个方面观察拼图,是对幼儿的有效引导,故本题选择 D 选项。

8. B　**【解析】**本题考查“育人为本”的儿童观。幼儿是受教育的对象,但幼儿在受教育过程中并不是对教师的完全盲从,而具有在教育活动中的主观能动性和自我教育的可能性。题干中教师在没有了解幼儿不同回答的原因的情况下就给予否定,没有将幼儿看作教育的主体,没有充分发挥课堂教学素材的功能,不具备活用素材的能力。

9. C　**【解析】**本题考查“育人为本”的儿童观在保教实践中的应用。“育人为本”的儿童观强调教师应理解、体谅与宽容地对待幼儿的错误,尊重幼儿。题干中洋洋“溜出教室”“故意让老师追自己”是符合幼儿发展特点的表现,教师应正确地对待。A 选项,将教育责任归于家长的做法错误。B 选项,放任洋洋在户外活动,易发生意外事故。D 选项,关闭教室的门虽然直接解决了洋洋外跑的问题,但并没有理解洋洋的身心发展特点,可能会造成洋洋情绪的不稳定。故本题选择 C 选项。

10. D　**【解析】**本题考查教师专业发展的阶段。处于自我更新关注阶段的教师,其专业发展的动力转移到了专业发展自身,而不再受外部评价或职业升迁的牵制,直接以专业发展为指向。同时教师已经可以自觉依照自身发展的一般路线和目前的发展条件,有意识地自我规划,以谋求最大程度地自我发展。题干中窦老师“有意识地自我规划、自我发展、关注学生整体发展”,说明窦老师处于自我更新关注阶段,故本题选择 D 选项。

11. D　**【解析】**本题考查新课程倡导的教师观。在对待教学关系上,新课程强调帮助、引导。题干中,针对幼儿发现金鱼死亡并提出导致金鱼死亡的原因的现象,教师应创设引导幼儿积极讨论的环境,满足幼儿的好奇心,并带领幼儿观察金鱼死亡的环境,使幼儿明白爱护动物、爱护大自然的道理。

12. B 【解析】本题考查素质教育的内涵。素质教育是面向全体学生的教育。题干中,王老师只关注到了班里的小林,在表演游戏时总让小林扮演主角,忽视了其他幼儿的需求与发展,违背了素质教育倡导的面向全体学生的要求。

13. A 【解析】本题考查"育人为本"的儿童观在保教实践中的应用。题干中两名幼儿产生矛盾,作为教师,应帮助幼儿解决问题,并借此机会帮助幼儿形成良好的同伴关系。

14. D 【解析】本题考查"育人为本"的儿童观。幼儿处于发展之中,有自己独特的认知方式、成长特点。题干中,李老师没有理解幼儿的认知特点,对幼儿天马行空的想象给予否定,说明李老师没有认识到幼儿的发展特点,没有尊重幼儿,忽视了幼儿的天性,且忽视了幼儿作为权利主体所拥有的基本权利。A、B 选项对李老师的评价正确。幼儿是受教育的对象,但幼儿在受教育过程中并不是对教师的完全盲从。题干中的李老师忽视了幼儿在教育活动中的主观能动性,没有对幼儿进行正确引导,C 选项对李老师的评价正确。题干中并未提及对幼儿特长的培养,故本题选择 D。

15. B 【解析】本题考查"育人为本"的儿童观在保教实践中的应用。题干中李老师应对乐乐的想法给予赞赏和鼓励,在保障幼儿安全的前提下,让幼儿自我探索、大胆尝试是很有必要的。

16. A 【解析】本题考查素质教育的内涵。素质教育是面向全体幼儿的教育。题干中的老师在面对幼儿不愿参加游戏活动时,不能忽略幼儿,更不能强制幼儿参与活动。教师要密切关注幼儿的情况,询问幼儿不参与活动的原因,引导幼儿加入到活动中,促进幼儿全面发展。

17. B 【解析】本题考查对素质教育的理解。1999 年印发的《中共中央国务院关于深化教育改革全面推进素质教育的决定》提出,实施素质教育应当贯穿于幼儿教育、中小学教育、职业教育、成人教育、高等教育等各级各类教育,应当贯穿于学校教育、家庭教育和社会教育等各个方面。素质教育不止针对基础教育提出,而是针对各级各类教育提出的。B 项不正确,当选。

18. D 【解析】本题考查教师专业发展的途径。教师专业发展的途径,主要包括师范教育、新教师的入职培训、教师的在职培训、师徒结对、同伴互助和教师的自我教育。题干中王老师遇到问题去请教李老师,是自主与协作的结合。李老师对王老师说:"慢慢摸索吧,时间长了就知道了。我们都是这么过来的。"体现的是借鉴与探索、学习与反思的结合。题干的情境中并未体现理想与现实的结合,因此本题选择 D。

19. A 【解析】本题考查素质教育的内涵。素质教育是促进学生全面发展的教育。学校教育不仅要抓好智育,更要重视德育,使诸方面的教育相互渗透、协调发展,促进学生的全面发展和健康

成长。题干中秦晋妈妈对于环卫工这一职业存在偏见,容易对幼儿的认知产生不良影响,孙老师引导幼儿正确认识收垃圾的作用和意义,有利于发展幼儿良好的价值观念,引导幼儿正确认知。

20. B 【解析】本题考查"育人为本"的儿童观在保教实践中的应用。"育人为本"的儿童观强调教育以服务幼儿为前提,促进每个人的全面发展,发掘每个人的潜能和创造力。题干中王老师通过自编通俗易懂的儿歌帮助幼儿学习正确的洗手方法,有利于幼儿积累相关经验,养成良好的卫生习惯。同时,王老师引导幼儿边唱边练,也关注到了幼儿的情境体验。故 A、C、D 三项表述正确。B 项,"注重幼儿气质养成",题干中没有体现。

21. B 【解析】本题考查"育人为本"的儿童观。幼儿是具有能动性的教育对象,具有自我教育的可能性。面对幼儿摔倒的情况,教师应引导幼儿发挥自己的主观能动性,主动站起来。如若幼儿确实需要帮助,再为其提供支持。故教师正确的说法为 B 项,既舒缓了幼儿的情绪,又体现了对幼儿的尊重。

22. D 【解析】本题考查"育人为本"的儿童观。幼儿是发展中的人,幼儿的发展具有个别差异性。题干中点点刚入园,对新环境有点不适应,作为老师应关注点点的个别需要及情感需求,降低对点点的要求,用恰当的方法引导点点入睡。故本题选 D。

23. A 【解析】本题考查"育人为本"的儿童观。个体身心发展的阶段性是指个体在不同的年龄阶段表现出身心发展不同的总体特征及主要矛盾,面临着不同的发展任务。题干图片表明,儿童的感觉、语言、高级认知机能在不同的年龄阶段发展水平不一,说明儿童发展具有阶段性特征。

24. D 【解析】本题考查"育人为本"的儿童观在保教实践中的应用。教育要以幼儿的全面发展为本,用全面的眼光看待幼儿。这就要求教育教学活动的组织者要充分尊重幼儿的主体地位,尊重幼儿的感受,调动幼儿学习的积极性和能动性,鼓励幼儿的创造性。题干中幼儿园将 70% 的课程安排为音乐、美术、舞蹈等内容,忽视了幼儿其他方面的发展,故做法不正确,本题选 D。

25. A 【解析】本题考查"育人为本"的儿童观。幼儿是发展中的人,要用发展的观点认识幼儿。题干中李老师没有认识到幼儿动作发展的规律,没有准确把握小班幼儿动作发展的特点,并误认为欢欢把色彩涂到轮廓外面是由于她不认真,故李老师做法错误。

26. D 【解析】本题考查"育人为本"的儿童观。幼儿是处于发展初期的幼稚个体,幼儿身心的各个方面都非常不完善,极易受到伤害,幼儿教师应努力地呵护、照料和关心他们。题干中辰辰坐在椅子上摇来摇去,东倒西歪,此时教师的正确做法应是给予提醒,耐心劝导。故 D 项说法正确,既体现了教师对辰辰的关爱,也在一定程度上促进了辰辰良好行为习惯的培养。

27. D 【解析】本题考查"育人为本"的儿童观。幼儿是学习的主体,是具有能动性的教育对象。题干中吴老师没有直接给出幼儿答案,而是让幼儿自己想办法找答案,说明教师看到了幼儿能动性的一面，有意识地引导幼儿主动探索，故本题选 D。

28. C 【解析】本题考查"育人为本"的儿童观。幼儿是学习的主体，是具有能动性的教育对象。题干中蒋老师面对小朋友的问题，没有急于出手帮助，而是鼓励幼儿自己去尝试，说明蒋老师比较注重幼儿的亲身体验。

29. B 【解析】本题考查"育人为本"的儿童观在保教实践中的应用。题干中孩子们都在向杨老师"告状"，面对此类情景，教师正确的做法是先安抚幼儿的情绪，等幼儿平静下来，再倾听他们的问题并予以解决，故 B 项正确。A、C 两项，不理会所有"告状"的孩子，甚至批评他们，都不能解决孩子的问题，同时也没有体现教师对幼儿的尊重；D 项，选取部分孩子的"告状"予以解决，没有体现对幼儿的一视同仁。

30. D 【解析】本题考查学前教育观的树立。科学的学前教育观要求教师不能虐待儿童、体罚或变相体罚儿童，以免损害儿童身心的健康发展。D 项胡老师让争抢玩具的幼儿站到墙角属于体罚儿童，故做法不合适。

31. B 【解析】本题考查"育人为本"的儿童观在保教实践中的应用。教师要建立平等的师幼关系，平等地对待幼儿，理解、体谅与宽容地对待幼儿的错误。题干中然然的做法显然是不合适的，教师要予以引导。但教师同时也要理解、体谅、宽容地对待幼儿的错误，采取温和的方式去解决，因此教师恰当的做法应是抚摸然然的头以示提醒。

32. C 【解析】本题考查"育人为本"的儿童观在保教实践中的应用。"育人为本"的儿童观要求教师要充分尊重幼儿的主体地位，鼓励幼儿的创造性。题干中教师对幼儿的作品表现出的是轻蔑和不屑，没有考虑到幼儿的感受，会挫伤幼儿创造的积极性和主动性，故做法不正确。

33. A 【解析】本题考查幼儿教育的特点。幼儿园课程具有浓厚的生活化特征，表现为课程的内容来自幼儿的生活，课程实施贯穿于幼儿的生活。题干中幼儿园选择"唐诗三百首"对幼儿进行讲解、认读和听写，不符合幼儿身心发展的年龄特点，违背了保教活动的生活化原则，因此做法不正确。故本题选 A。

34. B 【解析】本题考查学前教育观的树立。游戏是学前儿童的基本活动，也是儿童自主自愿的活动。教师要为儿童创造条件，开展各种游戏活动。B 项叙述错误，游戏不是教师自发自主的行为。

35. D 【解析】本题考查幼儿教育的特点。幼儿教育具有保教结合的特点。对学龄前儿童的教育要特别强调保育与教育相结合，一切教育活动都是在保育的前提下进行的。题干中教师通过比赛的方式引导幼儿"帮橘子脱衣服"，使幼儿学会独立剥橘子，有利于培养幼儿初步的生活自理能力和良好的习惯。

36. B 【解析】本题考查"育人为本"的儿童观在保教实践中的应用。在教育活动中，教师应使各

个环节充满趣味，以引起幼儿浓厚的学习兴趣，激发幼儿的学习积极性和求知欲，使幼儿处于愉快的气氛中。题干中教师用充满趣味性的话语引导幼儿吃饭时要安静，体现了保教活动的趣味性原则。

37. A　【解析】本题考查教师专业发展。题干中教师搜集各种材料，并将其改造成适合幼儿的教学用具，体现的是教师环境创设中的投放游戏材料的能力，故教师的行为属于环境创设。

38. C　【解析】本题考查“育人为本”的儿童观在保教实践中的应用。题干中李老师面对幼儿不良的进食习惯，应该予以恰当的引导。A、D 两项，“没吃完的不许睡觉”“看看谁还在那磨蹭”都是对幼儿的不尊重，没有体现关爱幼儿；B 项，“比比谁吃得最快”不利于幼儿的食物消化，甚至容易引发危险；C 项，“我看看谁吃得最香”，符合幼儿的认知特点，也有利于幼儿进食习惯的改善，故 C 项说法正确。

39. A　【解析】本题考查幼儿教育的特点。题干中，教师面对男孩故意将小便撒在小便池外这一不良生活习惯，通过在便池合适位置画花朵这一形式来调动幼儿的兴趣，纠正幼儿的不良习惯，可见教师利用的是幼儿教育的游戏性的特点，故本题选 A。

40. B　【解析】本题考查“育人为本”的儿童观在保教实践中的应用。教师面对幼儿的绘画作品，应该予以鼓励和肯定，耐心地倾听幼儿的想法，尊重幼儿的主动性和创造性。故本题选 B。

41. D　【解析】本题考查教师终身学习在教学中的作用。焦老师“参加教师培训”是终身学习的表现；“返园后主动与同事们交流学习心得”有利于幼师的共同发展，推动幼儿园的园本教研。D 项，“有利于增进家园合作”，与题意无关，故本题选 D。

二、材料分析题(参考答案)

1. 周老师的教育行为是正确的，符合素质教育背景下的教育观。

(1)新课改倡导的教学观要求教学从“重结论轻过程”转向“重结论的同时更重过程”。材料中，周老师在组织游戏活动时，面对阳阳的问题，因势利导将游戏活动变成讨论活动，对幼儿的各种疑问启发他们自己思考，体现了周老师关注教学过程。

(2)新课改倡导的教学观要求教学从“以教育者为中心”转向“以学习者为中心”。材料中，周老师在教学过程中面向全体幼儿，对幼儿的问题并不打压、干涉，而是引导幼儿积极思考、主动探究，调动了幼儿的积极性、主动性，体现了周老师在教学中以学习者为中心。

(3)素质教育是促进学生个性发展的教育，强调要尊重并充分发展学生的个性，教师要做好因材施教。材料中周老师面对幼儿的奇思妙想，尊重他们的兴趣，对幼儿进行个性教育。

(4)素质教育是以培养创新精神和实践能力为重点的教育。培养具有创新精神和实践能力的新一代人才，是素质教育的时代特征。教师要在活动中鼓励幼儿积极参与，激发幼儿的主动性和创造性。材料中周老师面对幼儿的疑问，引导幼儿查资料，培养幼儿创造性思维，激发幼儿的创新意识。

综上所述，材料中周老师的做法践行了素质教育的具体要求，值得提倡和学习。

2. 金老师的行为符合新课程倡导的教师观，是非常值得肯定和表扬的。

(1)从教师与学生的关系看，教师是学生学习的促进者。教师不仅传授知识，检查学生对知识的掌握程度，而且教师是学生学习的激发者，各种能力和积极个性的培养者。材料中，金老师在教学过程之中能做到鼓励幼儿的兴趣，激发幼儿的参与性，体现了学习促进者的角色。

(2)从教学与研究的关系看，教师是教育教学的研究者。教师即研究者，意味着教师在教学过程中要以研究者的心态置身于教学情境之中，以研究者的眼光审视和分析教学理论与教学实践中的各种问题，对自身的行为进行反思，对出现的问题进行探究，对积累的经验进行总结，最终形成规律性的认识。材料中，金老师能够带着研究的眼光，肯定幼儿的独特想法，点评幼儿作品，及时记录活动中有意义的事件，总结反思，为后续撰写论文和开展课程研究积累素材体现了这一点。

(3)从教学与课程的关系看，教师是课程的开发者和建设者。传统教学中教师和课程是分离的，但新课改倡导民主、开放的课程理念，老师要在课程改革中发挥主体作用，成为课程的开发者。材料中金老师在上课之余还进行课程研究，发挥自己在课程开发中的主体作用体现了这一点。

(4)在对待师生关系上，强调尊重、赞赏。为了实现这一教学理念，教师必须尊重每一位学生做人的尊严和价值，要发现学生的闪光点。材料中，金老师赞赏幼儿根据自己的想法和经验来进行创作，并在结束后对幼儿积极鼓励，体现了这一点。

(5)在对待教学关系上，强调帮助、引导。教师要促进学生发展就要帮助学生，对学生的学习过程和结果进行评价，帮助学生发现自己的潜能和性向。材料中，金老师对幼儿制作的作品进行逐一点评，并让学生分享自己的想法，体现了这一点。

(6)在对待自我上，强调反思。教学反思要渗透在教学的各个环节，这样才能够帮助教师形成和培养自我反思的意识和自我监控的能力。材料中，金老师在课程结束后总结经验，反思在课堂上遇到的问题，并针对问题进行改进，体现了这一点。

总之，该老师的行为符合新课改中的教师观，值得我们学习。

3. 我们应该辩证看待李老师的行为。

(1)新课程倡导的教师观要求教师应是学生学习的促进者。教师是学生学习的激发者，各种能力和积极个性的培养者。材料中李老师为幼儿提供了球、跳绳等器械练习，促进了幼儿平衡能力的发展。但李老师对幼儿大胆尝试的行为给予制止，表明李老师并没有完全尊重幼儿的想法，没有了解幼儿的最近发展区，没有对幼儿的行为给予引导。

(2)新课程倡导的教师观要求教师应是教育教学的研究者。教师应以研究者的心态置身于教学

情境中，以研究者的眼光审视和分析教学理论与教学实践中的各种问题。材料中李老师在进行活动之前根据幼儿的发展特点，为幼儿提供不同的练习材料体现了这一点。但有五个孩子因为各种原因没有参与此次活动，李老师却并没有发现，在活动前也没有考虑到他们的情况，表明李老师对教学的研究还有很大的进步空间。

(3)新课程倡导的教师观要求教师在对待教学关系上，强调帮助、引导。教师应以各种方式引导学生发展，应给予学生启迪与激励。材料中李老师看到幼儿在活动中出现的行为，总是给予制止或帮助，而没有对幼儿进行引导，提供给幼儿安全的活动环境，说明李老师的教学方法应改进，应侧重于对幼儿的引导。

综上所述，对于该老师的做法我们应该辩证看待，李老师的出发点是为了幼儿的发展，但在实际教学过程中的方法和理念应适时更新，从而能更有效地促进幼儿的发展。

4. 材料中李老师的做法是错误的，违背了“育人为本”的儿童观的理念。

(1)幼儿是发展中的人，要用发展的观点认识幼儿。幼儿不同于成人，正处于发展之中，他们有自己独特的认知方式、成长特点，有巨大的发展潜能和被塑造与自我塑造的潜力。材料中，李老师采用死记硬背的方式教授幼儿数学知识，没有认识到幼儿的身心发展特点，在幼儿背错之后，李老师采用了责备的方式教育幼儿，没有认识到幼儿是发展中的人，没有看到幼儿的发展潜能。

(2)幼儿是独特的人。每个幼儿身心发展的速度都各不相同，身心素质的组合特征也不同。每个幼儿都有其优势领域和劣势领域，教师应当将幼儿看成独特的个体，因材施教，促进幼儿的全面发展。材料中，李老师因为涛涛背错数字 9 的分解责备他，说明李老师没有认识到幼儿之间存在个体差异，没有做到因材施教。

(3)幼儿是学习的主体，是具有能动性的教育对象。幼儿是受教育的对象，但幼儿在受教育过程中并不是对教师的完全盲从，而是具有在教育活动中的主观能动性和自我教育的可能性。材料中，李老师采用死记硬背的方式教授数字的分解，没有考虑到幼儿是否能够理解，只是一味地要求幼儿熟记和背诵，表明李老师没有认识到幼儿是教育的主体，教育应充分地发挥幼儿的主观能动性。

综上所述，李老师的做法是错误的，不符合“育人为本”的儿童观的要求。

5. 王老师的教育行为符合素质教育背景下的教育观。

(1)素质教育是面向全体幼儿的教育。面向全体幼儿的教育要求教师要平等对待每一个孩子。材料中王老师并没有因为馨馨跳得不好而放弃她，而是坚持让馨馨参加舞蹈排练，说明王老师的教育是面向全体幼儿的，不愿意放弃任何一个孩子。

(2)素质教育是促进幼儿全面发展的教育。幼儿的全面发展教育是促进幼儿德智体美劳的全面发展。材料中王老师不仅关注幼儿的舞蹈学习，还能够在排练时抓住教育契机，培养孩子们“互帮互助""善良""勇敢"等品质,说明王老师不仅关注活动的进行,还注重幼儿品德的教育。

(3)素质教育是促进幼儿个性发展的教育。素质教育观要求教师要针对每个幼儿因材施教,尊重每个幼儿的想法。材料中馨馨由于手臂发育不良,在舞蹈学习时跟不上其他小朋友,王老师因材施教,编排了相对简单的舞蹈,使之能加入舞蹈排练,说明王老师尊重幼儿的个体差异性,尊重馨馨的个性发展。

(4)素质教育是以培养创新精神和实践能力为重点的教育。教师要在活动中鼓励幼儿积极参与,激发幼儿的主动性和创造性。材料中王老师引导幼儿积极参与到艺术节活动中,有利于培养幼儿的实践能力。

综上所述,材料中王老师的做法践行了素质教育的具体要求,值得我们提倡和学习。

专题一　教育观

一、单项选择题

答案速查

1～5	ACCBD	6～10	ABADD	11～15	CABBB	16～20	BBDAB
21～25	AABDB			26～29	BAAC		

1. A　【解析】素质教育是促进学生个性发展的教育,每一位学生都有其个性,教师要尊重并充分发展学生的个性。题干中胡老师并没有因为图图的纪律问题而忽视图图手工课上的出色表现,说明胡老师注意到了图图的个性发展,并充分尊重与鼓励图图的个性发展。

2. C　【解析】素质教育是促进幼儿全面发展的教育。素质教育倡导的是在教育中使每个学生都得到充分的、全面的发展。题干中李老师只注重对幼儿知识的传授,忽视了幼儿的全面发展,违背了素质教育促进幼儿全面发展的理念。

3. C　【解析】素质教育是以培养创新精神和实践能力为重点的教育。创新教育是素质教育的核心,它是教育对知识经济向人才培养提出的挑战的回应,是旨在激发学生创新意识、培养学生创新能力的教育。

4. B　【解析】素质教育是培养学生创新精神和实践能力的教育。题干中老师的做法是错误的,会扼杀学生的创造力。在教育教学中,教师对学生的奇思妙想应该持肯定、支持的态度,既要引导学生正确认识事物,也要鼓励学生进行与众不同的想象,培养他们的想象力和创造力。

5. D　【解析】素质教育是促进学生个性发展的教育,教师要尊重并充分发展学生的个性。题干中于老师增设多项不同的荣誉称号,说明于老师关注到了幼儿不同方面的优势,有利于促进幼儿

的个性发展，故做法合理。

6. A 【解析】素质教育是以培养创新精神和实践能力为重点的教育，是旨在激发学生创新意识、培养学生创新能力的教育。创新教育是素质教育的核心。题干中孙老师不限制答案，让幼儿勇敢地发表自己的意见，畅所欲言，说明孙老师注重幼儿创新精神的培养。

7. B 【解析】素质教育是面向全体学生的教育。题干中李老师将每个孩子的作品都展出，关注到了每个孩子的发展，体现了素质教育面向全体学生的理念，故李老师的做法是正确的。

8. A 【解析】素质教育是面向全体学生的教育。题干中马老师注意到班级中有点孤僻、不合群的学生王蕊，并指定她做小组长来培养其与人交往的能力，符合素质教育中面向全体学生的教育理念。

9. D 【解析】科学的学前教育观要求教师关爱幼儿，尊重幼儿。题干中，面对其他幼儿对莉莉的嘲笑，教师应及时予以引导，并想办法保护莉莉的自尊心。D 项，教师的说法巧妙地化解了莉莉的尴尬，故做法正确。

10. D 【解析】培养具有创新精神和实践能力的新一代人才，是素质教育的时代特征。创新教育是素质教育的核心，创新能力不仅是一种智力特征，更是一种人格特征、一种精神状态。题干中陈老师在课堂上通过不断提问，激发学生进行发散思考，培养了学生的创新精神。

11. C 【解析】素质教育是以培养创新精神和实践能力为重点的教育。题干中阳阳将苹果涂成紫色，虽看似不合理，但基于幼儿的认知特点，王老师应该尊重阳阳的想法，保护阳阳的创新意识和兴趣。A、B、D 三个选项中的做法不合理，违背了素质教育的理念。

12. A 【解析】素质教育是促进学生全面发展的教育。题干中秦老师的表述表明他注重学生的全面发展，具备素质教育的理念。

13. B 【解析】素质教育是面向全体学生的教育。题干中周老师认为"教育应适合儿童，而不是挑选适合教育的儿童"，表明周老师贯彻了这一理念。

14. B 【解析】素质教育是以培养创新精神和实践能力为重点的教育。题干中的学生善于思考，敢于质疑，指出了老师教学上的错误，杨老师则肯定了该生勇于质疑的行为，这种做法有利于培养学生的发散思维、创新能力和质疑能力。B 项题干中没有体现，本题选 B。

15. B 【解析】题干中，针对不同特长的幼儿，庄老师采取了不同的方法，鼓励其发挥各自的优势，表明庄老师注重幼儿的差异，善于因材施教。庄老师经常对幼儿进行鼓励，表明庄老师善于激发幼儿的自信。题干中庄老师的做法并未体现他关注幼儿的全面发展，本题选 B。

16. B 【解析】素质教育是面向全体学生的教育，强调在教育中每个人都得到发展，而不是只注重一部分人，更不是只注重少数人的发展。题干中曲老师每次都让铭铭站在舞台中间，忽视了其他学生的发展，故曲老师的做法违背了素质教育面向全体学生的理念。

17. B 【解析】素质教育是依据人的发展和社会发展的实际需要，以全面提高全体学生的基本素质为根本目的，以尊重学生主体性和主动精神，注重开发人的智慧潜能，形成人的健全个性为根本特征的教育。题干中“虎妈”给孩子报了多个兴趣班，不顾实际情况，让孩子在所有领域全面发展，没有尊重孩子的兴趣和需要，没有尊重孩子的身心发展规律，违背了素质教育的理念。

18. D 【解析】素质教育是以培养创新精神和实践能力为重点的教育，创新教育是素质教育的核心，是旨在激发学生创新意识、培养学生创新能力的教育。题干中王老师因为小刚没有按照他的标准画画而批评他并让他重新画，违背了素质教育培养学生创新精神的理念，故王老师的做法是错误的。

19. A 【解析】素质教育是以提高国民素质为根本宗旨的教育，是面向全体学生的教育，是促进学生全面发展的教育，是促进学生个性发展的教育，是以培养创新精神和实践能力为重点的教育。A 项，促进学生专业发展只强调了某一方面的发展，具有片面性。

20. B 【解析】素质教育是促进学生个性发展的教育，教育者要充分尊重并发展学生的个性。它要求教育工作者在最大程度上了解每一个学生，根据他们的长处和短处，使用最适合他们的教育方法，做到因材施教，让每一位学生都能在最大程度上发挥潜能。题干中，周周喜欢唱歌跳舞，不喜欢学习拼音、算术，而王老师认为学习才是“正事”，唱歌跳舞是“旁门左道”，不仅打击了周周的自尊心与自信心，也忽视了周周的个性发展。且幼儿园不得提前教授小学教育内容，不得开展任何违背幼儿身心发展规律的活动。王老师的做法是错误的，忽视了学生发展的个性化。故本题选 B。

21. A 【解析】素质教育是促进学生全面发展的教育。题干中，彭老师告诉家长不要太在意学生的成绩，而是应该全面地看待学生，体现了彭老师具有素质教育的理念。故本题选 A。

22. A 【解析】题干中罗老师让彤彤参加一些课外活动，通过课外活动改善人际关系、发展其他兴趣爱好，说明罗老师注重学生的全面发展和均衡发展；彤彤性格内向，基本不跟其他同学交往，罗老师让彤彤“多跟大家一起玩”，积极主动地参与各类活动，融入集体中去，说明罗老师注重学生主动发展。题干中未体现罗老师注重学生个性发展。

23. B 【解析】题干中的幼儿园针对幼儿的不同兴趣爱好，开设不同的兴趣小组，目的是针对幼儿的个性特长，有的放矢地进行教育，促进幼儿的个性发展。

24. D 【解析】素质教育是面向全体学生的教育，强调在教育中每个人都得到发展，而不是只注重一部分人，更不是只注重少数人的发展。题干中，教师的说法明显倾向于画画比较好的安安，忽略了晓军的感受，未做到公平待生，未做到面向全体学生。

25. B 【解析】图片中教师只重视分数，过于关注智育，而忽略了德、体、美、劳等方面的培养，违背了学生全面发展的要求，是不恰当的。

26. B 【解析】素质教育是促进学生全面发展的教育。每个学生都应在教育中得到充分的、全面的发展。孙老师的说法体现出其过于注重智育,而忽略了学生其他方面的发展,不利于学生全面发展。

27. A 【解析】图中某些学校强调应试教育的做法,抑制了学生想象力的发挥,抑制了学生的创造能力,这不可能提高学生的竞争能力,更不可能提升学生的综合素质。

28. A 【解析】幼儿园的午睡和游戏活动是幼儿一日生活中的重要组成部分。题干中教师为排练节目组织幼儿反复训练,甚至缩短幼儿的午睡时间和游戏时间,做法错误,不利于幼儿身体健康。故本题选 A。

29. C 【解析】素质教育是促进学生全面发展的教育,它倡导教育应使每个学生都得到充分的、全面的发展。题干中熊老师说家长不能只是帮孩子学会考试,说明教育不能仅仅追求分数,只注重智育,而是要促进学生德智体美劳全面发展。故 C 项正确。

二、材料分析题(参考答案)

1. 材料中李老师的做法很好地践行了素质教育观,值得我们学习。

(1)素质教育是促进学生全面发展的教育。素质教育倡导的是在教育中使每个学生都得到充分的、全面的发展。材料中,李老师常常说:"美术课堂不仅要教会学生画画,还应该培养学生更多的能力。"表明李老师认识到素质教育不仅要教会学生某方面的知识和能力,还要培养学生更多的能力,促进学生全面发展。

(2)素质教育是促进学生个性发展的教育。每一个学生都有其个别性,有不同的欲望需求、不同的兴趣爱好、不同的创造潜能,这些不同点铸造了一个个千差万别的、个性独特的学生。材料中,有的学生将旧衣服改成符合时尚潮流又具有独特魅力的新衣服;有的学生将旧衣物裁剪成布条、布块,制作成灯笼、小布娃娃等布艺饰品……体现了学生不同的个性和潜能,李老师的教育方式促进了学生的个性发展。

(3)素质教育是以培养创新精神和实践能力为重点的教育。材料中,在李老师组织的创意大赛中,学生们动脑动手,给旧衣物赋予了新的功能和价值,制作出缤纷多彩的作品。李老师在教育中培养了学生的创新精神和实践能力。

综上所述,李老师践行了素质教育的理念,促进了学生健康成长。

2. 老师的行为是正确的,值得每一位老师学习,他充分践行了素质教育观。

(1)素质教育是以培养学生的创新精神和实践能力为重点的教育。创新教育是素质教育的核心,是旨在激发学生创新意识、培养学生创新能力的教育。材料中,老师通过营造这样一种宽松的发展环境和条件,保护了明明的好奇心和求知欲,有效地促进其创造力和想象力的发展。

(2)素质教育是面向全体幼儿的教育。素质教育倡导人人有受教育的权利,强调在教育中每个人都得到发展,而不是只注重一部分人,更不是只注重少数人的发展。材料中,明明淘气、好动、不爱学习,但是当孩子有疑问时,老师依旧给予解答,给予关爱,说明老师做到了面向每一位学生。

(3)素质教育是促进幼儿全面发展的教育。素质教育倡导的是在教育中使每个幼儿都得到充分的、全面的发展。材料中老师及时关注到了幼儿的兴趣点,并用浅显易懂的语言解答了幼儿的问题,培养了幼儿的自信心,使幼儿遇到问题时能够大胆地提出来,得到全面发展。

因此,教师在教育的过程中,要充分践行新课程背景下的素质教育观,促进学生健康成长。

3. 华老师的教育行为体现了素质教育的理念,促进了幼儿的发展。

(1)素质教育是促进幼儿全面发展的教育。幼儿的全面发展教育是促进幼儿德智体美的全面发展。素质教育倡导的是在教育中使每个幼儿都得到充分的、全面的发展。材料中华老师通过灵活的教育方式,不但教会了幼儿系鞋带,提高了幼儿的生活自理能力,而且也促进了其智力的发育。

(2)素质教育是以培养学生的创新精神和实践能力为重点的教育。材料中华老师没有局限于传统的教育方式,而是创造性地采用编儿歌的方式教导幼儿,取得了比较好的效果,体现了"创新教育是素质教育的核心"这一理念。

综上所述,华老师很好地践行了素质教育观,其做法值得我们借鉴和学习。

4. 材料中,李老师的教育行为是不恰当的,违背了素质教育观的相关要求,我们应引以为戒。

(1)素质教育是促进学生个性发展的教育。每一位学生都有其个性,教育要尊重并充分发展学生的个性。材料中,李老师对晓宇"画咖啡色月季花"的想法进行否定,在其拿出折纸扎的咖啡色月季花后直接否定他画画的天赋,扼杀了晓宇对画画的积极性,不利于其个性健康发展。

(2)素质教育是以培养学生的创新精神和实践能力为重点的教育。这要求教师在教学中应该激发学生创新意识、培养学生创新能力。材料中,李老师固守传统思维,多次否定晓宇画咖啡色月季的创新想法,扼杀了学生的想象力和创造性。

(3)素质教育要促进学生生动、活泼、主动的发展,这要求教师要进行启发式教学,鼓励学生主动探索、主动思考,鼓励学生存疑、求疑,在教学中促进学生生动、活泼、主动的发展。材料中,晓宇将月季花涂成咖啡色,遭到老师批评后还带了一束纸折的咖啡色月季花向老师证明,李老师却不听晓宇的想法,而是认为晓宇没有画画的天赋,打压了学生的主动性和积极性,没有遵循素质教育的要求。

综上所述,作为一名新时代教师,我们应积极践行素质教育观的相关要求,促进学生更好的成长发展。

5. 于老师的做法是合理的,遵循了新课程背景下的素质教育观。

(1)素质教育是面向全体幼儿的教育。素质教育不同于应试教育。素质教育倡导人人有受教育的权利,强调在教育中每个人都得到发展,而不是只注重一部分人,更不是只注重少数人的发展。材料中于老师组织全员展示活动,因看到小伟没有报名便对他进行鼓励,不落下班里每一位幼儿。

(2)素质教育是促进幼儿全面发展的教育。实施素质教育必须坚持德育、智育、体育、美育和劳动技术教育并举,促进学生生动活泼地发展。材料中于老师不但关注了小伟的人际交往情况,还采取推荐他做“小小卫生员”的做法,促进小伟在其他方面共同发展。

(3)素质教育是促进幼儿个性发展的教育。每一位幼儿都有其个性,因此,教育要尊重并充分发展幼儿的个性。材料中于老师组织特长展示活动,鼓励小伟展示自己的特长,这说明于老师充分尊重和发挥幼儿的主体意识和主动精神,促进幼儿个性发展。

新课程背景下,教师只有从学生的角度出发,以学生为本,积极鼓励学生才能够更好地实现教书育人的目的。

专题二　儿童观

一、单项选择题

答案速查

1～5	ACDCB	6～10	DDDDA	11～15	AABCC	16～20	ACDBA
21～25	DBDCA			26～30	BBCDD		

1. A 【解析】“育人为本”的儿童观认为幼儿是发展中的人,教师要用发展的、全面的眼光看待幼儿。题干中郑老师因为圆圆把鞋子穿反,没有耐心地鼓励与引导,反而当众批评他,郑老师没有尊重幼儿的人格,伤害了幼儿的自尊心,违背了“育人为本”的儿童观理念。

2. C 【解析】“育人为本”的儿童观认为幼儿是独一无二的人。由于遗传、环境、教育等方面的影响,每个幼儿身心发展的速度都各不相同,身心素质的组合特征也不同。教师应当将幼儿看成独特的个体,因材施教,促进幼儿身心的全面发展。题干中兵兵沉默寡言,针对这样的情况,教师应该在充分尊重幼儿的基础上先了解情况,因材施教,分析原因,不能心急。

3. D 【解析】幼儿是发展中的人,要用发展的观点认识幼儿。现代科学研究的成果与教育的价值追求,要求人们用发展的眼光来认识和看待幼儿。幼儿不同于成人,正处于发展之中,他们有自己独特的认知方式、成长特点,有巨大的发展潜能和被塑造与自我塑造的潜力。题干中的王老师鼓励家长支持康康的兴趣,正是因为看到了康康身上的发展潜能。

4. C 【解析】幼儿是具有能动性的教育对象,具有自我教育的可能性。面对幼儿学不会的情况,教师应引导幼儿发挥自己的主观能动性，尝试着进行。如若幼儿确实需要帮助，再为其提供支持。故教师正确的说法为 C 项，既舒缓了幼儿的情绪，又体现了对幼儿的尊重。

5. B 【解析】幼儿是发展中的人，具有巨大的发展潜能。题干中老师从李岩现在算术学习上的表现推断其以后物理、化学学习困难，否定了幼儿巨大的发展潜能，忽视了幼儿是发展中的人，没有用发展的观点认识幼儿。

6. D 【解析】幼儿和成人一样，彼此平等，具有相同的价值。幼儿作为权利主体拥有权利，题干中张老师大声斥责讽刺乐乐的行为，很明显伤害了乐乐的自尊。

7. D 【解析】"育人为本"的儿童观认为每个幼儿都有自身的独特性，教师应当尊重幼儿的独特性和差异性。题干中，小明创作出了一个与众不同的苹果，老师应当尊重小明的创作，适当引导小明表达自己的创意，而不是直接否定学生，打击学生的创作激情。所以 D 项做法最合理。

8. D 【解析】题干中两位小朋友的做法显然是不合适的，教师要予以引导。但教师同时也要理解、体谅、宽容地对待幼儿的错误，采取温和的方式去解决，因此教师恰当的做法应是眼神示意两人，将其注意力引到课堂上。

9. D 【解析】发展的顺序性是指正常情况下，儿童的发展具有一定的方向性和顺序性，既不能逾越，也不会逆向发展，按由低级到高级、由简单到复杂的顺序进行。儿童心理时刻都在发生量的变化，随着量变的积累，到了一定程度，就会发生"质变"，出现一些带有本质性的重要差异。这些差异有显著的变化，使儿童心理发展呈现出"阶段性"。个别差异性是指儿童发展在具有整体共同特征的前提下，每个儿童的身心发展，在表现形式、内容和水平方面，都有其独特之处。发展具有不平衡性是指人的发展不是等速的，学前期和青春期是发展的两大加速期。在学前期的不同时间内，儿童的发展速度也不同。儿童年龄越小，发展的速度就越快，这是学前期儿童心理发展的规律。题干中"不是每个儿童都聪明"体现了儿童发展的差异性，B 项说法正确。"某一方面能力落后不代表永远落后"体现了儿童发展的阶段性和不平衡性，A 项、C 项说法正确。题干表述中未体现儿童发展的顺序性，故本题选 D。

易混辨析：考生注意辨别不同规律的教育要求。

规律	教育要求
顺序性	遵循身心发展的客观规律，循序渐进施教
阶段性	根据不同年龄阶段特点有针对性地施教
不平衡性	抓住发展的关键期，适时而教
个别差异性	因材施教

10. A　【解析】幼儿的身心发展是有规律的，存在以下四个特点：(1)发展具有方向性和顺序性；(2)发展具有连续性和阶段性；(3)发展具有不平衡性；(4)发展具有个别差异性。题干孟老师说“不能用同样的水准要求学生，也不能揠苗助长”表明他关注到学生具有差异性和注重学生发展的顺序性。孟老师坚信学生是花朵，早晚都会开放，关注到学生具有发展性。学生发展的整体性是指学生是一个整体的人，以其整个身心投入教学生活，并以整个身心感知、体验、享受和创造这种教学生活。题干未体现，故答案选择 A 项。

11. A　【解析】上课扮鬼脸是为了得到老师或同学的关注，老师与同学可以不予理睬，不给予其希望得到的强化，那么此类行为就会逐渐减少。故针对题干中小浩的行为，教师最为适宜的处理策略是不予理睬。

12. A　【解析】个体身心发展具有个别差异性。李老师通过研究学生的一些现象并据此分析学生的心理变化，以此作为依据来给学生设计任务，做到了关注学生发展的差异性。

13. B　【解析】“育人为本”的儿童观认为，幼儿是独特的人，要求教师不仅要将幼儿作为一个整体来全面看待，而且要关注幼儿的个体差异和个性化成长。这就要求教师在教育过程中贯彻因材施教原则，讲求因时制宜、因人而异，为幼儿创设良好的成才条件，从个性化的角度入手，力求使每一个幼儿在不同领域内有所专长、有所成就。题干中，不同学生具有不同的特点，教师在开展教学时应把学生看作独特的人，关注学生的个性化成长，因材施教。故本题选 B。

14. C　【解析】幼儿的身心发展具有连续性和阶段性特征。儿童心理发展的连续性表现在：先前的较低级的发展是后来较高级的发展的前提。儿童心理时刻都在发生量的变化，随着量变的积累，到了一定程度，就会发生“质变”，出现一些带有本质性的重要差异。这些差异有显著的变化，使儿童心理发展呈现出“阶段性”。题干中幼儿园根据幼儿的认知发展特点和身心发展规律，对不同年龄阶段的幼儿进行不同层次的教学，是尊重幼儿身心发展阶段性的表现。

易混辨析：考生在做此类试题时，可根据关键词进行区分和记忆。

(1)方向性和顺序性强调由低级到高级、由简单到复杂，不能逾越，也不会逆向发展。即“由……到……”。

(2)连续性和阶段性强调在某一年龄阶段，儿童生理和心理都会表现出一些一般的、典型的、本质的特征。即“某一阶段的特征”。

(3)不平衡性一方面是指同一个体身心发展在不同的年龄阶段是不平衡的；另一方面是就个体身心发展的不同方面而言的。即“不同的年龄阶段、不同方面”。

(4)个别差异性强调不同个体之间的身心发展存在着发展程度和速度的不同。即“不同个体、发展程度和速度不同”。

15. C 【解析】幼儿是发展中的人，具有巨大的发展潜能，要用发展的观点认识幼儿。题干中，凡凡对科学活动很感兴趣，教师应该对凡凡予以鼓励，保护凡凡的积极性和主动性，而不是打击凡凡，故吴老师做法不正确。其次，吴老师以凡凡在科学课上的表现就判定凡凡不适合当科学家，说明吴老师没有将幼儿看成是正在发展的个体，没有注意到幼儿巨大的发展潜能。故本题选 C。

16. A 【解析】题干中，刘老师没有因为小周调皮，就否定小周，而是从值日、做事等方面来评价小周，这体现了刘老师注重评价的多元性，也体现了刘老师注重学生发展的全面性。在其他同学嘲笑小周时，刘老师教育全班同学，让全班同学看到小周的优点，而不是仅以某一方面来评价小周，这体现了刘老师注重教育学生的示范性。学生发展的阶段性是指个体在不同的年龄阶段表现出身心发展不同的总体特征及主要矛盾，面临着不同的发展任务，题干中并未体现出学生发展的阶段性的相关内容，本题选 A。

17. C 【解析】“育人为本”的儿童观认为幼儿是发展中的人，要用发展的观点认识幼儿。幼儿不同于成人，正处于发展之中，他们有自己独特的认知方式、成长特点，有巨大的发展潜能和被塑造与自我塑造的潜力。题干中陈老师针对幼儿的疑问，可以布置家庭作业课外探究，既不影响上课，同时还能激发学生的求知欲，培养学生的创新精神和实践能力。

18. D 【解析】幼儿是发展中的人，具有巨大的发展潜能。王老师应该看到小聪的发展潜力，重视小聪的想法并给予积极回应。此外，老师应该保护幼儿的好奇心，鼓励幼儿主动质疑、积极思考，培养幼儿的创造性思维，而王老师的做法欠妥，扼杀了幼儿的创造性思维。

19. B 【解析】“育人为本”的儿童观认为幼儿是独特的、完整的人。在教育活动中，作为完整的人而存在的幼儿，不仅具备智慧和人格力量，而且体验着全部的教育生活。题干中赵老师让康康离开舞蹈队的做法，损害了康康的人格，是不尊重幼儿的表现，故做法不合理。

20. A 【解析】幼儿是发展中的人，要用发展的观点认识幼儿。作为发展中的人，意味着幼儿还是不成熟的人，是一个正在成长的人。题干中面对李鹏的不足，张老师没有一味批评李鹏，而是鼓励他继续努力，并相信李鹏能取得更大的进步，体现了该观念。

21. D 【解析】教师要用鼓励、温和的语言对幼儿说话，不能用命令、强硬的语言，因此 D 项是最贴切的。

22. B 【解析】幼儿是学习的主体，是具有能动性的教育对象。幼儿是受教育的对象，但幼儿在受教育过程中并不是对教师的完全盲从，而具有在教育活动中的主观能动性和自我教育的可能性。题干中，东东在课堂上提问，马老师不但没有耐心解答，还说东东打岔、不礼貌，这表明马老师没有把东东当成学习的主人，忽视了学生的自主性。

23. D 【解析】根据不同学生的认知水平、学习能力以及自身素质，教师应当因材施教，在教学中选择适合每个学生特点的学习方法来进行有针对性的教学。对于小明，教师应该表扬其勇于发言的行为，不能因其答错而指责，而是应进一步启发其多思考；对于小强，教师要鼓励其多举手发言。

24. C 【解析】“育人为本”的儿童观认为幼儿是权利的主体。幼儿是权利主体，意味着教师应把幼儿看作与成人人格平等、具有相同的社会地位、享有基本人权的、积极主动的、人格独立的人，是拥有权利并能行使自己权利的自由主体。题干中教师因为乐乐活泼顽皮而不让其参与各种娱乐活动，剥夺了幼儿参与活动的权利，说明教师没有保证幼儿受教育过程中的机会平等，故教师的做法不正确。

25. A 【解析】幼儿是学习的主体，是具有能动性的教育对象。幼儿是受教育的对象，但幼儿在受教育过程中并不是对教师的完全盲从，而具有在教育活动中的主观能动性和自我教育的可能性。题干中，詹老师把学生比喻为任凭教师写画的“白纸”，夸大了教师的主导作用，把学生当作被动接受知识的人，这种说法不恰当。

26. B 【解析】“育人为本”的儿童观强调幼儿是具有独立意义的人。幼儿是学习的主体，教师要尊重幼儿的主体地位，调动他们的主观能动性。题干中，李老师讲课时按照网上下载的教案逐字讲授，不重视教学的反馈和主体需要，这表明李老师没注意到幼儿在学习中的主体地位，是忽视了幼儿的主体性的表现。故本题选 B。

27. B 【解析】学生是有着身心诸方面发展需要的完整的人。题干中，小莎有自己喜欢做的事，但性格孤僻，教师应与其父母沟通，寻找适合小莎的教育方法，促进其全面发展。故本题选 B。

28. C 【解析】幼儿是发展中的人，要用发展的观点认识幼儿。幼儿具有巨大的发展潜能。作为发展中的人，意味着幼儿还是不成熟的人，是一个正在成长的人。把幼儿作为发展中的人来对待，就要理解幼儿身上存在的不足，就要允许幼儿犯错误。当然，更重要的是要帮助幼儿解决问题，改正错误，从而不断促进幼儿的进步和发展。题干中的老师因为幼儿学不会某个字便抱怨幼儿“笨死了”，没有意识到幼儿是发展中的人，行为不合理。

29. D 【解析】儿童的发展具有一定的方向性和顺序性，既不能逾越，也不会逆向发展，按由低级到高级、由简单到复杂的顺序进行。题干中幼儿园把小学一年级语文、数学知识作为主要的教学内容，违背了儿童身心发展的顺序性。

30. D 【解析】“育人为本”的儿童观认为幼儿是权利的主体，幼儿和成人一样，彼此平等，具有相同的价值。D 选项私拆幼儿信件侵犯了幼儿的隐私权，做法不正确。

二、材料分析题(参考答案)

1. 材料中老师的教育行为是正确的,体现了"育人为本"的儿童观。

(1)幼儿是发展中的人。幼儿是处于发展过程中的人。材料中教师将小女孩当作发展中的人,通过交谈发现女孩的优点,同时对小朋友们嘲笑小女孩的行为,并没有斥责,而是采取合理的措施引导小朋友们发现小女孩的优点,使小朋友们自觉改正了自己的错误行为,这些都体现了教师将幼儿当作发展中的人。

(2)幼儿是独特的人。材料中教师能够根据小女孩的艺术才能,通过办手工比赛,拉近她和小朋友们的距离,让小朋友们认识小女孩,并引导幼儿树立正确的价值观,说明教师能够认识到每个幼儿都有自身的独特性,根据幼儿各个方面的情况进行因材施教。

总之,作为一名教师应该向材料中的老师学习,将"育人为本"的儿童观落实到教育教学活动中,做到因材施教,促进幼儿全面发展。

2. 吴老师的做法体现了"育人为本"的儿童观,值得我们借鉴。

(1)"育人为本"的儿童观认为幼儿是发展中的人,要用发展的观点认识幼儿。幼儿具有巨大的发展潜能。材料中吴老师利用蝴蝶向大家提出问题,引导幼儿积极观察,各自分享自己的看法,不固定答案,使幼儿充分发挥自己的想象力,促进幼儿的发展。

(2)"育人为本"的儿童观认为幼儿是学习的主体,是具有能动性的教育对象。幼儿在受教育过程中并不是对教师完全盲从,而是具有在教育活动中的主观能动性和自我教育的可能性。材料中吴老师带大家在户外观察花,利用恰当的时机引导幼儿自己探索发现,鼓励幼儿表达自己的想法,发挥了幼儿的主体性。

因此,作为教师,我们要向吴老师学习,尊重幼儿,发挥幼儿的主体性,以发展的眼光看待幼儿,充分践行"育人为本"的儿童观。

3. 马老师的教育行为体现了"育人为本"的儿童观,值得肯定。

(1)幼儿是发展中的人,要用发展的观点认识幼儿。作为发展中的人,意味着幼儿还是不成熟的人,是一个正在成长的人。把幼儿作为发展中的人来对待,就要理解幼儿身上存在的不足,就要允许幼儿犯错误。当然,更重要的是要帮助幼儿解决问题,改正错误,从而不断促进幼儿的进步和发展。材料中马老师组织了"交朋友"的活动,在活动中让晓星学会了与人相处的方法。

(2)幼儿是独特的人,每个幼儿都有自身的独特性。独特性是个性的本质特征,教师应珍视幼儿的独特性和培养具有独特个性的人。材料中马老师找到了晓星的问题产生的原因,做到了因材施教。

综上所述,马老师认识到了幼儿身上的独特性,用发展的眼光看待幼儿,践行了"育人为本"

的儿童观。

4. 吴老师的教育行为是正确的,践行了"育人为本"的儿童观,值得我们学习。

(1)幼儿是发展中的人,要用发展的观点认识幼儿。幼儿不同于成人,正处于发展之中,他们有自己独特的认知方式、成长特点,有巨大的发展潜能和被塑造与自我塑造的潜力。材料中吴老师对幼儿的搞怪行为没有责骂,而是以此为契机,让幼儿展开想象,激发了幼儿的创造力,吃完香蕉还让幼儿用香蕉皮进行手工制作,锻炼了幼儿的动手操作能力。

(2)幼儿是独特的人。教师应当将幼儿看成独特的个体,因材施教,促进幼儿的全面发展。材料中吴老师利用香蕉的形状、味道,充分发挥了幼儿独特的想象力,并利用各种材料带大家加工香蕉皮,尊重幼儿在这一过程中独特的想法,促进幼儿健康成长。

(3)幼儿是学习的主体,是具有能动性的教育对象。幼儿是教育的主体,幼儿的学习和发展是幼儿主动建构的过程。材料中吴老师并没有直接讲授关于香蕉的知识,而是引导幼儿自己品尝、自己想象,促进了幼儿想象力和创造力的发展,尊重了幼儿的主体地位。

综上所述,吴老师的行为值得我们借鉴。

5. 王老师的教育行为是不恰当的,没有体现"育人为本"的儿童观。

(1)儿童是发展中的人,具有巨大的发展潜能。老师要相信每个儿童潜藏着巨大的发展能量。材料中,王老师看到亮亮动手打人直接把过错归于亮亮,而不是问清楚这次事情发生的前因后果。

(2)幼儿是权利的主体,和成人一样平等地拥有法律保护的权利,教师要保护幼儿的合法权益。材料中,王老师狠狠戳亮亮的头,大声吼亮亮讨人嫌,等侮辱性的言行都侵犯了儿童的权利和尊严。

(3)儿童是独特的人,每个儿童都有自身的独特性。教师应在教育过程中贯彻因材施教的教学原则,一把钥匙开一把锁。材料中王老师看到亮亮的问题,并没有因材施教,采取正确方法进行教育,帮助亮亮改正。

综上所述,王老师没有践行"育人为本"的儿童观,需要改进。

6. 材料中王老师的做法是正确的,践行了"育人为本"的儿童观,值得借鉴学习。

(1)"育人为本"的儿童观认为幼儿是发展中的人,要用发展的观点认识幼儿。幼儿具有巨大的发展潜能,教师应用发展的眼光看待幼儿。材料中王老师在问幼儿每种动物的生活习性时,幼儿回答不上来,王老师并没有直接告诉幼儿答案,而是请幼儿回家和家长一起搜集资料,得出答案。表明了王老师用发展的眼光认识和看待幼儿,尊重幼儿的发展。

(2)"育人为本"的儿童观认为幼儿是学习的主体,是具有能动性的教育对象。幼儿在受教育过程中并不是对教师完全盲从，而是具有在教育活动中的主观能动性和自我教育的可能性。材料中王老师让幼儿和家长一起搜集资料，再将资料以主题的形式展示，和幼儿一起讨论，发展了幼儿的独立性和创造性。

综上所述，王老师很好地践行了"育人为本"的儿童观，值得我们学习。

7. 老师的行为是错误的，违背了"育人为本"的儿童观的理念。

(1)"育人为本"的儿童观认为幼儿是发展中的人，要用发展的观点认识幼儿。幼儿不同于成人，正处于发展之中，他们有自己独特的认知方式、成长特点，有巨大的发展潜能和被塑造与自我塑造的潜力。材料中的华华因为害羞，所以在训练的过程中放不开，经常跳错，不是跟不上其他小朋友的节拍，就是动作不到位。对此，老师却是指责批评华华，说明该教师没有意识到幼儿是发展中的人，有着巨大的发展潜能，没有帮助幼儿克服困难，发挥幼儿的潜力。

(2)"育人为本"的儿童观强调幼儿是独特的人。①幼儿是一个完整的人；②幼儿是独一无二的人。教师应当将幼儿看成独特的个体，因材施教，促进幼儿的全面发展。材料中负责训练的教师，总是当场严厉指责华华跳得不对，导致华华申请退出舞蹈表演，这说明老师没有意识到幼儿是独特的人，没有根据华华的具体情况对华华进行引导，帮助华华克服心理障碍，增强华华的信心。

(3)"育人为本"的儿童观提出幼儿是学习的主体，是具有能动性的教育对象。幼儿是受教育的对象，但幼儿在受教育过程中并不是对教师的完全盲从，而是具有在教育活动中的主观能动性和自我教育的可能性。材料中老师一味地责怪华华，甚至说华华"笨"，导致华华不喜欢跳舞了，说明老师没有认识到幼儿具有主观能动性，没有做到因材施教。

综上所述，作为一名幼儿教师，要身体力行地践行"育人为本"的儿童观，促使幼儿得到全面发展。

专题三　教师观

一、单项选择题

答案速查

1～5	ABDCA	6～10	ADCDC	11～15	ACCCA	16～20	ADDBB
21～25	DADAC			26～30	ABCDD		

1. A　**【解析】**新课程倡导教师应是课程的开发者和建设者。新课程要求课程与教学相互整合，教师必须在课程改革中发挥主体作用。教师不仅是课程实施的执行者，更应成为课程的开发者和建设者。题干中，陈老师从大量名家名篇中精选阅读材料，为幼儿提供了优质的课堂学习资源，这表明陈老师具备良好的课程开发意识与能力，故 A 项符合题意。

2. B　【解析】根据福勒和布朗的理论，处于关注情境阶段的教师关心的是如何教好每一堂课，以及班级大小、时间压力和备课材料是否充分等与教学情境有关的问题，如“内容是否充分得当”“如何呈现教学信息”“如何掌握教学时间”等。传统教学评价集中关注这一阶段，一般来说，老教师比新教师更关注此阶段。

3. D　【解析】作为一名教师，不仅要有崇高的师德，还要有深厚而扎实的专业知识。只有树立终身学习的思想，不断充实自己，拓宽知识视野，才能在学生心目中树立起较高的威信。题干的描述表明李老师具备终身学习的能力。

4. C　【解析】教师同伴互助是指教师与同事结成伙伴关系，在一起工作，通过共同阅读与讨论、示范教学、课例研究，特别是有系统地教学观察与反馈，学习并分享新的知识，改进教学策略，进而提高教学质量，并促进自身的专业发展。

5. A　【解析】教师是学生学习能力的培养者。教师不仅传授知识，检查学生对知识的掌握程度，而且教师是学生学习的激发者，各种能力和积极个性的培养者。题干中老师没有直接打断孩子的观察，而是采用比较委婉的方式，保护了幼儿自主探索的兴趣。

6. A　【解析】教师即研究者，意味着教师在教学过程中要以研究者的心态置身于教学情境之中，以研究者的眼光审视和分析教学理论与教学实践中的各种问题，对自身的行为进行反思，对出现的问题进行探究，对积累的经验进行总结，最终形成规律性的认识。题干中的邱老师经常梳理工作中遇到的问题，并进行研究，从而找到问题的成因及解决策略，体现了教师的研究者角色。

7. D　【解析】教师在对待教学关系上，强调帮助、引导。引导的特点是含而不露、开而不达、引而不发。题干中教师最恰当的做法是用表情和眼神提醒乐乐，使其转变态度，积极参与到课堂活动中。

8. C　【解析】幼儿教师的沟通能力主要包括教师与幼儿、教师与家长的沟通能力和促进幼儿之间相互沟通的能力。题干描述的现象说明该教师缺乏沟通能力。

9. D　【解析】从教学与研究的关系看，教师是教育教学的研究者。教师即研究者，意味着教师在教学过程中要以研究者的心态置身于教学情境之中，以研究者的眼光审视和分析教学理论与教学实践中的各种问题，对自身的行为进行反思，对出现的问题进行探究，对积累的经验进行总结，最终形成规律性的认识。题干中王老师并未考虑班级实际情况，只是一味地对李老师进行模仿，没有关注到学生的个体差异，没有做到对自己的教学行为进行反思，不利于其教学水平的提高。D 选项的表述题干中未涉及，故本题选择 D。

10. C　【解析】题干中教师们积极参与“教研沙龙”活动，讨论教学中的热点和难点问题，体现了“研究者”和“学习者”角色，A、D 项表述恰当；教师们在“教研沙龙”中互相启发，不断寻找新的教研生长点，体现了“合作者”角色，B 项表述恰当。教师是学校教育教学活动的组织者和管理者，肩负着教育教学管理的职责。教师对班级的日常管理工作包括确定班级目标、建立良好的班集体、制定班级规章制度、维持班级纪律、组织班级活动、协调人际关系等，还需要对教育教学活动进行控制，检查和评价。题干中未体现教师的管理者角色，本题为选非题，故答案选 C 项。

11. A 【解析】从教学与课程的关系看，教师是课程的开发者和建设者。新课程倡导民主、开放、科学的课程理念，教师不仅是课程实施的执行者，更应成为课程的开发者和建设者。题干中马老师将学校里的废旧物品融入课堂，是开发新课程的表现，说明马老师具有课程研发的意识。

12. C 【解析】学生犯了错误之后，由于害怕、担心等一些情绪，而不敢承认自己的错误。这时，教师要积极引导学生“知错能改”，鼓励学生敢于承认自己的错误。故选 C。

13. C 【解析】根据福勒和布朗的理论，关注幼儿阶段的教师将考虑幼儿的个别差异，认识到不同发展水平的幼儿有不同的需要，能根据幼儿的差异采取适当的教学，促进幼儿发展。题干中张老师在设计保教活动时能够充分考虑幼儿的个别差异，采取相应的教学模式，说明张老师处于关注幼儿阶段。

14. C 【解析】幼儿园没有统一的课程，没有教材使用的规定，这就给予了每个幼儿园很大的空间，使得幼儿园能够根据当地以及自身的实际情况，制订出适合本幼儿园的课程。题干中，教师围绕主题进行整合、设计，以形成新的课程，体现了教师是课程的开发者和建设者的角色。

15. A 【解析】从教学与课程的关系看，教师是课程的开发者和建设者。新课程倡导民主、开放、科学的课程理念，教师不仅是课程实施的执行者，更应成为课程的开发者和建设者。题干中黄老师根据学校的环境和季节特点，因时施教，带领学生观察荷花、荷叶，引导学生将关于荷花、荷叶的知识做成小册子，开发了新的课程资源，说明黄老师具有课程研发的意识。

16. A 【解析】在对待教学关系上，新课程强调帮助、引导，教的本质在于引导。引导的特点是含而不露、开而不达、引而不发；引导的内容不仅包括方法和思维，同时也包括价值和做人。题干中老师的提问方式看似让学生参与课堂，其实只是一种无效提问，说明教师有这种意识，却没有正确理解帮助、引导幼儿的含义。

17. D 【解析】从教师与学生的关系看，教师是学生学习的促进者。教师是学生人生的引路人，这要求教师不仅要向学生传播知识，更要引导学生沿着正确的道路前进，并不断在他们成长的道路上设置不同的路标，成为学生健康心理和健康品德形成的促进者、催化剂，引导学生学会自我调适、自我选择，引导学生向更高的目标前进。题干中，班主任孙老师在班会上对大操大办生日会的风气进行了批评，要求厉行节俭。这属于老师对学生品行的引导。

18. D 【解析】新课程倡导的教师观强调，从教师与学生的关系看，教师应是学生学习的促进者。题干中张老师提出问题引导学生积极思考解决问题，这一教学行为促进了学生问题解决能力的发展，体现了教师是学生学习的促进者，故本题答案为D。

19. B 【解析】题干中，薛老师在教学中不停地使用PPT进行讲解，而不考虑学生是否明白其所讲内容，这强调了教师的主导地位，而忽视了学生是学习的主体；教学是教师的教和学生的学构成的双边活动，薛老师的做法忽视了教学的本质；教师在课堂上的教学目标不仅仅是将知识讲完，更重要的是让学生理解、掌握教师所讲知识，而薛老师未考虑学生是否学会，忽视了教学的目标。本题选B。

20. B 【解析】叶澜将教师专业发展划分为“非关注”阶段、“虚拟关注”阶段、“生存关注”阶段、“任务关注”阶段、“自我更新关注”阶段五个阶段。其中，“自我更新关注”阶段的教师不再受外部评价或职业升迁的牵制，自觉依照教师发展的一般路线和自己目前的发展条件，有意识地自我规划，以谋求最大程度的自我发展，关注学生的整体发展。题干中，肖老师认为教师不仅要教授学生知识，还要关爱学生，自觉构建和谐的师生关系，说明她能有意识地进行自我规划，关注学生的整体发展。故B项符合题意。

21. D 【解析】对于课堂突发事件，教师批评、不理睬幼儿都是不正确的做法，而是应该引导幼儿，让突发事件得到妥善解决。对于小杰的提问，肖老师引导幼儿就此展开讨论是正确的做法。

22. A 【解析】教师应当让自己成为一个学习者、成为学习共同体的一员，通过不断的自主学习、自我监控、实践反思、探究和研修，实现自我的更新与发展。题干中，杨老师拒绝参加集体学习与培训，认为年纪大了没必要再学习，这表明杨老师缺乏终身学习、促进专业发展的意识。题干并未体现杨老师的专业发展能力不足，本题A项最符合题意。

23. D 【解析】A项，通识性知识主要包括一定的自然科学和社会科学知识、艺术欣赏与表现知识、现代信息技术知识以及关于中国教育基本情况的知识等。C项幼儿保育和教育知识主要包括幼儿园教育的目标、任务、内容、要求、基本原则，幼儿园教育教学活动的各种方法和知识、0～3岁婴幼儿保教和幼小衔接的知识，幼儿各领域教育活动的特点与基本知识以及安全应急知识等。D项，幼儿发展知识主要包括幼儿发展的相关政策法规，不同年龄幼儿的身心发展特点和规律，幼儿个体发展的差异、特殊需要及儿童发展的差异等。“身心发展规律、特点”属于幼儿发展知识。

24. A 【解析】面对突发的事件，A项的做法既快速地处理了突发事件，又鼓励了作画的学生，最能体现教师的智慧。故当选。

25. C　【解析】幼儿是处于发展初期的幼稚个体，身心的各个方面都非常不完善，极易受到伤害，教师应努力地呵护、照料和关心他们。面对题干中的问题，教师要耐心点拨，鼓励幼儿积极思考，而不能冷言冷语，甚至讽刺挖苦。故本题选 C。

26. A　【解析】教学反思、同伴互助、自我研修、脱产进修、师徒结对等都是促进教师专业发展的方法。其中，教师间的同伴互助有多种形式，如磨课、教学沙龙、展示、教研组活动等。冯老师主持的名师工作室是一种同伴互助组织，王老师加入其中，积极参与各项教研活动，与其他教师共同探讨，很快适应了岗位工作，这说明王老师在专业发展上注重同伴互助。

27. B　【解析】从教学与课程的关系看，教师是课程的开发者和建设者。题干中，张老师带领本组老师编写读本，体现了张老师在教育教学方面的研究能力，充分地体现了新课程倡导的教师观下，教师是课程的建设者和开发者。B 项正确。

28. C　【解析】题干中，白老师面对聪聪想到的办法既要保证幼儿活动的兴趣，又要引导幼儿注意安全，保证活动的顺利进行。因此，C 项说法恰当。

29. D　【解析】题干中董老师上完公开课后回看自己的课堂录像，从中总结问题并分析原因，这是在对自己的课堂教学进行自我反思，通过反思不断深化认识，改善教学。所以，该做法体现的教师专业发展途径是教学反思。

30. D　【解析】焦老师"参加教师培训"是终身学习的表现；"返校后致力于跟同事交流学习的心得"，推动了校本研究；把学习成果用于实践教学，这有助于师生共同发展。题干没有体现家庭与学校的合作。

二、材料分析题(参考答案)

1. 材料中刘老师的教育行为符合新课程倡导的教师观的要求，是值得赞扬和提倡的。

(1)从教师角色特征来看：

①教师是学生学习的促进者。材料中，刘老师让学生们观察野花，大雪过后带他们去野外游玩，让学生更好地感受自然，这体现了刘老师是学生学习的促进者。

②教师是教育教学的研究者。材料中，为了让学生能体会到故事所蕴含的情感，刘老师反复朗读，研究如何朗读才能更好地传递情感。此外，她还背诵中外名人的诗篇，学习中外教育名著，研究、改进自身教学，这体现了刘老师是教育教学的研究者。

③教师是课程的开发者和建设者。材料中，刘老师精心地识别、挑选野花，带孩子们外出寻找腊梅、看松树，是在为学生创设开放的课堂，创设良好的教学环境，有效地开发并利用了外界自然资源来促进教学，这体现了刘老师是课程的开发者和建设者。

(2)从教师行为特征来看：

①对待教学，刘老师做到了帮助、引导。材料中，刘老师有效地搜集、利用自然资源，一步步引导着学生体会知识和情感，给予他们积极的情感体验，引导他们树立良好的价值观念。

②对待自我，刘老师做到了反思。材料中，刘老师学习教育学、心理学、卫生学等知识，撰写教学日志，不断改进自身教学实践，体现了反思。

综上所述，刘老师的做法遵循了新课程倡导的教师观的相关要求，是值得学习和提倡的。

2. 陈老师的做法是合理的。符合新课程倡导的教师观的要求，值得学习。

(1)新课程倡导的教师观认为教师是学生学习的促进者。教师不仅仅向学生传播知识，更要引导学生沿着正确的道路前进，并不断在他们成长的道路上设置不同的路标，成为学生健康心理和健康品德形成的促进者、催化剂，引导学生学会自我调适、自我选择，引导学生向更高的目标迈进。材料中的陈老师面对有很多不良习惯的小浩没有批评，而是引导小浩发现自身的优点，帮助其树立理想，对小浩的发展起到了引导和帮助的作用。

(2)新课程倡导的教师观强调教师是教育教学的研究者。教师在教学过程中要以研究者的心态置身于教学情境之中，以研究者的眼光审视和分析教学理论与教学实践中的各种问题，对自身的行为进行反思，对出现的问题进行探究，对积累的经验进行总结，最终形成规律性的认识。材料中，陈老师发现小浩有很多不良习惯时，没有急于批评，而是经过反思，想到更好的方法，使小浩树立远大的理想，并为之努力。

(3)新课程倡导在对待师生关系上，强调尊重、赞赏。教师不仅要尊重每一位学生，还要学会发现学生的闪光点，学会赞赏每一位学生。材料中陈老师在发现小浩有很多不良习惯后，没有斥责，而是尊重小浩，认识到幼儿发展的个体差异性，帮助小浩找到自己的优点，给予小浩肯定和鼓励，培养了小浩的自信心，促进小浩健康成长。

(4)新课程倡导在对待教学关系上，强调帮助、引导。教的本质在于引导。引导的特点是含而不露、开而不达、引而不发；引导的内容不仅包括方法和思维，同时也包括价值和做人。材料中陈老师积极引导小浩发现自己的优点，并给予小浩肯定和鼓励，帮助小浩树立正确的价值观与人生观，促进小浩全面发展。

因此，教师要时刻践行新课程倡导的教师观，引导和帮助学生，促进学生成长。

3. 曾老师的教育行为伤害了幼儿的自尊心和想象力，没有践行新课程倡导的教师观的要求。

(1)从教师与学生的关系看，教师是学生学习的促进者。教师不仅传授知识，而且是学生学习的激发者，各种能力和积极个性的培养者。材料中，曾老师缺乏对幼儿兴趣的关注，缺乏对幼儿除学习以外的其他领域的发展的关注，不利于幼儿的全面发展。

(2)在对待师生关系上,新课程强调尊重、赞赏。“为了每一位幼儿的发展”是新课程的核心理念。为了实现这一理念,教师必须尊重每一位幼儿做人的尊严和价值。材料中,曾老师用成年人的标准来评价幼儿的想象,对幼儿的想象没有给予尊重,没有从幼儿的角度思考问题,不利于幼儿健康人格和兴趣的发展。

(3)在对待教学关系上,新课程强调帮助、引导。教的本质在于引导。引导的特点是含而不露、开而不达、引而不发。材料中,曾老师在面对幼儿富有想象力的思考时没有及时地进行引导,忽视了儿童的主观能动性,挫伤了幼儿探索世界、独立思考的积极性。

因此,作为教师,要践行新课程倡导的教师观的要求,充分关注幼儿主动思考的意识和想象力,鼓励幼儿表达自己的看法和观点,保护幼儿的好奇心和求知欲。

4. 材料中的胡老师在课堂中的教学体现了新课程倡导的教师观,值得我们学习。

(1)从教师与学生的关系看,教师是学生学习的促进者。教师不仅传授知识,检查学生对知识的掌握程度,而且教师是学生学习的激发者,各种能力和积极个性的培养者。材料中胡老师先讲解,接着让四位幼儿演示,再让全体幼儿动手,并进行指导,说明胡老师认识到幼儿是学习的主体,采用了“自主、合作、探究”的新型学习方式,真正做到了成为幼儿学习的促进者。

(2)从教学与研究的关系看,教师是教育教学的研究者。教师即研究者,意味着教师在教学过程中要以研究者的心态置身于教学情境之中,以研究者的眼光审视和分析教学理论与教学实践中的各种问题,对自身的行为进行反思,对出现的问题进行探究,对积累的经验进行总结,最终形成规律性的认识。材料中的胡老师具有先进的教育理念,善于应用启发性的教学原则和探究式的教学方法。

(3)从教学与课程的关系看,教师是课程的开发者和建设者。新课程要求课程与教学相互整合,教师必须在课程改革中发挥主体作用。教师不仅是课程实施的执行者,更应成为课程的开发者和建设者。材料中胡老师并没有单纯传授画公鸡的方法,而是根据幼儿及课堂的实际情况调整课程的安排,以幼儿自己动手为主,设计出了适宜的画公鸡的教学活动。

(4)在对待师生关系上,强调尊重、赞赏。教师必须尊重每一位学生做人的尊严和价值,不伤害学生的自尊心。材料中胡老师在观察幼儿画的过程中,没有批评任何一个幼儿画得不像,而是不时对幼儿进行指导,说明胡老师做到尊重每一位学生,赞赏每一位学生。

(5)在对待教学关系上,强调帮助、引导。教的本质在于引导。引导的特点是含而不露、开而不达、引而不发;引导的内容不仅包括方法和思维,同时也包括价值和做人。材料中胡老师利用铅笔画和纸篓做成了立体鸡,并在鸡背上开了个洞,让幼儿把剪下的碎纸片揉成颗粒作为饲料喂鸡,不仅增加了幼儿对画画的兴趣,而且培养了幼儿爱护环境、讲卫生的习惯。

总之,胡老师的教学行为符合新课程倡导的教师观,促进了幼儿全面发展。

第二章　法律法规

刷考点

①教育教学权

②获取报酬待遇权

③申诉

④受教育权

单项选择题

答案速查

1～5	ADABD	6～10	CABCC	11～15	CBBAA	16～20	DDBAA
21～25	BCADA	26～30	BDBBD	31～35	CADCA	36～40	CDCAB
41～45	CADDA	46～50	DCABC	51～55	CDACC	56～60	BDADA
61～65	DADDA			66～69	DCBB		

1. A　【解析】本题考查《中华人民共和国宪法》(2018 年修正)。《中华人民共和国宪法》第三条规定,中华人民共和国的国家机构实行民主集中制的原则。全国人民代表大会和地方各级人民代表大会都由民主选举产生,对人民负责,受人民监督。国家行政机关、监察机关、审判机关、检察机关都由人民代表大会产生,对它负责,受它监督。中央和地方的国家机构职权的划分,遵循在中央的统一领导下,充分发挥地方的主动性、积极性的原则。

2. D　【解析】本题考查《中华人民共和国教育法》(2021 年修正)。《中华人民共和国教育法》第三十六条规定,学校及其他教育机构中的管理人员,实行教育职员制度。学校及其他教育机构中的教学辅助人员和其他专业技术人员,实行专业技术职务聘任制度。故本题选 D。

3. A　【解析】本题考查《中华人民共和国义务教育法》(2018 年修正)。《中华人民共和国义务教育法》第二十二条规定,县级以上人民政府及其教育行政部门应当促进学校均衡发展,缩小学校之间办学条件的差距,不得将学校分为重点学校和非重点学校。学校不得分设重点班和非重点班。县级以上人民政府及其教育行政部门不得以任何名义改变或者变相改变公办学校的性质。题干中该政府拟将公立学校改为与企业合建,属于变相改变了公办学校的性质,故做法错误。

4. B　【解析】本题考查《中华人民共和国教师法》(2009 年修正)。《中华人民共和国教师法》第三十九条规定,教师对学校或者其他教育机构侵犯其合法权益的,或者对学校或者其他教育机构作出的处理不服的,可以向教育行政部门提出申诉,教育行政部门应当在接到申诉的三十日内,作出处理。题干中崔老师认为所在幼儿园侵犯了其权利,故应向教育行政部门提出申诉,受理其申诉的是教育行政部门。

5. D 【解析】本题考查《儿童权利公约》。《儿童权利公约》第二十八条规定,缔约国确认儿童有受教育的权利,为在机会均等的基础上逐步实现此项权利,缔约国尤应:(1)实现全面的免费义务小学教育;(2)鼓励发展不同形式的中学教育、包括普通和职业教育,使所有儿童均能享有和接受这种教育,并采取适当措施,诸如实行免费教育和对有需要的人提供津贴;(3)以一切适当方式根据能力使所有人均有受高等教育的机会;(4)使所有儿童均能得到教育和职业方面的资料和指导;(5)采取措施鼓励学生按时出勤和降低辍学率。故本题选 D。

6. C 【解析】本题考查《中华人民共和国宪法》(2018 年修正)。《中华人民共和国宪法》第六十七条规定,全国人民代表大会常务委员会行使下列职权:(1)解释宪法,监督宪法的实施;(2)制定和修改除应当由全国人民代表大会制定的法律以外的其他法律;(3)在全国人民代表大会闭会期间,对全国人民代表大会制定的法律进行部分补充和修改,但是不得同该法律的基本原则相抵触;(4)解释法律;(5)在全国人民代表大会闭会期间,审查和批准国民经济和社会发展计划、国家预算在执行过程中所必须作的部分调整方案;(6)监督国务院、中央军事委员会、国家监察委员会、最高人民法院和最高人民检察院的工作;(7)撤销国务院制定的同宪法、法律相抵触的行政法规、决定和命令;(8)撤销省、自治区、直辖市国家权力机关制定的同宪法、法律和行政法规相抵触的地方性法规和决议;(9)在全国人民代表大会闭会期间,根据国务院总理的提名,决定部长、委员会主任、审计长、秘书长的人选;(10)在全国人民代表大会闭会期间,根据中央军事委员会主席的提名,决定中央军事委员会其他组成人员的人选;(11)根据国家监察委员会主任的提请,任免国家监察委员会副主任、委员;(12)根据最高人民法院院长的提请,任免最高人民法院副院长、审判员、审判委员会委员和军事法院院长;(13)根据最高人民检察院检察长的提请,任免最高人民检察院副检察长、检察员、检察委员会委员和军事检察院检察长,并且批准省、自治区、直辖市的人民检察院检察长的任免;(14)决定驻外全权代表的任免等。

7. A 【解析】本题考查《学生伤害事故处理办法》(2010 年修正)。《学生伤害事故处理办法》第三十六条规定,受伤害学生的监护人、亲属或者其他有关人员,在事故处理过程中无理取闹,扰乱学校正常教育教学秩序,或者侵犯学校、学校教师或者其他工作人员的合法权益的,学校应当报告公安机关依法处理;造成损失的,可以依法要求赔偿。

8. B 【解析】本题考查《中华人民共和国教育法》(2021 年修正)。《中华人民共和国教育法》第六十一条规定，国家财政性教育经费、社会组织和个人对教育的捐赠，必须用于教育，不得挪用、克扣。

9. C 【解析】本题考查《中华人民共和国未成年人保护法》(2020 年修订)。《中华人民共和国未成年人保护法》第一百零三条规定，公安机关、人民检察院、人民法院、司法行政部门以及其他组织和个人不得披露有关案件中未成年人的姓名、影像、住所、就读学校以及其他可能识别出其身份的信息，但查找失踪、被拐卖未成年人等情形除外。第四十九条规定，新闻媒体应当加强未成年人保护方面的宣传，对侵犯未成年人合法权益的行为进行舆论监督。新闻媒体采访报道涉及未成年人事件应当客观、审慎和适度，不得侵犯未成年人的名誉、隐私和其他合法权益。题干中的报社报道了未成年犯罪嫌疑人的姓名、住址和犯罪过程，并且配了照片，这侵犯了该未成年人的隐私权，做法不合法。

10. C 【解析】本题考查侵犯幼儿受教育权的表现。我国《教育法》规定，受教育者享有“参加教育教学计划安排的各种活动”的权利。在教育教学中，幼儿有权参加教学计划安排的授课、课堂讨论、观摩、实验等活动。题干中黄老师因为解决不了军军的问题，便将军军带出教室交给园长，这侵犯了军军参加各种活动的权利。

11. C 【解析】本题考查《幼儿园工作规程》(2016 年修订)。《幼儿园工作规程》第四十七条规定，幼儿园不得以培养幼儿某种专项技能、组织或参与竞赛等为由，另外收取费用；不得以营利为目的组织幼儿表演、竞赛等活动。故该幼儿园的做法不正确。

12. B 【解析】本题考查《中华人民共和国宪法》(2018 年修正)。《中华人民共和国宪法》第九十六条规定，地方各级人民代表大会是地方国家权力机关。第一百零五条规定，地方各级人民政府是地方各级国家权力机关的执行机关，是地方各级国家行政机关。故本题选择 B 选项。

易错提示：考生在做题时需要分清国家行政机关和国家权力机关。

名称	地位	权利
人民代表大会	国家权力机关	立法权、决定权、任免权、监督权
人民政府	国家行政机关	我国县级以上地方各级人民政府管理本行政区域内经济、教育、科学、文化、卫生、体育事业、城乡建设事业和财政、民政、公安、民族事务、司法行政、计划生育等行政工作

13. B 【解析】本题考查《儿童权利公约》。《儿童权利公约》第十八条规定，父母、或视具体情况而定的法定监护人对儿童的养育和发展负有首要责任。故本题选择 B 选项。

14. A 【解析】本题考查《中华人民共和国未成年人保护法》(2020 年修订)。《中华人民共和国未成年人保护法》第九十四条规定,具有下列情形之一的,民政部门应当依法对未成年人进行长期监护:(1)查找不到未成年人的父母或者其他监护人;(2)监护人死亡或者被宣告死亡且无其他人可以担任监护人;(3)监护人丧失监护能力且无其他人可以担任监护人;(4)人民法院判决撤销监护人资格并指定由民政部门担任监护人;(5)法律规定的其他情形。题干中相关部门一直没有找到小孙的父母或者其他监护人,故应由民政部门对小孙进行长期监护,本题选择 A 选项。

15. A 【解析】本题考查《中华人民共和国教师法》(2009 年修正)。《中华人民共和国教师法》第三十九条规定,教师对学校或者其他教育机构侵犯其合法权益的,或者对学校或者其他教育机构作出的处理不服的,可以向教育行政部门提出申诉,教育行政部门应当在接到申诉的三十日内,作出处理。题干中张某对幼儿园的处理不服,可以向教育行政部门提出申诉,故本题选择 A 选项。

16. D 【解析】本题考查《幼儿园工作规程》(2016 年修订)。《幼儿园工作规程》第十三条规定,入园幼儿应当由监护人或者其委托的成年人接送。题干中小米读小学六年级的哥哥属于未成年人,不能去幼儿园接送小米,故本题选择 D 选项。

17. D 【解析】本题考查《中华人民共和国教师法》(2009 年修正)。《中华人民共和国教师法》第二十二条规定,学校或者其他教育机构应当对教师的政治思想、业务水平、工作态度和工作成绩进行考核。教育行政部门对教师的考核工作进行指导、监督。A 选项表述错误,D 选项表述正确。第二十三条规定,考核应当客观、公正、准确,充分听取教师本人、其他教师以及学生的意见。C 选项说法错误。第二十四条规定,教师考核结果是受聘任教、晋升工资、实施奖惩的依据。B 选项说法错误。故本题选择 D 选项。

18. B 【解析】本题考查《中华人民共和国宪法》(2018 年修正)。《中华人民共和国宪法》第十九条规定,国家发展社会主义的教育事业,提高全国人民的科学文化水平。国家举办各种学校,普及初等义务教育,发展中等教育、职业教育和高等教育,并且发展学前教育。

19. A 【解析】本题考查《中华人民共和国教师法》(2009 年修正)。《中华人民共和国教师法》第十六条规定,国家实行教师职务制度,具体办法由国务院规定。

20. A 【解析】本题考查《中华人民共和国义务教育法》(2018 年修正)。《中华人民共和国义务教育法》第五十九条规定,有下列情形之一的,依照有关法律、行政法规的规定予以处罚:(1)胁迫或者诱骗应当接受义务教育的适龄儿童、少年失学、辍学的;(2)非法招用应当接受义务教育的

适龄儿童、少年的；(3)出版未经依法审定的教科书的。A 选项正确。我国《义务教育法》第五十七条规定，学校有“分设重点班和非重点班的”情形的，由县级人民政府教育行政部门责令限期改正；情节严重的，对直接负责的主管人员和其他直接责任人员依法给予处分。B 选项错误。

我国《义务教育法》第五十四条规定，有“向学校非法收取或者摊派费用的”情形的，由上级人民政府或者上级人民政府教育行政部门、财政部门、价格行政部门和审计机关根据职责分工责令限期改正；情节严重的，对直接负责的主管人员和其他直接责任人员依法给予处分。C 选项错误。

我国《义务教育法》第五十三条规定，县级以上人民政府或者其教育行政部门有“改变或者变相改变公办学校性质的”情形的，由上级人民政府或者其教育行政部门责令限期改正、通报批评；情节严重的，对直接负责的主管人员和其他直接责任人员依法给予行政处分。D 选项错误。

21. B　【解析】本题考查《中华人民共和国未成年人保护法》(2020 年修订)。《中华人民共和国未成年人保护法》第十七条规定，未成年人的父母或者其他监护人不得实施“放任、唆使未成年人吸烟(含电子烟，下同)、饮酒、赌博、流浪乞讨或者欺凌他人”的行为。

22. C　【解析】本题考查《中华人民共和国教师法》(2009 年修正)。《中华人民共和国教师法》第十三条规定，取得教师资格的人员首次任教时，应当有试用期。

23. A　【解析】本题考查《中华人民共和国民法典》关于侵权责任的规定。我国《民法典》第一千一百九十九条规定，无民事行为能力人在幼儿园、学校或者其他教育机构学习、生活期间受到人身损害的，幼儿园、学校或者其他教育机构应当承担侵权责任；但是，能够证明尽到教育、管理职责的，不承担侵权责任。题干中丁丁属于无民事行为能力人，在幼儿园受伤，教师没有对幼儿的安全教育进行引导，故丁丁所受伤害应由幼儿园承担赔偿责任。

24. D　【解析】本题考查《中华人民共和国未成年人保护法》(2020 年修订)。《中华人民共和国未成年人保护法》第三十八条规定，学校、幼儿园不得安排未成年人参加商业性活动，不得向未成年人及其父母或者其他监护人推销或者要求其购买指定的商品和服务。学校、幼儿园不得与校外培训机构合作为未成年人提供有偿课程辅导。题干中公立幼儿园与培训机构围绕幼小衔接联合举办辅导活动，解决经费难题，违反了此项规定。故本题选择 D 选项。

25. A　【解析】本题考查《中华人民共和国教育法》(2015 年修正)。《中华人民共和国教育法》第七十七条规定，在招收学生工作中徇私舞弊的，由教育行政部门或者其他有关行政部门责令退回招收的人员；对直接负责的主管人员和其他直接责任人员，依法给予处分；构成犯罪的，依法追究刑事责任。题干中幼儿园园长的行为尚未构成犯罪，应依法给予其处分，故本题选择 A 选项。

26. B　【解析】本题考查《幼儿园工作规程》(2016 年修订)。《幼儿园工作规程》第十三条规定,入园幼儿应当由监护人或者其委托的成年人接送。题干中,王某受萌萌父亲的委托,可以代为接送,但老师应当向幼儿监护人核实。张老师核对了接送人的身份,做法正确。

27. D　【解析】本题考查《幼儿园工作规程》(2016 年修订)。《幼儿园工作规程》第十条规定,幼儿入园前,应当按照卫生部门制定的卫生保健制度进行健康检查,合格者方可入园。幼儿入园除进行健康检查外,禁止任何形式的考试或测查。故本题选择 D 选项。

28. B　【解析】本题考查《中华人民共和国教师法》(2009 年修正)。《中华人民共和国教师法》第三十七条规定,教师有下列情形之一的,由所在学校、其他教育机构或者教育行政部门给予行政处分或者解聘:(1)故意不完成教育教学任务给教育教学工作造成损失的;(2)体罚学生,经教育不改的;(3)品行不良、侮辱学生,影响恶劣的。教师有前款第(2)项、第(3)项所列情形之一,情节严重,构成犯罪的,依法追究刑事责任。题干中,黄某体罚幼儿被园长批评教育后,没有改正,反而再次体罚幼儿,其行为违反了《中华人民共和国教师法》的规定,可由教育行政部门给予行政处分或解聘,本题选 B。

29. B　【解析】本题考查《幼儿园工作规程》(2016 年修订)。《幼儿园工作规程》第二十条规定,幼儿园应当建立患病幼儿用药的委托交接制度,未经监护人委托或者同意,幼儿园不得给幼儿用药。题干中,赵老师未经过平平监护人的同意,便给平平服下退烧药的行为不正确,违反了《幼儿园工作规程》的相关规定。

30. D　【解析】本题考查《学生伤害事故处理办法》(2010 年修正)。《学生伤害事故处理办法》第十三条规定,下列情形下发生的造成学生人身损害后果的事故,学校行为并无不当的,不承担事故责任;事故责任应当按有关法律法规或者其他有关规定认定:(1)在学生自行上学、放学、返校、离校途中发生的;(2)在学生自行外出或者擅自离校期间发生的;(3)在放学后、节假日或者假期等学校工作时间以外,学生自行滞留学校或者自行到校发生的;(4)其他在学校管理职责范围外发生的。题干中的事故发生在放学之后,且幼儿园的行为并无不当,因此幼儿园不承担责任。事故是在监护人的看护下发生的,责任应由幼儿的监护人承担。

31. C　【解析】本题考查《幼儿园工作规程》(2016 年修订)。《幼儿园工作规程》第三十三条规定,幼儿园和小学应当密切联系,互相配合,注意两个阶段教育的相互衔接。幼儿园不得提前教授小学教育内容,不得开展任何违背幼儿身心发展规律的活动。题干中张某的做法是不正确的,幼儿园不能提前教授小学教育内容。

32. A　【解析】本题考查《中华人民共和国宪法》(2018 年修正)。我国《宪法》第一百三十四条规定,中华人民共和国人民检察院是国家的法律监督机关。

易混辨析:考生注意识记和区分我国各个国家机构的地位。

国家机构	地位
全国人大	最高国家权力机关
国务院	最高国家行政机关
最高人民法院	最高审判机关
最高人民检察院	最高检察机关
国家监察委员会	最高监察机关

33. D 【解析】本题考查《中华人民共和国教育法》(2015 年修正)。为了提高少数民族地区和边远贫困地区的教育发展水平,促进各民族、各地区共同繁荣,国家对少数民族地区给予特殊的扶持和帮助。与此同时,残疾人作为我国公民,与正常人一样享有学习权、发展权。因此,本条规定体现了教育事业的公平性原则。

34. C 【解析】本题考查幼儿的基本法律权利。身体权是自然人对其肢体、器官及其他组织的完整性所享有的人格权。题干中教师刘某并未经过圆圆的同意,剪掉圆圆的头发,侵犯了圆圆的身体权。

35. A 【解析】本题考查《中华人民共和国未成年人保护法》(2012 年修正)。我国《未成年人保护法》第五十六条规定,讯问、审判未成年犯罪嫌疑人、被告人,询问未成年证人、被害人,应当依照刑事诉讼法的规定通知其法定代理人或者其他人员到场。题干中警察并未联系上君君的父母,园长张某有权拒绝警察的询问要求,是正确的,其做法保护了幼儿的合法权益。

36. C 【解析】本题考查《中华人民共和国宪法》(2018 年修正)。我国《宪法》第二十九条规定,中华人民共和国的武装力量属于人民。它的任务是巩固国防,抵抗侵略,保卫祖国,保卫人民的和平劳动,参加国家建设事业,努力为人民服务。国家加强武装力量的革命化、现代化、正规化的建设,增强国防力量。

37. D 【解析】本题考查隐私权。《中华人民共和国宪法》(2018 年修正)规定,中华人民共和国公民的通信自由和通信秘密受法律的保护。A 选项侵犯了隐私权。《中华人民共和国未成年人保护法》(2012 年修正)规定,对未成年人犯罪案件,新闻报道、影视节目、公开出版物、网络等不得披露该未成年人的姓名、住所、照片、图像以及可能推断出该未成年人的资料。B 选项侵犯了隐私权。对未成年人的信件、日记、电子邮件,任何组织或者个人不得开拆、查阅。C 选项侵犯了隐私权。D 选项出版社出版了电视节目主持人的写真,并未侵犯隐私权,因此本题选择 D。

38. C 【解析】本题考查《中华人民共和国教育法》(2015 年修正)。我国《教育法》第七十二条规定,侵占学校及其他教育机构的校舍、场地及其他财产的,依法承担民事责任。

方法技巧:《中华人民共和国教育法》中关于某一行为应承担的法律责任,考生可通过以下方法进行区分和记忆。

(1)刑事责任。实施犯罪行为是刑事责任产生的前提,只有达到犯罪程度的违法行为才追究刑事责任。

(2)民事责任。教育法的民事责任是指教育法律关系主体违反教育法律、法规,破坏了平等民事主体之间正常的财产关系或人身关系,依照法律规定应承担的法律责任。

(3)行政责任。行政责任是指行政法律关系主体因违反行政法律规范所规定义务而引起的,依法应当承担的法律责任。根据我国的教育法律、法规的有关规定,承担违反教育法的行政法律责任的方式主要有两类:行政处罚和行政处分。

①行政处罚是国家行政机关依法对违反行政法律规范的组织或个人进行的行政制裁。教育行政处罚主要有申诫罚、行为罚和财产罚三大类。

②行政处分是由国家机关或企事业单位对其所属人员作出的惩戒措施,属于内部行政行为,处分对象是作为公民的个体,包括警告、记过、记大过、降级、撤职、留用察看和开除。

39. A　**【解析】**本题考查《儿童权利公约》。《儿童权利公约》第三条规定,关于儿童的一切行动,不论是由公私社会福利机构、法院、行政当局或立法机构执行,均应以儿童的最大利益为一种首要考虑。

40. B　**【解析】**本题考查《中华人民共和国宪法》(2018 年修正)。《中华人民共和国宪法》第五条规定,任何组织或者个人都不得有超越宪法和法律的特权。

41. C　**【解析】**本题考查《幼儿园工作规程》(2016 年修订)。《幼儿园工作规程》第二十六条规定,幼儿一日活动的组织应当动静交替,注重幼儿的直接感知、实际操作和亲身体验,保证幼儿愉快的、有益的自由活动,C 项说法正确。《幼儿园工作规程》第十一条规定,幼儿园规模应当有利于幼儿身心健康,便于管理,一般不超过 360 人,A 项说法错误。第十三条规定,入园幼儿应当由监护人或者其委托的成年人接送,B 项说法错误。第十条规定,幼儿入园除进行健康检查外,禁止任何形式的考试或测查,D 项说法错误。

42. A　**【解析】**本题考查《中华人民共和国教育法》(2015 年修正)。《中华人民共和国教育法》第七十二条规定,结伙斗殴、寻衅滋事,扰乱学校及其他教育机构教育教学秩序或者破坏校舍、场地及其他财产的,由公安机关给予治安管理处罚;构成犯罪的,依法追究刑事责任。题干中孙某闯入幼儿园寻衅滋事,扰乱了幼儿园教育教学秩序,因此应由公安机关给予治安管理处罚。

43. D　**【解析】**本题考查《中华人民共和国未成年人保护法》(2012 年修正)。《中华人民共和国未

成年人保护法》第六十四条规定，制作或者向未成年人出售、出租或者以其他方式传播淫秽、暴力、凶杀、恐怖、赌博等图书、报刊、音像制品、电子出版物以及网络信息等的，由主管部门责令改正，依法给予行政处罚。

44. D　**【解析】**本题考查财产权。题干中张老师把表现不好的孩子名单在家长微信群里公布，同时要求这些孩子的家长在微信群里发红包，侵犯了家长的财产权，故做法不正确。

45. A　**【解析】**本题考查《中华人民共和国未成年人保护法》(2012 年修正)。《中华人民共和国未成年人保护法》第五十三条规定，父母或者其他监护人不履行监护职责或者侵害被监护的未成年人的合法权益，经教育不改的，人民法院可以根据有关人员或者有关单位的申请，撤销其监护人的资格，依法另行指定监护人。被撤销监护资格的父母应当依法继续负担抚养费用。题干中林某虽然被撤销监护人资格，但仍需继续负担抚养费。

46. D　**【解析】**本题考查侵犯幼儿著作权的表现。著作权是指作者和其他著作权人对文学、艺术和科学工程作品所享有的各项专有权利。题干中幼儿园未经兰兰及其家长的同意就将兰兰的画拿给出版社出版，侵犯了兰兰的著作权，故不合法。

47. C　**【解析】**本题考查《中华人民共和国教育法》(2015 年修正)。《中华人民共和国教育法》第三十六条规定，学校及其他教育机构中的管理人员，实行教育职员制度。题干中梁某在幼儿园从事专职食品安全管理工作，属于管理人员，故对梁某应实行教育职员制度，本题选 C。

48. A　**【解析】**本题考查《中华人民共和国教师法》(2009 年修正)。《中华人民共和国教师法》第三十九条规定，教师认为当地人民政府有关行政部门侵犯其根据本法规定享有的权利的，可以向同级人民政府或者上一级人民政府有关部门提出申诉，同级人民政府或者上一级人民政府有关部门应当作出处理。

49. B　**【解析】**本题考查《幼儿园工作规程》(2016 年修订)。《幼儿园工作规程》规定，幼儿园应当结合幼儿年龄特点和接受能力开展反家庭暴力教育，发现幼儿遭受或者疑似遭受家庭暴力的，应当依法及时向公安机关报案。

50. C　**【解析】**本题考查《中华人民共和国义务教育法》(2018 年修正)。《中华人民共和国义务教育法》规定，居民委员会和村民委员会协助政府做好工作，督促适龄儿童、少年入学。因此对于雯雯的父母，当地居委会可做好协助工作，督促他们送雯雯接受义务教育。

51. C　**【解析】**本题考查《幼儿园工作规程》(2016 年修订)。《幼儿园工作规程》规定，幼儿园应当建立患病幼儿用药的委托交接制度，未经监护人委托或者同意，幼儿园不得给幼儿用药。故何老师做法不合法。

方法技巧：幼儿园用药的委托交接制度在考试中的考查频率很高。考生在做此类试题时，需要牢记《幼儿园工作规程》中的规定：未经监护人委托或者同意，幼儿园不得给幼儿用药。

52. D 【解析】本题考查《中华人民共和国宪法》(2018 年修正)。我国《宪法》规定,我国公民依法享有宗教信仰自由、人身自由、通信自由等。教育自由不属于宪法规定的公民基本权利,故本题选 D。

53. A 【解析】本题考查《儿童权利公约》。《儿童权利公约》规定,儿童系指 18 岁以下的任何人,除非对其适用之法律规定成年年龄低于 18 岁。故本题选 A。

54. C 【解析】本题考查《中华人民共和国教育法》(2015 年修正)。《中华人民共和国教育法》第三十一条规定,学校及其他教育机构的举办者按照国家有关规定,确定其所举办的学校或者其他教育机构的管理体制。因此,某教育发展集团独资创办的幼儿园,有权确定该园的管理体制的是该教育集团。

55. C 【解析】本题考查教师的权利。题干中幼儿园从教师工资中扣除 100 元用于订阅专业刊物,属于变相克扣教师工资,侵犯了教师获取工资报酬的权利,故做法不合法。

56. B 【解析】本题考查《中华人民共和国宪法》(2018 年修正)。我国《宪法》第三十七条规定,中华人民共和国公民的人身自由不受侵犯。任何公民,非经人民检察院批准或者决定或者人民法院决定,并由公安机关执行,不受逮捕。禁止非法拘禁和以其他方法非法剥夺或者限制公民的人身自由,禁止非法搜查公民的身体。题干中超市管理人员强制搜身属于非法搜查公民身体,侵犯了孔某的人身自由权。

57. D 【解析】本题考查《幼儿园工作规程》(2016 年修订)。题干中幼儿园为大班开设小学课程,属于提前教授小学教育内容,违背了幼儿身心发展规律。因此做法不正确,不利于幼儿身心发展。

58. A 【解析】本题考查《幼儿园工作规程》(2016 年修订)。题干中幼儿园让幼儿入园前先接受体检,方便幼儿园了解、掌握幼儿的健康状况,符合《幼儿园工作规程》中的要求。

> **易错提示**:幼儿入园前,应当按照卫生部门制定的卫生保健制度进行健康检查,合格者方可入园。幼儿入园除进行健康检查外,禁止任何形式的考试或测查。幼儿教师会在新生幼儿入园前询问能否表达自己的需求,这是可以的,教师询问的目的在于因材施教,但不能以此理由拒绝幼儿入园。

59. D 【解析】本题考查《中华人民共和国义务教育法》(2018 年修正)。《中华人民共和国义务教育法》第十二条规定,县级人民政府教育行政部门对本行政区域内的军人子女接受义务教育予以保障。题干中亮亮为现役军人子女,因此对亮亮的义务教育负有保障义务的是县级人民政府教育行政部门。

60. A 【解析】本题考查《中华人民共和国教师法》(2009 年修正)。《中华人民共和国教师法》第

十四条规定,受到剥夺政治权利或者故意犯罪受到有期徒刑以上刑事处罚的,不能取得教师资格;已经取得教师资格的,丧失教师资格。《教师资格条例》第十八条规定,依照教师法第十四条的规定丧失教师资格的,不能重新取得教师资格,其教师资格证书由县级以上人民政府教育行政部门收缴。题干中李某故意犯罪被判处有期徒刑一年,故李某将终生不能从事教师职业。

易混辨析:考生需注意抓住题干关键词,区分教师是丧失教师资格还是被撤销教师资格。

法律法规	条文	条文总结	条件	后果
《教师法》	第 14 条	规定了教师资格永久丧失的情况	受到剥夺政治权利或者故意犯罪受到有期徒刑以上刑事处罚	永久丧失,一旦丧失就不能再重新申请
《教师资格条例》	第 19 条	规定了撤销教师资格的情况	(1)弄虚作假、骗取教师资格 (2)品行不良、侮辱学生,影响恶劣	暂时丧失,在撤销的 5 年后可再次申请

61. D　**【解析】**本题考查《幼儿园工作规程》(2016 年修订)。《幼儿园工作规程》规定,幼儿园教育应当遵循幼儿身心发展规律,符合幼儿年龄特点。题干中幼儿园组织幼儿进行军训,一方面没有顾及幼儿身体发育的特点,另一方面也不利于幼儿个性的健康成长,因此幼儿园做法不正确。

62. A　**【解析】**本题考查幼儿的基本法律权利。题干中何老师因为萌萌午休时不睡觉还发出吵闹的声音就将其关在厕所里,一方面限制了幼儿的人身自由,侵犯了幼儿的人身权,另一方面属于体罚幼儿,侮辱了幼儿的人格尊严,故何老师做法不正确。

63. D　**【解析】**本题考查《幼儿园工作规程》(2016 年修订)。《幼儿园工作规程》规定,有犯罪、吸毒记录和精神病史者不得在幼儿园工作。题干中幼儿园聘用有犯罪记录的宋某到幼儿园工作,做法不合法。

64. D　**【解析】**本题考查《中华人民共和国未成年人保护法》(2012 年修正)。《中华人民共和国未成年人保护法》第三十七条规定,任何人不得在中小学校、幼儿园、托儿所的教室、寝室、活动室和其他未成年人集中活动的场所吸烟、饮酒。题干中教师在幼儿园操场吸烟,做法不合法。

65. A　**【解析】**本题考查《中华人民共和国教师法》(2009 年修正)。《中华人民共和国教师法》第三十七条规定,教师有下列情形之一的,由所在学校、其他教育机构或者教育行政部门给予行政处分或者解聘:(1)故意不完成教育教学任务给教育教学工作造成损失的;(2)体罚学生,经教育不改的;(3)品行不良、侮辱学生,影响恶劣的。教师有前款第(2)项、第(3)项所列情形之一,情节严重,构成犯罪的,依法追究刑事责任。题干中教师张某经常迟到、早退,教学敷衍了

事,经教育不改,说明他故意不完成教育教学任务,给教育教学工作造成了损失。因此张某所在幼儿园有权将其解聘,故该幼儿园做法正确。

66. D 【解析】本题考查幼儿的基本法律权利。D 项,小强为发泄不满将小明的照片当作投掷的靶子,属于恶意损毁、侮辱、玷污幼儿的肖像,故侵犯的是小明的肖像权,本题选 D。

67. C 【解析】本题考查侵犯幼儿权利的表现。身高、体重以及血液检查结果等属于个人隐私,该幼儿园将其公布在教室门口,做法不正确,侵犯了幼儿的隐私权。

68. B 【解析】本题考查幼儿的基本法律权利。洋洋的画被推荐发表,所得的稿酬属于洋洋著作权中的财产权利,因此所得稿酬应归于洋洋本人。

69. B 【解析】本题考查《中华人民共和国教师法》(2009 年修正)。《中华人民共和国教师法》第三十九条规定,教师对学校或者其他教育机构侵犯其合法权益的,或者对学校或者其他教育机构作出的处理不服的,可以向教育行政部门提出申诉,教育行政部门应当在接到申诉的三十日内,作出处理。题干中教师梁某因对幼儿园给予的处分不服而提出申诉,被申诉人即幼儿园。故本题选 B。

专题一　《中华人民共和国宪法》

单项选择题

答案速查

1～5	BBABC	6～10	AABCC	11～15	BBBCC	16～20	ADBBB

1. B 【解析】我国《宪法》第三十七条规定,中华人民共和国公民的人身自由不受侵犯。任何公民,非经人民检察院批准或者决定或者人民法院决定,并由公安机关执行,不受逮捕。禁止非法拘禁和以其他方法非法剥夺或者限制公民的人身自由,禁止非法搜查公民的身体。题干中韩老师搜查小蔡衣服口袋的行为是侵犯他人人身自由的行为。故选 B。

2. B 【解析】根据《中华人民共和国宪法》第八十五条规定,中华人民共和国国务院,即中央人民政府,是最高国家权力机关的执行机关,是最高国家行政机关。

3. A 【解析】我国《宪法》第八十九条规定,国务院行使“改变或者撤销地方各级国家行政机关的不适当的决定和命令”的职权。设区的市人民政府属于地方国家行政机关,因此国务院有权改变或撤销其发布的不适当的决定。故选 A。

4. B 【解析】根据《中华人民共和国宪法》第六十七条规定,全国人民代表大会常务委员会行使“解释宪法,监督宪法的实施”的职权。

5. C 【解析】我国《宪法》第三条规定，中华人民共和国的国家机构实行民主集中制的原则。

6. A 【解析】《中华人民共和国宪法》是我国的根本大法，是治国安邦的总章程，是党和人民意志的集中体现。宪法具有最高的法律地位、法律权威、法律效力。宪法的变动必然会引起普通法律做出相应的修改。故B、C、D三项表述正确。A项，宪法是我国所有法律的母法，不是所有法律的总和，故A项表述错误。

7. A 【解析】根据《中华人民共和国宪法》第十九条规定，国家发展社会主义的教育事业，提高全国人民的科学文化水平。国家举办各种学校，普及初等义务教育，发展中等教育、职业教育和高等教育，并且发展学前教育。国家发展各种教育设施，扫除文盲，对工人、农民、国家工作人员和其他劳动者进行政治、文化、科学、技术、业务的教育，鼓励自学成才。国家鼓励集体经济组织、国家企业事业组织和其他社会力量依照法律规定举办各种教育事业。国家推广全国通用的普通话。

8. B 【解析】《中华人民共和国宪法》第三十五条规定，中华人民共和国公民有言论、出版、集会、结社、游行、示威的自由。第三十六条规定，中华人民共和国公民有宗教信仰自由。第四十七条规定，中华人民共和国公民有进行科学研究、文学艺术创作和其他文化活动的自由。第五十六条规定，中华人民共和国公民有依照法律纳税的义务。税收具有强制性特点，依法纳税是公民必须履行的基本义务，不属于公民自由。故本题选B。

9. C 【解析】我国《宪法》第一条规定，社会主义制度是中华人民共和国的根本制度。

易错提示：要注意区分我国的国家性质、根本制度、根本政治制度、基本政治制度。我国的国家性质是人民民主专政，根本制度是社会主义制度，根本政治制度是人民代表大会制度，基本政治制度包括中国共产党领导的多党合作和政治协商制度、民族区域自治制度、基层群众自治制度。

10. C 【解析】人民代表大会制度是我国的根本政治制度，人民通过人民代表大会行使国家权力，人民代表大会制度的核心内容和实质是保证国家的一切权力属于人民。

11. B 【解析】《中华人民共和国义务教育法》第四条规定，凡具有中华人民共和国国籍的适龄儿童、少年，不分性别、民族、种族、家庭财产状况、宗教信仰等，依法享有平等接受义务教育的权利，并履行接受义务教育的义务。李某已经22岁，不属于适龄儿童、少年，故无接受义务教育的权利，A选项正确。《中华人民共和国宪法》第五十五条规定，保卫祖国、抵抗侵略是中华人民共和国每一个公民的神圣职责。依照法律服兵役和参加民兵组织是中华人民共和国公民的光荣义务。C选项正确。我国《宪法》第四十七条规定，中华人民共和国公民有进行科学研究、文学艺术创作和其他文化活动的自由。D选项正确。我国《宪法》第五十六条规定，中华人民共和国公民有依照法律纳税的义务。公民纳税的义务与其是否工作无关，故B项说法错误，本题答案为B。

12. B　【解析】《中华人民共和国宪法》第六十一条规定，全国人民代表大会会议每年举行一次，由全国人民代表大会常务委员会召集。如果全国人民代表大会常务委员会认为必要，或者有五分之一以上的全国人民代表大会代表提议，可以临时召集全国人民代表大会会议。全国人民代表大会举行会议的时候，选举主席团主持会议。

13. B　【解析】《中华人民共和国宪法》第九十八条规定，地方各级人民代表大会每届任期五年。

14. C　【解析】《中华人民共和国宪法》第一百二十五条规定，中华人民共和国国家监察委员会是最高监察机关。国家监察委员会领导地方各级监察委员会的工作，上级监察委员会领导下级监察委员会的工作。

15. C　【解析】《中华人民共和国宪法》第四十二条规定，中华人民共和国公民有劳动的权利和义务。第四十三条规定，中华人民共和国劳动者有休息的权利。第四十六条规定，中华人民共和国公民有受教育的权利和义务。罢工权不是《中华人民共和国宪法》规定的公民基本权利。

16. A　【解析】立法权是依照法定程序制定、修改、补充、解释或者废止法律法规的权力。全国人大及其常委会具有重大事项决定权，如规定和决定授予国家的勋章和荣誉称号。全国人民代表大会是我国最高国家权力机关，拥有最高立法权，行使"修改宪法，监督宪法的实施，制定和修改刑事、民事、国家机构的和其他的基本法律"的职权。A项正确，B项错误。CD两项是人民代表大会代表的职权，排除。故选A。

易错提示：考生应注意区分全国人民代表大会的职权与人大代表的职权。

全国人民代表大会的职权包括：最高立法权、最高监督权、最高决定权、最高任免权。人大代表的职权包括：审议权、表决权、提案权、询问权和质询权、选举权、建议权、批评权、罢免权、发言表决免究权和人身特别保护权。

17. D　【解析】根据《中华人民共和国宪法》第六十七条规定，全国人民代表大会常务委员会拥有"解释宪法，监督宪法的实施"的职权。ABC项都属于全国人民代表大会行使的职权，D项符合题意。

18. B　【解析】《中华人民共和国宪法》第八十八条规定，总理、副总理、国务委员、秘书长组成国务院常务会议。故本题选B项。

19. B　【解析】依据《中华人民共和国宪法》第六十二条的规定可知，"决定特别行政区的设立及其制度"属于全国人民代表大会的职权。

20. B　【解析】根据《中华人民共和国宪法》规定，中华人民共和国人民法院是国家的审判机关。

最高人民法院是最高审判机关。最高人民法院监督地方各级人民法院和专门人民法院的审判工作,上级人民法院监督下级人民法院的审判工作。

专题二 《中华人民共和国教育法》

单项选择题

答案速查

1~5	ABAAD	6~10	ABADB	11~15	DABBA	16~20	ABDCD
21~25	BABBC			26~32	AABDADD		

1. A 【解析】根据《中华人民共和国教育法》第七十九条规定,考生在国家教育考试中有下列行为之一的,由组织考试的教育考试机构工作人员在考试现场采取必要措施予以制止并终止其继续参加考试;组织考试的教育考试机构可以取消其相关考试资格或者考试成绩;情节严重的,由教育行政部门责令其停止参加相关国家教育考试一年以上三年以下;构成违反治安管理行为的,由公安机关依法给予治安管理处罚;构成犯罪的,依法追究刑事责任:(1)非法获取考试试题或者答案的;(2)携带或者使用考试作弊器材、资料的;(3)抄袭他人答案的;(4)让他人代替自己参加考试的;(5)其他以不正当手段获得考试成绩的作弊行为。

2. B 【解析】《中华人民共和国教育法》第八十二条规定,购买、使用假冒学位证书、学历证书或者其他学业证书,构成违反治安管理行为的,由公安机关依法给予治安管理处罚。

3. A 【解析】根据《中华人民共和国教育法》第七十二条规定,结伙斗殴、寻衅滋事,扰乱学校及其他教育机构教育教学秩序或者破坏校舍、场地及其他财产的,由公安机关给予治安管理处罚;构成犯罪的,依法追究刑事责任。A 项符合题意。

4. A 【解析】根据《中华人民共和国教育法》第三十条规定,遵照国家有关规定收取费用并公开收费项目是学校及其他教育机构应当履行的义务。所以,本题答案选 A 项。

5. D 【解析】根据《中华人民共和国教育法》第五十九条规定,国家采取优惠措施,鼓励和扶持学校在不影响正常教育教学的前提下开展勤工俭学和社会服务,兴办校办产业。

6. A 【解析】《中华人民共和国教育法》第四十三条规定,受教育者享有下列权利:(1)参加教育教学计划安排的各种活动,使用教育教学设施、设备、图书资料;(2)按照国家有关规定获得奖学金、贷学金、助学金;(3)在学业成绩和品行上获得公正评价,完成规定的学业后获得相应的学业证书、学位证书;(4)对学校给予的处分不服向有关部门提出申诉,对学校、教师侵犯其人身权、财产权等合法权益,提出申诉或者依法提起诉讼;(5)法律、法规规定的其他权利。

7. B 【解析】《中华人民共和国教育法》第三十一条规定,学校及其他教育机构的举办者按照国家有关规定,确定其所举办的学校或者其他教育机构的管理体制。学校及其他教育机构的校长或者主要行政负责人必须由具有中华人民共和国国籍、在中国境内定居、并具备国家规定任职条件的公民担任，其任免按照国家有关规定办理。学校的教学及其他行政管理，由校长负责。

8. A　**【解析】**根据《中华人民共和国教育法》第七十七条规定，盗用、冒用他人身份，顶替他人取得的入学资格的，由教育行政部门或者其他有关行政部门责令撤销入学资格，并责令停止参加相关国家教育考试二年以上五年以下；已经取得学位证书、学历证书或者其他学业证书的，由颁发机构撤销相关证书；已经成为公职人员的，依法给予开除处分；构成违反治安管理行为的，由公安机关依法给予治安管理处罚；构成犯罪的，依法追究刑事责任。题干中的张某冒用他人身份顶替入学，由于张某是公职人员，可依法给予其开除处分。

9. D　**【解析】**根据《中华人民共和国教育法》第四十三条规定，受教育者享有下列权利：(1)参加教育教学计划安排的各种活动，使用教育教学设施、设备、图书资料；(2)按照国家有关规定获得奖学金、贷学金、助学金；(3)在学业成绩和品行上获得公正评价，完成规定的学业后获得相应的学业证书、学位证书；(4)对学校给予的处分不服向有关部门提出申诉，对学校、教师侵犯其人身权、财产权等合法权益，提出申诉或者依法提起诉讼；(5)法律、法规规定的其他权利。故本题选 D。

10. B　**【解析】**《中华人民共和国教育法》第七十三条规定，明知校舍或者教育教学设施有危险，而不采取措施，造成人员伤亡或者重大财产损失的，对直接负责的主管人员和其他直接责任人员，依法追究刑事责任。

11. D　**【解析】**《中华人民共和国教育法》第二十六条规定，以财政性经费、捐赠资产举办或者参与举办的学校及其他教育机构不得设立为营利性组织。题干中，周校长计划将自己捐资举办的民办学校转型为营利性民办学校的做法不合法，捐资举办的学校不得设立为营利性组织。

12. A　**【解析】**根据《中华人民共和国教育法》第九条规定，中华人民共和国公民有受教育的权利和义务。公民不分民族、种族、性别、职业、财产状况、宗教信仰等，依法享有平等的受教育机会。题干中的琳琳拥有中国国籍，是中国公民，因此琳琳依法享有我国义务教育规定的权利及义务。

13. B　**【解析】**根据《中华人民共和国教育法》第二十七条规定，设立学校及其他教育机构，必须具备下列基本条件：(1)有组织机构和章程；(2)有合格的教师；(3)有符合规定标准的教学场所及设施、设备等；(4)有必备的办学资金和稳定的经费来源。

方法技巧：考生在做有关设立学校及其他教育机构必须具备的条件的试题时，可用以下方法记忆：有章程(组织机构和章程)，有教师(合格的教师)，有地(符合规定标准的教学场所及设施、设备等)，有钱(必备的办学资金和稳定的经费来源)。

14. B 【解析】《中华人民共和国教育法》第七十二条规定,侵占学校及其他教育机构的校舍、场地及其他财产的,依法承担民事责任。题干中幼儿园园长将学校操场改为临时停车场,并暂停体育课的行为违反了此规定,故应承担相应的民事责任。

15. A 【解析】《中华人民共和国教育法》第七十八条规定,学校及其他教育机构违反国家有关规定向受教育者收取费用的,由教育行政部门或者其他有关行政部门责令退还所收费用;对直接负责的主管人员和其他直接责任人员,依法给予处分。

16. A 【解析】《中华人民共和国教育法》第五十一条规定,图书馆、博物馆、科技馆、文化馆、美术馆、体育馆(场)等社会公共文化体育设施,以及历史文化古迹和革命纪念馆(地),应当对教师、学生实行优待,为受教育者接受教育提供便利。所以科技馆不应以学生年龄小等理由婉拒顾老师的参观请求,应该改进其行为。

17. B 【解析】根据《中华人民共和国教育法》的规定,学生申诉的范围包括:(1)对学校给予的各种处分不服,可以提出申诉;(2)对学校或教师侵犯其人身权,如在教育活动中对其进行体罚或变相体罚,限制其人身自由等,可以提出申诉;(3)对学校或教师侵犯其财产权,如乱收费、乱摊派、乱罚款,非法没收其财物,强迫其购买非必需教学物品等,可以提出申诉。故答案选 B 项。

18. D 【解析】《中华人民共和国教育法》第五十八条规定,税务机关依法足额征收教育费附加,由教育行政部门统筹管理,主要用于实施义务教育。

19. C 【解析】根据《中华人民共和国教育法》第二十九条和第三十条规定可知,A、B、D 三项属于学校及其他教育机构可行使的权利,C 项属于学校及其他教育机构应当履行的义务。故答案选 C 项。

20. D 【解析】根据《中华人民共和国教育法》第三十一条规定,学校及其他教育机构应当按照国家有关规定,通过以教师为主体的教职工代表大会等组织形式,保障教职工参与民主管理和监督。

21. B 【解析】《中华人民共和国教育法》第五条规定,教育必须为社会主义现代化建设服务、为人民服务,必须与生产劳动和社会实践相结合,培养德智体美劳全面发展的社会主义建设者和接班人。故本题答案选 B 项。

22. A 【解析】根据《中华人民共和国教育法》第八条规定,教育活动必须符合国家和社会公共利益。国家实行教育与宗教相分离。任何组织和个人不得利用宗教进行妨碍国家教育制度的活动。

23. B 【解析】根据《中华人民共和国教育法》第八十条规定,任何组织或者个人在国家教育考试中有下列行为之一,有违法所得的,由公安机关没收违法所得,并处违法所得一倍以上五倍以下罚款;情节严重的,处五日以上十五日以下拘留;构成犯罪的,依法追究刑事责任;属于国家机关工作人员的,还应当依法给予处分:(1)组织作弊的;(2)通过提供考试作弊器材等方式为作弊提供帮助或者便利的;(3)代替他人参加考试的;(4)在考试结束前泄露、传播考试试题或者答案的;(5)其他扰乱考试秩序的行为。题干中强调组织或个人在国家教育考试中组织作弊,且情节严重,因此应处五日以上十五日以下拘留。

24. B 【解析】《中华人民共和国教育法》第七十二条规定,结伙斗殴、寻衅滋事,扰乱学校及其他教育机构教育教学秩序或者破坏校舍、场地及其他财产的,由公安机关给予治安管理处罚;构成犯罪的,依法追究刑事责任。题干中社会青年孙某闯入幼儿园寻衅滋事,扰乱学校秩序,按照我国《教育法》规定,公安机关应依法给予孙某治安管理处罚,故本题答案为B项。

25. C 【解析】根据《中华人民共和国教育法》第五十四条规定,国家建立以财政拨款为主、其他多种渠道筹措教育经费为辅的体制,逐步增加对教育的投入,保证国家举办的学校教育经费的稳定来源。

26. A 【解析】根据《中华人民共和国教育法》第七十八条规定,学校及其他教育机构违反国家有关规定向受教育者收取费用的,由教育行政部门或者其他有关行政部门责令退还所收费用;对直接负责的主管人员和其他直接责任人员,依法给予处分。

27. A 【解析】《中华人民共和国教育法》第七十六条规定,学校或者其他教育机构违反国家有关规定招收学生的,由教育行政部门或者其他有关行政部门责令退回招收的学生,退还所收费用;对学校、其他教育机构给予警告,可以处违法所得五倍以下罚款;情节严重的,责令停止相关招生资格一年以上三年以下,直至撤销招生资格、吊销办学许可证;对直接负责的主管人员和其他直接责任人员,依法给予处分;构成犯罪的,依法追究刑事责任。故本题选A项。

易错提示:考生在做题时可通过以下关键点记忆我国《教育法》中对违法招收学生的行为的处理:

人员或教育机构	处理办法
违法招收的学生	责令退回,退还所有费用
违法招收学生的学校、其他教育机构	给予警告,可以处违法所得五倍以下罚款;情节严重的,责令停止相关招生资格一年以上三年以下,直至撤销招生资格、吊销办学许可证
直接负责的主管人员和其他直接责任人员	依法给予处分;构成犯罪的,依法追究刑事责任

28. B 【解析】根据《中华人民共和国教育法》第十二条规定,国家通用语言文字为学校及其他教育机构的基本教育教学语言文字,学校及其他教育机构应当使用国家通用语言文字进行教育

教学。民族自治地方以少数民族学生为主的学校及其他教育机构,从实际出发,使用国家通用语言文字和本民族或者当地民族通用的语言文字实施双语教育。国家采取措施,为少数民族学生为主的学校及其他教育机构实施双语教育提供条件和支持。因此B项说法错误。

29. D　【解析】《中华人民共和国教育法》第七十四条规定,违反国家有关规定,向学校或者其他教育机构收取费用的,由政府责令退还所收费用;对直接负责的主管人员和其他直接责任人员,依法给予处分。因此答案选D项。

30. A　【解析】根据《中华人民共和国教育法》第三十一条规定,学校的教学及其他行政管理,由校长负责。故选A项。

31. D　【解析】根据《中华人民共和国教育法》第四十四条规定,受教育者应当履行下列义务:(1)遵守法律、法规;(2)遵守学生行为规范,尊敬师长,养成良好的思想品德和行为习惯;(3)努力学习,完成规定的学习任务;(4)遵守所在学校或者其他教育机构的管理制度。故D项不属于受教者应当履行的义务。

32. D　【解析】根据《中华人民共和国教育法》第十四条规定,国务院和地方各级人民政府根据分级管理、分工负责的原则,领导和管理教育工作。故本题答案选D项。

专题三　《中华人民共和国教师法》

单项选择题

答案速查

1～5	CCBAB	6～10	DABBA	11～15	DDBDC	16～20	DCBDA
21～25	DDBDA						

1. C　【解析】根据《中华人民共和国教师法》第三十八条规定,违反国家财政制度、财务制度,挪用国家财政用于教育的经费,严重妨碍教育教学工作,拖欠教师工资,损害教师合法权益的,由上级机关责令限期归还被挪用的经费,并对直接责任人员给予行政处分;情节严重,构成犯罪的,依法追究刑事责任。

2. C　【解析】《中华人民共和国教师法》第四十二条规定,外籍教师的聘任办法由国务院教育行政部门规定。

3. B　【解析】《中华人民共和国教师法》第三十七条规定,教师有下列情形之一的,由所在学校、其他教育机构或者教育行政部门给予行政处分或者解聘:(1)故意不完成教育教学任务给教育教学工作造成损失的;(2)体罚学生,经教育不改的;(3)品行不良、侮辱学生,影响恶劣的。教师有前款第(2)项、第(3)项所列情形之一,情节严重,构成犯罪的,依法追究刑事责任。本题中的何某暗示家长送礼的行为属于品行不良。故本题选B。

4. A　**【解析】**根据《中华人民共和国教师法》第二条规定，本法适用于在各级各类学校和其他教育机构中专门从事教育教学工作的教师。第七条规定，教师享有“按时获取工资报酬，享受国家规定的福利待遇以及寒暑假期的带薪休假”的权利。因此，非正式在编的教师也受我国《教师法》的保护，享受教师应有的权利，故题干中学校的做法是不正确的。

5. B　**【解析】**根据《中华人民共和国教师法》第十四条规定，受到剥夺政治权利或者故意犯罪受到有期徒刑以上刑事处罚的，不能取得教师资格；已经取得教师资格的，丧失教师资格。B 项说法正确。第十一条规定，取得高级中学教师资格和中等专业学校、技工学校、职业高中文化课、专业课教师资格，应当具备高等师范院校本科或者其他大学本科毕业及其以上学历。故 A 项说法错误。第十八条规定，非师范学校应当承担培养和培训中小学教师的任务。故 C 项说法错误。第十三条规定，普通高等学校的教师资格由国务院或者省、自治区、直辖市教育行政部门或者由其委托的学校认定。故 D 项说法错误。故答案选 B 项。

6. D　**【解析】**《中华人民共和国教师法》第二十五条规定，教师的平均工资水平应当不低于或者高于国家公务员的平均工资水平，并逐步提高。建立正常晋级增薪制度，具体办法由国务院规定。

7. A　**【解析】**《中华人民共和国教师法》第三十九条规定，教师对学校或者其他教育机构侵犯其合法权益的，或者对学校或者其他教育机构作出的处理不服的，可以向教育行政部门提出申诉，教育行政部门应当在接到申诉的三十日内，作出处理。教师认为当地人民政府有关行政部门侵犯其根据本法规定享有的权利的，可以向同级人民政府或者上一级人民政府有关部门提出申诉，同级人民政府或者上一级人民政府有关部门应当作出处理。题干中“某县有关部门”拖欠教师工资，并非学校拖欠教师工资，故受理教师申诉的应是同级人民政府或上一级人民政府有关部门。

8. B　**【解析】**根据《中华人民共和国教师法》第三十六条规定，对依法提出申诉、控告、检举的教师进行打击报复的，由其所在单位或者上级机关责令改正；情节严重的，可以根据具体情况给予行政处分。国家工作人员对教师打击报复构成犯罪的，依照刑法有关规定追究刑事责任。题干强调情节严重，故本题答案选 B 项。

9. B　**【解析】**根据《中华人民共和国教师法》第七条规定可知，教师享有按时获取工资报酬，享受国家规定的福利待遇以及寒暑假期的带薪休假的权利。题干中的医疗保险属于国家规定的福利待遇，故该学校的做法侵犯了林业的获得报酬权。

10. A　**【解析】**根据《中华人民共和国教师法》第二十四条规定，教师考核结果是受聘任教、晋升工资、实施奖惩的依据。

11. D　**【解析】**根据《中华人民共和国教师法》第三十七条规定，教师有下列情形之一的，由所在学

校、其他教育机构或者教育行政部门给予行政处分或者解聘:(1)故意不完成教育教学任务给教育教学工作造成损失的;(2)体罚学生,经教育不改的;(3)品行不良、侮辱学生,影响恶劣的。教师有前款第(2)项、第(3)项所列情形之一,情节严重,构成犯罪的,依法追究刑事责任。

12. D 【解析】根据《中华人民共和国教师法》第二十二条规定,学校或者其他教育机构应当对教师的政治思想、业务水平、工作态度和工作成绩进行考核。教育行政部门对教师的考核工作进行指导、监督。

13. B 【解析】《中华人民共和国教师法》第三十九条规定,教师对学校或者其他教育机构侵犯其合法权益的,或者对学校或者其他教育机构作出的处理不服的,可以向教育行政部门提出申诉,教育行政部门应当在接到申诉的三十日内,作出处理。

14. D 【解析】《中华人民共和国教师法》第九条规定,为保障教师完成教育教学任务,各级人民政府、教育行政部门、有关部门、学校和其他教育机构应当履行下列职责:(1)提供符合国家安全标准的教育教学设施和设备;(2)提供必需的图书、资料及其他教育教学用品;(3)对教师在教育教学、科学研究中的创造性工作给以鼓励和帮助;(4)支持教师制止有害于学生的行为或者其他侵犯学生合法权益的行为。题干中园长批评马老师“多管闲事”的做法是不正确的,学校应当支持教师制止有害于学生的行为。

15. C 【解析】《教师资格条例》第十九条规定,有下列情形之一的,由县级以上人民政府教育行政部门撤销其教师资格:(1)弄虚作假、骗取教师资格的;(2)品行不良、侮辱学生,影响恶劣的。被撤销教师资格的,自撤销之日起 5 年内不得重新申请认定教师资格,其教师资格证书由县级以上人民政府教育行政部门收缴。

16. D 【解析】《中华人民共和国教师法》第三十二条规定,社会力量所办学校的教师的待遇,由举办者自行确定并予以保障。

17. C 【解析】根据《中华人民共和国教师法》第二十七条规定,地方各级人民政府对教师以及具有中专以上学历的毕业生到少数民族地区和边远贫困地区从事教育教学工作的,应当予以补贴。

18. B 【解析】根据《中华人民共和国教师法》第三十五条规定,侮辱、殴打教师的,根据不同情况,分别给予行政处分或者行政处罚;造成损害的,责令赔偿损失;情节严重,构成犯罪的,依法追究刑事责任。

19. D 【解析】《中华人民共和国教师法》第三十七条规定,教师有下列情形之一的,由所在学校、其他教育机构或者教育行政部门给予行政处分或者解聘:(1)故意不完成教育教学任务给教育教学工作造成损失的;(2)体罚学生,经教育不改的;(3)品行不良、侮辱学生,影响恶劣的。教师有前款第(2)项、第(3)项所列情形之一,情节严重,构成犯罪的,依法追究刑事责任。

20. A　【解析】《中华人民共和国教师法》第三十九条规定,教师对学校或者其他教育机构侵犯其合法权益的,或者对学校或者其他教育机构作出的处理不服的,可以向教育行政部门提出申诉,教育行政部门应当在接到申诉的三十日内,作出处理。根据题干描述,受理王老师申诉的机构应当是当地县教育局。

21. D　【解析】《中华人民共和国教师法》第三十五条规定,侮辱、殴打教师的,根据不同情况,分别给予行政处分或者行政处罚;造成损害的,责令赔偿损失;情节严重,构成犯罪的,依法追究刑事责任。题干王某故意殴打李某致其肋骨多处骨折,依法可给予王某行政处罚,并责令赔偿,情节严重的还可追究王某的刑事责任。故A、B、C项说法正确。《中华人民共和国行政处罚法》(2021年修订)第十七条规定,行政处罚由具有行政处罚权的行政机关在法定职权范围内实施。学校属于事业单位,不具有行政处罚权,故D项说法不正确。

22. D　【解析】《中华人民共和国教师法》第八条规定,教师应当履行"制止有害于学生的行为或者其他侵犯学生合法权益的行为,批评和抵制有害于学生健康成长的现象"的义务。题干中李老师的言行表明她在履行教师的义务。

23. B　【解析】根据《中华人民共和国教师法》第十四条规定,受到剥夺政治权利或者故意犯罪受到有期徒刑以上刑事处罚的,不能取得教师资格;已经取得教师资格的,丧失教师资格。根据《教师资格条例》第十八条规定,依照教师法第十四条的规定丧失教师资格的,不能重新取得教师资格,其教师资格证书由县级以上人民政府教育行政部门收缴。故王某丧失教师资格,且刑满释放后不能执教,但可从事其他职业,本题选B。

24. D　【解析】根据《中华人民共和国教师法》第三十三条规定,教师在教育教学、培养人才、科学研究、教学改革、学校建设、社会服务、勤工俭学等方面成绩优异的,由所在学校予以表彰、奖励。国务院和地方各级人民政府及其有关部门对有突出贡献的教师,应当予以表彰、奖励。对有重大贡献的教师,依照国家有关规定授予荣誉称号。

25. A　【解析】《中华人民共和国教师法》第三十七条规定,教师有下列情形之一的,由所在学校、其他教育机构或者教育行政部门给予行政处分或者解聘:(1)故意不完成教育教学任务给教育教学工作造成损失的;(2)体罚学生,经教育不改的;(3)品行不良、侮辱学生,影响恶劣的。教师有前款第(2)项、第(3)项所列情形之一,情节严重,构成犯罪的,依法追究刑事责任。故本题选A项。

方法技巧:当教师有以下行为时,学校、其他教育机构或教育行政部门可依法给予行政处分或解聘:(1)故意不完成教育教学任务,造成损失;(2)体罚学生,经教育不改;(3)品行不良、侮辱学生,影响恶劣。考生在做题时,可通过"固(故)体乳(辱)"这一谐音法来记忆。

专题四 《中华人民共和国义务教育法》

单项选择题

答案速查

1～5	DCCCC	6～10	ACCBC	11～15	CCCDB

1. D 【解析】《中华人民共和国义务教育法》第十二条规定,适龄儿童、少年免试入学。地方各级人民政府应当保障适龄儿童、少年在户籍所在地学校就近入学。故该校做法不合法,违反了免试就近入学的规定。

2. C 【解析】《中华人民共和国义务教育法》第二十五条规定,学校不得违反国家规定收取费用,不得以向学生推销或者变相推销商品、服务等方式谋取利益。题干中,孙校长推荐学生购买收费的在线课程的做法属于变相推销商品,是不正确的。

3. C 【解析】《中华人民共和国义务教育法》第五十六条规定,学校以向学生推销或者变相推销商品、服务等方式谋取利益的,由县级人民政府教育行政部门给予通报批评;有违法所得的,没收违法所得;对直接负责的主管人员和其他直接责任人员依法给予处分。

4. C 【解析】根据《中华人民共和国义务教育法》第十一条规定,适龄儿童、少年因身体状况需要延缓入学或者休学的,其父母或者其他法定监护人应当提出申请,由当地乡镇人民政府或者县级人民政府教育行政部门批准。

5. C 【解析】《中华人民共和国义务教育法》第五条规定,适龄儿童、少年的父母或者其他法定监护人应当依法保证其按时入学接受并完成义务教育。题干中小玲父母的做法违背了我国《义务教育法》的相关规定。

6. A 【解析】根据《中华人民共和国义务教育法》第二十一条规定,对未完成义务教育的未成年犯和被采取强制性教育措施的未成年人应当进行义务教育,所需经费由人民政府予以保障。

7. C 【解析】《中华人民共和国义务教育法》第二十五条规定,学校不得违反国家规定收取费用,不得以向学生推销或者变相推销商品、服务等方式谋取利益。题干中的幼儿园要求新生家长缴纳集资款的做法属于非法集资,即使幼儿园承诺如数返还甚至给付利息,这种行为也是错误的,违反了相关法律规定,本题选 C。

8. C 【解析】根据《中华人民共和国义务教育法》第三十九条规定,国家实行教科书审定制度。教科书的审定办法由国务院教育行政部门规定。未经审定的教科书,不得出版、选用。

9. B 【解析】《中华人民共和国义务教育法》第二十九条规定,教师应当尊重学生的人格,不得歧视学生,不得对学生实施体罚、变相体罚或者其他侮辱人格尊严的行为,不得侵犯学生合法权益。题干中陈老师将学生赶出学校的行为侵犯了学生的受教育权,违反了我国《义务教育法》的相关规定。

10. C 【解析】《中华人民共和国义务教育法》第十一条规定，适龄儿童、少年因身体状况需要延缓入学或者休学的，其父母或者其他法定监护人应当提出申请，由当地乡镇人民政府或者县级人民政府教育行政部门批准。

11. C 【解析】《中华人民共和国义务教育法》第十九条规定，普通学校应当接收具有接受普通教育能力的残疾适龄儿童、少年随班就读，并为其学习、康复提供帮助。题干中小强左耳听力受损，可以随班就读，故选 C 项。

12. C 【解析】《中华人民共和国义务教育法》第五十六条规定，学校违反国家规定收取费用的，由县级人民政府教育行政部门责令退还所收费用；对直接负责的主管人员和其他直接责任人员依法给予处分。

13. C 【解析】《中华人民共和国义务教育法》第五十八条规定，适龄儿童、少年的父母或者其他法定监护人无正当理由未依照本法规定送适龄儿童、少年入学接受义务教育的，由当地乡镇人民政府或者县级人民政府教育行政部门给予批评教育，责令限期改正。题干中小雨的父母无正当理由不送小雨去上学，应由教育行政部门给予批评教育，并责令小雨的父母限期改正。

14. D 【解析】《中华人民共和国义务教育法》第二十四条规定，学校不得聘用曾经因故意犯罪被依法剥夺政治权利或者其他不适合从事义务教育工作的人担任工作人员。题干中，姜某因故意犯罪被剥夺政治权利，不具备从事义务教育工作的基本条件，陈校长拒绝其求职的做法是合法的。A 项，根据我国《刑法》的相关规定，依法受过刑事处罚的人，在入伍、就业的时候，应当如实向有关单位报告自己曾受过刑事处罚，不得隐瞒。剥夺政治权利属于刑事处罚附加刑的一种，陈校长了解姜某是否受过刑事处罚的做法未侵犯其隐私权。《中华人民共和国教育法》第二十九条规定，学校具有“聘任教师及其他职工，实施奖励或者处分”的权利，C 项不选。综上所述，本题选 D。

15. B 【解析】《中华人民共和国义务教育法》第三十三条规定，国家鼓励高等学校毕业生以志愿者的方式到农村地区、民族地区缺乏教师的学校任教。县级人民政府教育行政部门依法认定其教师资格，其任教时间计入工龄。故张某的工龄应为 8 年。

专题五 《中华人民共和国未成年人保护法》

单项选择题

答案速查

1 ~ 5	DCDDB	6 ~ 10	DACBC	11 ~ 15	CDCCB	16 ~ 20	CBACD
21 ~ 25	ACBAA			26 ~ 30	BCCDA		

1. D 【解析】《中华人民共和国未成年人保护法》第十七条规定，未成年人的父母或者其他监护人不得实施“放任未成年人进入营业性娱乐场所、酒吧、互联网上网服务营业场所等不适宜未成年人活动的场所”的行为。题干中小杨属于未成年人，小杨妈妈却带小杨出入娱乐场所，表明其没有正确履行监护人职责。

2. C 【解析】《中华人民共和国未成年人保护法》第二十七条规定，学校、幼儿园的教职员工应当尊重未成年人人格尊严，不得对未成年人实施体罚、变相体罚或者其他侮辱人格尊严的行为。题干中刘老师的做法是不正确的，违反了《中华人民共和国未成年人保护法》。

3. D 【解析】《中华人民共和国未成年人保护法》第九十四条规定，具有下列情形之一的，民政部门应当依法对未成年人进行长期监护：(1)查找不到未成年人的父母或者其他监护人；(2)监护人死亡或者被宣告死亡且无其他人可以担任监护人；(3)监护人丧失监护能力且无其他人可以担任监护人；(4)人民法院判决撤销监护人资格并指定由民政部门担任监护人；(5)法律规定的其他情形。故针对花花的情况，应由民政部门对花花进行长期监护。

4. D 【解析】根据《中华人民共和国未成年人保护法》第二条规定，本法所称未成年人是指未满十八周岁的公民。

5. B 【解析】《中华人民共和国未成年人保护法》第一百零七条规定，人民法院审理离婚案件，涉及未成年子女抚养问题的，应当尊重已满八周岁未成年子女的真实意愿，根据双方具体情况，按照最有利于未成年子女的原则依法处理。

6. D 【解析】《中华人民共和国未成年人保护法》第二十二条规定，未成年人的父母或者其他监护人因外出务工等原因在一定期限内不能完全履行监护职责的，应当委托具有照护能力的完全民事行为能力人代为照护；无正当理由的，不得委托他人代为照护。故本题选择D选项。

7. A 【解析】《中华人民共和国未成年人保护法》第四章“社会保护”第四十四条规定，爱国主义教育基地、图书馆、青少年宫、儿童活动中心、儿童之家应当对未成年人免费开放；博物馆、纪念馆、科技馆、展览馆、美术馆、文化馆、社区公益性互联网上网服务场所以及影剧院、体育场馆、动物园、植物园、公园等场所，应当按照有关规定对未成年人免费或者优惠开放。

8. C 【解析】《中华人民共和国未成年人保护法》第九条规定，县级以上人民政府应当建立未成年人保护工作协调机制，统筹、协调、督促和指导有关部门在各自职责范围内做好未成年人保护工作。协调机制具体工作由县级以上人民政府民政部门承担，省级人民政府也可以根据本地实际情况确定由其他有关部门承担。

9. B 【解析】《中华人民共和国未成年人保护法》第十七条规定，未成年人的父母或者其他监护人不得实施“虐待、遗弃、非法送养未成年人或者对未成年人实施家庭暴力”的行为。第十一条规定，任何组织或者个人发现不利于未成年人身心健康或者侵犯未成年人合法权益的情形，都有权劝阻、制止或者向公安、民政、教育等有关部门提出检举、控告。故题干中园长的说法是错误的，学校应该及时劝阻思涵的继母停止虐待行为，如果其不听劝阻可向相关部门检举。《中华人民共和国未成年人保护法》第七条规定，未成年人的父母或者其他监护人依法对未成年人承担监护职责。故 A 项错误，本题选择 B 项。

10. C 【解析】《中华人民共和国未成年人保护法》第一百一十八条规定，未成年人的父母或者其他监护人不依法履行监护职责或者侵犯未成年人合法权益的，由其居住地的居民委员会、村民委员会予以劝诫、制止；情节严重的，居民委员会、村民委员会应当及时向公安机关报告。公安机关接到报告或者公安机关、人民检察院、人民法院在办理案件过程中发现未成年人的父母或者其他监护人存在上述情形的，应当予以训诫，并可以责令其接受家庭教育指导。

11. C 【解析】《中华人民共和国未成年人保护法》第七十条规定，学校应当合理使用网络开展教学活动。未经学校允许，未成年学生不得将手机等智能终端产品带入课堂，带入学校的应当统一管理。

12. D 【解析】《中华人民共和国未成年人保护法》第十七条规定，未成年人的父母或者其他监护人不得实施“允许、迫使未成年人结婚或者为未成年人订立婚约”的行为。

13. C 【解析】《中华人民共和国未成年人保护法》第二十六条规定，幼儿园应当做好保育、教育工作，遵循幼儿身心发展规律，实施启蒙教育，促进幼儿在体质、智力、品德等方面和谐发展。

14. C 【解析】《中华人民共和国未成年人保护法》第三十三条规定，幼儿园、校外培训机构不得对学龄前未成年人进行小学课程教育。题干中拼音和算术等属于小学课程，故该培训机构违反了此项规定。

15. B 【解析】《中华人民共和国未成年人保护法》第六十三条规定，任何组织或者个人不得隐匿、毁弃、非法删除未成年人的信件、日记、电子邮件或者其他网络通讯内容。

16. C 【解析】《中华人民共和国未成年人保护法》第七十六条规定，网络直播服务提供者不得为未满十六周岁的未成年人提供网络直播发布者账号注册服务。第一百二十七条规定，信息处理者违反本法第七十二条规定，或者网络产品和服务提供者违反本法第七十三条、第七十四条、第七十五条、第七十六条、第七十七条、第八十条规定的，由公安、网信、电信、新闻出版、广播电视、文化和旅游等有关部门按照职责分工责令改正，给予警告，没收违法所得，违法所得一百万元以上的，并处违法所得一倍以上十倍以下罚款，没有违法所得或者违法所得不足一百万元的，并处十万元以上一百万元以下罚款，对直接负责的主管人员和其他责任人员处一万元以上十万元以下罚款；拒不改正或者情节严重的，并可以责令暂停相关业务、停业整顿、关闭网站、吊销营业执

照或者吊销相关许可证。故本题选择 C 选项。

17. B 【解析】《中华人民共和国未成年人保护法》第五十九条规定，学校、幼儿园周边不得设置烟、酒、彩票销售网点。禁止向未成年人销售烟、酒、彩票或者兑付彩票奖金。烟、酒和彩票经营者应当在显著位置设置不向未成年人销售烟、酒或者彩票的标志；对难以判明是否是未成年人的，应当要求其出示身份证件。故题干中商店老板的做法是错误的，应禁止向未成年人出售香烟。

18. A 【解析】《中华人民共和国未成年人保护法》第一百零八条规定，未成年人的父母或者其他监护人不依法履行监护职责或者严重侵犯被监护的未成年人合法权益的，人民法院可以根据有关人员或者单位的申请，依法作出人身安全保护令或者撤销监护人资格。被撤销监护人资格的父母或者其他监护人应当依法继续负担抚养费用。题干中康康爸爸虽然被撤销了对康康的监护权，但其仍应继续承担康康的抚养费，本题选择 A 选项。

19. C 【解析】《中华人民共和国未成年人保护法》第二十二条规定，未成年人的父母或者其他监护人因外出务工等原因在一定期限内不能完全履行监护职责的，应当委托具有照护能力的完全民事行为能力人代为照护；无正当理由的，不得委托他人代为照护。第二十三条规定，未成年人的父母或者其他监护人应当及时将委托照护情况书面告知未成年人所在学校、幼儿园和实际居住地的居民委员会、村民委员会，加强和未成年人所在学校、幼儿园的沟通；与未成年人、被委托人至少每周联系和交流一次，了解未成年人的生活、学习、心理等情况，并给予未成年人亲情关爱。题干中丹丹父母应与丹丹、被委托人至少每周联系和交流一次，并非与学校交流。故本题选 C。

20. D 【解析】《中华人民共和国未成年人保护法》第三十九条规定，学校应当建立学生欺凌防控工作制度，对教职员工、学生等开展防治学生欺凌的教育和培训。学校对学生欺凌行为应当立即制止，通知实施欺凌和被欺凌未成年学生的父母或者其他监护人参与欺凌行为的认定和处理；对相关未成年学生及时给予心理辅导、教育和引导；对相关未成年学生的父母或者其他监护人给予必要的家庭教育指导。根据题干描述，李老师的首要工作是立即制止张某。

21. A 【解析】《中华人民共和国未成年人保护法》第七章“司法保护”第一百一十条规定，公安机关、人民检察院、人民法院讯问未成年犯罪嫌疑人、被告人，询问未成年被害人、证人，应当依法通知其法定代理人或者其成年亲属、所在学校的代表等合适成年人到场，并采取适当方式，在适当场所进行，保障未成年人的名誉权、隐私权和其他合法权益。人民法院开庭审理涉及未成年人案件，未成年被害人、证人一般不出庭作证；必须出庭的，应当采取保护其隐私的技术手段和心理干预等保护措施。故本题选 A。B 选项属于政府保护，C 选项属于社会保护，D 选项属于家庭保护。

22. C 【解析】《中华人民共和国未成年人保护法》第十一条规定，任何组织或者个人发现不利于未成年人身心健康或者侵犯未成年人合法权益的情形，都有权劝阻、制止或者向公安、民政、教育等有关部门提出检举、控告。

23. B 【解析】《中华人民共和国未成年人保护法》第二十二条规定，未成年人的父母或者其他监护人因外出务工等原因在一定期限内不能完全履行监护职责的，应当委托具有照护能力的完全民事行为能力人代为照护；无正当理由的，不得委托他人代为照护。未成年人的父母或者其他监护人在确定被委托人时，应当综合考虑其道德品质、家庭状况、身心健康状况、与未成年人生活情感上的联系等情况，并听取有表达意愿能力未成年人的意见。题干中，琳琳的伯父属于完全民事行为能力人，可以代为照护。故B项符合题意。

24. A 【解析】《中华人民共和国未成年人保护法》第九十二条规定，民政部门应当依法对流浪乞讨或者身份不明，暂时查找不到父母或者其他监护人的未成年人进行临时监护。第九十三条规定，对临时监护的未成年人，民政部门可以采取委托亲属抚养、家庭寄养等方式进行安置，也可以交由未成年人救助保护机构或者儿童福利机构进行收留、抚养。

25. A 【解析】《中华人民共和国未成年人保护法》第五十四条规定，禁止拐卖、绑架、虐待、非法收养未成年人，禁止对未成年人实施性侵害、性骚扰。禁止胁迫、引诱、教唆未成年人参加黑社会性质组织或者从事违法犯罪活动。禁止胁迫、诱骗、利用未成年人乞讨。第一百二十九条规定，违反本法规定，侵犯未成年人合法权益，造成人身、财产或者其他损害的，依法承担民事责任。违反本法规定，构成违反治安管理行为的，依法给予治安管理处罚；构成犯罪的，依法追究刑事责任。针对李某的行为应由公安机关依法给予处罚。

26. B 【解析】《中华人民共和国未成年人保护法》第八十六条规定，各级人民政府应当保障具有接受普通教育能力、能适应校园生活的残疾未成年人就近在普通学校、幼儿园接受教育；保障不具有接受普通教育能力的残疾未成年人在特殊教育学校、幼儿园接受学前教育、义务教育和职业教育。根据题意，题干中的小霞不具有接受普通教育的能力。故本题选B项。

27. C 【解析】《中华人民共和国未成年人保护法》第四章"社会保护"第五十四条规定，禁止拐卖、绑架、虐待、非法收养未成年人，禁止对未成年人实施性侵害、性骚扰。禁止胁迫、引诱、教唆未成年人参加黑社会性质组织或者从事违法犯罪活动。禁止胁迫、诱骗、利用未成年人乞讨。因此题干所述内容属于对未成年人的社会保护。

28. C 【解析】《中华人民共和国未成年人保护法》第六十二条规定，密切接触未成年人的单位招聘工作人员时，应当向公安机关、人民检察院查询应聘者是否具有性侵害、虐待、拐卖、暴力伤

害等违法犯罪记录;发现其具有前述行为记录的,不得录用。

29. D 【解析】《中华人民共和国未成年人保护法》第三十七条规定,学校、幼儿园应当根据需要,制定应对自然灾害、事故灾难、公共卫生事件等突发事件和意外伤害的预案,配备相应设施并定期进行必要的演练。题干中,幼儿园园长为了应付检查才去购买各种消防配套设施,让老师自己背诵学习晦涩难懂的突发事件应急手册,而未开展必要的应急演练。幼儿园园长的做法是不合法的,幼儿园应该定期组织老师带领儿童进行实践操作。D 项正确。

30. A 【解析】《中华人民共和国未成年人保护法》第五十九条规定,任何人不得在学校、幼儿园和其他未成年人集中活动的公共场所吸烟、饮酒。题干中,蔡某在幼儿园活动室抽烟,其做法违反了《中华人民共和国未成年人保护法》的规定。故本题选 A。

专题六 《学生伤害事故处理办法》

单项选择题

答案速查

1~5	ACCBB	6~10	BBDDD	11~15	DBCDA	16~20	BBBBA

1. A 【解析】根据《学生伤害事故处理办法》第十三条规定,下列情形下发生的造成学生人身损害后果的事故,学校行为并无不当的,不承担事故责任;事故责任应当按有关法律法规或者其他有关规定认定:(1)在学生自行上学、放学、返校、离校途中发生的;(2)在学生自行外出或者擅自离校期间发生的;(3)在放学后、节假日或者假期等学校工作时间以外,学生自行滞留学校或者自行到校发生的;(4)其他在学校管理职责范围外发生的。题干中对于龙龙所受的伤害,学校不承担赔偿责任。

2. C 【解析】根据《学生伤害事故处理办法》第十二条规定,因下列情形之一造成的学生伤害事故,学校已履行了相应职责,行为并无不当的,无法律责任:(1)地震、雷击、台风、洪水等不可抗的自然因素造成的;(2)来自学校外部的突发性、偶发性侵害造成的;(3)学生有特异体质、特定疾病或者异常心理状态,学校不知道或者难于知道的;(4)学生自杀、自伤的;(5)在对抗性或者具有风险性的体育竞赛活动中发生意外伤害的;(6)其他意外因素造成的。C 项台风属于不可抗的因素,故本题选择 C。

3. C 【解析】根据《学生伤害事故处理办法》第九条规定,"学校组织学生参加教育教学活动或者校外活动,未对学生进行相应的安全教育,并未在可预见的范围内采取必要的安全措施的"造成的学生伤害事故,学校应当依法承担相应的责任。第十一条规定,学校安排学生参加活动,因提供场地、设备、交通工具、食品及其他消费与服务的经营者,或者学校以外的活动组织者的过错造成的学生伤害事故,有过错的当事人应当依法承担相应的责任。因此,幼儿园和剧院应依法承担责任。

4. B 【解析】《学生伤害事故处理办法》第九条规定，因“学校组织学生参加教育教学活动或者校外活动，未对学生进行相应的安全教育，并未在可预见的范围内采取必要的安全措施”造成的学生伤害事故，学校应当依法承担相应的责任。题干中小吴是在学校组织的活动中受伤，且学校并未对学生进行相应的安全教育，也并未在可预见的范围内采取必要的安全措施，故小吴治疗脚伤的费用应由学校来承担。

5. B 【解析】根据《学生伤害事故处理办法》第九条规定，“学校的校舍、场地、其他公共设施，以及学校提供给学生使用的学具、教育教学和生活设施、设备不符合国家规定的标准，或者有明显不安全因素的”造成的学生伤害事故，学校应当依法承担相应的责任。

6. B 【解析】《学生伤害事故处理办法》第九条规定，“学生有特异体质或者特定疾病，不宜参加某种教育教学活动，学校知道或者应当知道，但未予以必要的注意”造成的学生伤害事故，学校应当依法承担相应的责任。根据题干描述可知，班主任对小李的病情是知情的，但未告知体育老师且并未对小李予以必要的注意。因此，小李在参加学校的教育教学活动中受伤，学校应当承担相应的赔偿责任。故小李父母的要求是合理的。

7. B 【解析】根据《学生伤害事故处理办法》第九条规定，“学校教师或者其他工作人员体罚或者变相体罚学生，或者在履行职责过程中违反工作要求、操作规程、职业道德或者其他有关规定的”造成的学生伤害事故，学校应当依法承担相应的责任。题干中由于吴老师的行为对幼儿造成了伤害，根据法律规定应由幼儿园依法承担相应的责任。

8. D 【解析】《学生伤害事故处理办法》第九条规定，“学校教师或者其他工作人员在负有组织、管理未成年学生的职责期间，发现学生行为具有危险性，但未进行必要的管理、告诫或者制止”而发生的学生伤害事故，学校应当依法承担相应的责任。题干中的班主任知道小红对芒果过敏，却未及时阻止而导致小红因严重过敏入院，依据上述规定，学校应当承担赔偿责任。

9. D 【解析】《学生伤害事故处理办法》第二十二条规定，事故处理结束，学校应当将事故处理结果书面报告主管的教育行政部门；重大伤亡事故的处理结果，学校主管的教育行政部门应当向同级人民政府和上一级教育行政部门报告。

10. D 【解析】《学生伤害事故处理办法》第二十八条规定，未成年学生对学生伤害事故负有责任的，由其监护人依法承担相应的赔偿责任。故D项正确。第十三条规定，“在学生自行上学、放学、返校、离校途中发生的”学生伤害事故，学校行为并无不当的，不承担事故责任；事故责任应当按有关法律法规或者其他有关规定认定。故A项说法错误。第二十一条规定，对经调解达成的协议，一方当事人不履行或者反悔的，双方可以依法提起诉讼。故B项说法错误。第九条

规定，因学校组织学生参加教育教学活动或者校外活动，未对学生进行相应的安全教育，并未在可预见的范围内采取必要的安全措施造成的学生伤害事故，学校应当依法承担相应的责任。故C项说法错误。

11. D　【解析】根据《学生伤害事故处理办法》第九条规定，因“学校的安全保卫、消防、设施设备管理等安全管理制度有明显疏漏，或者管理混乱，存在重大安全隐患，而未及时采取措施”造成的学生伤害事故，学校应当依法承担相应的责任。第十条规定，因“学生违反法律法规的规定，违反社会公共行为准则、学校的规章制度或者纪律，实施按其年龄和认知能力应当知道具有危险或者可能危及他人的行为”而造成的学生伤害事故，学生或者未成年学生监护人应当依法承担相应的责任。综上所述，对刘某所受的人身伤害应承担赔偿责任的是刘某所在学校和张某的监护人，故本题选D项。

12. B　【解析】根据《学生伤害事故处理办法》第三十一条规定，学校有条件的，应当依据保险法的有关规定，参加学校责任保险。教育行政部门可以根据实际情况，鼓励中小学参加学校责任保险。该规定一方面可以减轻学校的压力，另一方面可以较好地解决学生伤害事故的赔偿问题。

13. C　【解析】根据《学生伤害事故处理办法》第十三条规定，在学校管理职责范围外发生的学生伤害事故，学校行为并无不当的，不承担事故责任；事故责任应当按有关法律法规或者其他有关规定认定。题干中教师张某在校外开设的商店不在学校管理职责范围内，学校不承担责任。第十四条规定，因学校教师或者其他工作人员与其职务无关的个人行为，或者因学生、教师及其他个人故意实施的违法犯罪行为，造成学生人身损害的，由致害人依法承担相应的责任。张某开设商店属于个人行为，与其职务无关，因此张某应当承担主要责任。

14. D　【解析】根据《学生伤害事故处理办法》第九条规定，因“学校组织学生参加教育教学活动或者校外活动，未对学生进行相应的安全教育，并未在可预见的范围内采取必要的安全措施”而造成的学生伤害事故，学校应当依法承担相应的法律责任。C项学校承担全部责任的说法错误。根据《中华人民共和国民法典》第四百九十七条规定，提供格式条款一方不合理地免除或者减轻其责任、加重对方责任、限制对方主要权利的，该格式条款无效。故题干中学校与学生家长所签的学校免责协议无效。A项错误，本题选D。B项，学校不是学生的法定监护人，不承担监护人责任，B项说法错误。

15. A　【解析】《学生伤害事故处理办法》第十九条规定，教育行政部门收到调解申请，认为必要的，可以指定专门人员进行调解，并应当在受理申请之日起60日内完成调解。

16. B　【解析】《学生伤害事故处理办法》第九条规定，学校的安全保卫、消防、设施设备管理等安全管理制度有明显疏漏，或者管理混乱，存在重大安全隐患，而未及时采取措施，因此造成的学生伤害事故，学校应依法承担相应责任。第二十八条规定，未成年学生对学生伤害事故负有责任的，由其监护人依法承担相应的赔偿责任。题干中幼儿园教学楼门口有一条狗，说明幼儿园安全保卫工作有明显疏漏，故幼儿园应承担赔偿责任。小伟将狗从家里带到幼儿园，导致小凡被咬伤，所以小伟也要承担相应的赔偿责任，由于小伟是未成年人，赔偿责任由其监护人承担。综上所述，小伟的监护人和幼儿园应该对小凡所受的伤害承担赔偿责任。

17. B 【解析】《学生伤害事故处理办法》第九条规定，因“学校的校舍、场地、其他公共设施，以及学校提供给学生使用的学具、教育教学和生活设施、设备不符合国家规定的标准，或者有明显不安全因素”而造成的学生伤害事故，学校应当依法承担相应的责任。

18. B 【解析】《学生伤害事故处理办法》第十二条规定，因地震、雷击、台风、洪水等不可抗的自然因素造成的学生伤害事故，学校已履行了相应职责，行为并无不当的，无法律责任。故AD项可排除。题干中，天花板因地震脱落砸伤保护学生的刘老师，学生小林无过错，其监护人无需承担赔偿责任。故C项不选。刘老师履行教师职责，积极保护学生，学校应对受伤的刘老师给予适当补偿，故本题答案为B项。

易错提示：发生学生伤害事故时，学校是否承担责任是易错点。考生在遇到此类试题时，应首先确定事故发生的时间、地点和性质，如假期或上、下学途中，因不可抗力因素造成的，学生自杀、自伤的，可根据《学生伤害事故处理办法》中第十二条、第十三条的规定，判定学校不承担责任。其次应确定事故的致害人，直接致害人承担相关法律责任。若直接致害人是教师，则还需判断教师的行为是否是职务行为。若教师的行为是职务行为，则应由学校承担责任；若教师的行为是非职务行为，则应由教师承担责任。最后需确定学校在管理过程中是否尽到了管理、教育职责，从而判断学校是否应承担相应的补充责任。

19. B 【解析】《学生伤害事故处理办法》第三十六条规定，受伤害学生的监护人、亲属或者其他有关人员，在事故处理过程中无理取闹，扰乱学校正常教育教学秩序，或者侵犯学校、学校教师或者其他工作人员的合法权益的，学校应当报告公安机关依法处理；造成损失的，可以依法要求赔偿。

20. A 【解析】《学生伤害事故处理办法》第二十一条规定，对经调解达成的协议，一方当事人不履行或者反悔的，双方可以依法提起诉讼。题干中的学校不履行已达成的协议，所以，高某的父母可以依法提出诉讼。

专题七　《中华人民共和国民法典》关于侵权责任的规定

单项选择题

答案速查

1~6	CCACCD

1. C 【解析】根据《中华人民共和国民法典》第一千一百八十八条规定，无民事行为能力人、限制民事行为能力人造成他人损害的，由监护人承担侵权责任。题干中亮亮将聪聪推倒摔伤，亮亮属于无民事行为能力人，故应由其监护人承担赔偿责任。

2. C 【解析】根据《中华人民共和国民法典》第一千一百九十九条规定，无民事行为能力人在幼儿园、学校或者其他教育机构学习、生活期间受到人身损害的，幼儿园、学校或者其他教育机构应当承担侵权责任；但是，能够证明尽到教育、管理职责的，不承担侵权责任。题干中小朋友是在幼儿园的秋千上摔下来受伤的，幼儿园未尽到管理职责，故由幼儿园承担相应的法律责任。

3. A 【解析】《中华人民共和国民法典》第一千一百八十八条规定，无民事行为能力人、限制民事行为能力人造成他人损害的，由监护人承担侵权责任。侵权人小强为无民事行为能力人，其监护人承担侵权责任，A 项正确，D 项错误。第一千一百九十九条规定，无民事行为能力人在幼儿园、学校或者其他教育机构学习、生活期间受到人身损害的，幼儿园、学校或者其他教育机构应当承担侵权责任；但是，能够证明尽到教育、管理职责的，不承担侵权责任。幼儿园的侵权责任适用过错推定原则，即根据法律规定推定幼儿园有过错，幼儿园不能证明自己没有过错的，应当承担侵权责任。BC 两项说法错误。故选 A。

4. C 【解析】根据《中华人民共和国民法典》第一千一百六十九条规定，教唆、帮助他人实施侵权行为的，应当与行为人承担连带责任。

5. C 【解析】《中华人民共和国民法典》第一千一百八十八条规定，无民事行为能力人、限制民事行为能力人造成他人损害的，由监护人承担侵权责任。题干中事故发生在暑假期间，故学校不承担赔偿责任。事故是由王某造成的，王某为无民事行为能力人，故应由王某的监护人承担赔偿责任。

6. D 【解析】《中华人民共和国民法典》第一千一百九十九条规定，无民事行为能力人在幼儿园、学校或者其他教育机构学习、生活期间受到人身损害的，幼儿园、学校或者其他教育机构应当承担侵权责任。第一千一百八十八条规定，无民事行为能力人、限制民事行为能力人造成他人损害的，由监护人承担侵权责任。题干中小刚是在幼儿园户外活动时间受到损害的，且老师未尽到监管的责任，所以幼儿园应当承担赔偿责任。小刚是被小明推倒受伤的，小明属于无民事行为能力人，因此小明的监护人也应当承担赔偿责任。

专题八 《幼儿园工作规程》

单项选择题

答案速查

1～5	BDACA	6～10	CBDCD	11～15	DBBDA	16～20	DBDCD
21～25	BDBBD	26～30	BCBDD	31～34	AADD		

1. B　【解析】《幼儿园工作规程》第三十三条规定,幼儿园不得提前教授小学教育内容,不得开展任何违背幼儿身心发展规律的活动。题干中该幼儿园提前教授小学一年级的课程内容的做法违反了《幼儿园工作规程》的规定,是错误的。

2. D　【解析】《幼儿园工作规程》第三十条规定,幼儿园应当将环境作为重要的教育资源,合理利用室内外环境,创设开放的、多样的区域活动空间,提供适合幼儿年龄特点的丰富的玩具、操作材料和幼儿读物,支持幼儿自主选择和主动学习,激发幼儿学习的兴趣与探究的愿望。

3. A　【解析】《幼儿园工作规程》第十五条规定,幼儿园教职工必须具有安全意识,掌握基本急救常识和防范、避险、逃生、自救的基本方法,在紧急情况下应当优先保护幼儿的人身安全。幼儿园应当把安全教育融入一日生活,并定期组织开展多种形式的安全教育和事故预防演练。

4. C　【解析】《幼儿园工作规程》第二条规定,幼儿园是对3周岁以上学龄前幼儿实施保育和教育的机构。幼儿园教育是基础教育的重要组成部分,是学校教育制度的基础阶段。A项说法正确。第二十五条规定,幼儿园应当以游戏为基本活动,寓教育于各项活动之中。B项说法正确。第十条规定,幼儿入园前,应当按照卫生部门制定的卫生保健制度进行健康检查,合格者方可入园。幼儿入园除进行健康检查外,禁止任何形式的考试或测查。C项说法错误,D项说法正确。

5. A　【解析】《幼儿园工作规程》第十五条规定,幼儿园应当结合幼儿年龄特点和接受能力开展反家庭暴力教育,发现幼儿遭受或者疑似遭受家庭暴力的,应当依法及时向公安机关报案。

6. C　【解析】《幼儿园工作规程》第二十二条规定,幼儿园应当培养幼儿良好的大小便习惯,不得限制幼儿便溺的次数、时间等。因此,该幼儿园的做法违反了《幼儿园工作规程》的相关规定,是错误的。故本题选C。

7. B　【解析】根据《幼儿园工作规程》第十条规定,幼儿入园前,应当按照卫生部门制定的卫生保健制度进行健康检查,合格者方可入园。幼儿入园除进行健康检查外,禁止任何形式的考试或测查。

8. D　【解析】《幼儿园工作规程》第十九条规定,幼儿园应当建立幼儿健康检查制度和幼儿健康卡或档案。每年体检一次,每半年测身高、视力一次,每季度量体重一次;注意幼儿口腔卫生,保护幼儿视力。

9. C　【解析】《幼儿园工作规程》第三十七条规定,幼儿园的建筑规划面积、建筑设计和功能要求,以及设施设备、玩教具配备,按照国家和地方的相关规定执行。《托儿所、幼儿园建筑设计规范》指出,插座应采用安全型,安装高度不应低于1.8m。

10. D　【解析】《幼儿园工作规程》第五十四条规定,幼儿园应当成立家长委员会。家长委员会的主要任务是:对幼儿园重要决策和事关幼儿切身利益的事项提出意见和建议;发挥家长的专业

和资源优势，支持幼儿园保育教育工作；帮助家长了解幼儿园工作计划和要求，协助幼儿园开展家庭教育指导和交流。家长委员会在幼儿园园长指导下工作。

11. D 【解析】《幼儿园工作规程》第十八条规定，在正常情况下，幼儿户外活动时间（包括户外体育活动时间）每天不得少于 2 小时，寄宿制幼儿园不得少于 3 小时；高寒、高温地区可酌情增减。

易混辨析：考生易混淆《幼儿园工作规程》中有关时间的规定，在遇到此类试题时需要注意区分。

幼儿园正餐间隔：3.5 ~4 小时；

幼儿户外活动时间：不少于 2 小时，寄宿制不少于 3 小时；

户外体育活动时间：不少于 1 小时。

12. B 【解析】《幼儿园工作规程》第十八条规定，幼儿园应当制定合理的幼儿一日生活作息制度。正餐间隔时间为 3.5 ~4 小时。在正常情况下，幼儿户外活动时间（包括户外体育活动时间）每天不得少于 2 小时，寄宿制幼儿园不得少于 3 小时；高寒、高温地区可酌情增减。题干中，某幼儿园因为担心幼儿在户外活动中不好管理，就取消了幼儿所有的户外活动，违反了《幼儿园工作规程》，这种做法是不利于幼儿身心发展的。该幼儿园的做法错误。

13. B 【解析】《幼儿园工作规程》第三十一条规定，幼儿园的品德教育应当以情感教育和培养良好行为习惯为主，注重潜移默化的影响，并贯穿于幼儿生活以及各项活动之中。

14. D 【解析】《幼儿园工作规程》第十三条规定，入园幼儿应当由监护人或者其委托的成年人接送。D 选项如果孩子的父母忙，可以将孩子交给父母委托的其他人接，同时要与孩子的父母联系确认。

15. A 【解析】《幼儿园工作规程》第五十六条规定，幼儿园实行园长负责制。根据题干描述，该幼儿园的一切活动应由担任园长的张某负责，本题选 A。

16. D 【解析】《幼儿园工作规程》第二十一条规定，幼儿园应当每周向家长公示幼儿食谱，并按照相关规定进行食品留样。故幼儿园晚餐应当进行食品留样，D 项表述错误。

17. B 【解析】《幼儿园工作规程》第二十条规定，幼儿园应当建立患病幼儿用药的委托交接制度，未经监护人委托或者同意，幼儿园不得给幼儿用药。题干中刘老师未经平平家长允许，便擅自给平平服用药物，违反了《幼儿园工作规程》的规定，故做法不合理。

18. D 【解析】《幼儿园工作规程》第十八条规定，幼儿园应当制定合理的幼儿一日生活作息制度。正餐间隔时间为 3.5 ~4 小时。

19. C 【解析】《幼儿园工作规程》第二十二条规定，幼儿园应当培养幼儿良好的大小便习惯，不得限制幼儿便溺的次数、时间等。题干中彭老师规定了每天的如厕时间和次数，违反了《幼儿园工作规程》的规定，不利于幼儿养成良好的大小便习惯，故做法不正确。

20. D　**【解析】**《幼儿园工作规程》第四十七条规定，幼儿园不得以培养幼儿某种专项技能、组织或参与竞赛等为由，另外收取费用；不得以营利为目的组织幼儿表演、竞赛等活动。题干中幼儿园向家长收取费用，违反了《幼儿园工作规程》的规定，故做法不合理。

21. B　**【解析】**《幼儿园工作规程》第四十一条规定，幼儿园教师对本班工作全面负责，其主要职责如下：(1)观察了解幼儿，依据国家有关规定，结合本班幼儿的发展水平和兴趣需要，制订和执行教育工作计划，合理安排幼儿一日生活；(2)创设良好的教育环境，合理组织教育内容，提供丰富的玩具和游戏材料，开展适宜的教育活动；(3)严格执行幼儿园安全、卫生保健制度，指导并配合保育员管理本班幼儿生活，做好卫生保健工作；(4)与家长保持经常联系，了解幼儿家庭的教育环境，商讨符合幼儿特点的教育措施，相互配合共同完成教育任务；(5)参加业务学习和保育教育研究活动；(6)定期总结评估保教工作实效，接受园长的指导和检查。B 项是幼儿园园长的工作职责，因此 B 项错误。

22. D　**【解析】**《幼儿园工作规程》第二十一条规定，幼儿园应当每周向家长公示幼儿食谱，并按照相关规定进行食品留样。题干中园长拒绝向幼儿家长公示食谱的做法违反了《幼儿园工作规程》的规定，做法不正确，因此本题选择 D。

23. B　**【解析】**《幼儿园工作规程》第十五条规定，幼儿园教职工必须具有安全意识，掌握基本急救常识和防范、避险、逃生、自救的基本方法，在紧急情况下应当优先保护幼儿的人身安全。

24. B　**【解析】**《幼儿园工作规程》第十条规定，幼儿入园前，应当按照卫生部门制定的卫生保健制度进行健康检查，合格者方可入园。A 项说法正确。第二十六条规定，幼儿一日活动的组织应当动静交替，注重幼儿的直接感知、实际操作和亲身体验，保证幼儿愉快的、有益的自由活动。B 项说法错误。第二十三条规定，幼儿园应当积极开展适合幼儿的体育活动，充分利用日光、空气、水等自然因素以及本地自然环境，有计划地锻炼幼儿肌体，增强身体的适应和抵抗能力。正常情况下，每日户外体育活动不得少于 1 小时。C 项说法正确。第十一条规定，幼儿园可以按年龄分别编班，也可以混合编班。D 项说法正确。

25. D　**【解析】**《幼儿园工作规程》第二十九条规定，幼儿园应当将游戏作为对幼儿进行全面发展教育的重要形式。

26. B　**【解析】**《幼儿园工作规程》第五十四条规定，家长委员会的主要任务是：对幼儿园重要决策和事关幼儿切身利益的事项提出意见和建议；发挥家长的专业和资源优势，支持幼儿园保育教育工作；帮助家长了解幼儿园工作计划和要求，协助幼儿园开展家庭教育指导和交流。

27. C 【解析】《幼儿园工作规程》第二十三条规定，幼儿园应当积极开展适合幼儿的体育活动，充分利用日光、空气、水等自然因素以及本地自然环境，有计划地锻炼幼儿肌体，增强身体的适应和抵抗能力。

28. B 【解析】《幼儿园工作规程》第八条规定，幼儿园每年秋季招生。平时如有缺额，可随时补招。故B项说法错误。第三十三条规定，幼儿园不得提前教授小学教育内容，不得开展任何违背幼儿身心发展规律的活动。故A项说法正确。第三十条规定，幼儿园应当将环境作为重要的教育资源，合理利用室内外环境，创设开放的、多样的区域活动空间，提供适合幼儿年龄特点的丰富的玩具、操作材料和幼儿读物，支持幼儿自主选择和主动学习，激发幼儿学习的兴趣与探究的愿望。故C项说法正确。第三十九条规定，幼儿园教职工患传染病期间暂停在幼儿园的工作。故D项说法正确。

29. D 【解析】《幼儿园工作规程》第三十三条规定，幼儿园不得提前教授小学教育内容，不得开展任何违背幼儿身心发展规律的活动。题干中的幼儿园开设的拼音课、数学课、英语课等属于小学阶段的课程，故该幼儿园的做法错误，幼儿园不得提前教授小学教育内容。

30. D 【解析】《幼儿园工作规程》第二十条规定，幼儿园内禁止吸烟、饮酒。故本题选D。

31. A 【解析】《幼儿园工作规程》第三条规定，幼儿园的任务是：贯彻国家的教育方针，按照保育与教育相结合的原则，遵循幼儿身心发展特点和规律，实施德、智、体、美等方面全面发展的教育，促进幼儿身心和谐发展。幼儿园同时面向幼儿家长提供科学育儿指导。

32. A 【解析】《幼儿园工作规程》第二十条规定，幼儿园应当建立卫生消毒、晨检、午检制度和病儿隔离制度，配合卫生部门做好计划免疫工作。幼儿园应当建立传染病预防和管理制度，制定突发传染病应急预案，认真做好疾病防控工作。

33. D 【解析】根据《幼儿园工作规程》第三十九条，幼儿园教职工应当贯彻国家教育方针，具有良好品德，热爱教育事业，尊重和爱护幼儿，具有专业知识和技能以及相应的文化和专业素养，为人师表，忠于职责，身心健康。幼儿园教职工患传染病期间暂停在幼儿园的工作。有犯罪、吸毒记录和精神病史者不得在幼儿园工作。故D项错误。

34. D 【解析】《幼儿园工作规程》第四十七条规定，幼儿园不得以培养幼儿某种专项技能、组织或参与竞赛等为由，另外收取费用；不得以营利为目的组织幼儿表演、竞赛等活动。

专题九　《儿童权利公约》

单项选择题

答案速查

1～5	BBDBB	6～8	DBC

1. B　【解析】《儿童权利公约》第十五条规定，缔约国确认儿童享有结社自由及和平集会自由的权利。A 项符合。第七条规定，儿童出生后应立即登记，并有自出生起获得姓名的权利，有获得国籍的权利，以及尽可能知道谁是其父母并受其父母照料的权利。C 项符合。第八条规定，缔约国承担尊重儿童维护其身份包括法律所承认的国籍、姓名及家庭关系而不受非法干扰的权利。D 项符合。本题选 B。

2. B　【解析】《儿童权利公约》提倡的四项原则是：儿童最大利益原则；尊重儿童权利与尊严原则；无歧视原则；尊重儿童观点的原则。

3. D　【解析】《儿童权利公约》第六条规定，缔约国确认每个儿童均有固有的生命权。缔约国应最大限度地确保儿童的存活与发展。第十九条规定，缔约国应采取一切适当的立法、行政、社会和教育措施，保护儿童在受父母、法定监护人或其他任何负责照管儿童的人的照料时，不致受到任何形式的身心摧残、伤害或凌辱，忽视或照料不周，虐待或剥削，包括性侵犯。D 项不属于《儿童权利公约》中提到的儿童的基本权利。

4. B　【解析】《儿童权利公约》第二十四条规定，缔约国确认儿童有权享有可达到的最高标准的健康，并享有医疗和康复设施，缔约国应努力确保没有任何儿童被剥夺获得这种保健服务的权利。故本题选 B。

5. B　【解析】《儿童权利公约》第一条规定，为本公约之目的，儿童系指 18 岁以下的任何人，除非对其适用之法律规定成年年龄低于 18 岁。

6. D　【解析】《儿童权利公约》第十四条规定，缔约国应尊重儿童享有思想、信仰和宗教自由的权利。A 项正确。第二十六条规定，缔约国应确认每个儿童有权受益于社会保障、包括社会保险，并应根据其国内法律采取必要措施充分实现这一权利。B 项正确。第十三条规定，儿童应有自由发表言论的权利；此项权利应包括通过口头、书面或印刷、艺术形式或儿童所选择的任何其他媒介，寻求、接受和传递各种信息和思想的自由，而不论国界。C 项正确。《儿童权利公约》中未提及儿童的选举和被选举的权利，故本题选 D。

7. B　【解析】《儿童权利公约》第二十八条规定，缔约国确认儿童有受教育的权利，为在机会均等的基础上逐步实现此项权利，缔约国尤应：(1)实现全面的免费义务小学教育；(2)鼓励发展不同形式的中学教育、包括普通和职业教育，使所有儿童均能享有和接受这种教育，并采取适当措施，诸如实行免费教育和对有需要的人提供津贴；(3)以一切适当方式根据能力使所有人均有受高等教育的机会；(4)使所有儿童均能得到教育和职业方面的资料和指导；(5)采取措施鼓励学生按时出勤和降低辍学率。

8. C 【解析】《儿童权利公约》第十七条规定，缔约国确认大众传播媒介的重要作用，并应确保儿童能够从多种的国家和国际来源获得信息和资料，尤其是旨在促进其社会、精神和道德福祉和身心健康的信息和资料。为此目的，缔约国应：(1)鼓励大众传播媒介本着第二十九条的精神散播在社会和文化方面有益于儿童的信息和资料；(2)鼓励在编制、交流和散播来自不同文化、国家和国际来源的这类信息和资料方面进行国际合作；(3)鼓励儿童读物的著作和普及；(4)鼓励大众传播媒介特别注意属于少数群体或土著居民的儿童在语言方面的需要；(5)鼓励根据第十三条和第十八条的规定制定适当的准则，保护儿童不受可能损害其福祉的信息和资料之害。

专题十 教师的权利与义务

单项选择题

答案速查

1~5	BBDBC	6~10	CDCCA	11~15	CABBA	16~20	ADCBD

1. B 【解析】教师享有“参加进修或者其他方式的培训”的权利。因此，该校不准教师外出参加脱产学习，这实际上侵犯了教师的进修培训权。

2. B 【解析】“从事科学研究、学术交流，参加专业的学术团体，在学术活动中充分发表意见”是教师作为专业技术人员的一项基本权利。校长的做法侵犯了李老师的学术研究权。

3. D 【解析】教师有“对学校教育教学、管理工作和教育行政部门的工作提出意见和建议，通过教职工代表大会或者其他形式，参与学校的民主管理”的权利。因此，李老师向校领导反映学校考评考核制度中存在的问题，其实是在行使教师权利。

4. B 【解析】教师对学校或者其他教育机构侵犯其合法权益的，或者对学校或者其他教育机构作出的处理不服的，可以向教育行政部门提出申诉，教育行政部门应当在接到申诉的三十日内，作出处理。所以，小赵可以向当地县教育局提出申诉。

5. C 【解析】教师有“参加进修或者其他方式的培训”的权利。因此学校剥夺的是马老师在职学习、参加进修的权利。

6. C 【解析】教师有“贯彻国家的教育方针，遵守规章制度，执行学校的教学计划，履行教师聘约，完成教育教学工作任务”的义务。题干中教师张某的做法不合法，未履行教师的义务。

7. D 【解析】教师的首要职责是搞好教学、教好功课、完成知识教学任务，因而教师就必须锐意进取，刻苦学习。要使学生学好知识，教师首先必须学好知识。“不断提高思想觉悟和教育教学业务水平”这项义务实际上是对教师不断提高自身素质的基本要求。

8. C 【解析】教师有“按时获取工资报酬，享受国家规定的福利待遇以及寒暑假期的带薪休假”的权利。学校或其他组织不得拖欠教师的报酬,不得克扣或变相克扣教师的工资。C选项中学校因修盖宿舍扣除教师工资,侵犯了教师的报酬待遇权。

9. C 【解析】教师对学校或者其他教育机构提出的申诉,主管教育行政部门应当在收到申诉书的30日内作出处理。

10. A 【解析】教师有"进行教育教学活动,开展教育教学改革和实验"的权利。因此陈老师根据学生实际情况进行课堂教学改革是在行使教师的权利,陈老师应坚持自己的想法。

11. C 【解析】民主管理权是指教师对学校教育教学、管理工作和教育行政部门的工作提出意见和建议,通过教职工代表大会或者其他形式,参与学校的民主管理。题干中该教师积极参加学校工会活动,并对学校的改革发展建言献策,老师行使的是教师的民主管理权。

12. A 【解析】教育教学权是指教师享有进行教育教学活动、开展教育教学改革和实验的权利。这是教师为履行教育教学职责必须具备的最基本权利。任何人不得非法剥夺在聘教师行使教育教学权。题干中校长罚王老师停课一周进行反思的行为,侵犯王老师的教育教学权。

13. B 【解析】教师行政申诉是指教师在其合法权益受到侵犯时,依照法律法规的规定,向主管的行政机关申诉理由,请求处理。只要教师认为学校侵犯自己合法权益的,可以向教育行政部门提起申诉。

14. B 【解析】教育行政复议是指教育行政相对人(如学校、教师)认为教育行政机关做出的具体行政行为侵犯其合法权益,向做出该行为的机关的上一级教育行政机关或该机关所属的本级人民政府提出申请,受理申请的行政机关对发生争议的具体行政行为进行复查并做出决定的活动。因此,朱老师可向当地人民政府提出行政复议。

15. A 【解析】教师获取报酬待遇权是指,教师的报酬必须按时发放,不得拖欠教师的报酬,不得克扣或变相克扣教师的工资。A项隐私权是指,公民依法享有拒绝、排斥任何未经法律批准的监视、窥探和防止个人私生活秘密、个人信息(个人数据)被披露的权利。题干描述并未侵犯教师的隐私权。

16. A 【解析】教育行政申诉是指教师在其合法权益受到侵犯时,依照法律法规的规定,向主管的行政机关申诉理由,请求处理。根据题干描述,校长侵犯了华老师的权益,华老师可向当地教育行政机关提出行政申诉。

17. D 【解析】教师有"按时获取工资报酬,享受国家规定的福利待遇以及寒暑假期的带薪休假"的权利。本题中该幼儿园以扣发工资强迫教师在寒假期间加班的做法是不正确的。故本题选D。

18. C　【解析】教育教学权是教师为履行教育教学职责而必须具备的基本权利。教师是履行教育教学活动的专业人员，有权按照学校的安排进行教育教学活动，非因法律的规定或教师客观的原因不能剥夺教师的教育教学权。题干中园长为平息家长的怒火便暂停吴老师的教学工作，剥夺了吴老师的教育教学权，做法不正确。

19. B　【解析】教育申诉制度是指教师在其合法权益受到侵害时，依法向国家机关申诉理由，请求处理的制度。

20. D　【解析】教师享有民主管理权，即教师有权对学校教育教学、管理工作和教育行政部门的工作提出意见和建议，通过教职工代表大会或者其他形式，参与学校的民主管理。故本题选D项。

易错提示：按照我国《教师法》等相关法律法规的规定，我国教师享有教育教学权、科学研究权、管理学生权、获取报酬待遇权、民主管理权、进修培训权等权利。

教育教学权：进行教育教学活动，开展教育教学改革和实验；

科学研究权：从事科学研究、学术交流，参加专业的学术团体，在学术活动中充分发表意见；

管理学生权：指导学生的学习和发展，评定学生的品行和学业成绩；

获取报酬待遇权：按时获取工资报酬，享受国家规定的福利待遇以及寒暑假期的带薪休假；

民主管理权：对学校教育教学、管理工作和教育行政部门的工作提出意见和建议，通过教职工代表大会或者其他形式，参与学校的民主管理；

进修培训权：参加进修或者其他方式的培训。

专题十一　幼儿的权利

单项选择题

答案速查

1～5	BBABC	6～10	DBCBA	11～15	BABAC	16～20	BCCDD

1. B　【解析】幼儿享有肖像权，有权依法制作、使用、公开或者许可他人使用自己的肖像。肖像是通过影像、雕塑、绘画等方式在一定载体上所反映的特定自然人可以被识别的外部形象。未经幼儿监护人的书面同意，任何人不得以营利为目的使用幼儿的肖像。题干中幼儿园未得到璐璐家长的同意，将璐璐的视频放在网站上用来招生，属于侵犯了璐璐的肖像权。

2. B　【解析】人身自由是幼儿的一项基本权利，包括身体行动自由和表达的自由。侵害人身自由的表现形式：非法拘禁和限制、非法搜查、非法限制表达自由的权利等。题干中学校对学生进行搜身检查的行为,侵犯了学生的人身自由权。故选 B 项。

3. A 【解析】幼儿的合法财产受到法律保护,教师不得侵占、破坏或非法扣押、没收等。教师侵犯幼儿财产权的表现形式有:损坏幼儿财物、非法没收幼儿物品、乱罚款、乱摊派、推销等。题干中班主任张老师的行为侵犯了幼儿的财产权。

4. B 【解析】学校和教师必须尊重幼儿的人格尊严,严禁对幼儿实施体罚、变相体罚或其他侮辱人格尊严的行为。A、C、D 选项都侵犯了幼儿的合法权益。B 选项没有侵犯幼儿的合法权益,故本题选择 B。

5. C 【解析】受教育权是学生最基本的权利,任何组织和个人都不得以任何借口非法剥夺学生参加教育教学活动的权利。题干中的幼儿园让幼儿停课参加某公司的庆典,侵犯了幼儿的受教育权。

易错提示:常见的侵犯幼儿受教育权的行为主要有:(1)侵犯幼儿教育机会平等的权利。幼儿享有使用学校的教育教学资源、图书资料、实验设备等的权利,教师不能以任何理由歧视和区别对待幼儿。(2)侵犯幼儿参加教育教学活动的权利。幼儿有权参加教学计划安排的各项活动,教师不得以任何理由拒绝幼儿参加教学活动。(3)随意开除幼儿。

6. D 【解析】健康权是指幼儿以其机体生理机能的正常运作和功能的完善发挥,维持人体生命活动的利益为内容的具体人格权。幼儿的身心健康受法律保护。任何组织或者个人不得侵害他人的健康权。题干中陈老师拖拽朵朵,使朵朵身体多处擦伤,危及了朵朵的生命健康,因此侵犯了朵朵的健康权。

7. B 【解析】名誉是对民事主体的品德、声望、才能、信用等的社会评价。幼儿享有名誉权。任何组织或者个人不得以侮辱、诽谤等方式侵害幼儿的名誉权。题干中陈某给小强起绰号,是不尊重小强的人格尊严的表现,使小强的名誉受到了损害,侵犯了小强的名誉权。

8. C 【解析】幼儿有受教育的权利和义务。幼儿受教育机会平等包括受教育过程上的机会平等,即幼儿进入幼儿园以后,幼儿园应该保障每个幼儿参加教育教学计划内安排的各种活动,使用各种教学设备、玩具等,每个幼儿都是平等的。题干中齐老师因为自己嫌弃磊磊,便不让磊磊参与集体活动,是教育机会不平等的表现,是不正确的做法,应当让磊磊一起参与集体活动。

9. B 【解析】学校和教师必须尊重幼儿的人格尊严,严禁对幼儿实施体罚、变相体罚或其他侮辱人格尊严的行为。题干中的黄老师对小强进行粗暴的言语辱骂,侵犯了学生的人格尊严权。

10. A 【解析】著作财产权是著作权人基于对作品的利用给其带来的财产收益权。题干中小明的画获奖,所得奖金属于著作财产收益,因此奖金应该归小明所得。

11. B 【解析】学校和教师必须尊重幼儿的人格尊严，严禁对幼儿实施体罚、变相体罚或其他侮辱人格尊严的行为。题干中汤老师贴“坏学生”榜的做法是侮辱人格尊严的行为，没有尊重幼儿的人格。

12. A 【解析】受教育权是幼儿的一项基本权利。题干中徐老师在上课时把皮皮关在卫生间里，会导致皮皮无法参加课堂教学中的各种活动，因此侵犯了皮皮的受教育权。

13. B 【解析】受教育权是幼儿的一项基本权利。我国法律规定，中华人民共和国公民有受教育的权利和义务。题干中小红父母的做法侵犯了小红的受教育权。

14. A 【解析】幼儿享有隐私权。任何组织或者个人不得以刺探、侵扰、泄露、公开等方式侵害幼儿的隐私权。隐私是自然人的私人生活安宁和不愿为他人知晓的私密空间、私密活动、私密信息。题干中丁丁将同学丽丽的个人信息披露给其他人，这种行为侵犯了丽丽的隐私权。

15. C 【解析】名誉是对民事主体的品德、声望、才能、信用等的社会评价。幼儿享有名誉权。任何组织或者个人不得以侮辱、诽谤等方式侵害幼儿的名誉权。题干中王老师说小亮“笨得像头猪”，对学生来说是一种侮辱，使小亮的名誉受到了损害。王老师的做法侵犯了学生的名誉权，是不正确的。

16. B 【解析】人格尊严权指公民享有作为人的最起码的社会地位和受到他人与社会最起码尊重的权利。学生作为公民，人格尊严不容侵犯。题干中，孔老师未经调查就认定熊某是“小偷”，并要求其当面认错的行为侵犯了熊某的人格尊严。荣誉权是指任何组织或个人不得非法剥夺学生因其贡献而得到的荣誉称号、奖章等，与题意不符，故本题选 B。

17. C 【解析】著作权是指自然人、法人或者其他组织对文学、艺术和科学作品依法享有的财产权利和精神权利的总称。未成年人同样享有著作权。题干中出版社未经梓轩的同意就用他的作品作为图书插图，侵犯了梓轩的著作权，是不合法的。

18. C 【解析】教师要求违纪学生的家长交罚款，这一做法本身是不合法的，侵犯了学生家长的财产权。不仅教师，学校也没有权利罚款。

19. D 【解析】人身自由是公民的一项基本权利，包括身体行动自由和表达的自由。侵害学生人身自由的表现形式有：非法拘禁和限制学生、非法搜查学生、非法限制学生表达自由的权利等。题干中的王老师因小明在课堂上捣乱，就将其关进体育器材室，这一行为侵犯了小明的人身自由权。

20. D 【解析】隐私权是指公民生活中不愿为他人公开或知悉的个人秘密不可侵犯的人身权利。幼儿园公布学生体检结果，侵犯了学生的隐私权。

第三章　教师职业道德

①爱岗敬业	⑤廉洁从教	⑨长期性
②关爱学生	⑥幼稚性	⑩处理人际关系
③为人师表	⑦全面性	
④团结协作	⑧劳动过程	

一、单项选择题

答案速查

1～5	BCBDD	6～10	CBADC	11～15	CADCD	16～20	CCBBC
21～25	ACDCC	26～30	DCBAB	31～34	CCBC		

1. B 【解析】本题考查《中小学教师职业道德规范(2008 年修订)》。关爱学生的教师职业道德规范要求教师保护学生安全,关心学生健康,维护学生权益。题干中小丽和小熙经常手拉着手上下楼梯,存在安全隐患,教师恰当的做法应是在上下楼梯之前让她俩松手,保证幼儿的安全。A 项不让她俩一起上下楼梯,并未从根本上解决问题,排除。C 项,拉手上下楼梯存在安全隐患,且与教师树立的班级规则相悖,排除。D 项侵犯了幼儿的受教育权,做法不合适,排除。故本题选 B。

2. C 【解析】本题考查教师职业幸福的特点。教师职业幸福是教师在自己的教育工作中,基于对幸福的正确认识,通过自己不懈的努力,自由实现自己的职业理想、实现自身和谐发展而产生的一种自我满足、自我愉悦的生存状态。教师职业幸福具有精神性、关系性、集体性、无限性四个主要特点。教师幸福的精神性首先表现为劳动及其报酬的精神性。教师的报酬实际上不止于物质生活。学生的道德成长、学业进步,进而对社会做出的贡献,都是教师生命意义的确证。师生之间的精神交流、情感融通都是别的职业所难以得到的享受。题干中教师在小朋友们围着她分享趣闻时,心情舒畅,获得了精神上的满足,体现了教师职业幸福的精神性特点。

3. B 【解析】本题考查《中小学教师职业道德规范(2008 年修订)》。为人师表的教师职业道德规

范要求教师坚守高尚情操，知荣明耻，严于律己，以身作则。衣着得体，语言规范，举止文明。题干中李老师教导幼儿不要坐到玩具柜上，自己却坐在玩具柜上，没有做到为人师表、以身作则，因此在幼儿指出他的错误行为时，最恰当的回应是告诉幼儿，这样的行为是不对的，给幼儿树立一个正确的榜样。

4. D　**【解析】**本题考查教师职业行为规范在保教实践中的应用。教师在运用教师职业行为规范处理与家长的关系时应理解并尊重家长的意见和看法。教师要尽量尊重家长的意见和看法，并把自己的看法向对方表达清楚，期待能够在相互尊重与理解的基础上达成共识。故针对题干中出现的情况，教师应尊重家长，并寻找合适的方式与家长沟通，D 选项是正确的做法。

方法技巧：教师与学生、学生家长、同事之间的关系是常考点，考生应当掌握、理解教师处理不同人际关系的基本要求。

对象	教师处理不同人际关系的基本要求
幼儿	尊重幼儿；树立良好的教师形象；理解与宽容幼儿的错误
幼儿家长	尊重和信任家长；与家长真诚地交流；理解并尊重家长的意见和看法
同事和领导者	提升自身素质；尊重他人，以诚相待；尊重领导，服从安排

5. D　**【解析】**本题考查《中小学教师职业道德规范(2008 年修订)》。为人师表的教师职业道德规范要求教师坚守高尚情操，知荣明耻，严于律己，以身作则。题干中李老师发现评职称的材料中还缺少两份听课材料，李老师正确的做法应是直接放弃本次职称评定的机会，ABC 三项是造假的行为，不符合为人师表的教师职业道德规范，故本题选择 D 选项。

6. C　**【解析】**本题考查《中小学教师职业道德规范(2008 年修订)》。教书育人的教师职业道德规范要求教师遵循教育规律，实施素质教育。循循善诱，诲人不倦，因材施教。A 选项原句为“不闻不若闻之，闻之不若见之，见之不若知之，知之不若行之。学至于行之而止矣”。意为“没有听到的不如听到的，听到的不如见到的，见到的不如了解到的，了解到的不如去实行。学问到了实行就达到了极点”。强调实践的重要性。B 项意为“耳朵经常听到，眼睛经常看到，不知不觉地受到影响，不用专门学习就有了相应的才能”。强调听得多了，见得多了，自然而然受到影响。C 项意为“教学，不到学生冥思苦想而不得其解的时候，不要去开导他；不到学生欲言又难以表达的时候，不要去启发他”。强调的是启发诱导原则。D 项意为“用言语去打动人的，其感染力不深；用行动去打动人的，其效应一定很快”。强调的是言教不如身教。题干中李老师在发现小朋友经常将两只鞋子穿反后，创编儿歌引导幼儿学会正确的穿鞋方法，体现了启发诱导、循循善诱的教育方法，也体现了教书育人的教师职业道德规范。故本题选择 C 选项。

方法技巧:考生在做此类试题时,需要先分析题干中的案例所符合的教师职业道德规范,再逐一分析各选项所蕴含的道理,之后再与题干中所符合的教师职业道德规范进行匹配,选择最佳选项。

7. B 【解析】本题考查《中小学教师职业道德规范(2008年修订)》。教书育人要求教师遵循教育规律,实施素质教育。循循善诱,诲人不倦,因材施教。培养学生良好品行,激发学生创新精神,促进学生全面发展。题干中教师面对冬冬躲在柜子后面不肯出来的情况,没有了解幼儿的具体情况就采取威胁、恐吓的方式解决问题,没有做到尊重幼儿的独特心理,循循善诱、因材施教。

8. A 【解析】本题考查教师职业道德的功能。教师职业道德在教育活动中的评价作用是指教师职业道德有助于教师合理评价教育活动并指导下一步教育活动。教师职业道德认识中关于"育人"的基本思想,即如何看待孩子、如何看待教育等的认识,可以帮助教师逐步认识幼儿园教育活动的价值和意义,即某一次教育活动对于幼儿发展的意义,并合理评估活动的效果,因此,教师职业道德认识,可以帮助教师科学评价教育活动,例如根据幼儿的年龄、心智发展程度、接受能力、理解能力等评价教育活动目标是否合适,围绕教学活动的目标评价教学活动的过程有没有偏离主题或者与主题表达无关,活动过程中是否能引起幼儿的兴趣,幼儿有无与教师互动,并与教师配合主题完成相关的活动(如画画、唱歌、游戏等),并将教育活动的评价结果用来指导下一次的教育活动。故题干中李老师的行为体现了教师职业道德的评价作用。

9. D 【解析】本题考查《中小学教师职业道德规范(2008年修订)》。教书育人的教师职业道德规范要求教师遵循教育规律,实施素质教育。循循善诱,诲人不倦,因材施教。D选项"圣贤施教,各因其材,小以小成,大以大成"的意思是"圣人贤人教育学生,能够因材施教,小材让他取得小成功,大材让他取得大成功"。题干中陈老师针对小豆发音不清楚的问题,查找相关资料,采取一系列有针对性的措施,帮助小豆进步,表明陈老师做到了因材施教,与D选项的表述相符合。A选项的意思是"只一味地读书学习而不主动思考问题,就会迷惑而无所得;只空想却不去学习钻研、积累知识,也会陷入困境而无所获"。B选项的意思是"要引导学生,而不是牵着学生走;要鼓励学生而不要压抑他们,要启发学生思考而不是直接告诉学生答案",体现的是启发性教学原则。C选项的意思是"当政者本身言行端正,不用发号施令,大家自然起身效法,政令将会畅行无阻;如果当政者本身言行不正,虽下命令,大家也不会服从遵守",强调的是以身作则。A、B、C选项均与题干表述不符合。

10. C 【解析】本题考查教师职业行为规范在保教实践中的应用。教师要积极主动地与家长进行沟通和交流,在幼儿园和家庭间建立和谐、密切的联系,形成教育合力,共同促进幼儿的健康成长。题干中,蒋老师与明明的妈妈进行了沟通,纠正了明明妈妈的行为,体现了教师在家庭教

育上的指导作用。

11. C 【解析】本题考查教师职业行为规范在保教实践中的应用。教师应以理解、宽容的心态对待幼儿的错误,心平气和地帮助幼儿分析错误的原因,让幼儿心悦诚服地接受教师的教导,同时注意不要伤害幼儿的自尊心。题干中,针对丁丁和甜甜的争执,教师应以宽容、理解的心态对待,帮助幼儿解决问题,并以此为由培养幼儿分享的良好品行。而直接没收玩具的做法并没有有效解决幼儿之间的问题,本题最佳选项是 C 项。

12. A 【解析】本题考查《中小学教师职业道德规范(2008 年修订)》。为人师表的教师职业道德规范要求教师做到尊重同事,尊重家长。作风正派,廉洁奉公。自觉抵制有偿家教,不利用职务之便谋取私利。题干中教师践行了为人师表的教师职业道德规范。A 选项,“大厦之成,非一木之材也;大海之阔,非一流之归也”的意思是高大的房屋的建成,不是靠一棵树的木材原料就能做到的;大海的辽阔不是靠一条河流的水注入就能形成的。这句话强调的是团结与合作,与为人师表的教师职业道德规范不符,故本题选择 A。

13. D 【解析】本题考查教师职业道德规范。教书育人的教师职业道德规范要求教师做到遵循教育规律,实施素质教育。循循善诱,诲人不倦,因材施教。题干中吴老师面对幼儿的不同想法时,应将幼儿看成独特的个体,因材施教,促进幼儿的全面发展。D 选项老师继续组织游戏,并根据幼儿的兴趣调整动作,体现了教育中的因材施教,是恰当的。

14. C 【解析】本题考查教师的职业发展。职业认知是对职业、职员和团体的认识。职业定位是通过科学的方法,找到内心认定的职业发展方向,并长期为此不懈努力。职业目标是指个人在选定的职业领域内未来时点上所要达到的具体目标。职业态度是指个人对所从事职业的看法及在行为举止方面反应的倾向。题干中小万很少参加教研,导致教学效果越来越差,是因为对教师职业的认知和定位出现了偏误,教学态度不端正,并且没有明确的职业目标,而不是职业目标过高,因此本题选择 C。

15. D 【解析】本题考查幼儿教师的职业特点。题干中提到教师不应只是“一桶水”,更要成为“源头活水”,强调的是教师要终身学习。这也意味着教师需要不断更新自己的教学方法,针对幼儿多方面的发展进行教育,即体现了教师劳动的创造性和复杂性。除此之外,教师职业需具备专业素养,因此又具有专业性。故 A、B、C 三项说法正确,本题选 D。

16. C 【解析】本题考查《中小学教师职业道德规范(2008 年修订)》。题干中李老师上示范课时并没有听取同事的建议,只挑选乖巧的小朋友参加,而是选择让全班小朋友都参加,说明李老师认识到幼儿发展是平等的,做到了关爱学生、公正地对待所有学生。

17. C 【解析】本题考查《中小学教师职业道德规范(2008 年修订)》。题干中张老师面对家长的

“好意”能坚持自己的底线,体现了她为人师表、作风正派、廉洁奉公的良好品质。A 项,“祸患常积于忽微,而智勇多困于所溺”意思是不良的嗜好、习惯一旦养成,久而久之就会成为你本性的一部分,日后也会成为你成功的绊脚石,强调要“防微杜渐”;B 项,“不要人夸好颜色,只留清气满乾坤”意思是不需要别人夸奖颜色美好,只要留下充满乾坤的清香之气,表达了一种坚贞纯洁的品格,不重虚名;C 项,“明者因时而变,知者随事而制”意思是聪明的人往往会根据时期的不同而改变自己的策略和方法,有大智慧的人会随着事物发展方向的不同而制定相应的管理方法,表示要灵活变通;D 项,“善禁者,先禁其身而后人”的意思是善于用禁令治理社会的人,必然先按照禁令要求自身,而后才去要求别人,表明要求别人做到的自己会先做到。A、B、D 三项与题意相符,C 项没有体现,故本题选 C。

18. B 【解析】本题考查教师职业行为规范在保教实践中的应用。老师面对家长的质疑,正确的做法首先是尊重家长的意见和看法,然后与家长积极地沟通和交流,在相互尊重和理解的基础上达成共识。因此,李老师应该听取家长的意见,耐心向家长分析不教幼儿写字和拼音的原因,故本题选 B。

19. B 【解析】本题考查《中小学教师职业道德规范(2008 年修订)》。关爱学生的教师职业道德规范要求教师关心爱护全体学生,平等公正对待学生。题干中赵老师对省政府工作人员的孩子给予特别关照,这样的做法是错误的,没有做到对幼儿一视同仁,故本题选 B。

20. C 【解析】本题考查教师职业行为规范在保教实践中的应用。题干中孩子们进入大班后会变得吵闹,主要是由于孩子们逐渐有了自己的想法和主见,并且语言表达能力渐趋完善。幼儿教师要正确看待幼儿的这一现象,对幼儿进行说服教育,引导幼儿自我约束,也可以引导幼儿参与其感兴趣的活动,转移幼儿的注意力。C 项,让家长接吵闹的孩子回家安抚,是把教育责任推给了家长,是不负责任的表现,故做法不恰当。

21. A 【解析】本题考查《中小学教师职业道德规范(2008 年修订)》。题干中佳佳尿裤子了,当其他幼儿嘲笑佳佳时,刘老师能够及时地予以引导,挽回佳佳的形象,说明刘老师能够充分尊重幼儿人格,维护幼儿权益,有利于保护幼儿的自尊心,故本题选 A。

22. C 【解析】本题考查《中小学教师职业道德规范(2008 年修订)》。为人师表的教师职业道德规范要求教师要严于律己,以身作则。题干中王老师一直在要求孩子们排队接水喝,自己却直接走到队伍前面接了一杯水,说明王老师没有做到以身作则、为人师表。

23. D 【解析】本题考查教师职业行为规范的基本要求。教师与学生之间要做到:热爱学生,关心学生,尊重学生;严格要求,耐心教导,循循善诱,不偏不袒。题干中教师因为方方不理解活动规则就剥夺了他参与活动的权利,并且扬言说让他以后都不要踢球了,这是对方方的不尊重,

会打击方方参与活动的积极性,故做法不正确。

24. C 【解析】本题考查《中小学教师职业道德规范(2008 年修订)》。题干中教师为了不影响表演效果,就剥夺洋洋和健健参加演出的机会,没有做到关爱全体学生、引导全体幼儿共同参与集体活动,因此做法不恰当。

25. C 【解析】本题考查教师职业行为规范。教师之间要做到相互学习,取长补短,乐于助人,关心同事。题干中夏老师外出学习回来后,应该主动与其他老师分享学习体会,促进全园老师共同发展,故 C 项正确。

26. D 【解析】本题考查教师职业行为规范。教师仪表行为规范要求教师要衣着整洁,朴实大方,服饰要符合职业特点,体现教师为人师表的好形象。题干中徐老师将头发染成红色的,不符合幼儿教师的仪表行为规范,会对幼儿产生不好的影响。

27. C 【解析】本题考查《中小学教师职业道德规范(2008 年修订)》。题干中教师特意选择贺卡,表示自己喜欢自制的礼物,体现了教师廉洁从教,不利用职务之便谋取私利,能够自觉抵制不良风气。

易错提示:关于教师职业道德规范的试题,考生需要仔细阅读题干及选项,抓住关键词,选择最佳选项。考生要注意,教师索要或收受钱财、利用职务为自己谋取便利、教育教学方式不当等都属于违背师德规范。关于学生送老师礼物,如果礼物不涉及钱财,仅是学生爱师、尊师表现的一种象征物,比如学生亲手制作的贺卡、手写信件等,教师收取这类物品不算违反师德规范。

28. B 【解析】本题考查教师职业行为规范在保教实践中的应用。幼儿自主游戏中的安全问题是教师首先应考虑到的,但题干中教师却趁幼儿游戏时,拿出手机看微信,这一做法会使教师无法顾及幼儿的安全,容易发生意外事故,故做法不正确。

29. A 【解析】本题考查《中小学教师职业道德规范》(1997 年)。《中小学教师职业道德规范》(1997 年)中团结协作要求教师谦虚谨慎、尊重同志,相互学习、相互帮助,维护其他教师在学生中的威信。题干中谢老师没有积极帮助唐老师,向唐老师传授参赛经验,说明谢老师缺乏同事之间的团结协作精神。

30. B 【解析】本题考查《中小学教师职业道德规范(2008 年修订)》。教师要关心爱护全体学生,因此针对题干中兵兵的情况,教师应该予以关心和帮助,积极引导其他幼儿多和兵兵交往,改善兵兵的孤僻现象。

31. C 【解析】本题考查《中小学教师职业道德规范(2008 年修订)》。教师要关爱学生,尊重学生人格。题干中,东东虽然经常欺负别的同学,但教师也不能不问原因一味地指责东东,尤其不能对东东说出有伤其自尊心的话语,故教师的做法不恰当。

32. C 【解析】本题考查教师职业行为规范在保教实践中的应用。教师要主动积极地与家长沟通和交流,与家庭形成教育合力,共同促进幼儿健康成长。因此,对于幼儿良好行为习惯的退步,教师应当与家长及时沟通,发挥自身优势,为家长提供指导。

33. B 【解析】本题考查《中小学教师职业道德规范(2008 年修订)》。关爱学生要求教师做到关心爱护全体学生,尊重学生人格,平等公正对待学生。题干中李老师家访的对象有明显的偏向,没有做到关心爱护全体学生、平等公正地对待学生,故本题选 B。

34. C 【解析】本题考查《中小学教师职业道德规范(2008 年修订)》。题干中教师鼓励晓光参加他不愿参加的科学活动,说明教师考虑到了晓光的全面发展,符合《中小学教师职业道德规范》中促进学生全面发展的思想,故做法合理。D 项,幼儿的全面发展并不等于平均发展,故排除,本题选 C。

二、材料分析题(参考答案)

1. 黄老师的做法既有合理之处,又有不合理之处,具体分析如下:

(1)在刚开始,黄老师的做法违背了师德规范:

①违背了关爱学生的师德规范。关爱学生要求教师做到关心爱护全体学生,尊重学生人格,平等公正对待学生。对学生严慈相济,做学生良师益友。保护学生安全,关心学生健康,维护学生权益。不讽刺、挖苦、歧视学生,不体罚或变相体罚学生。材料中黄老师面对问题,不假思索地认定是调皮的涛涛犯的错误,并且批评涛涛,表明黄老师没有做到公正平等对待学生,没有尊重幼儿的人格尊严。

②违背了教书育人的师德规范。教书育人要求教师做到遵循教育规律,实施素质教育。循循善诱,诲人不倦,因材施教。培养学生良好品行,激发学生创新精神,促进学生全面发展。材料中黄老师在发现问题时,直接批评涛涛,未抓住教育时机进行因材施教,违背了教书育人的师德规范。

③违背了为人师表的师德规范。为人师表要求教师做到坚守高尚情操,知荣明耻,严于律己,以身作则。衣着得体,语言规范,举止文明。材料中黄老师刚开始的武断行为,会给幼儿带来不良影响,没有做到为人师表。

(2)之后黄老师的反思行为遵循了师德规范:

①符合关爱学生的师德规范。关爱学生要求教师做到对学生严慈相济,做学生良师益友。材料中黄老师意识到自己言行上的不妥之处后,采用说悄悄话的形式引导幼儿承认自己的错误,保护了犯错误幼儿的自尊心,做到了关爱学生。

②符合教书育人的师德规范。教书育人要求教师能够做到循循善诱,诲人不倦,因材施教。培养学生良好品行,激发学生创新精神,促进学生全面发展。材料中黄老师采用说悄悄话的形式

引导犯错误的幼儿承认错误，且表扬了主动承认错误的小军，有利于培养幼儿勇敢承担责任的品行，做到了教书育人。

③符合为人师表的师德规范。为人师表要求教师做到坚守高尚情操，知荣明耻，严于律己，以身作则。衣着得体，语言规范，举止文明。材料中黄老师对自己的错误行为能够及时反思并道歉，做到了为人师表。

综上所述，作为老师我们应正确践行教师职业道德规范，做到关爱学生，促进每一位学生的全面发展。

2. 周老师的行为符合教师职业道德的相关要求，值得肯定。

(1)体现了关爱学生。关爱学生要求教师关心爱护全体学生，尊重学生人格，平等公正对待学生。保护学生安全，关心学生健康，维护学生权益。材料中周老师面对孩子被吓哭的情况，把幼儿抱在怀中安慰，体现了教师对学生的关心和爱护。

(2)体现了教书育人。教书育人要求教师循循善诱，诲人不倦，因材施教。培养学生良好品行，激发学生创新精神，促进学生全面发展。材料中周老师对被吓到的孩子，通过系列活动进行引导，循序渐进地帮助幼儿减少恐惧，同时通过引导性的问题，进行了保护动物、增长爱心的教育，这体现了教书育人的职业道德。

(3)体现了爱岗敬业。爱岗敬业要求教师忠诚于人民教育事业，志存高远，勤恳敬业，甘为人梯，乐于奉献。材料中，周老师面对幼儿的错误认知，能够矫正幼儿伤害动物的错误想法，体现了周老师对幼儿负责，对工作认真。

综上所述，周老师的行为符合关爱学生、教书育人和爱岗敬业的教师职业道德规范，值得我们学习。

3. 材料中，刘老师践行了“关爱学生”“教书育人”“爱岗敬业”的教师职业道德规范的要求，值得我们学习并实践。

(1)刘老师的教育行为符合“关爱学生”的教师职业道德规范的要求。“关爱学生”要求教师关心爱护全体学生，尊重学生人格，平等公正对待学生。对学生严慈相济，做学生良师益友。保护学生安全，关心学生健康，维护学生权益。不讽刺、挖苦、歧视学生，不体罚或变相体罚学生。材料中，刘老师看到幼儿扭打在一起，及时制止，这体现了刘老师保护学生安全，关心学生健康。

(2)刘老师的教育行为符合“教书育人”的教师职业道德规范的要求。“教书育人”要求教师遵循教育规律，实施素质教育。循循善诱，诲人不倦，因材施教。培养学生良好品行，激发学生创新精神，促进学生全面发展。不以分数作为评价学生的唯一标准。材料中，最初建构区的幼儿很多，刘老师循循善诱，引导幼儿自主商量解决办法，在此过程中培养了幼儿互相谦让的良好品

质，也培养了幼儿的规则意识和人际交往能力。这体现了刘老师遵循教育规律，循循善诱，促进了学生发展。

(3)刘老师的教育行为符合“爱岗敬业”的教师职业道德规范的要求。“爱岗敬业”要求教师忠诚于人民教育事业，志存高远，勤恳敬业，甘为人梯，乐于奉献。对工作高度负责，认真备课上课，认真批改作业，认真辅导学生。不得敷衍塞责。材料中，下班后，其他老师都回家了，刘老师还在办公室回看在建构区拍摄的活动视频，分析幼儿在活动中的游戏行为和表现，并形成了观察报告。这体现了刘老师对工作高度负责。

综上所述，作为教师，我们应该严格遵循教师职业道德规范的要求，与学生共同进步、共同成长。

4. 材料中刘老师的教育行为是正确的，符合教师职业道德的相关要求。

(1)爱岗敬业要求教师要忠诚于人民教育事业，志存高远，勤恳敬业，甘为人梯，乐于奉献。不得敷衍塞责。材料中刘老师观察到瑞瑞的问题并能够及时解决，体现了爱岗敬业。

(2)关爱学生要求教师要关心爱护全体学生，尊重学生人格，平等公正对待学生。对学生严慈相济，做学生良师益友。保护学生安全，关心学生健康，维护学生权益。材料中刘老师面对经常咬人、言语交流和表达方面发展水平比较低的瑞瑞并没有歧视，而是平等地对待，体现了关爱学生。

(3)教书育人要求教师要遵循教育规律，实施素质教育。循循善诱，诲人不倦，因材施教。培养学生良好品行，激发学生创新精神，促进学生全面发展。材料中刘老师针对瑞瑞的情况，专程到儿童医院向专业人士进行咨询，说明刘老师能够做到因材施教，体现了教书育人。

(4)为人师表要求教师要关心集体，团结协作，尊重同事，尊重家长。材料中刘老师针对瑞瑞的情况进行家访，并且经常和瑞瑞家长进行沟通，给予瑞瑞的家长专业性的建议，体现了为人师表。

综上所述，刘老师的行为体现了爱岗敬业、关爱学生、教书育人和为人师表的教师职业道德规范，值得我们学习。

5. 材料中陈老师的做法是错误的，违背了教师职业道德规范的要求。

(1)陈老师违背了爱岗敬业的教师职业道德规范。爱岗敬业的教师职业道德规范要求教师对工作高度负责，认真备课上课，认真批改作业，认真辅导学生。不得敷衍塞责。材料中，陈老师对婉婉不记得歌词和跑调的情况，没有给予及时的帮助和引导，反而因婉婉表现差给了她一朵绿色的小花，没有做到爱岗敬业。

(2)陈老师违背了关爱学生的教师职业道德规范。关爱学生的教师职业道德规范要求教师关心爱护全体学生，尊重学生人格，平等公正对待学生。对学生严慈相济，做学生良师益友。不讽

刺、挖苦、歧视学生,不体罚或变相体罚学生。材料中,陈老师的言语和行为伤害了婉婉,致使婉婉不愿来幼儿园,这表明陈老师没有做到关爱学生。

(3)陈老师违背了教书育人的教师职业道德规范。教书育人的教师职业道德规范要求教师遵循教育规律,实施素质教育。循循善诱,诲人不倦,因材施教。培养学生良好品行,激发学生创新精神,促进学生全面发展。材料中,婉婉因生病导致身体发育比他人迟缓,而陈老师在教学过程中,面对婉婉的身心发展和学习情况,没有及时地给予帮助,没有因材施教,反而讽刺学生,这表明陈老师没有做到教书育人。

(4)陈老师违背了为人师表的教师职业道德规范。为人师表的教师职业道德规范要求教师坚守高尚情操,知荣明耻,严于律己,以身作则。衣着得体,语言规范,举止文明。关心集体,团结协作,尊重同事,尊重家长。材料中,陈老师用错误的方式对待婉婉,给其他幼儿做了错误的示范,导致其他幼儿以同样的方式对待婉婉。并且在婉婉的妈妈与其沟通时,没有认识到自己的错误,坚持认为婉婉比别人差,没有做到尊重家长,以身作则。

综上所述,材料中陈老师的做法是错误的,不符合教师职业道德规范的要求,陈老师应反思并改正自己的行为。

刷专题

专题一 教师职业道德规范

一、单项选择题

答案速查

1~5	AADDA	6~10	ACDDC	11~15	DCDAD	16~20	CBAAB
21~25	AACCB	26~30	CCCDA	31~35	CCBCB	36~40	DCADB
41~45	CCDCD	46~50	DBCBB	51~55	BACBC	56~60	BBBCC
61~67	CAABCCC						

1. A 【解析】为人师表要求教师关心集体,团结协作,尊重同事,尊重家长。题干中王老师总是训斥方铭家长没有教育好孩子的做法,违背了教师职业道德规范中的“为人师表”这一要求。

2. A 【解析】A 选项的意思是“当政者本身言行端正,不用发号施令,大家自然起身效法,政令将会畅行无阻;如果当政者本身言行不正,虽下命令,大家也不会服从遵守”,强调的是以身作则。B 选项的意思是“求师从师之道确立了,那么善良人就会增多。善良人多了,那么朝廷就会端正,从而天下也就大治了”,强调的是尊师重教事关国家的长治久安。C 选项的意思是“安心学习,亲近师长,乐于与人交朋友,并深信所学之道”,强调的是跟师友学习的重要性。D 选项的意思是“老师受到尊敬,然后真理学问才会受到敬重。真理学问受到尊敬,然后人民才会敬重学问,认真学习”,强调的是尊师重道。题干中吴老师帮助玲玲和奶奶的行为起到了示范作用,为村民树立了一个良好榜样,与A选项所表述的意思一致,故本题选择A选项。

3. D 【解析】终身学习的师德规范要求教师崇尚科学精神,树立终身学习理念,拓宽知识视野,更新知识结构。潜心钻研业务,勇于探索创新,不断提高专业素养和教育教学水平。题干中赵老师的做法体现了终身学习。

4. D 【解析】关爱学生的教师职业道德规范要求教师关心爱护全体学生,尊重学生人格,平等公正对待学生。不讽刺、挖苦、歧视学生,不体罚或变相体罚学生。题干中老师打手心属于体罚学生的行为,故做法错误。

5. A 【解析】《中小学教师职业道德规范(2008年修订)》规定,教师要关心爱护全体学生,尊重学生人格,平等公正对待学生。题干中刘老师因乐乐没有参加自己亲戚办的校外补习班便找乐乐的茬,这说明该老师没有做到公平待生。

6. A 【解析】爱岗敬业的师德规范要求教师对工作高度负责,认真备课上课,认真批改作业,认真辅导学生,不得敷衍塞责。题干中李老师即使被幼儿家长辱骂和投诉,还是努力做好本职工作,这是爱岗敬业的表现。

7. C 【解析】终身学习的师德规范要求教师要崇尚科学精神,树立终身学习理念,拓宽知识视野,更新知识结构。题干中的刘老师经常与同行交流教学心得,发表多篇论文等行为都符合这一师德规范要求。

8. D 【解析】为人师表要求教师自觉抵制有偿家教,不利用职务之便谋取私利。刘老师用假名在培训机构上课,挣取相应费用补贴家用,属于一种变相的家教,虽然事出有因,但违反了教师职业道德规范的要求。

9. D 【解析】A、B项违背了关爱学生的教师职业道德规范要求,C项违背了为人师表的教师职业道德规范要求。D选项教师的行为符合为人师表的教师职业道德规范。

10. C 【解析】终身学习要求教师崇尚科学精神,树立终身学习理念,拓宽知识视野,更新知识结构。潜心钻研业务,勇于探索创新,不断提高专业素养和教育教学水平。“积极听老教师的课”“业余时间自修研究生课程”“潜心研究教学方法”这一系列做法都体现了殷老师具有终身学习的理念。

11. D 【解析】为人师表要求教师要做到作风正派,廉洁奉公。自觉抵制有偿家教,不利用职务之便谋取私利。题干中贾老师应对付款家长表示感谢并坚持把钱还给家长。

12. C 【解析】终身学习是时代发展的要求,也是教师职业特点所决定的。因此,教师必须树立终

身学习的观念，不断在读书学习中拓宽知识视野，更新知识结构，这是教师专业成长的必由之路。题干中王老师的做法符合终身学习的教师职业道德要求。

13. D 【解析】关爱学生要求教师关心爱护全体学生，尊重学生人格，平等公正对待学生。保护学生安全，关心学生健康，维护学生权益。题干中，梁老师答应将弱视的亦凡调到教室前排，却未履行承诺，需要亦凡的妈妈带着礼物去拜访、督促才调整了学生座位，这表明梁老师没有做到关爱学生。

14. A 【解析】教书育人要求教师遵循教育规律，实施素质教育。培养学生良好品行，激发学生创新精神，促进学生全面发展。题干中郑老师只关注幼儿的学习情况，忽视了培养幼儿良好的卫生习惯和集体意识，不利于幼儿品德的形成和全面发展。

15. D 【解析】为人师表要求教师坚守高尚情操，知荣明耻，严于律己，以身作则。题干中姚老师应以身作则，为学生树立良好的榜样。

16. C 【解析】关爱学生的师德规范要求教师关心爱护全体学生，尊重学生人格，平等公正对待学生。题干中，李老师让爱说话的小虎一个人坐到教室角落的做法，是不尊重学生人格的体现，会伤害学生的自尊心，这一行为违背了关爱学生的这一要求。

17. B 【解析】为人师表要求教师坚守高尚情操，知荣明耻，严于律己，以身作则。作风正派，廉洁奉公。自觉抵制有偿家教，不利用职务之便谋取私利。AC 两项教师的行为都违背了为人师表的要求，故排除。教书育人要求教师遵循教育规律，实施素质教育。培养学生良好品行，激发学生创新精神，促进学生全面发展。D 项宋老师每天给学生布置过量的练习题，未遵循教育规律，违背了教书育人的要求，故排除。B 项做法没有违背师德，学生制作的贺卡承载了自己的心意，不是贵重物品，赵老师收下有利于构建和谐的师生关系，是师生之间美好情谊的见证，本题选 B。

18. A 【解析】新教师应该独立备课，按照自身设计的教学计划开展教学。黄老师的教案可以适当参考，吸收适合自己的内容，而黄老师要求新教师严格按照自己的设计教学，这不利于新教师成长。

19. A 【解析】为人师表要求教师坚守高尚情操，知荣明耻，严于律己，以身作则。题干中王老师面对亲戚的请求，应该坚持为人师表的职业道德，坚决拒绝，并向亲戚说明拒绝的理由。

20. B 【解析】A 项中的陈老师在教学时不顾学生身心发展的规律，违反了教书育人的教师职业道德规范；C 项中的马老师利用职务之便谋取私利，违反了为人师表的教师职业道德规范；D 项中的杨老师违反了爱岗敬业的教师职业道德规范。

21. A 【解析】终身学习要求教师崇尚科学精神，树立终身学习理念，拓宽知识视野，更新知识结构。题干中教育理念辅导报告能够提高教师的理论素养,同时在新课改的背景下,教师只有做到更新教育理念,树立终身学习意识,才能成为称职的老师。

22. A 【解析】关爱学生要求教师关心爱护全体学生,尊重学生人格,平等公正对待学生。题干中廖老师只关心绘画能力强的嘟嘟,却不理睬调皮的齐齐,说明教师没有做到关心爱护全体学生,违反了关爱学生的职业道德规范。故本题选 A。

23. C 【解析】《中小学教师职业道德规范》(1997 年)中"严谨治学"要求教师树立优良学风,刻苦钻研业务,不断学习新知识,探索教育教学规律,改进教育教学方法,提高教育、教学和科研水平。题干中小白老师向同事请教,向专家寻求帮助,认真对待学生提出的问题,体现了严谨治学。

方法技巧:《中小学教师职业道德规范》(1997 年)虽然考纲中不做要求,但是在以往考试中曾经考查过,考生需做了解,应重点注意:依法执教和廉洁从教。

24. C 【解析】爱国守法是教师职业的基本要求。热爱祖国是每个公民,也是每个教师的神圣职责和义务。题干中孙老师开展爱国主题活动,激发幼儿的爱国主义情感,培养幼儿的自信心和主人翁意识,体现了爱国守法的教师职业道德规范。

25. B 【解析】卢老师看到学生画的自己奇丑无比的画像不仅没有生气,责怪贝贝,反而对贝贝进行表扬和肯定,是正面激励的表现。

26. C 【解析】教书育人要求教师要遵循教育规律,实施素质教育。循循善诱,诲人不倦,因材施教。题干中卢老师针对班级里学生喜欢昆虫的这一爱好,专门开展相关活动,促进学生发展,体现了教书育人的职业道德规范。

27. C 【解析】关爱学生的教师职业道德要求教师做到关心爱护全体学生,尊重学生人格,平等公正对待学生。保护学生安全,关心学生健康,维护学生权益。题干中李老师针对月月动作发展不协调、经常摔倒的情况采取措施,说明李老师做到了关心爱护学生,关心学生健康。故本题选 C。

28. C 【解析】关爱学生是师德的灵魂,为人师表是教师职业的内在要求,教书育人是教师的天职,爱岗敬业是教师职业的本质要求,终身学习是教师专业发展的不竭动力,爱国守法是教师职业的基本要求。故本题选 C 项。

29. D 【解析】关爱学生要求教师不讽刺、挖苦、歧视学生,不体罚或变相体罚学生。题干中教师常常讽刺、挖苦学生,违背了教师职业道德规范的相关要求,因此,范老师的做法不正确。

30. A 【解析】《中小学教师职业道德规范》(1997 年)中"廉洁从教"要求教师坚守高尚情操,发扬

奉献精神，自觉抵制社会不良风气。不利用职责之便谋取私利。题干中陈老师拒绝了家长的送礼，不从学生那里谋取私利，体现了廉洁从教的职业道德规范。

31. C　【解析】终身学习的师德规范要求教师崇尚科学精神，树立终身学习理念，拓宽知识视野，更新知识结构。题干中的谢老师认为自己已经评完高级职称就不用参加培训，说明其缺乏终身学习的意识。

32. C　【解析】教师职业道德规范要求教师在工作中能够做到忠诚于人民教育事业，志存高远，勤恳敬业，甘为人梯，乐于奉献。关心集体，团结协作，尊重同事，尊重家长。题干中李老师对青年教师的帮扶，使青年教师在帮扶过程中拓宽知识视野，更新知识结构，有利于教师间的共同成长。

33. B　【解析】爱国守法要求教师全面贯彻国家教育方针，自觉遵守教育法律法规，依法履行教师职责权利。不得有违背党和国家方针政策的言行。题干中乔老师的做法侵犯了学生的财产权。

34. C　【解析】《中小学教师职业道德规范（2008 年修订）》中为人师表要求教师坚守高尚情操，知荣明耻，严于律己，以身作则。衣着得体，语言规范，举止文明。关心集体，团结协作，尊重同事，尊重家长。作风正派，廉洁奉公。自觉抵制有偿家教，不利用职务之便谋取私利。A 项“庄严自持，内外若一”主要指教师要做到言行一致，表里如一。题干未体现，排除。B 项“知者必量其力所能至而从事焉”意思是：智慧的人一定会衡量自己的能力所能达到的程度，然后再进行实践。题干未体现，排除。C 项“善为师者，既美其道，有慎其行”是董仲舒的名言，“美其道”指的是宣传和赞扬教师本人所持的世界观、人生观和价值观，“慎其行”指的是教师要时时、处处、事事严格要求自己，用自己的言行为学生树立学习榜样。现指教师应“身教胜于言教”。题干中胡老师以“停课不停学”实施起来太困难为由，不配合工作，不仅会影响学生的学习，也会给学生树立不好的榜样，没有做到为人师表，以身作则。因此，C 项符合题意。D 项“不以一人疑天下，不以天下私一人”意思是：君主不能凭借自己的特殊身份猜忌天下人，也不能把天下的一切都用来满足君主一个人的私欲。题干未体现，排除。

35. B　【解析】爱岗敬业的师德规范要求教师对工作高度负责，认真备课上课，认真批改作业，认真辅导学生，不得敷衍塞责。题干中李老师没有认真备课上课，对待教学工作态度敷衍，违反了爱岗敬业的师德规范。

36. D　【解析】爱岗敬业要求教师对工作高度负责。题干中沈老师未经过朵朵家长的同意便将朵朵交给了其他人，没有做到对幼儿负责，对工作负责。

37. C　【解析】关爱学生要求教师关心爱护全体学生，尊重学生人格，平等公正对待学生。题干中孙老师的做法是不正确的，拿学生与其他学生比较是不尊重学生的表现，会伤害被比较的学生。

38. A 【解析】教师要有积极乐观的情绪和豁达开朗的心胸，应具备较强的情绪调适能力。题干中张老师不能很好地缓解自己工作中的压力，将负面情绪发泄在家人身上，说明张老师缺乏心理调适能力。

39. D 【解析】严谨治学的师德规范要求教师树立优良学风，刻苦钻研业务，不断学习新知识，探索教育教学规律，改进教育教学方法，提高教育、教学和科研水平。题干中教师对课堂的语言、实验、指令都反复斟酌，力求把课上好，说明教师具备严谨治学和精益求精的职业理念。

40. B 【解析】关爱学生的师德规范要求教师关心爱护全体学生，尊重学生人格，平等公正对待学生。不讽刺、挖苦、歧视学生，不体罚或变相体罚学生。题干中梦晨同学因为心情不好，上课走神。班主任老师没有主动与梦晨沟通，了解她走神的原因，帮助她调整心态尽快投入课堂，反而在全班同学面前讽刺她，这违背了关爱学生的教师职业道德规范。

41. C 【解析】为人师表要求教师坚守高尚情操，知荣明耻，严于律己，以身作则。语言规范，举止文明。题干中王老师将学生扔的垃圾捡起并扔进垃圾桶，以身作则，给学生塑造了一个好的榜样，无声地教育了学生，体现了为人师表的教师职业道德规范。

42. C 【解析】教书育人要求教师在教育过程中要循循善诱，诲人不倦，因材施教。因此作为教师，应该因材施教，循循善诱，与贝贝谈心，让他认识到炫富的坏处，从而促进其良好品行的发展。

43. D 【解析】廉洁从教的教师职业道德规范要求教师坚守高尚情操，发扬奉献精神，自觉抵制社会不良风气影响。不利用职责之便谋取私利。题干中张老师利用职责之便谋取私利违背了廉洁从教的职业道德规范。

44. C 【解析】团结协作的教师职业道德规范要求教师谦虚谨慎、尊重同事，相互学习、相互帮助，维护其他教师在学生中的威信。题干中黄老师拒绝与同事分享培训材料，没有做到团结协作。

45. D 【解析】“为人师表”要求教师坚守高尚情操，知荣明耻，严于律己，以身作则。题干中教师让幼儿安静，自己却在和同事聊天说笑，说明教师没有做到以身作则。

46. D 【解析】“关爱学生”要求教师关心爱护全体学生，尊重学生人格，平等公正对待学生。保护学生安全，关心学生健康，维护学生权益。题干中的汪老师经常资助家庭经济困难的学生并在生活上给予切实的帮助，属于关爱学生的表现。

47. B 【解析】B 项的意思是“知道自己不足之处，这样以后能够反省自己；知道自己困惑的地方，这样以后才能自我勉励”。于老师遇到难题不能解答时，课后查资料，请教专家来拓展、丰富学识，以解答学生疑问，体现了于老师终身学习的职业道德，B 项与于老师的情况相符。A 项的意思是：说话一定讲信用；做事一定有成效。C 项的意思是：有道德修养的人教育他人，诱导他人

而不是牵着他人学习,勉励他人而不是逼迫他人学习,启迪他人的思路而不是代替他人去做结论。D项的意思是:君子懂得求学有难有易,并懂得人的天资有高有低,然后能够因材施教,广泛地晓喻。能广泛地晓喻,然后才能当老师。

48. C 【解析】关爱学生要求教师关心爱护全体学生,尊重学生人格,平等公正对待学生。对学生严慈相济,做学生良师益友。保护学生安全,关心学生健康,维护学生权益。题干中付老师教育其他学生尊重小茹,而且还指导她、鼓励她,这体现了付老师对小茹的尊重和关爱。

49. B 【解析】《中小学教师职业道德规范(2008年修订)》中关于爱岗敬业要求教师忠诚于人民教育事业,志存高远,勤恳敬业,甘为人梯,乐于奉献。对工作高度负责,认真备课上课,认真批改作业,认真辅导学生。不得敷衍塞责。习总书记强调好老师要甘守三尺讲台,这是告诫教师要肩负起自己的使命,立足岗位、不断学习、学以致用,做好本职工作。即要践行爱岗敬业的师德规范。

50. B 【解析】《中小学教师职业道德规范(2008年修订)》中,关爱学生要求教师关心爱护全体学生,尊重学生人格,平等公正对待学生。关爱学生的关键是做到对学生平等公正。平等,是师生之间的平等、生生之间的平等;公正,是将关爱给每一个学生,不论这些学生的发展状况、社会背景和家庭背景如何。B项中王某只提问互动积极的学生,这种做法是错误的,违背了平等公正对待学生的要求,违背了关爱学生的师德规范。

51. B 【解析】关爱学生要求教师尊重学生人格,平等公正对待学生。不讽刺、挖苦、歧视学生,不体罚或变相体罚学生。题干中孙老师的言行损害了学生的人格尊严,没有做到尊重学生人格,违反了关爱学生的师德要求。

52. A 【解析】《中小学教师职业道德规范(2008年修订)》中,教书育人要求教师培养学生良好品行,激发学生创新精神,促进学生全面发展。学校教师在组织教学活动过程中,要以教育内容为载体,强健学生的体质,传授给学生系统的科学文化知识,培养学生正确的审美观和健康向上的人格。

53. C 【解析】题干中李老师从教多年依然认真备课,潜心钻研业务,依据不同班级的特点采取不同的授课方式,做到了严谨治学、潜心钻研和因材施教。严慈相济指对待学生既要严格要求,又要做到关心爱护学生,题干中未体现,本题选C。

54. B 【解析】爱岗敬业的教师职业道德规范要求教师要忠诚于人民教育事业,志存高远,勤恳敬业,甘为人梯,乐于奉献。题干中李老师的做法体现了爱岗敬业。

55. C 【解析】《中小学教师职业道德规范(2008年修订)》中的"为人师表"要求教师要作风正派,廉洁奉公。自觉抵制有偿家教,不利用职务之便谋取私利。题干中刘老师收取小海家长礼品并承诺额外关注小海的行为违背了该项规定。

方法技巧:在教师资格考试中,为人师表的教师职业道德规范是常考点,考生在做题时,看到题干中有涉及钱财、礼物、有偿家教、言行、着装、与同事或家长的关系等行为时,可从为人师表的角度进行分析。

56. B 【解析】题干中教师的话表明其对教育事业具有强烈的责任感和深厚的感情。这体现了该教师爱岗敬业的师德规范。

57. B 【解析】张丽莉老师拼命保护学生安全,践行了《中小学教师职业道德规范(2008 年修订)》中"关爱学生"的职业道德规范。

58. B 【解析】终身学习要求教师树立终身学习理念,拓宽知识视野,更新知识结构。潜心钻研业务,勇于探索创新,不断提高专业素养和教育教学水平。郑老师仅凭经验带头上示范课,无法体现他与时俱进。

59. C 【解析】《中小学教师职业道德规范(2008 年修订)》中的"关爱学生"要求教师保护学生安全,关心学生健康,维护学生权益。题干所述说明这些教师遵循了关爱学生的师德规范。

60. C 【解析】教书育人的师德规范要求教师培养学生良好品行,激发学生创新精神,促进学生全面发展。题干中教师对学生的不良行为视而不见,不注意培养学生的良好品行,违反了教书育人的师德规范。

61. C 【解析】题干中"以身立教"的意思是用自身的行为去感染他人,体现了以身作则、为人师表的重要性。

62. A 【解析】"学为人师,行为世范"的意思是:所学要为世人之师,所行应为世人之范。这句话与"为人师表"的内涵是一致的。

63. A 【解析】题干中的王老师认为自己快要退休了就不用学习,不用参加培训,这说明他缺乏终身学习的理念。

64. B 【解析】终身学习的教师职业道德规范要求教师树立终身学习理念,拓宽知识视野,更新知识结构,不断提高专业素养和教育教学水平。题干所述要求体现了终身学习的重要性。

65. C 【解析】终身学习是教师专业发展的不竭动力,《中小学教师职业道德规范(2008 年修订)》中"终身学习"要求教师崇尚科学精神,树立终身学习理念,拓宽知识视野,更新知识结构。潜心钻研业务,勇于探索创新,不断提高专业素养和教育教学水平。题干中马老师从教 20 多年,仍积极参加教师培训,创新教学方法,以不断提高自己的职业素养和教学水平。这体现了马老师遵循了终身学习的职业道德规范。

66. C　【解析】依法执教就是要求教师全面贯彻国家教育方针，自觉遵守《中华人民共和国教师法》等法律法规，在教育教学中同党和国家的方针政策保持一致，不得有违背党和国家方针、政策的言行。C 项中，教师丙收取学生家长赠送的购物卡，这不仅违反了廉洁从教的要求，也违反了依法执教的要求。

67. C　【解析】终身学习要求教师潜心钻研业务，勇于探索创新，不断提高专业素养和教育教学水平。宋老师针对学生学习中的困难，创编了很多儿歌，这是对教学探索创新的表现。

二、材料分析题（参考答案）

1. 材料中陈老师的行为是正确的，遵循了教师职业道德规范。

(1)陈老师的做法体现了关爱学生的教师职业道德。关爱学生要求教师关心爱护全体学生，尊重学生人格，平等公正对待学生。对学生严慈相济，做学生良师益友。材料中，当其他同学怀疑小明偷钢笔并要搜小明的书包时，陈老师并没有鼓励学生这样做，而是让学生先上课。这是对小明的尊重与保护，体现了关爱学生的教师职业道德。

(2)陈老师的做法体现了教书育人的教师职业道德。教书育人要求教师循循善诱，诲人不倦，因材施教。培养学生良好品行，激发学生创新精神，促进学生全面发展。材料中，陈老师耐心地说服了小明，并通过动员家长和在班会活动中对小明进行教育，最终让小明改掉了乱拿别人东西的不良习惯。这体现了陈老师教书育人的教师职业道德。

(3)陈老师的做法体现了为人师表的教师职业道德。为人师表要求教师衣着得体，语言规范，举止文明。关心集体，团结协作，尊重同事，尊重家长。材料中，陈老师在其他同学想要检查小明的书包时及时制止，事后积极与小明沟通了解情况，并与小明的家长联系，共同引导小明，使小明改掉乱拿别人东西的不良习惯，表明陈老师尊重学生，尊重家长，体现了为人师表的教师职业道德。

综上所述，陈老师的做法践行了教师职业道德规范，值得广大教师学习。

2. 方老师的行为体现了关爱学生、教书育人的教师职业道德规范，值得我们借鉴。

(1)方老师的行为体现了关爱学生的教师职业道德规范。关爱学生要求教师对学生严慈相济，做学生良师益友。保护学生安全，关心学生健康，维护学生权益。材料中方老师用语言劝说星星，让星星认识到自己的错误，同时鼓励星星用自己的创意做粽子。这体现了方老师关爱幼儿的教师职业道德。

(2)方老师的行为体现了教书育人的教师职业道德规范。教书育人要求教师遵循教育规律，实施素质教育。循循善诱，诲人不倦，因材施教。培养学生良好品行，激发学生创新精神，促进学生全面发展。材料中方老师鼓励星星的创意,保护了星星的创新意识,践行了教书育人的教师职业道德规范。

综上所述,方老师的行为体现了良好的教师职业道德,符合教师职业道德规范的要求。

3. 王老师的这种做法是不正确的,违反了教师职业道德中关爱学生、教书育人、爱国守法的内容。

(1)关爱学生要求教师关心爱护全体学生,尊重学生人格,平等公正对待学生。对学生严慈相济,做学生良师益友。保护学生安全,关心学生健康,维护学生权益。不讽刺、挖苦、歧视学生,不体罚、变相体罚学生。材料中,王老师在明明不遵守游戏规则时,把明明单独拉出来,并罚他站在墙角,没有做到关爱学生。

(2)教书育人要求教师应当遵循教育规律,实施素质教育。循循善诱,诲人不倦,因材施教。培养学生良好品行,激发学生创新精神,促进学生全面发展。材料中王老师在明明不遵守游戏规则时,不是耐心教育,而是采用简单粗暴的站墙角惩罚,违反了教师职业道德中教书育人的内容。

(3)爱国守法要求教师全面贯彻国家教育方针,自觉遵守教育法律法规,依法履行教师职责权利。不得有违背党和国家方针政策的言行。材料中,王老师因为明明不遵守游戏规则,就变相体罚明明,禁止明明吃午饭,侵犯了孩子的人格尊严,违反了相关的法律法规。

因此,作为教师,我们要遵守教师职业道德规范,用心呵护每一位幼儿,培养幼儿良好品行,促进幼儿不断发展。

4. 材料中关老师的行为践行了教师职业道德规范,值得我们学习。

(1)关老师践行了教书育人的师德规范。教书育人要求教师遵循教育规律,实施素质教育。循循善诱,诲人不倦,因材施教。培养学生良好品行,激发学生创新精神,促进学生全面发展。材料中,面对学生关于老猴子抢小猴子东西吃的争论,关老师以此为契机,组织学生展开讨论,教育学生要做文明人,与人和谐相处,与动物和谐相处,促进了学生的全面发展。

(2)关老师践行了爱岗敬业的师德规范。爱岗敬业要求教师对工作高度负责,认真备课上课,认真批改作业,认真辅导学生。不得敷衍塞责。材料中,关老师在秋游中对学生们的言行积极观察,并及时采取正确的教学方法,让学生们独立思考,懂得与动物和谐相处,关老师对工作认真负责的态度实现了秋游的教育价值。

总之,作为一名教师,关老师积极践行了教师职业道德,促进了学生的发展。

5. 蔡老师的行为符合为人师表、教书育人、关爱学生的教师职业道德,值得我们学习与借鉴。

(1)蔡老师的教学行为体现了为人师表的教师职业道德素养。为人师表坚守高尚情操,知荣明

耻,严于律己,以身作则。衣着得体,语言规范,举止文明。材料中教师抱起椅子对幼儿进行示范,做到了以身作则。

(2)蔡老师的教学行为体现了教书育人的道德素养。教书育人要求教师遵循教育规律,实施素质教育。循循善诱,诲人不倦,因材施教。培养学生良好品行,激发学生创新精神,促进学生全面发展。材料中教师在活动中注意培养幼儿爱护桌椅的良好行为习惯,注重塑造幼儿的健全人格。

(3)蔡老师的教学行为体现了关爱学生的道德素养。关爱学生要求教师关心爱护全体学生,尊重学生人格,平等公正对待学生。对学生严慈相济,做学生良师益友。材料中教师看到有的幼儿抱起椅子,有的幼儿推着椅子,有的幼儿拖着椅子,活动室一片混乱时,没有责怪幼儿,而是耐心地引导幼儿,体现了关爱学生的要求。

综上所述,蔡老师的行为很好地践行了教师职业道德规范,有利于学生的健康成长。

6. 徐老师的保教行为符合教师职业道德的相关要求,值得肯定。

(1)徐老师的行为体现了关爱学生。关爱学生要求教师关心爱护全体学生,尊重学生人格,做学生良师益友。材料中,徐老师面对晓天不爱说话、性格孤僻的情况,并没有不管不问,而是深入了解该幼儿的情况,对其加以关心爱护,说明徐老师做到了关爱学生。

(2)徐老师的行为体现了教书育人。教书育人要求教师遵循教育规律,实施素质教育。循循善诱、诲人不倦、因材施教。材料中,徐老师在了解幼儿情况的基础上,从开发智力、培养语言表达能力、提升理解能力与动手能力等多方面入手对幼儿进行引导,符合因材施教的教育要求,也符合该幼儿的身心发展需要。

(3)徐老师的行为体现了为人师表。为人师表要求教师坚守高尚情操,知荣明耻,严于律己,以身作则。衣着得体,语言规范,举止文明。关心集体,团结协作,尊重同事,尊重家长。材料中,徐老师不仅自己想方设法对幼儿进行教育,还积极联系家长,了解幼儿情况,与家长交流教育经验与方法,从而形成教育合力,最终帮助幼儿得到了良好发展。

总之,徐老师的行为体现了崇高的教师职业道德规范,这种精神值得大力弘扬,需要每个老师学习。

专题二　教师的职业行为

单项选择题

答案速查

1~5	DCBCD	6~10	ADBAD	11~15	BBBBB	16~20	BCBBC
21~25	CBBBB	26~30	BBCAD	31~35	BBCAA		

1. D　【解析】教师劳动的创造性要求教师的教学方法要不断更新。题干中张老师设计“童话故事大比拼”“故事续写”等活动有利于激发学生的创造性,展现学生个性,体现了教师劳动的创造性。

2. C　【解析】教师职业行为规范要求老师热爱、尊重学生,积极为学生创设良好的育人环境,坚持正面教育,严禁体罚和变相体罚学生。题干中,李老师组织开展“大家一起找优点”的活动,鼓励学生发现自己和同学的优点,创设了良好的育人环境,坚持正面教育,有利于促进学生进步,故本题选 C。

3. B　【解析】教师思想行为规范要求教师积极参加政治学习和宣传活动,做社会主义精神文明的建设者和传播者。题干中徐老师认为自己不是党员,没有必要参加政治宣传活动,违背了教师思想行为规范的要求。

4. C　【解析】教师的人际行为规范要求教师之间要做到互相尊重,切忌嫉妒;相互学习,取长补短;平等相待,不卑不亢;乐于助人,关心同事。题干描述的是王老师与同事的团结互助,反映的是师师关系,王老师的做法是正确的。

5. D　【解析】教师在处理与同事的关系时要做到平等待人,宽容大度,虚怀若谷。在教学过程中相互学习、相互交流、取长补短、共同提高。题干中孙老师拒绝帮助钱老师,说明了孙老师缺乏与同事相互学习、互助合作的精神。

6. A　【解析】在学前教育中,身教重于言教,幼儿教师的自身活动和言行是重要的劳动手段。幼儿教师和幼儿朝夕相处,和幼儿一同活动、游戏,教师的一言一行、一举一动都是幼儿的榜样,有力地熏陶、影响着幼儿。教师爱干净、讲卫生,也会影响学生的行为,这体现了教师劳动的示范性。

7. D　【解析】教师要尊重和信任家长,主动、积极地与家长进行沟通与交流,在幼儿园和家庭间建立和谐、密切的联系,形成教育合力,共同促进幼儿的健康成长。题干中陶老师当众指责皮皮爸爸的做法是不合适的,教师应尊重和信任家长,与家长真诚地交流,故陶老师要注意与家长沟通的方式。

8. B　【解析】教师要善于调节自身的情绪,具备豁达开朗的心胸,避免将自己的不良情绪转移到幼儿身上。题干中邹老师面对家长的指责时,不能很好地调节自己,反而将自己的不良情绪发泄到幼儿身上,这是违反教师职业行为规范的表现。

9. A　【解析】关爱幼儿最基本的要求是尊重幼儿的人格,尊重幼儿的主体性,树立以幼儿为本的思想。严慈相济是教师关爱幼儿的基本要求。题干中韩老师为了让军军改掉不吃蔬菜的习惯,严厉批评军军,是不尊重军军人格尊严的表现。韩老师应该注意自己的教育方法,严慈相济,因材施教,使军军养成良好的行为习惯。

10. D 【解析】教师职业行为规范要求教师热爱、尊重学生，严禁体罚和变相体罚学生。题干中万老师脾气急躁，打了小夏同学，违反了教师职业行为规范，所以在面对家长时，要注意控制自己的情绪，为自己的错误行为向小夏和小夏的母亲道歉。

11. B 【解析】幼儿教师劳动的复杂性主要体现在两个方面：其一，幼儿教育任务的全面性。其二，劳动对象的差异性。其中，劳动对象的差异性要求教师根据每个学生的实际情况施教。题干中丁老师从其他老师那里学到的经验和方法，不一定适用本班学生，还要结合本班学生的实际情况施教。题干这种现象主要是因为丁老师无视教学工作的复杂性。

12. B 【解析】教师运用行为规范处理与家长的关系时，要做到：(1)尊重和信任家长；(2)与家长真诚地交流；(3)理解并尊重家长的意见和看法。需要注意的是，尊重并不代表迁就，故 B 项说法错误。

13. B 【解析】段老师的职业修养有待改善，因为教师在教学中在各方面应起到表率垂范的作用，师德修养是内在品质和仪表修养的结合。段老师师德优秀，但是仪表修饰有待改善。

14. B 【解析】在教学过程中，教师要相互学习、相互交流、取长补短、共同提高。题干中张老师的做法体现了教师之间的相互合作，共同成长。

15. B 【解析】题干中方老师只重视教学而忽视与同事的关系的做法是不正确的。教师处理与同事关系的基本要求包括：互相尊重、彼此理解、团结协作。方老师应该反思自我，加强与同事的沟通。

16. B 【解析】教师职业的劳动具有复杂性的特点，主要体现在劳动任务和劳动对象等方面。题干中彭老师依照"处方类"书籍开展班主任工作，未能认识到学生的差异性及独特性，忽视了班主任工作的复杂性。

17. C 【解析】首先，林老师没有把教案借给新老师，防止了新教师在备课不充分、不了解班级情况的前提下，匆忙上课；其次，林老师表明愿意在适当时间同新老师探讨备课，即愿意帮助新老师备课。所以林老师帮助同事讲究方式方法。

18. B 【解析】题干中林老师的做法违背了"关爱学生"的教师职业道德规范，是不正确的行为，所以 CD 项的做法都是错误的。教师在处理与同事的关系时要做到：互相尊重，切忌嫉妒；相互学习，取长补短；平等相待，不卑不亢；乐于助人，关心同事。所以 A 项的严厉批评做法不当，故本题选 B。

19. B 【解析】教师应做到热爱学生，关心学生，尊重学生；严格要求，耐心教导，循循善诱，不偏不袒。题干中教师唯分是举，认为孩子学习不好就不会有好的发展前途，这是不合理的，忽视了幼儿的发展潜能，他应该对幼儿综合评价之后再与家长沟通。

20. C 【解析】教师应以理解、宽容的心态对待幼儿的错误，心平气和地帮助幼儿分析错误的原因，让幼儿心悦诚服地接受教师的批评，不要伤害幼儿的自尊心。题干中老师的做法体现了尊重儿童的人格和正当权利，坚持以正面激励为主，维护了幼儿的自尊心。

21. C 【解析】终身学习的教师职业道德规范要求教师崇尚科学精神，树立终身学习理念，拓宽知识视野，更新知识结构。潜心钻研业务，勇于探索创新，不断提高专业素养和教育教学水平。题干中李老师能够积极反思、不断改进，这体现出他具有勇于探索创新的精神。

22. B 【解析】教师之间要做到：互相尊重，切忌嫉妒；相互学习，取长补短；平等相待，不卑不亢；乐于助人，关心同事。题干中夏老师工作很努力、教学能力强，这些优点是值得赞扬的，但他对教学能力差的同事不屑一顾，没有做到尊重理解、团结互助。夏老师应该反思“一些老师不愿意搭理他”的原因，改善与同事的关系。

23. B 【解析】教师之间要做到：互相尊重，切忌嫉妒；相互学习，取长补短；平等相待，不卑不亢；乐于助人，关心同事。题干中吴老师经验丰富，应主动指导蒋老师，让其迅速掌握教学技能，不能等着蒋老师来请教，也不能任由蒋老师自己探索。推门听课必须取得蒋老师的同意，在课堂上直接指出不妥之处不仅会打断课堂教学，也是对蒋老师的不尊重。故本题选 B。

24. B 【解析】学生之间发生矛盾，教师不能偏袒任何一方，而是要公平公正地处理。首先教师要向矛盾双方了解事情原委，再根据实际情况做进一步处理，不宜将事件进一步扩大化，将双方家长都牵扯进来，也不宜直接对错误方学生进行批评，而是要引导其认识到自己的错误。B 项做法最合适。

25. B 【解析】幼儿园教师要解决教育教学过程中不同方面的问题，统筹兼顾，体现了幼儿园教师劳动的全面性。

26. B 【解析】教师的人际行为规范要求教师之间要做到：互相尊重，切忌嫉妒；相互学习，取长补短；平等相待，不卑不亢；乐于助人，关心同事。题干中，李老师经常去听年轻老师的课并给予指导，体现了李老师甘为人梯，乐于助人；李老师发现孙老师的讲解存在偏差，当场打断教师教学的行为不妥当，李老师可在课下与孙老师沟通，给予指导。

27. B 【解析】题干中班主任李老师利用现代通信方式联系家长，还坚持定期家访，体现了他注重家校沟通的多元化；李老师根据学生个性特点，制定班级管理规则，体现了他能因材施教，同时也反映出李老师班级管理的优化高效。题干并未体现教师专业能力的提升。

28. C 【解析】教师要热爱、尊重学生，积极为学生创设良好的育人环境，坚持正面教育，严禁体罚

和变相体罚学生。题干中姜老师仅仅因为没有得到一部分学生的喜爱,就斥责、体罚这部分学生,这种做法是错误的。姜老师应当端正自己的思想态度,积极调整心态,正确认识和对待学生的评价,还要加强反思,改善自身的不足之处,以专业技能和人格魅力赢得学生的喜爱和尊重。

29. A 【解析】题干中余老师没有采取传统的教学模式,而是引导学生对所学内容进行讨论,形成了一种"问题导向"的教学模式,这体现了余老师善于教学重构和注重改革创新。在教师的教学改进与模式创新之中,往往需要教师勤于反思,善于实践。BCD 三项描述正确。题干未体现出余老师善用信息技术,本题选 A。

30. D 【解析】题干中王老师的行为表明其注重读书学习,营造了良好的班级读书氛围,起到了良好的表率作用,和学生共同进步。题干中并未体现王老师对待学生公平公正,本题选 D。

31. B 【解析】题干中,方老师组织学生开展各种安全主题演练活动,让学生亲自参与到活动中去,这表明方老师重视学生的亲身体验。D 项,学生属于未成年人,尚不具备成熟的施救意识与能力,教师组织的安全主题演练活动重在培养学生的自我防护意识和能力,D 项与题意不符。A、C 项题干没有体现,综上所述,本题选 B。

32. B 【解析】教师的教育工作,不是个人行为,而是集体行为。在集体中开展工作,团结协作是十分必要的。教师应当与同事搞好团结,相互理解、相互支持。题干中段老师在文体活动中积极帮助其他班级,说明段老师具有团结协作精神。

33. C 【解析】教师职业道德规范要求教师要关爱学生,平等公正对待学生。何老师因为欢欢的妈妈是园长的好朋友,就给予其更多表现的机会,并让其担任小助手等行为没有做到平等公正对待幼儿,不利于其他幼儿的成长与发展。

34. A 【解析】题干中老师让班干部搜查小刚的书包和抽屉的做法是错误的,侵犯了学生的人身自由权,没有做到尊重学生。该老师应当尊重、信任小刚,在调查清楚事件情况后,妥善处理此事。

35. A 【解析】对于学生的成长来说,家长是一种重要的教育力量,也是教师工作的合作伙伴。因此,教师在处理与家长的关系时,要尊重家长,与家长团结协作,引导家长一同做好学生的教育工作。本题选 A。教师在处理与家长的关系时,应尊重家长,而不是责怪家长,B 项不选。在教育过程中,要发挥好学校、社会、家庭三方面的力量,教师不应该放弃同家长的合作,C 项不选。教师需要理解并尊重家长的意见,但是家庭教育的作用非常重要,对于能力有限的家长,教师应积极引导、提供帮助,充分调动家长在教育工作中的积极性和主动性,D 项不选。

第四章　文化素养

单项选择题

答案速查

1～5	CCDAD	6～10	BBCAA	11～15	DADBA	16～20	CCABA
21～25	DDDBC	26～30	CDACD	31～35	CBBDC	36～40	BADCA
41～45	DDADA	46～50	DADAB	51～55	ACDCD	56～60	BCACB

1. C　【解析】本题考查青蛙的呼吸方式。青蛙的呼吸系统由鼻孔、鼻腔、口腔、喉头气管室、肺组成。空气由鼻孔进入鼻腔、口腔、喉头气管室，到达肺部进行气体交换。肺由许多肺泡组成。由于肺泡壁很薄，上面布满毛细血管，所以气体交换很容易进行。青蛙的皮肤上分布有许多毛细血管，也可以进行呼吸。其皮肤的表面面积大于肺脏，因而皮肤对呼吸起着重要的作用。当青蛙潜入水里或冬眠时，肺呼吸停止，完全靠皮肤呼吸。

2. C　【解析】本题考查海王星的发现时间。1846 年，英国的天文学家亚当斯和法国天文学家勒威耶，各自独立地根据天体力学理论用数学方法推算出一颗未知行星的存在并预报了它在太空中的位置。德国天文学家伽勒于 1846 年 9 月 23 日晚在亚当斯和勒威耶所指出的位置只差一度之处观测到了这颗新的行星——海王星。故本题选 C。

3. D　【解析】本题考查红军长征的相关事件。1934 年 10 月，中央红军被迫实行战略转移，开始长征。1935 年 1 月，红军攻克贵州北部重镇遵义。中共中央在遵义召开政治局扩大会议，集中全力解决军事和组织问题。遵义会议后，红一方面军在毛泽东指挥下，声东击西，四渡赤水，使国民党军队疲于奔命，在巧渡金沙江后，摆脱了几十万国民党军队的围追堵截，取得战略转移中具有决定意义的胜利。接着，红军继续北上，强渡大渡河，飞夺泸定桥，爬雪山，过草地，10 月到达陕北吴起镇，与陕北红军会师。1936 年 10 月，红二方面军和红四方面军到达甘肃会宁地区，与前来接应的红一方面军胜利会师。红军三大主力会师，宣告长征胜利结束。

4. A　【解析】本题考查张天翼的作品。张天翼是我国现代著名小说家、儿童文学作家，代表作品有《蜜蜂》《大林和小林》《秃秃大王》《金鸭帝国》《宝葫芦的秘密》等。

B 项，《金鸭帝国》通过大粪王、格隆冬、香喷喷等形象，揭露了地主、资本家残酷剥削劳动人

民的罪恶,以及这些所谓社会上层人物间尔虞我诈、勾心斗角的丑态。

C 项,《大林和小林》描写了大林和小林兄弟俩在外出谋生时的不同遭遇,塑造了好吃懒做、贪婪的大林和热爱劳动、富有正义感的小林两个性格迥异的儿童形象。

D 项,《宝葫芦的秘密》讲的是一个叫王葆的小朋友听奶奶讲宝葫芦的故事后着了迷,总想得到一个宝葫芦。一天他在梦中得到了一个"宝葫芦",从此就能够想要什么就有什么,想什么就来什么。但最后王葆发现,要什么就有什么给自己带来的不是幸福和快乐,而是无聊和苦恼。

A 项,《稻草人》的作者是叶圣陶,这篇童话通过对一个富有同情心而又无能为力的稻草人的所见所思的描写,真实地描绘了 20 世纪 20 年代中国农村风雨飘摇的人间百态。

5. D 【解析】本题考查天文常识。夜空繁星闪烁的原因是由于高空中的各层大气密度不均匀,以及气流运动极不稳定,再加上大气的温度、密度瞬息变化,造成高空各气流层时而厚,时而薄,时而密度变大,时而密度变稀,使得来自天体的光线不能沿恒定的方向折射到地球的表面,而发生不停的摇晃、抖动。所以当我们仰望浩瀚天空的繁星时,它们总是不停地闪烁,仿佛星星会眨眼睛似的。

6. B 【解析】本题考查安全常识。B 选项是"当心夹手"的标志。A 选项是"必须戴防护手套"的标志。C 选项是"当心伤手"的标志,D 选项是"严禁将手伸进机器里"的标志。

7. B 【解析】本题考查与法国国歌诞生有关的历史事件。《马赛曲》诞生在法国大革命时期,作于 1792 年 4 月,原名《莱茵军团战歌》。同年夏天,马赛市救国义勇军唱着这支歌挺进巴黎,因此改称《马赛曲》。它是法国大革命的象征,并对以后的历次欧洲革命产生了巨大影响。1795 年,《马赛曲》被确立为法国国歌。

8. C 【解析】本题考查抗倭名将。1561 年,倭寇大举侵犯浙江。戚继光率军英勇作战,在台州九战九捷,先后歼灭倭寇一万多人,烧毁倭船无数,平定了浙东地区的倭患。此后,戚继光又率军进入福建、广东地区,与其他抗倭将领一起带领广大军民与倭寇激战,先后消灭了两地的倭寇,使东南沿海的倭患基本解除。A 选项霍去病是西汉名将,带兵抗击匈奴。B 选项文天祥是南宋末年政治家、文学家、抗元名臣、民族英雄。D 选项,林则徐主持虎门销烟,是中华民族抵御外侮过程中伟大的民族英雄。

9. A 【解析】本题考查果戈理的文学作品。果戈理是俄国批判主义作家,代表作有《死魂灵》《钦差大臣》《外套》《狄康卡近乡夜话》等。A 选项《变色龙》是俄国作家契诃夫的作品。

10. A 【解析】本题考查《小刺猬理发》的作者。《小刺猬理发》是著名儿童文学家鲁兵的作品,作者采用了富有儿童情趣的艺术表现手法,使原本平淡无奇的题材,显得非常新颖别致,因而给人们非常生动有趣的感觉。B 选项乔羽是我国著名词作家、剧作家,代表作有《让我们荡起双

桨》《我的祖国》《人说山西好风光》《刘三姐》《难忘今宵》等。C选项柯岩是我国当代著名作家,主要作品有《“小迷糊”阿姨》《月亮会不会搞错》等。D选项任溶溶是我国著名儿童文学翻译家、作家,代表作品有《“没头脑”和“不高兴”》《给巨人的书》等。

11. D 【解析】本题考查毕加索的国籍。毕加索是西班牙画家、雕塑家,当代西方最有创造性和影响最深远的艺术家,代表作品有《格尔尼卡》《和平鸽》《亚威农少女》《生命》等。

12. A 【解析】本题考查罕见病。白化病是由于酪氨酸酶缺乏或功能减退引起的一种皮肤及附属器官黑色素缺乏或合成障碍所导致的遗传性白斑病。患者视网膜无色素,虹膜和瞳孔呈现淡粉色,怕光。皮肤、眉毛、头发及其他体毛都呈白色或黄白色。白化病属于家族遗传性疾病,患有白化病的幼儿被称为“月亮娃娃”。戈谢病即葡萄糖脑苷脂病,是一种家族性糖脂代谢疾病,为常染色体隐性遗传疾病,是溶酶体沉积病中最常见的一种。由于葡萄糖脑苷脂酶的缺乏而引起葡萄糖脑苷脂在肝、脾、骨骼和中枢神经系统的单核—巨噬细胞内蓄积而发病,产生相应的临床表现。血友病为一组遗传性凝血功能障碍的出血性疾病,其共同的特征是活性凝血活酶生成障碍,凝血时间延长,终身具有轻微创伤后出血倾向,重症患者没有明显外伤也可发生“自发性”出血。脆骨症又称瓷娃娃病,其特征为骨质脆弱、蓝巩膜、耳聋、关节松弛,是一种由于间充质组织发育不全,胶原形成障碍而造成的先天性遗传性疾病,是一种先天性骨骼病。故本题选择A选项。

13. D 【解析】本题考查阿尔卑斯山脉。阿尔卑斯山脉位于欧洲南部,是欧洲最高大宏伟的山脉。它西起法国尼斯附近的地中海海岸,经意大利北部、瑞士南部、列支敦士登、德国南部,东至奥地利的维也纳盆地,呈弧形东西延伸。故本题选择D选项。

14. B 【解析】本题考查二十四节气。小满是二十四节气之一。小满节气意味着进入了大幅降水的雨季,雨水开始增多,往往会出现持续大范围的强降水。夏收作物已盈满但未完全成熟,农事正做准备。煮茧缫丝要动纺车;菜籽榨油,油坊要动油车;夏种插秧,灌溉农田,要踏水车,称“小满动三车”。故本题选择B选项。

方法技巧:考生可通过以下方法记忆二十四节气:春——春雨惊春清谷天;夏——夏满芒夏暑相连;秋——秋处露秋寒霜降;冬——冬雪雪冬小大寒。

15. A 【解析】本题考查宋明理学。北宋哲学家周敦颐,号濂溪,是宋朝理学思想的开山鼻祖,晚年定居江西庐山莲花峰下,以家乡营道之水名“濂溪”来命名堂前的小溪和书堂,故人称“濂溪先生”。邵雍是北宋理学家、数学家、诗人,自号安乐先生、伊川翁等。程颢是北宋理学家、教育家,世称“明道先生”,是宋代理学的奠基者。程颢与其弟程颐,皆为理学大师,世称“二程”。

王守仁是明朝杰出的思想家、文学家，号阳明，创立“阳明心学”。故本题选择 A 选项。

16. C　【解析】本题考查《小布头奇遇记》的作者。《小布头奇遇记》是我国著名童话作家孙幼军的作品，本书通过描写小布头的奇遇引发了一系列生动有趣的故事，这些故事构思巧妙，语言风趣幽默，获得第二届全国少儿文艺创作一等奖，同时也是我国获国际安徒生奖提名的第一部作品。

17. C　【解析】本题考查力学。撑竿跳高是田径运动技术中最复杂的项目之一。运动员带竿起跑，化学能转化为动能；竿弯曲，运动员动能转化为竿的弹性势能；竿恢复原状，竿的弹性势能转化为运动员的机械能（重力势能和动能）；运动员从最高点开始下落，运动员的重力势能转化为他的动能；运动员落到缓冲装置，他的动能转化为缓冲装置的内能。撑竿跳高应用的主要科学原理是弹力。

18. A　【解析】本题考查罕见病。瓷娃娃病又称成骨不全症或脆骨症，原发性骨脆症及骨膜发育不良等。其特征为骨质脆弱、蓝巩膜、耳聋、关节松弛，是一种由于间充质组织发育不全，胶原形成障碍而造成的先天性遗传性疾病，是一种先天性骨骼病。

19. B　【解析】本题考查中国近代革命起义。B 项，1927 年 9 月，毛泽东领导了湘赣边界秋收起义，起义失败，改向敌人统治力量薄弱的农村进军，创建井冈山革命根据地，将武装斗争的重心转向农村。A 项，南昌起义发生于 1927 年 8 月 1 日，周恩来、贺龙、叶挺、朱德、刘伯承等人率领在中国共产党掌握或影响下的革命军于南昌发动武装起义，打响了武装反抗国民党反动统治的第一枪。C 项，广州起义是 1927 年 12 月 11 日，由共产党人张太雷、叶挺、叶剑英等在广州率领工人、农民和革命士兵举行的武装起义，是对国民党反动派的屠杀政策进行的积极而英勇的反击，与同年举行的南昌起义、秋收起义并称为中国共产党和中国人民解放军历史上的三大起义。D 项，百色起义，又称右江暴动，是 1929 年 12 月 11 日，由邓小平等老一辈革命家在广西百色组织领导的武装起义。

20. A　【解析】本题考查农业、手工业成就。《氾胜之书》是西汉晚期氾胜之汇录的一部农学著作，一般认为是中国现存最早的一部农书。《氾胜之书》与《齐民要术》《农书》《农政全书》被称为中国古代四大农书。

21. D　【解析】本题考查世界第一部长篇动画。《白雪公主和七个小矮人》是一部 1937 年的美国迪士尼动画电影，改编自格林兄弟的童话故事《白雪公主》，是世界第一部长篇动画。

22. D　【解析】本题考查郑和下西洋到达的最远的地方。明朝时期，郑和先后七次航海，访问了亚非 30 多个国家和地区，最远到达非洲东海岸和红海沿岸。

23. D　【解析】本题考查古代特殊称谓。永乐为明朝第三位皇帝明成祖朱棣的年号。明神宗朱翊钧年号万历,在位四十八年,是明朝在位时间最长的皇帝。

24. B 【解析】本题考查外国儿童文学作品。《格列佛游记》是乔纳森·斯威夫特享誉世界的讽刺名著。作品假托主人公格列佛医生自述他数次航海遇险,漂流到小人国、大人国和智马国等几个童话式国家的遭遇和见闻,全面讽刺了英国的社会现实。

25. C 【解析】本题考查中国传统玩具。魔方又叫鲁比克方块,最早是由匈牙利布达佩斯建筑学院厄尔诺·鲁比克教授于1974年发明的机械益智玩具。

26. C 【解析】本题考查历史典故。"相煎何急"出自《七步诗》,该诗最早被记录在《世说新语》中,被认为是三国时期魏国诗人曹植所作。这首诗以萁豆相煎为比喻,控诉了曹丕对自己和其他众兄弟的残酷迫害。

27. D 【解析】本题考查中国绘画。图示画作为丰子恺的作品《儿童散学归来早,忙趁东风放纸鸢》。丰子恺是中国现代著名的书画家、文学家、美术音乐教育理论家。风筝是丰子恺非常喜欢的题材,他一生画有多幅风筝漫画。D项正确。A项,徐悲鸿是中国现代画家、美术教育家,擅画人物、走兽、花鸟,主张现实主义。B项,黄宾虹是中国近现代国画家,擅画山水。C项,齐白石是中国近现代绘画大师,擅画花鸟、虫鱼、山水、人物。

28. A 【解析】本题考查黄帝的相关知识。题干中的诗句是孙中山于民国元年(公元1912年)撰写的歌颂黄帝的祭文。轩辕黄帝是中华民族的人文初祖。

29. C 【解析】本题考查洋务运动。题干中的表述是洋务派认为实现国家富强首先要训练军队,训练军队首先要制造武器。因此,制器的应该是军事工业。洋务派为了实现"自强",积极引进西方先进生产技术,制造枪炮轮船,先后创办了安庆内军械所、江南制造总局、福州船政局等一批近代军事工业。故本题选C。

30. D 【解析】本题考查光现象常识。海市蜃楼是由阳光在大气中折射而产生的光学现象。它是远处景物反映在天空或地面而形成的幻景。在剧烈的温度梯度下,在海面或沙漠有时会出现。故本题选D。

31. C 【解析】本题考查遗传的相关概念。通过大量研究证明,对遗传起决定作用的是DNA而不是蛋白质。在不含DNA的生物中RNA是遗传物质。DNA的特性,从遗传的观点看,一是有相对的稳定性;二是能产生变异,适应生物类型的多样性;三是能进行自我复制,代代延续。子代之所以像亲代,就是因为亲代能把自身的DNA分子准确地复制一份传给子代。故本题选C。

32. B 【解析】本题考查外国儿童文学作品。《白雪公主》出自《格林童话》,讲述了一个可爱美丽的公主因为后母嫉妒其美貌而被迫逃到森林,偶遇善良的七个小矮人,最后在他们的帮助下,克服了后母的诅咒,最终获得了幸福的故事。图片中的人物是白雪公主和七个小矮人。

33. B 【解析】本题考查秦始皇统一规范的文字。战国时,七国的文字书写各异。秦始皇为消除文字上的差异,命丞相李斯等人统一文字,制定笔画规整的小篆,作为通用文字颁行全国。文字的统一,使政令能够在全国各地顺利推行,也使不同地域的人民能够顺畅沟通,有利于文化的交流与发展。故本题选 B。

34. D 【解析】本题考查《本草纲目》的相关知识。《本草纲目》虽为中药学专书,但涉及范围广,对植物学、动物学、矿物学、物理学、化学、农学等内容亦有很多记载,故本题选 D。A 项,战国问世、西汉编定的《黄帝内经》,是我国现存较早的重要医学文献,它反映了我国古代医学的早期成就,奠定了我国医学的理论基础。B 项,东汉末年的名医张仲景在总结前人经验的基础上,结合自己的临床实践写成了《伤寒杂病论》,这部著作发展了中医学的理论和治疗方法,总结了各种疾病的症候,提出在诊断上要辨证分析病情,然后对症治疗。C 项,唐代医学家孙思邈完成医学名著《千金方》,它全面总结历代和当时的医药学成果,且有许多创新。

35. C 【解析】本题考查吐鲁番盆地。吐鲁番盆地是一个典型的地堑盆地,是世界上海拔最低的盆地,紧邻盆地南部山麓著名的艾丁湖湖面低于海平面 154 米,是我国陆地的最低点,故本题选 C。A 项,柴达木盆地平均海拔 2600 ~ 3000 米,是我国海拔最高的盆地。B 项,四川盆地平均海拔 300 ~ 600 米,是我国第四大盆地,也是中国各大盆地中形态最典型、纬度最低的盆地。D 项,塔里木盆地是我国面积最大的内陆盆地,海拔高度在 800 到 1300 米之间,地势西高东低。

易混辨析:考生易混淆四大盆地和吐鲁番盆地的特征。考生在做题时,可根据以下特点进行区分和记忆。

塔里木盆地——位于新疆(天山以南),是中国第一大内陆盆地。

准噶尔盆地——位于新疆(天山以北),被誉为"塞北江南"。

柴达木盆地——位于青藏高原的东北部,是中国海拔最高的盆地。

四川盆地——位于四川省东部,岩石、土壤呈紫色,有"紫色盆地"之称。

吐鲁番盆地——位于新疆天山脚下,是中国也是世界上海拔最低的盆地。

36. B 【解析】本题考查我国第一艘航天测量船。"远望一号"测量船于 1977 年 8 月 31 日在江南造船厂建成下水,是我国自行设计建造的第一代综合性航天远洋测量船。A 项,"大洋一号"是我国第一艘现代化的综合性远洋科学考察船,也是我国远洋科学调查的主力船舶。C 项,"东方红一号"卫星,是我国发射的第一颗人造地球卫星。D 项,"向阳红一号"是国家海洋局建造的第一艘水文气象船,也是我国第一艘吨位比较大的气象船。

37. A 【解析】本题考查光现象常识。白色衣服能反射所有色光,冬天穿白色的衣服,无法吸收更多的热量；黑色衣服能吸收所有色光，夏天穿黑色的衣服，会吸收更多的热量，使身体的温度升高，容易中暑。所以，“冬不穿白，夏不穿黑”体现的是太阳光的吸收和反射。

38. D 【解析】本题考查物理常识。共振是指当外力的振动节拍和物体本身的固有频率的节拍相同或相近的时候，物体产生的强烈振动。水龙头在放水时，水从水龙头冲出，水管会发生振动。当振动的频率接近邻近的自来水管的固有频率时，自来水管就会发生共振现象，致使水管发出阵阵响声。因此本题选 D。

39. C 【解析】本题考查天文常识。小行星带是太阳系内介于火星和木星轨道之间的小行星密集区域，故本题选 C。

40. A 【解析】本题考查西方近代科学家及其成就。燃烧作用的氧化学说是由法国化学家拉瓦锡正式提出的。波义耳是英国化学家、物理学家，用实验阐明气压升降的原理，并发现著名的气体定律——波义耳马略特定律。普利斯特利是英国化学家、唯物主义哲学家，利用水槽、汞槽集气法研究各种气体，发现了氧气。阿伏伽德罗是意大利化学家，主要贡献为 1811 年发表的“阿伏伽德罗假说”（后也称之为阿伏伽德罗定律），并提出分子概念及原子、分子区别等重要化学问题。

41. D 【解析】本题考查以抗美援朝战争为题材的电影。《英雄儿女》是 1964 年由长春电影制片厂制作并出品的一部战争片。影片讲述了抗美援朝时期，志愿军战士王成阵亡后，他的妹妹王芳在政委王文清的帮助下坚持战斗，最终和养父王复标、亲生父亲王文清在朝鲜战场上团圆的故事。《闪闪的红星》是由八一电影制片厂摄制的中国儿童红色电影，该片讲述了在 1930 年至 1939 年艰难困苦的环境中成长起来的少年英雄潘冬子的故事。《渡江侦察记》是上海电影制片厂出品的战争片，该片改编自“先遣渡江英雄连”的事迹，讲述了渡江战役前夕，解放军某部李连长率侦察班探明敌人江防部署，协助大部队取得战役成功的故事。《南征北战》是上海电影制片厂摄制的战争片，该片改编自话剧《战线》，讲述了解放战争初期，在华东战场上，人民解放军在敌强我弱的形势下，正确运用毛泽东运动战的战略思想，消灭敌人取得胜利的故事。

42. D 【解析】本题考查西方著名音乐家及其作品。《胡桃夹子》是由柴可夫斯基作曲的一个芭蕾舞剧，根据霍夫曼的一部叫作《胡桃夹子与老鼠王》的故事改编。罗伯特·舒曼是 19 世纪德国作曲家、音乐评论家，代表作品有《维也纳狂欢节》等。贝多芬被称为“乐圣”，代表作品有《第三（英雄）交响曲》《第五（命运）交响曲》等。约翰内斯·勃拉姆斯是德国浪漫主义作曲家，代表作品有《c 小调第一交响曲》等。

43. A 【解析】本题考查历史典故与人物。中国象棋中的楚河汉界与刘邦和项羽有关。与曹操、袁绍有关的典故有官渡之战；与苻坚、谢安有关的典故有淝水之战；与孙膑、庞涓有关的典故有

围魏救赵。

44. D 【解析】本题考查戏曲常识。京剧《贵妃醉酒》又名《百花亭》,取材于中国唐朝历史人物杨贵妃的故事,源自洪昇的《长生殿》。《桃花扇》是清朝作家孔尚任的代表作,《南柯梦》和《牡丹亭》是明代著名戏曲家汤显祖的代表作。

45. A 【解析】本题考查人类最早使用的工具。石器是人类最早使用的工具,盛行于人类历史的初期阶段。陶器是指用黏土为胎,经过手捏、轮制、模塑等方法加工成型后,在 800 ~ 1000℃ 高温下烧制的器皿。陶器的出现是人类社会进入到新石器时代的重要标志之一。瓷器是指用高岭土、长石、石英等为原料,经过混合、制坯、加工、干燥再进行烧制成器。大约在公元前 16 世纪的商代中期,中国就出现了早期的瓷器。铁器是指以铁矿石冶炼加工制成的器物。西周末年是中国的早期铁器时代,铁器的出现使人类历史产生了划时代的进步。

46. D 【解析】本题考查中国蒙学教材。《千字文》《百家姓》和《急就章》属于中国古代蒙学教材。《千字文》是由周兴嗣编纂的由一千个汉字组成的韵文;《百家姓》是一部记录姓氏的文集,通篇采用四言体例,句句押韵,与《三字经》《千字文》并称“三百千”,是中国古代幼儿的启蒙读物;《急就章》又名《急就篇》,由西汉史游所作,该书是中国古代教学童识字、增长知识、开阔眼界的字书,在古代常被用作识字课本和常识课本;《山海经》是中国先秦重要古籍,是一部富于神话传说的最古老的奇书,不属于中国古代蒙学教材。

47. A 【解析】本题考查少数民族传统民居。傣族民居多为竹楼,竹楼外貌朴实无华,上面是轮廓丰富的歇山屋顶,下面是架空的柱列。图中所示即为傣族竹楼,本题选 A。

48. D 【解析】本题考查春秋时期的变法。管仲变法是春秋时期管仲在齐国的改革,而非赵国。故 D 项错误。

49. A 【解析】本题考查我国最早制定历法的朝代。我国传统的干支纪日法起源很早,夏代的历法是我国最早的历法。商代历法是在夏代历法的基础上,把我国最早实行的阴阳合历逐步调整,使它趋于完备。

50. B 【解析】本题考查数学常识。罗马数字起源于古罗马,是最早的数字表示方式,它的产生标志着古代文明的进步。罗马数字因书写繁琐,如今已很少采用,大多出现在钟表表盘、书稿章节及科学分类中。图中所示数字即为罗马数字。

51. A 【解析】本题考查原始人群。山顶洞人因发现于北京市周口店龙骨山遗址顶部的山顶洞而得名。元谋猿人化石发现于我国云南省元谋县。巫山猿人化石发现于重庆市巫山县。蓝田猿人化石发现于陕西省蓝田县。

52. C 【解析】本题考查明代文学。题干中的诗句出自于谦的《石灰吟》,而且从“要留清白在人间”的角度也可以判断只有石灰能够达到纯白色。

53. D 【解析】本题考查把国王尊称为“法老”的国家。“法老”是古埃及国王的尊称，本题选 D。

54. C 【解析】本题考查生物常识。A 项是金丝雀，嘴的形状为圆锥状；B 项是鹦鹉，为钩状喙嘴；C 项是鹭鸶，嘴为细长状，以便在水中捕食；D 项是老鹰，眼睛锐利、嘴带尖钩。故本题选 C。

55. D 【解析】本题考查西方近代科学家及其成就。李约瑟为英国近代生物化学家和科学技术史专家，其著作《中国科学技术史》对现代中西文化交流影响深远。

56. B 【解析】本题考查物理常识。过山车在斜坡最底部时具有最大速度，由于惯性作用，它的这种运动状态会促使它冲上下一个斜坡。

57. C 【解析】本题考查唐代文学。韩愈，唐代思想家、文学家，唐代古文运动的倡导者。柳宗元，唐代文学家、哲学家和政治家。韩愈与柳宗元并称“韩柳”。古文运动是韩愈、柳宗元等领导的文学革新运动。在这场运动中，韩愈、柳宗元等主张儒学复古，反对骈体，在文体上恢复先秦两汉文章散行单句、不拘格式的写作传统，后来称之为古文运动。唐宋八大家是指唐代的韩愈、柳宗元，宋代的欧阳修、苏洵、苏轼、苏辙、王安石和曾巩。故 C 项表述错误。

58. A 【解析】本题考查字体和书法。唐朝的张旭，人称“草圣”。题干中诗句的意思是张旭三杯酒醉后，豪情奔放，绝妙的草书就会从他笔下流出。他无视权贵的威严，在显赫的王公大人面前，脱下帽子，露出头顶，奋笔疾书，自由挥洒，笔走龙蛇，字迹如云烟般舒卷自如。

59. C 【解析】本题考查文成公主入藏的朝代。公元 7 世纪前期，吐蕃赞普松赞干布统一青藏高原。他多次遣使向唐朝求婚，唐太宗把文成公主嫁给他。文成公主入藏时带去大批手工艺品和多种技术、医药书籍等。唐蕃和亲，促进了汉藏的友好关系和经济文化交流。

60. B 【解析】本题考查第一次世界大战的起始时间。1914 年 6 月 28 日，奥匈帝国皇储费迪南大公夫妇在萨拉热窝被塞尔维亚青年普林西普刺杀，成为第一次世界大战的导火线。

专题一　历史素养

单项选择题

答案速查

1～5	DADBB	6～10	ADCCA	11～15	CACDC	16～20	CDBAB
21～25	CDABB	26～30	BBDDC	31～35	CBCBB	36～40	BBBBD
41～45	DBADB	46～50	ABACC	51～55	BADDB	56～60	CABBC

1. D 【解析】甲骨文是中国商周时期刻写在龟甲和牛、羊等兽骨上的文字。甲骨文是中国已发现的古代文字中年代最早、体系较为完整的文字，对中国文字的形成与发展有深远的影响。

2. A 【解析】汤建立商朝，都城建在亳。受战乱、环境变化等因素的影响，商朝多次迁都，到商王盘庚时迁到殷（今河南安阳）。盘庚迁殷后，商朝的统治比较稳定，武丁时期出现了“百姓由宁，殷道复兴，诸侯来朝”的局面。故答案为 A 项。

3. D 【解析】无产阶级建立政权的第一次伟大尝试是巴黎公社，D 项正确。英国宪章运动是1836—1848 年英国工人阶级为争取政治普选权而发动的工人运动。法国里昂丝织工人起义是19 世纪 30 年代法国里昂的丝织工人反抗资本家剥削的武装反抗运动。这两次工人运动和德国西里西亚纺织工人起义并称为欧洲三大工人运动，表明无产阶级登上历史舞台，为马克思主义的诞生奠定了阶级基础，不涉及建立政权，A、C 两项不符合题意。俄国十月革命是人类历史上第一次获得胜利的社会主义革命，B 项不符合题意。

4. B 【解析】仰韶文化是指距今约 7000 至 5000 年前，黄河中游地区一种重要的新石器时代彩陶文化。

5. B 【解析】三星堆遗址群位于四川省广汉市西北，是迄今为止我国西南地区发现的范围最大、延续时间最长、文化内涵最丰富的古文化遗址，昭示了长江流域与黄河流域一样，同属中华文明的母体，被誉为“长江文明之源”。

6. A 【解析】1947 年 3 月，美国总统杜鲁门在国会发表演说，在演说中，他把世界分为“自由国家”和“极权政体”两个对立的营垒，宣称美国将领导和帮助所有选择“自由制度”、抵抗极权统治的力量。这篇演说提出的政策被称为“杜鲁门主义”。杜鲁门主义的出台，标志着美、苏战时同盟关系正式破裂，冷战开始。

7. D 【解析】汉朝时，“丝绸之路”是以首都长安（今西安）为起点，经甘肃、新疆，到中亚、西亚，并连接地中海各国的陆上通道。

8. C 【解析】长征后，中国的革命中心地区从南方的江西和福建转移到北方的陕甘宁地区。

9. C 【解析】允许日本人在中国通商口岸开设工厂，这一条也是《马关条约》内容里影响最严重的一条，它使各国列强根据“利益均沾”的条款，争先恐后在中国开设工厂，严重阻碍了中国民族资本主义的发展。

10. A 【解析】题干中的诗句出自毛泽东的《七律·人民解放军占领南京》，“天翻地覆”就是指人民解放军解放南京。

11. C 【解析】1937 年 9 月，八路军在平型关附近集中较大兵力对日军进行了一次成功伏击战。平型关战役是全国性抗战开始后，华北战场上中国军队主动歼敌的第一次重大胜利。

12. A　【解析】1927 年 8 月 7 日,中国共产党召开紧急会议,即“八七会议”。会议纠正了陈独秀的右倾错误,确定了实行土地革命和武装反抗国民党反动派的总方针。毛泽东同志在八七会议的发言中提出了“须知政权是由枪杆子中取得”的著名论断。

13. C　【解析】君主立宪制是以世袭的君主为国家元首,但其权力由宪法规定、受到一定限制的政权组织形式,它是资产阶级同封建贵族妥协的产物。世界上的君主立宪制国家有英国、日本、西班牙、荷兰、比利时、丹麦等。民主共和制是国家最高权力机关和国家元首由选举产生,并有一定任期的国家管理形式。世界上的民主共和制国家有意大利、德国、奥地利、印度、新加坡、美国等。故答案为 C 项。

14. D　【解析】1945 年秋,以毛泽东为首的中国共产党代表团与国民党政府代表在重庆举行和平谈判,经过 43 天的谈判,在 10 月 10 日签署《政府与中共代表会谈纪要》,即“双十协定”。

15. C　【解析】十一届三中全会是新中国成立以来党的历史上具有深远意义的伟大转折。

16. C　【解析】公元 208 年,孙权、刘备联军于赤壁以少胜多战胜曹军,史称赤壁之战。赤壁之战奠定了三国鼎立局面形成的基础。

17. D　【解析】1936 年 12 月 12 日,张学良和杨虎城为了达到劝谏蒋介石改变“攘外必先安内”的既定国策,停止内战,一致抗日的目的,在西安发动“兵谏”。该事件称为西安事变,又称“双十二事变”。

18. B　【解析】拿破仑曾说过:“我一生四十次战争胜利的光荣,被滑铁卢一战就抹去了,但我有一件功绩是永垂不朽的,这就是我的法典。”《拿破仑法典》是人类历史上资产阶级国家的第一部民法典,这部诞生于 1804 年的法国民法典是法国大革命时期,为保卫资产阶级革命的胜利果实而制定的。该法典的系统性、完整性和规范性,对后来其他资本主义国家的立法产生了巨大影响,起到了立法规范的作用。

19. A　【解析】A 项,城濮之战是周襄王二十年(公元前 632 年),晋、楚两国在卫国城濮(今山东鄄城)地区进行的争夺中原霸权的首次大战。晋文公兑现当年流亡楚国许下“退避三舍”的诺言,令晋军后退,避楚军锋芒,楚军冒进反招致失败。晋军的胜利,奠定了晋文公的霸主地位。B 项,桂陵之战发生于公元前 354 年,魏围攻赵都邯郸,赵向齐求救。齐威王命田忌、孙膑率军援救。孙膑认为魏以精锐攻邯郸,国内空虚,于是率军围攻魏都大梁,使魏将庞涓赶回应战。孙膑却在桂陵伏袭,打败魏军,并生擒庞涓。孙膑在此战中避实击虚、攻其必救,创造了“围魏救赵”战法。C 项,马陵之战是继桂陵之战后,齐魏双方发生的又一场战争,是齐军在马陵歼灭魏军的著名伏击战。从此魏国不再有能力与齐、秦两国争霸,失去了霸主地位。D 项,长平之战是秦昭襄王四十七年(公元前 260 年)秦国率军在赵国的长平(今山西高平)一带同赵国军队发

生的战争。长平之战是战国历史的最后转折，是中国古代军事史上最早、规模最大、最彻底的大型歼灭战。

20. B 【解析】题干诗句为唐朝诗人皮日休《汴河怀古二首(其二)》。从"尽道隋亡为此河"一句，可推知"此河"与隋朝灭亡密切相关。在隋朝历史发展中，对隋朝产生重大影响，并引起隋朝动荡的莫过于隋朝开凿的大运河。所以诗句中的"河"，应是指隋朝大运河。故本题选 B。

21. C 【解析】牧野之战—周武王伐纣，长平之战—战国时期，赤壁之战—三国，淝水之战—东晋，因此，C 项正确。安史之乱—唐中后期，八王之乱—西晋，玄武门之变—唐初，土木堡之变—明朝，A 项错误。诸葛亮七擒孟获—三国，陈汤平定匈奴—汉朝，郑成功收复台湾—明末清初，郑和下西洋—明初，B 项错误。黄巾起义—东汉，陈胜吴广起义—秦朝，太平天国运动—清朝，李自成起义—明朝，D 项错误。

22. D 【解析】诺曼底登陆开始于 1944 年 6 月；德国进攻波兰发生于 1939 年 9 月；慕尼黑阴谋发生于 1938 年 9 月；日本偷袭珍珠港发生于 1941 年 12 月。因此，按事件发生的先后顺序排列正确的选项为 D 项。

23. A 【解析】"两河"是指西亚的幼发拉底河与底格里斯河。两河流域又称"美索不达米亚"，意即"两河之间的地方"，大体上是以今天伊拉克首都巴格达为中心的狭长地带。古巴比伦王国原是幼发拉底河中游的一个小国。公元前 18 世纪，第六代国王汉谟拉比在位时，对外采取各个击破的策略，完成了两河流域中下游地区的统一事业，建立了统一、强大的奴隶制国家。因此本题选 A。

24. B 【解析】第二次鸦片战争期间，英、法组成联军发动侵华战争。1860 年 8 月，英法联军占领天津。10 月，英法联军对北京西北郊著名的皇家园林——圆明园进行了大肆抢劫，之后又放火烧毁。圆明园的焚毁是第二次鸦片战争留给中国人的永久创伤，也是人类文明史上非常可耻的一页。

25. B 【解析】古埃及人最早使用的文字形成于公元前 3000 年左右，它用图形表示事物，所以称为象形文字，是世界上最古老的文字之一。B 项正确。佛教和《罗摩衍那》是古印度的文明成就。A、D 项错误。《汉谟拉比法典》是古巴比伦的文明成就。C 项错误。

26. B 【解析】巴黎凯旋门上的《马赛曲》浮雕是吕德的浮雕作品，雕于法国巴黎爱德华广场的凯旋门上，是歌颂法国大革命的史诗性作品。

27. B 【解析】王莽继帝位后就开始进行改革，他仿照《周礼》的制度推行新政，屡次改革币制，更改官制与官名，以"王田制"为名恢复"井田制"，把盐、铁、酒、铸币、山林川泽收归国有，耕地重新分配，又废止奴隶制度，建立五均赊贷(贷款制度)、六筦政策，以公权力平衡物价，防止商人剥削,增加国库收入。由于政策存在诸多不合实情的地方,百姓未蒙其利,先受其害,反而激化了社会矛盾,引起民愤。

28. D 【解析】法国国庆日是每年的7月14日。1789年7月14日巴黎人民攻克了象征专制的巴士底狱,从而揭开了法国大革命的序幕。1799年11月(法国共和历八年雾月)拿破仑发动了政变,结束了督政府的统治,开始了自己为期15年的独裁统治。法兰西第一共和国于1792年9月22日由国民公会宣告成立。《人权与公民权宣言》即《人权宣言》,是在法国大革命时期颁布的纲领性文件。

29. D 【解析】五四运动的直接导火线是巴黎和会上中国外交的失败,A项错误。五四运动作为新民主主义革命的开端,是在新的历史条件下发生的,它具有旧民主主义革命不具备的特点,B项错误。青年学生在五四运动中起到了革命运动先锋队的作用。在五四运动中起决定性作用的是工人阶级,C项错误。五四运动促进了马克思主义在中国的广泛传播,为中国共产党的成立在思想上和干部上做了准备,D项正确,当选。

30. C 【解析】"战国七雄"指东周后期七个强势诸侯国的统称,分别是齐、楚、燕、韩、赵、魏、秦,A项错误。西夏政权是由党项人在中国西部建立的一个封建政权,党项族是我国古代北方少数民族之一,属于西羌族的一支,B项错误。汉阳兵工厂是晚清时期洋务运动的代表人物张之洞到湖北后主持创办的军工制造企业,C项正确。陈毅曾经强调,五百万支前民工,遍地都是运粮食、运弹药、抬伤员的群众,是淮海战役中人民解放军的真正优势,淮海战役的胜利是人民群众用小车推出来的,D项错误。

31. C 【解析】纽伦堡审判指的是欧洲国际军事法庭在第二次世界大战战胜国对欧洲轴心国的军事、政治和经济领袖进行的数十次军事审判。由于审判主要在德国纽伦堡进行,故总称为"纽伦堡审判"。

32. B 【解析】遵义会议开始确立以毛泽东为主要代表的马克思主义的正确路线在中共中央的领导地位,是中国共产党历史上一个生死攸关的转折点,在极端危险的时刻,挽救了党和红军。

33. C 【解析】张居正改革推行的是一条鞭法。而青苗法是属于王安石变法的内容,因此C选项错误。

34. B 【解析】马歇尔计划,又称欧洲复兴计划,由时任美国国务卿马歇尔提出,该计划旨在援助二战后的欧洲,帮助其经济复苏,以抵抗苏联的影响。曼哈顿计划是美国陆军部于1942年6月开始实施利用核裂变反应来研制原子弹的计划,于1945年7月16日成功地进行了世界上第一次核爆炸,并按计划制造出两颗实用的原子弹。第四点计划是战后初期美国对不发达国家推行的所谓"援助"计划。1949年1月20日杜鲁门在第二任总统就职演说中,提出美国外交的"四

点行动计划”。其中第四点是“技术援助和开发落后地区”,即通称为“第四点计划”。阿波罗计划是美国在 1961 年到 1972 年组织实施的一系列载人登月飞行任务,它是世界航天史上具有划时代意义的一项成就。

35. B 【解析】江南机器制造总局简称江南制造局或江南制造总局,成立于 1865 年,是李鸿章在上海创办的规模最大的洋务企业,对于清朝的军事力量以及重工业生产都有提升作用。张之洞主持创办了汉阳铁厂、湖北织布局等;沈葆桢筹建了南洋海军;左宗棠在福州创设了福州船政局。

36. B 【解析】南昌起义是创建人民军队的开端,井冈山革命根据地的创建,拉开了中国革命从城市转入农村、建立根据地的序幕。故 B 项说法错误。

37. B 【解析】元谋人距今约 170 万年,是我国境内已确认的最早的古人类,B 项正确。

38. B 【解析】19 世纪中期,德意志处于分裂状态,普鲁士和奥地利是德意志的两个最大邦国。普鲁士国王威廉一世起用主张“铁血政策”的俾斯麦为宰相。俾斯麦决心通过武力统一德意志。1864 ~ 1871 年,普鲁士先后击败丹麦、奥地利和法国,统一了除奥地利以外的德意志。1871 年,德意志帝国成立,实行君主立宪制。

39. B 【解析】“战国七雄”指的是齐、楚、秦、燕、赵、魏、韩七个大国。

40. D 【解析】明朝时期,郑和先后七次航海,访问了亚非 30 多个国家和地区,最远到达非洲东海岸和红海沿岸。故郑和下西洋不能说明唐朝对外开放。

41. D 【解析】夏、商、西周、东周、东汉、三国魏、西晋、北魏、隋、唐(含武周)、后梁、后唐、后晋等十三朝以洛阳为都,故洛阳有“十三朝古都”之誉。新莽、后赵、北周、后汉、后周、北宋和金又以洛阳为陪都,故又有“八代陪都”之说。

42. B 【解析】1839 年 6 月,钦差大臣林则徐在广东虎门海滩当众销毁收缴的鸦片,史称虎门销烟。

43. A 【解析】南昌起义打响了武装反抗国民党反动派的第一枪,揭开了中国共产党独立领导武装斗争和创建革命军队的序幕。

44. D 【解析】题干中强调秦始皇统一度量衡,度指长度,量指体积,衡指重量。秦半两钱表示货币;秦铜马车是出土于秦始皇陵墓的历史文物;阳陵虎符是调动军队的兵符;商鞅方升又称商鞅量,是秦国制造的标准量器。商鞅方升刻有两组铭文,第一组铭文刻于秦孝公十八年,主要交代了方升的制造者、时代以及器物的用途及容积;第二组铭文刻写的是秦始皇二十六年统一度量衡的诏令。所以本题选 D。

45. B 【解析】葡萄牙航海家达·伽马是从欧洲绕好望角到印度的航海路线的开拓者。英国学者达尔文出版了《物种起源》一书，提出了进化论。意大利航海家哥伦布横渡大西洋到达了美洲；葡萄牙航海家麦哲伦率领的船队完成了世界上第一次环球航行，证实了地圆之说。马可·波罗是意大利旅行家、商人，著有《马可·波罗游记》一书。

46. A 【解析】19 世纪 70 年代以前，欧洲殖民国家只侵占了 10% 左右的非洲土地。到 19 世纪末 20 世纪初，欧洲殖民国家侵占了几乎整个非洲，法国在非洲所占殖民地面积最大，英国次之，德国、比利时、意大利、葡萄牙、西班牙等国也都在非洲建立了殖民地。

47. B 【解析】2014 年 2 月 27 日，十二届全国人大常委会第七次会议决定将 9 月 3 日确立为中国人民抗日战争胜利纪念日。

48. A 【解析】戊戌维新运动，不仅是一次政治改良运动，也是一次思想启蒙运动。以维新运动为起点，资产阶级新文化开始打破封建文化独占文化阵地的局面，对中国近代教育的发展起了积极的推动作用。

49. C 【解析】公车上书是 1895 年康有为、梁启超联合各省举人联名上书光绪帝，反对在甲午战争中败于日本的清政府签订丧权辱国的《马关条约》的历史事件。

50. C 【解析】严复第一次把西方的古典经济学、政治学理论以及自然科学和哲学理论较为系统地引入中国，较为系统地介绍了西方资产阶级的社会政治学说和自然科学理论，为维新运动增添了思想武器。康有为是中国近代改良派代表人物，参与了戊戌变法、公车上书等事件；谭嗣同，戊戌六君子之一，在戊戌变法失败后被杀；魏源是近代中国“睁眼看世界”的代表人物，提出了“师夷长技以制夷”的主张。

51. B 【解析】户部，中国古代官署名，掌管全国疆土、田地、户籍、赋税、俸饷及一切财政事宜，长官为户部尚书。故选 B 项。

52. A 【解析】《法显传》又名《历游天竺记》《昔道人法显从长安行西至天竺传》《释法显行传》《佛国记》等，是东晋法显所撰游记。

53. D 【解析】嫘祖是先祖女性中的杰出代表，在嫘祖的倡导下，人们开始了栽桑养蚕的历史，后人为了纪念嫘祖这一功绩，就将她尊称为“先蚕娘娘”“先蚕圣母”。

54. D 【解析】马王堆汉墓是西汉长沙国丞相、轪侯利苍的家族墓地，位于湖南省长沙市。马王堆一号墓中发掘的辛追夫人尸体历经千年仍未腐烂，保存完好，世所罕见。

55. B 【解析】17 ~ 18 世纪，成立“东印度公司”的主要国家是英国、荷兰和法国。

56. C 【解析】1911 年 10 月 10 日，湖北新军工程营革命党人在武昌起义，因 1911 年为农历辛亥年，故这次革命被称为“辛亥革命”。辛亥革命拉开了中国完全意义上的近代民族民主革命的序幕。这次革命推翻了清王朝统治，结束了中国两千多年的君主专制制度，建立起中国历史上

从来不曾有过的共和政体，传播了民主共和理念，推动了中华民族思想解放，促使社会经济、思想文化和社会风俗等方面发生新的变化，冲破了封建主义的藩篱，打击了帝国主义在华势力，为民族资本主义的发展创造了有利条件。故C项符合题意。

57. A 【解析】《汉谟拉比法典》全文用楔形文字刻在黑色的玄武岩上，是世界上现存的第一部比较完备的成文法典。故本题选A。

58. B 【解析】1922年7月，中国共产党第二次全国代表大会讨论通过了《中国共产党章程》，共6章29条，分别对党员的条件和审批程序、党的组织系统及其构成、党的会议和活动方式、党的组织纪律、党的经费来源及使用等方面作了较详细的规定，是中国共产党的第一部正式党章。故本题选B。

59. B 【解析】1776年7月，大陆会议通过《独立宣言》，宣告北美殖民地脱离英国独立。故B项符合题意。A项，1689年，英国议会通过《权利法案》，扩大议会权力，限制王权。C项，法国资产阶级控制的制宪议会颁布了《人权宣言》，明确提出了人权、自由、平等、法治、人民主权和保护私有财产等原则。D项，《联邦宪法》一般指《美利坚合众国宪法》，是1787年美国制定的宪法，确立了"三权分立"原则。

60. C 【解析】1943年11月，中、美、英三国政府首脑在开罗举行会议，会议商讨了联合对日作战计划和解决远东问题、击败日本后如何处置日本等，并签署了《开罗宣言》，要求日本归还占领的中国国土。A项，1945年7~8月，美、英、苏三国首脑在柏林近郊的波茨坦举行会议，会议期间以中、美、英三国的名义发表了促令日本投降的《波茨坦公告》。B、D项，巴黎和会是指1919年1月在巴黎凡尔赛宫召开的战后协约会议，主要商讨对战败国的处置问题，因为在凡尔赛宫召开，又称"凡尔赛会议"。本题选C。

专题二 科学素养

单项选择题

答案速查

1~5	ADACB	6~10	BCDCC	11~15	BCDAC	16~20	DABAB
21~25	BAADD	26~30	CDDBD	31~35	CADAD	36~40	ACACB
41~45	ACDCB	46~50	CDCBC	51~55	DBDCC	56~60	BBADD

1. A 【解析】霍尔木兹海峡是中东地区主要的石油输出海上通道，是运输石油的咽喉要道，因此被誉为西方的"海上生命线""世界油阀"。

2. D 【解析】元朝杰出天文学家郭守敬主持编定的《授时历》，不属于两汉时期的天文学成就。

3. A　【解析】哥白尼是波兰天文学家，著有《天体运行论》，确立“日心说”，成为近代天文学的起点。

4. C　【解析】A 项，毕昇发明了活字印刷术，蔡伦改进了造纸术。B 项，《神农本草经》是中医四大经典著作（其余三者为《难经》《伤寒杂病论》《黄帝内经》）之一，是现存最早的中药学著作。《黄帝内经》分《灵枢》《素问》两部分，是中国最早的医学典籍。C 项，《天工开物》是明朝科学家宋应星所作，是中国古代一部综合性的科学技术著作，是世界上第一部关于农业和手工业生产技术的综合性著作。被誉为“中国 17 世纪的工艺百科全书”。D 项，祖冲之是中国南北朝时期杰出的数学家、天文学家。祖冲之算出圆周率的真值在 3. 1415926 和 3. 1415927 之间。综上所述，A、B、D 三项说法有误，C 项说法正确，当选。

5. B　【解析】战国时期的墨翟（墨子）和他的弟子，进行了世界上第一个小孔成像实验，对光的直线传播第一次作出科学解释。

6. B　【解析】衣橱中的樟脑丸时间长了体积会缩小，这是部分樟脑丸由固体直接变成气体，这种变化属于升华。物质由气态直接变为固态的现象称为凝华。蒸发是指物质由液态变为气态的过程。物质由气态变为液态的过程称为液化。

7. C　【解析】苏伊士运河是亚洲和非洲的分界线。乌拉尔山脉是欧亚两洲的分界线，位于东欧平原和西西伯利亚平原之间。高加索山脉，位于黑海与里海之间，其最高峰为厄尔布鲁士峰，海拔五千多米，同时也是欧洲第一高峰。高加索山脉主轴分水岭为南欧和西亚的分界线。巴拿马运河位于中美洲国家巴拿马，横穿巴拿马地峡，连接太平洋和大西洋，是航运要道，被誉为世界七大工程奇迹之一的“世界桥梁”。

8. D　【解析】发生火灾时，普通电梯遇到高温，电梯厢容易失控变形卡住，在消防人员灭火时，水容易流到电梯内，还可能会有触电的危险。故 D 项做法错误。

9. C　【解析】选项中金属导电性的顺序为银、铜、铝、铅，金属导热性的顺序是银、铜、铝、铅。故导电性导热性最好的为银。

10. C　【解析】长城站、泰山站、中山站都是我国在南极建立的科学考察站，黄河站是我国在北极建设的科学考察站。

11. B　【解析】都江堰位于四川省成都市都江堰市城西，坐落在成都平原西部的岷江上，是全世界迄今为止年代最久、唯一留存、仍在一直使用、以无坝引水为特征的宏大水利工程。

12. C　【解析】元代王祯编撰的《农书》是一部从全国范围内对整个农业进行系统研究的巨著。明朝徐光启编撰的《农政全书》全面总结了我国古代农业生产的先进经验、技术革新和作者关于农学的创新研究成果，是明代末年一部重要的农业科学巨著。北朝贾思勰编撰的《齐民要术》

是中国现存最早的一部完整的农业科学著作，被誉为“中国古代农业百科全书”。明朝宋应星编撰的《天工开物》是世界上第一部关于农业和手工业生产技术的综合性著作，被誉为“中国17世纪的工艺百科全书”。故选C。

13. D 【解析】我国首次成功发射的载人航天飞船“神舟五号”，于2003年10月15日将航天员杨利伟送入太空。

14. A 【解析】《伤寒杂病论》对中医学治疗急慢性传染病、流行病以及内科杂病等理论和技术的发展，曾产生过极其深远的影响，奠定了中医治疗学的基础，A正确。

15. C 【解析】“墨子号”量子科学实验卫星于2016年8月16日在酒泉用长征二号丁运载火箭成功发射升空。这是我国首颗量子科学实验卫星，它以我国古代科学家墨子的名字来命名，以纪念他在光学方面的成就。

16. D 【解析】南仁东是“中国天眼”的发起者和奠基人，曾任首席科学家兼总工程师，人称“中国天眼之父”。

17. A 【解析】康德主要研究自然科学和哲学，他在1755年出版的《宇宙发展史概论》（又译为《自然通史和天体论》）中提出了太阳系起源的“星云”假说。

18. B 【解析】中国北斗卫星导航系统（BDS）是我国自行研制的全球卫星导航系统，是继美国全球定位系统（GPS）、俄罗斯格洛纳斯卫星导航系统（GLONASS）之后第三个成熟的卫星导航系统。

19. A 【解析】一般汽车前面的挡风玻璃是斜着安装的，这样做除了考虑空气动力学的原因外，还考虑到一个安全因素：如果小轿车的挡风玻璃竖直安装，那么车内的乘客就会在挡风玻璃上成一个虚像，虚像会干扰司机的视线，使司机分不清乘客和行人，可能会导致交通事故。倾斜安装后，车内乘客在挡风玻璃上所成的虚像的位置在车顶方向，司机能很清楚地区分车内乘客的虚像和路上的行人，尽可能地避免因视线干扰出现的交通事故。

20. B 【解析】19世纪初，法国人阿培尔发明罐藏法作为保存食品的有效方法，即用沸水煮、密封装瓶的各种食品可以长期贮存。杜兰德发明了镀锡薄板金属罐，使罐装食品得以投入手工生产。巴斯德阐明了食品腐败是由于微生物的作用，为高温灭菌和密封隔离的罐藏法奠定了科学理论基础。荷兰病理解剖学家、细菌学家艾克曼发现食物中含有生命必需的微量物质，为维生素的研究奠定了基础。本题选B。

21. B 【解析】北回归线又叫夏至线，是太阳光直射在地球上最北的界线。每年夏至日（6月22日左右）这一天这里能受到太阳光的垂直照射，然后太阳直射点向南移动。北半球北回归线以南至南回归线的区域每年太阳直射两次，获得的热量最多，形成热带。因此北回归线是热带和北温带的分界线。

22. A 【解析】塞纳河流经法国首都巴黎,故 A 项组合正确;流经匈牙利首都布达佩斯的是多瑙河,易北河流经捷克、波兰和德国,故 B 项组合错误;流经德国汉堡的是易北河,莱茵河流经瑞士、列支敦士登、奥地利、法国、德国和荷兰等,故 C 项组合错误;流经埃及(北非)首都开罗的是尼罗河,尼日尔河是西非的主要河流,故 D 项组合错误。

23. A 【解析】尼龙的发明和应用给世界带来了重大影响,它的发明归功于美国著名化学家卡罗瑟斯。莱特兄弟发明了飞机;弗莱明发现了青霉素;贝克兰则发明了塑料。故本题选 A。

24. D 【解析】我国领土的最西端在新疆的帕米尔高原。我国领土的四端:最东端位置在黑龙江和乌苏里江的主航道中心线的相交处;最西端位置在新疆维吾尔自治区乌恰县以西的帕米尔高原;最北端位置在黑龙江省漠河以北的黑龙江主航道的中心线上;最南端位置在南沙群岛的曾母暗沙。因此本题答案为 D 项。

25. D 【解析】直布罗陀海峡是连接地中海和大西洋的重要门户,也是地中海的“生命线”。

26. C 【解析】盐和冰混合后形成盐水,盐水的熔点较低,雪难以形成冰块。

27. D 【解析】原则上输血一般要求同血型。输血时若血型不合,受血者体内红细胞上的凝集原和献血者血浆中的凝集素会凝聚成团,阻碍血液的循环而引起凝聚现象。因此答案选 D 项。

28. D 【解析】青霉素的发现者是亚历山大·弗莱明。朱既明成功研制出了中国第一个抗生素——青霉素;屠呦呦因发现青蒿素而成为我国第一个获得诺贝尔生理学或医学奖的药学家;巴斯德发明了巴氏消毒法,研制出了狂犬病疫苗。

29. B 【解析】月球实际上是绕自己的轴相对地球旋转,自转的方向为自西向东。同时月球绕着地球公转。B 项描述错误。

30. D 【解析】在雷雨天气中,不宜在大树下躲避雷雨,容易遭受雷击。

31. C 【解析】蛋白质不属于碳水化合物,A 选项表述错误。碳水化合物由碳、氢和氧三种元素组成,其所含的氢氧的比例为 2∶1,故 B 选项表述错误。储存和提供热能是碳水化合物的重要功能之一,C 选项表述正确。碳水化合物是自然界存在最多、分布最广的有机化合物,而非无机化合物,D 选项表述错误。故本题答案选 C。

32. A 【解析】白炽灯通常用钨丝作为灯丝,这主要是因为钨的熔点高,达到了白热化所需的温度。

33. D 【解析】第一次工业革命的重要成就有:瓦特改良蒸汽机;富尔顿制造第一艘蒸汽轮船;惠特尼发明轧棉机;史蒂芬孙发明蒸汽机车。

34. A 【解析】美国三军通用编号 AIM-9 响尾蛇空空导弹是全世界第一款实用化的空空导弹,是第一款以红外线作为导引设计的空空导弹,也是第一款有击落目标纪录的空空导弹。响尾蛇导弹由美国海军空用武器中心所研发,使用单位遍及美国四大军种,外销数量与使用国家众

多,对现役所有的红外线导引空空导弹的基本设计概念都有深厚的影响。故答案为A项。

35. D 【解析】东汉时蔡伦在总结前人造纸经验的基础上,改进了造纸术,使纸张成为人们普遍使用的书写材料。A选项表述错误。火箭出现于唐末,突火枪最早出现在南宋,B选项表述错误。北宋时期毕昇发明了活字印刷术,C选项表述错误。北宋人朱彧的《萍洲可谈》中有这样一段文字:"舟师识地理,夜则观星,昼则观日,阴晦观指南针。"故D项正确。

36. A 【解析】普利斯特里在气体研究方面成就卓著,被称为"气体化学之父"。

37. C 【解析】1609年,伽利略创制了天文望远镜(后被称为伽利略望远镜),并用来观测天体,这是世界上第一架天文望远镜。

38. A 【解析】杂交水稻被国际上称为中国"第五大发明"和世界"第二次绿色革命"的原因是有助于解决世界饥饿问题。

39. C 【解析】水能资源是以位能、压能和动能等形式存在于水体中的能量资源,又称水力资源。地势起伏大的地方往往蕴含着丰富的水能。西南地区多大江大河,且地势变化大,水流湍急,蕴藏着丰富的水能,所以水能资源最集中。故本题答案为C选项。

40. B 【解析】A选项天宫一号为我国的空间实验室;C选项蛟龙号载人潜水器是我国第一艘深海载人潜水器;D选项中国天眼是我国射电望远镜;B选项悟空号是我国暗物质粒子探测卫星,量子科学实验卫星为墨子号。

41. A 【解析】在地球上看,太阳系八大行星中,金星是最亮的一颗。

42. C 【解析】液体是否容易沸腾与气压有很大关系,A错;液态金属一般是指在常温下呈现液态的金属物质,如汞,B错;炎热的夏天由于空气难以饱和,更难形成水蒸气,D错。当白炽灯点亮,温度升得很高的时候,钨的升华十分严重。长时间的高温使钨丝表面的钨原子升华扩散,然后一层又一层地沉积到玻壳的内表面上,使玻壳慢慢黑化,钨的蒸发也使钨丝越来越细,最后烧断。故选C。

43. D 【解析】针灸是针法和灸法的总称。针法是指在中医理论的指导下把针具(通常指毫针)按照一定的角度刺入患者体内,运用捻转与提插等针刺手法来对人体特定部位进行刺激从而达到治疗疾病的目的。灸法是以预制的灸炷或灸草在体表一定的穴位上烧灼、熏熨,利用热的刺激来预防和治疗疾病。

44. C 【解析】元朝郭守敬改进了简仪、仰仪和圭表等仪器,主持全国范围的天文测量,他主持编成的《授时历》一书中,以365.2425日为一年,与现行公历基本相同。

45. B 【解析】在魏晋南北朝时期,纸张质量提高,逐渐取代简牍,成为最主要的书写材料。

46. C 【解析】宣纸"始于唐代、产于泾县",因唐代泾县隶属宣州府管辖,故因产地得名宣纸。

47. D 【解析】明朝医药学家李时珍编著的《本草纲目》，分类科学严密，包含药物数目众多，文笔流畅生动，被誉为“东方医药巨典”。唐朝孙思邈所著的《千金方》被誉为“中国最早的临床百科全书”。《神农本草经》大约成书于汉代，是已知最早的中药学著作。《伤寒杂病论》是东汉末年张仲景所著的一部以论述传染病与内科杂病为主要内容的医学典籍。故选 D。

48. C 【解析】2021 年 4 月 29 日 11 时 23 分，搭载空间站天和核心舱的长征五号 B 遥二运载火箭，在我国文昌航天发射场点火升空。故本题答案为 C。天宫是我国空间站的名称。天问系列是中国行星探测任务名称。天舟是指天舟系列货运飞船，主要用于对中国空间站在轨运行期间，提供补给支持。

49. B 【解析】张衡改进了浑天仪，A 项正确。明朝的徐光启毕生致力于数学、天文、历法、水利等方面的研究，勤奋著述，尤精晓农学，译有《几何原本》《泰西水法》，著有《农政全书》等书。《梦溪笔谈》由北宋科学家、政治家沈括撰写，是一部涉及古代中国自然科学、工艺技术及社会历史现象的综合性笔记体著作。B 项错误。东汉时期，蔡伦改进民间造纸方法，用树皮、麻头、敝布、渔网等原料造纸，人称“蔡侯纸”。C 项正确。宋应星最杰出的作品《天工开物》被誉为“中国 17 世纪的工艺百科全书”。D 项正确。故本题的正确答案为 B。

50. C 【解析】温标主要有华氏温标、列氏温标、摄氏温标、热力学温标等。历史上最早出现的温标是华氏温标，由华伦海特制定，普遍使用于英、美等国家。法国人列缪尔制定了列氏温标，这一温标在德国盛行一时。1742 年，瑞典人摄尔修斯制定了摄氏温标，现在大多数国家都使用这种温标。热力学温标是英国科学家开尔文于 1848 年确立的。目前的国际温标 ITS—90 是在 1990 年 1 月 1 日起正式生效的。

51. D 【解析】一次能源是指直接取自自然界没有经过加工转换的各种能量和资源，它包括原煤、原油、天然气、油页岩、核能、太阳能、水力、风力、海洋能、地热、生物质能和海洋温差能等。由一次能源经过加工转换以后得到的能源产品，称为二次能源，例如：电力、蒸汽、煤气、汽油、柴油、液化石油气等。

52. B 【解析】北宋末年，中国的海船上开始使用指南针。朱彧在 1119 年写成《萍洲可谈》一书，书中写道：“舟师识地理，夜则观星，昼则观日，阴晦观指南针。”这是世界航海史上使用指南针航海的最早记录。

53. D 【解析】《大爆炸探秘》由约翰·格里宾编著；《自然的终结》的作者是比尔·麦克基本；《物理世界奇遇记》的作者是乔治·伽莫夫。《时间简史——从大爆炸到黑洞》是英国物理学家斯蒂芬·威廉·霍金创作的科普著作，论述了人类对宇宙认识和探索的历史，将现代物理学的两大理论——量子理论和广义相对论结合起来，提出了关于时间、空间、大爆炸和黑洞的具有

创新性的认识,为探索完整的统一理论迈出了坚实的一步。故选 D。

54. C 【解析】黄金分割是指事物各部分间一定的数学比例关系,即将整体一分为二,较大部分与较小部分之比等于整体与较大部分之比,其比例为 1∶0.618,即长段为全段的 0.618。0.618 被公认为是最具有审美意义的比例数字。

55. C 【解析】对流层气温、湿度等各要素水平分布不均匀,由于 90% 以上的水汽集中在对流层中,所以雨、雪、云、雾等一系列天气现象都发生在这一层。平流层基本上没有水汽,晴朗无云,很少发生天气变化,适于飞机航行。从中间层顶部到 800 公里高度范围为暖层(也叫热层、电离层),在暖层里,空气密度很低,太阳紫外线辐射强度很高,大部分气体分子发生电离,因此经常会出现许多有趣的天文现象,如极光、流星等。散逸层,又称"外层""逃逸层",是暖层以上的大气层,也是地球大气的最外层。

56. B 【解析】华佗编创五禽戏中的五禽是指"虎、鹿、熊、猿、鸟",没有蛇。故本题的正确答案为 B。

57. B 【解析】郭守敬是元朝著名的天文学家、数学家、水利工程专家。孙思邈是唐代医药学家、道士,被后人尊称为"药王"。沈括是北宋政治家、科学家。朱世杰是元代数学家、教育家。

58. A 【解析】北斗卫星导航系统已广泛应用于交通运输、海洋渔业、水文监测、气象预报、测绘地理信息、森林防火、通信时统、电力调度、救灾减灾、应急搜救等领域,逐步渗透到人类社会生产和人们生活的方方面面,为全球经济和社会发展注入新的活力。故 A 项表述错误。

59. D 【解析】A 项,疟疾是严重危害人体健康的寄生虫病之一,疟疾的病原体是疟原虫。我国学者屠呦呦女士因发现用于治疗疟疾的青蒿素而获得诺贝尔生理学或医学奖。B 项,麻疹是由麻疹病毒引起的急性出疹性传染病,多见于儿童,主要借助飞沫直接传播,愈后可产生持久免疫力。C 项,乙型肝炎是由乙型肝炎病毒引起的以肝脏病变为主的一种传染病,主要通过血液和血制品、性接触、母婴等途径传播。D 项,百日咳是由百日咳杆菌引起的一种急性呼吸道传染病,以阵发性痉挛性咳嗽为临床表现,多见于儿童。百日咳杆菌属于细菌的一种,故本题选 D。

60. D 【解析】花露水以乙醇、香精、蒸馏水为主体,辅以少量螯合剂、抗氧剂和耐晒的水溶性颜料,颜色以淡湖蓝、绿、黄为宜。香精用量一般在 2% ~5% 之间,酒精浓度为 70% ~75%。习惯上香精以清香的薰衣草油为主体,有的产品采用东方香水香型(如玫瑰麝香型),以加强保香能力,称为花露香水。

专题三 传统文化素养

单项选择题

答案速查

1~5	DABDA	6~10	DDBDA	11~15	BDDCC	16~20	CACAD
21~25	CCBAC	26~30	CCCCC	31~35	BADDB	36~40	DBBCD
41~45	AABBA	46~50	BCDCA	51~55	CBACC	56~60	ACBBB

1. D 【解析】南宋的朱熹是理学发展的集大成者。他继承了北宋哲学家程颢、程颐的思想，进一步完善和发展了客观唯心主义的理学体系，后人称之为“程朱理学”。南宋的陆九渊是理学的发展者，为主观唯心主义理学派的重要代表。

2. A 【解析】题干所述内容出自《论语》，孔子把人性分为三等，一等是“生而知之者”，属于上智；二等是“学而知之者”与“困而学之”，属于中人；三等是“困而不学”，属于下愚。他认为社会上绝大多数人都属于中人这个范围，对于中人的发展，教育能起重大作用。因此，孔子在实践上强调重视教育，这是其教育思想有进步意义的一面，至于他把人性分等级，并断言有不移的上智和下愚，这是不科学的，是他人性论的一个缺点。孔子属于儒家学派，故本题选 A。

3. B 【解析】孟子重视道德教育，他提出的道德修养方法主要有：(1)存心寡欲。(2)尚志养气。孟子与孔子一样，也要求学生树立远大的理想。孔子称之为“杀身成仁”，孟子称之为“舍生取义”。(3)反求诸己。(4)磨炼意志。孟子通过对人处于不同境遇产生的不同心态分析，阐明了磨炼意志的重要意义。他认为生活于安逸环境中的人无忧无虑，往往不明事理，这就是所谓的“生于忧患，死于安乐”。题干所述为孟子的教育思想，故选 B 项。

4. D 【解析】立夏是二十四节气中的第 7 个节气，夏季的第一个节气，立夏节气时间为每年公历 5 月 5 日—7 日。《礼记·月令》中有记载：“蝼蝈鸣，蚯蚓出，王瓜生，苦菜秀。”

5. A 【解析】中国古代四大美女，即西施、王昭君、貂蝉、杨玉环，享有“沉鱼落雁之容，闭月羞花之貌”的美誉。“云想衣裳花想容”是李白为杨贵妃所作的诗句，形容杨玉环衣饰和容貌之美，A 项正确；“羞花”讲的是杨贵妃的故事，B 项错误；生活在崇尚“以肥为美”的时代的是“羞花”杨贵妃，“闭月”形容的是貂蝉，C 项错误；“沉鱼”对应西施，“落雁”对应王昭君，D 项错误。故本题选 A。

6. D 【解析】太阳的直射点在南北回归线之间来回运动，当太阳直射北回归线，北半球的白昼时间达到全年最长，时间为 6 月 22 日前后，这一日被称为夏至。

7. D 【解析】“甲、乙、丙、丁、戊、己、庚、辛、壬、癸”称为十天干，“子、丑、寅、卯、辰、巳、午、未、申、

酉、戌、亥”称为十二地支。ABC 属于天干,D 项属于地支。

8. B 【解析】服除,意为守丧期满。

9. D 【解析】中国的四大名绣是苏绣、湘绣、粤绣和蜀绣。

10. A 【解析】“庚”是十天干中的一个,以庚为开头的日期即为“庚日”,相邻两个庚日之间间隔 10 天。“三伏”即头伏(初伏)、二伏(中伏)、三伏(末伏),是指一年中最热时期的三个阶段,进入“三伏”叫做“入伏”。夏至日一般是每年的 6 月 22 日前后,三个庚日是 30 天,依据题干所述,夏至后的第三个庚日为初伏,即初伏约是在七月中下旬。夏至以后的节气的顺序为“小暑、大暑、立秋、处暑、白露、秋分……”。“大暑”节气一般从公历七月下旬开始,立秋则通常在公历八月上旬,故距离初伏最近的是大暑。

11. B 【解析】子时指夜半十一时至翌晨一时,又称子夜。B 项正确。辰时指七时至九时,又称食时。未时指十三时至十五时,又称日昳。亥时指二十一时至二十三时,又称人定。

12. D 【解析】2018 年 11 月 28 日,藏医药浴法被列入联合国教科文组织人类非物质文化遗产代表作名录。

13. D 【解析】夏季的节气有立夏、小满、芒种、夏至、小暑、大暑。惊蛰为春季的节气。

14. C 【解析】A 选项,竭泽而渔来源于春秋时期的人物和事件;B 选项的完璧归赵发生在春秋战国时期;C 选项马革裹尸发生在东汉时期;D 选项洛阳纸贵发生在晋代。

15. C 【解析】二十四节气依次是立春、雨水、惊蛰、春分、清明、谷雨、立夏、小满、芒种、夏至、小暑、大暑、立秋、处暑、白露、秋分、寒露、霜降、立冬、小雪、大雪、冬至、小寒和大寒。中秋和重阳是古代传统节日,不属于二十四节气。

16. C 【解析】节气反映了地球围绕太阳运动的过程,是每年季节变更的重要标志。C 选项表述错误。

17. A 【解析】古人称自己一方的亲属朋友时,常用“家”“舍”等谦辞。“家”是称比自己的辈分高或年纪大的亲属时用的谦辞,例如,称呼自己的父亲为家父、家严等,称呼自己的母亲为家母、家慈;而“舍”用以谦称自己或自己的卑幼亲属,如舍弟。对于对方或对方亲属的敬称有令、尊、贤等。如称呼对方的父亲为令父、令尊。

18. C 【解析】该对联是 1935 年章炳麟祝贺其弟子黄侃五十寿的对联。“知命”,也叫“知天命”。孔子曰:“吾十有五而志于学,三十而立,四十而不惑,五十而知天命,六十而耳顺,七十而从心所欲,不逾矩。”因此,寿主的年龄为 50。

19. A 【解析】所谓“数九”,是指从冬至当天算起,九天为一个单位,谓之“九”,过了九个“九”,刚好八十一天,即为“出九”。从“一九”数到“九九”,冬寒就变成春暖了。

20. D　【解析】屈原,战国末期楚国丹阳(今湖北秭归)人,是中国伟大的浪漫主义诗人,也是我国已知最早的著名诗人,世界文化名人。端午节是中国古老的传统节日,始于春秋战国时期,至今已有2000多年历史。端午民俗等传统习俗对人们的精神生活产生了持久的影响。端午节赛龙舟时,发出的阵阵鼓声是由鼓面的振动产生的,鼓声主要是通过空气传到人耳。

21. C　【解析】火把节是彝族的重要传统节日。藏族的重要传统节日有藏历年、雪顿节、望果节等;回族的重要传统节日有开斋节、古尔邦节、圣纪节等;傣族的传统节日有泼水节、关门节和开门节等。

22. C　【解析】“不效艾符趋习俗,但祈蒲酒话升平”出自唐代殷尧藩的《端午日》,描写的是端午节,与题意不符,A项错误。“月色灯山满帝都,香车宝盖隘通衢”出自唐代李商隐的《观灯夜行》,描写的是元宵节,与题意不符,B项错误。“江涵秋影雁初飞,与客携壶上翠微”出自唐代杜牧的《九日齐山登高》,九日指九月九日的重阳节,重阳节有登高饮菊花酒的习俗,与题意相符,C项正确。“家家乞巧望秋月,穿尽红丝几万条”出自唐代林杰的《乞巧》,乞巧节在农历七月初七,又名七夕。与题意不符,D项错误。故选C。

23. B　【解析】中国古代将五星(即金、木、水、火、土五大行星)和日月合称为“七政”或“七曜”。A项,土星,因其公转周期为29.5年,近似28年,恰好遍历二十八星宿,每年填一宿(或曰镇一宿),故称“填星”或“镇星”。B项,木星是太阳系八大行星中体积最大、自转最快、从内向外的第五颗行星。古人很早就认识到木星约十二年绕太阳运行一周天,因人们把周天分为十二分,称十二星次(星空区域),古人根据木星运行到哪个星次(即木星所在位置)来纪年,所以木星在古代被称为“岁星”。本题选B。C项,金星,又名“太白星”,因金星日出之前见于东方,称“启明星”,黄昏见于西方,又称“长庚星”“昏星”。此外,因金星亮度极高,也有“明星”之称。D项,水星,离太阳最近的行星,古人把一周天分为十二辰,每辰三十度,因此称水星为“辰星”。火星,古称“荧惑”,古人认为“荧惑”是一颗灾星,掌管葬礼、战争,以及执法。

24. A　【解析】成语“卧薪尝胆”出自《史记·越王勾践世家》:“越王勾践反国,乃苦身焦思,置胆于坐,坐卧即仰胆,饮食亦尝胆也。”

25. C　【解析】傣族女子服饰因地域不同而有明显的差异。如西双版纳女子上身穿紧身窄袖短衫、下身穿长及脚面的筒裙,束银腰带,喜欢留长发,并挽髻于顶,插上梳子或鲜花,显得典雅大方。故C选项的图片为傣族形象。A选项为黎族服饰,在传统黎族服饰中,黎族妇女常穿直领、无领、无纽对襟上衣,有的地方穿贯头式上衣,下穿长短不同的筒裙,束发脑后,插以骨簪或银簪,披绣花头巾,戴耳环、项圈和手镯,平时劳动或探亲访友时,会戴一个用葵叶或棕叶做的笠帽。B选项为汉族服饰,汉服的领型最典型的是“交领右衽”,就是衣领直接与衣襟相连,衣襟在胸

前相交叉,左侧的衣襟压住右侧的衣襟,在外观上表现为“y”字形,形成整体服装向右倾斜的效果。D选项为羌族服饰,女子衫长及踝,领镶梅花形银饰,襟边、袖口、领边等处绣有花边,腰束绣花围裙与飘带,腰带上也绣着花纹图案。

26. C　**【解析】**“杏林”是中医学界的代称。三国时期董奉隐居庐山,为人治病不收钱,但使重病愈者植杏五株,轻者一株,积年蔚然成林。

> **易错提示:**中国古代的一些特殊称谓,考生需要区分。
>
> 杏林——中医学界;杏坛——教育界;梨园——戏曲界;桑梓——家乡;桃李——自己所教的学生;高足——别人教的学生。

27. C　**【解析】**干支是天干地支的合称。干,即天干,共十位:甲、乙、丙、丁、戊、己、庚、辛、壬、癸;支,即地支,共十二位:子、丑、寅、卯、辰、巳、午、未、申、酉、戌、亥。十天干和十二地支两两相配,组成六十个基本单位,用以纪年,十和十二的最小公倍数为六十,故干支纪年每六十年一个循环。题干中“若今年为乙丑年”,则上一年应为“甲子年”。

28. C　**【解析】**粤绣题材广泛,其中以龙、凤、牡丹、百鸟朝凤、南国佳果(如荔枝)、孔雀、鹦鹉等传统题材为主。

29. C　**【解析】**广州—花城、羊城,重庆—山城、雾城。

30. C　**【解析】**“爆竹声中一岁除,春风送暖入屠苏”的意思是一片爆竹声送走了旧的一年,饮着醇美的屠苏酒感受到了春天的气息。由此可知“屠苏”指的是酒。

31. B　**【解析】**中国古代年龄称谓中的“束发”是指男子十五岁;“及笄”是指女子十五岁。

32. A　**【解析】**古时儿童不束发,头发下垂,故以“垂髫”指儿童;八九岁到十三四岁的少年称为“总角”;男子十五岁称为“束发”;少女十三四岁称为“豆蔻”。故选A。

33. D　**【解析】**孺子可教出自《史记·留侯世家》,讲述的是张良对师长的尊敬使他得到稀世兵法,成为著名谋士的故事。后指年轻人有出息,可以培养、造就。

34. D　**【解析】**中国佛教四大名山分别是山西五台山、浙江普陀山、四川峨眉山、安徽九华山。武当山是我国著名的道教圣地。故本题选择D选项。

35. B　**【解析】**王羲之,世称“王右军”,东晋书法家,善隶书、草书、楷书、行书,被誉为“书圣”,代表作《兰亭集序》被称为“天下第一行书”。成语“入木三分”出自唐代张怀瓘的《书断·王羲之》:“王羲之书祝版,工人削之,笔入木三分。”相传,王羲之笔法有力,在板上写字,木工刻字时发现墨汁透入木板有三分深。该成语本指书法笔力强劲,后用来比喻描写或议论深刻。本题选B。A项,王献之,王羲之第七子,楷书、行书、草书、隶书诸体兼精,尤擅行草,作品有《洛神赋十三行》《中秋帖》等,在书法上与其父王羲之并称“二王”,又与其父及张芝、钟繇合称“书中四贤”。

C 项,颜真卿,唐代书法家,自创“颜体”,代表作《勤礼碑》《多宝塔碑》《祭侄文稿》等,《祭侄文稿》被称为“天下第二行书”。D 项,柳公权,唐代书法家,自创“柳体”,代表作《玄秘塔碑》《神策军碑》。

36. D 【解析】“何处招魂,香草还生三户地;当年呵壁,湘流应识九歌心”这副对联说的是屈原。联中嵌入了屈原的作品《招魂》《九歌》《呵壁》(即《天问》),作者既赞美了屈原崇高的品德,又凭吊了屈原自沉汨罗江,A 项错误。“一门三父子,都是大文豪”是朱德同志在四川眉山市三苏祠的题词,这在中外文学史上都属于少见的文化现象,并引起国内外学术界的广泛关注,“三苏”研究也就成了历代文史学界研究的重要课题。B 项错误。“枫叶四弦秋,枨触天涯迁谪恨;浔阳千尺水,勾留江上别离情”是根据白居易的《琵琶行》改写的描写离散悲情的对联,C 项错误。“铁板铜琶,继东坡高唱大江东去;美芹悲黍,冀南宋莫随鸿雁南飞”是郭沫若为辛弃疾纪念祠题写的对联,D 项正确。

37. B 【解析】题干出自唐代崔国辅的《九日》,这句诗的意思是江边的枫叶已经落下,菊花正黄,老老少少登高只为望一望故乡。古代,民间在重阳时有登高的风俗,故重阳节又叫“登高节”。

38. B 【解析】冬不拉是哈萨克族民间流行的弹拨乐器;葫芦丝是云南少数民族乐器,主要流传于傣、阿昌、德昂等民族中;芦笙为西南地区苗、瑶、侗等民族的簧管乐器。古尔邦节是回族的节日,泼水节是傣族的节日。酥油茶是藏族的传统食品,萨其马是满族的传统食品。

39. C 【解析】天人问题是中国传统哲学的核心问题之一,汉代哲学思想就是围绕“究天人之际”的问题展开的。汉儒董仲舒以“天”为本,运用阴阳五行说使“天”与“人”之间建立起的同类相感、相应的“天人感应”学说,是在汉代封建“大一统”中央集权统治逐步趋于稳固、社会思想文化复兴与融合的历史背景下提出并逐步发展成熟的,是汉代天人问题的代表。

40. D 【解析】孔子是春秋时期伟大的教育家,儒家学派的创始人,是我国历史上私人办学的开创者之一;据郭沫若考证,《学记》的作者为孟子的学生乐正克。

41. A 【解析】垂髫指三四岁至七八岁的儿童,A 项不符合题干。古代称六十岁为“花甲之年”,又称“耳顺之年”;“耄耋之年”指八九十岁;“期颐之年”指一百岁。

42. A 【解析】惊蛰,又名“启蛰”,是二十四节气中的第三个节气,标志着仲春时节的开始。每年 3 月 5 日或 6 日太阳到达黄经 345°时为惊蛰。从惊蛰起,春耕正式开始。广大农民以农谚为依据,从事各种农事活动。故选 A。

43. B 【解析】A 项中的“癸丑”、D 项中的“辛亥”都属于直接使用了干支纪年。C 项中的“淳熙丙申”指的是宋孝宗淳熙三年,兼用了年号和干支纪年法。B 项中的“四月辛巳”指农历四月十三日,使用了干支纪日法,而非干支纪年。故选 B。

44. B 【解析】①表现的是中秋节(农历八月十五)望月怀人的习俗;②表现的是重阳节(农历九月初九)登高的习俗;③表现的是端午节(农历五月初五)纪念屈原;④表现的是春节(农历正月初一)放爆竹的习俗。所以正确的排序是④③①②,故选 B。

45. A 【解析】古代把一昼夜划分成十二个时段,每一个时段叫一个时辰。汉代命名为夜半、鸡鸣、平旦、日出、食时、隅中、日中、日昳、晡时、日入、黄昏、人定。又用十二地支来表示,以夜半 23 时至次日 1 时为子时,1 至 3 时为丑时,3 至 5 时为寅时,依次递推。

46. B 【解析】成语“四面楚歌”出自《史记》中西楚霸王项羽被困垓下时“夜闻四面皆楚歌”的描述。公元前 202 年,刘备、韩信等人组成的联军把楚军包围在垓下,为了瓦解楚军的斗志,联军士兵在夜间唱起了楚歌。项羽以为汉军已经夺得了楚地,楚军军心涣散,项羽带着八百将士突围,逃至乌江边,拔剑自刎。故与成语“四面楚歌”相关的历史人物是韩信、项羽。本题选 B。

47. C 【解析】古代的临安是指临安府,即今杭州市,是南宋首都,有“临时安家”之意。

48. D 【解析】“期颐”用来代指人一百岁。人七十岁用“古稀”来代指,六十岁用“耳顺”“花甲”来代指,八九十岁用“耄耋”来代指。

49. C 【解析】岳飞,字鹏举,谥武穆,后又追封为鄂王,改谥忠武,所以史称岳武穆。

50. A 【解析】兄弟排行的次第,伯是老大,仲是老二,叔是老三,季是最小的。

51. C 【解析】投壶是中国古代士大夫宴饮时玩的一种投掷游戏,也是一种礼仪。在战国时期较为盛行,尤其是在唐朝,得到了发扬光大。投壶是把箭向壶里投,投中多的为胜,负者照规定的杯数喝酒。图片中,右边的人手拿箭向左边的壶进行投掷,这种游戏是投壶。故 C 项符合题意。射覆是一种把东西藏在器物下让人猜的古代游戏;藏钩指将“钩”藏于手中握成拳状让人猜,是一种中国传统猜物游戏;击壤的玩法是把一块木片侧放在地上,在几十步外用另一块木片投掷,击中的就算得胜。

52. B 【解析】夏至,是二十四节气之一。夏至这天,太阳直射地面的位置到达一年的最北端,几乎直射北回归线,此时,北半球各地的白昼时间达到全年最长。

53. A 【解析】“图穷匕见”源自荆轲刺秦王的故事,与秦始皇有关。“指鹿为马”与赵高、秦二世胡亥有关,“望梅止渴”与曹操有关,“三顾茅庐”与刘备、诸葛亮有关。

54. C 【解析】汴梁是宋朝至明朝初期对于今河南开封的称呼。北京是历史古都,有许多称谓。北京最早被称为“蓟”,后来称之为“幽州”“幽都”“南京”“燕京”等。北京成为金国首都后,改称“中都”,元朝时又改为“大都”,自明代起则有“北平”“北京”“京师”“京兆”等称谓。

55. C 【解析】尊称又叫敬称,是尊敬对方的称谓。令尊是称对方父亲的敬辞。

56. A 【解析】干栏式建筑,即干栏巢居,是在木(竹)柱底架上建筑的高出地面的房屋。考古发现最早的干栏式建筑是河姆渡干栏式建筑。这种建筑以竹木为主要建筑材料,主要是两层建筑,下层放养动物和堆放杂物,上层住人。

57. C　【解析】藏族室内装饰讲究对称、华丽、工整,以鲜明艳丽的颜色为主,装饰花纹包括法轮、莲花、宝瓶等符号化的纹样,表现形式主要有涂绘和挂饰两种。图片反映的是藏族的特色室内装饰。

58. B　【解析】A 项,“破釜沉舟”指的是项羽的故事;C 项,“三顾茅庐”指的是刘备和诸葛亮的故事;D 项,“草木皆兵”指的是秦王苻坚的故事。

59. B　【解析】古语中的“桃李年华”指的是 20 岁的女性。

60. B　【解析】B 项,《嘎达梅林》是蒙古族长篇叙事民歌,讲述了内蒙古东部哲里木盟的一位蒙古英雄嘎达梅林率领人民反抗封建王爷和军阀的斗争故事。A 项,《玛纳斯》是柯尔克孜族的一部英雄史诗。C 项,《阿诗玛》是流传于彝族的叙事长诗。D 项,《格萨尔王传》是藏族人民集体创作的一部伟大的英雄史诗。

专题四　文学素养

单项选择题

答案速查

1～5	CADCA	6～10	BBADA	11～15	CABAB	16～20	ADBAC
21～25	DBCCD	26～30	DCCDA	31～35	BCACA	36～40	BCDBD
41～45	BBDAA	46～50	DBCDC	51～55	DBDAC	56～60	BCCCC
61～65	DACAB			66～70	DACBB		

1. C　【解析】A 项出自李清照的《夏日绝句》;B 项出自辛弃疾的《贺新郎》;D 项出自辛弃疾的《青玉案·元夕》;C 项出自苏轼的《蝶恋花·春景》。故选 C。

2. A　【解析】老舍是中国现代小说家、著名作家,杰出的语言大师,新中国第一位获得“人民艺术家”称号的作家。他的代表作有《骆驼祥子》《四世同堂》《茶馆》等。

3. D　【解析】高士其是中国著名的科学家、科普作家和社会活动家,中国科普事业的先驱和奠基人。半个世纪以来,高士其在全身瘫痪的情况下,写下了数百万字的科学小品、科学童话故事和多种形式的科普文章,引导了一批又一批青少年走上了科学道路,代表作有《菌儿自传》以及脍炙人口的《人生七期》《人身三流》《细胞的不死精神》等,他被青少年亲切地称为“高士其爷爷”。

4. C　【解析】《简单的科学》是由英国的曼宁和格兰斯特洛姆夫妇编著的。它是一套专为幼儿阶段的小朋友创作的儿童科普读物。《世界上最脏最脏的科学书》是韩国的儿童科普类图画书;

《神奇校车》系列是美国最受欢迎的儿童自然科学图画书;《小小探索者百科全书》系列的作者是美国作家斯特拉德林。

5. A 【解析】《丧钟为谁而鸣》是美国作家海明威于1940年发表的长篇小说,以美国人参加西班牙人民反法西斯战争为题材,是海明威的代表作之一。故答案选A项。B项,墨西哥内战即墨西哥革命,是1910~1917年墨西哥人民反帝反封建的资产阶级民族民主革命。C项,美国南北战争又称美国内战,是指1861~1865年美国南部奴隶制与北部雇佣劳动制矛盾而引起的南部与北部诸州之间的战争。D项,玫瑰战争又称蔷薇战争,指1455~1485年兰开斯特和约克两大家族为争夺英格兰王位进行的内战,因兰开斯特家族、约克家族的族徽分别是红、白玫瑰而得名。

6. B 【解析】B项《红楼梦》中,先是元宵之夜,甄士隐女儿英莲被拐走,然后三月十五葫芦庙失火,甄家被烧毁。

7. B 【解析】"尔曹身与名俱灭,不废江河万古流"出自杜甫《戏为六绝句》,意思是:王、杨、卢、骆四位诗人的文体是当时的风尚,某些轻薄的人写文章讥笑他们,喋喋不休。而现在这些讥笑别人的人早已湮没无闻了;但四位诗人的诗却像长江大河万古长流一样流传久远,绝不因为你们的诽谤而受到什么影响。

8. A 【解析】《荒原狼》是赫尔曼·黑塞所著的长篇小说。该小说通过对个人精神疾病的讲述,展示出现代社会中人性遭到分裂的恶果。幻想色彩浓郁,象征意味深远,被誉为德国的《尤利西斯》。故本题答案为A。阿尔贝·加缪是法国作家、哲学家,存在主义文学、"荒诞哲学"的代表人物,主要作品有《局外人》《鼠疫》等。威廉·福克纳是美国文学史上最具影响力的作家之一,意识流文学在美国的代表人物,1949年诺贝尔文学奖得主,他最有代表性的作品是《喧哗与骚动》。辛克莱·刘易斯是第一位获得诺贝尔文学奖的美国文学家,代表作品有《大街》《巴比特》《阿罗史密斯》等。

9. D 【解析】契诃夫是19世纪末俄国伟大的批判现实主义作家,情趣隽永、文笔犀利的幽默讽刺大师,短篇小说之王。代表作有短篇小说《变色龙》《胖子和瘦子》《凡卡》《套中人》《小公务员之死》等。《复活》是列夫·托尔斯泰的作品。

10. A 【解析】儒勒·凡尔纳,19世纪法国小说家、剧作家及诗人,代表作有《格兰特船长的儿女》《海底两万里》《神秘岛》《气球上的五星期》《地心游记》等。《基地》是美国作家艾萨克·阿西莫夫出版于1951年的科幻小说短篇集。

11. C 【解析】欧·亨利善于描写美国社会尤其是纽约百姓的生活。他的作品构思新颖,语言诙谐,结局总使人"感到在情理之中,又在意料之外";又因描写了众多的人物,富于生活情趣,被誉为"美国生活的幽默百科全书"。

12. A 【解析】《忏悔录》是法国启蒙思想家、哲学家、教育家、文学家卢梭在其晚年写成的自传,记载了卢梭50多年的生活经历。

13. B 【解析】王维多才多艺,他把绘画的精髓带进诗歌的天地,以灵性的语言,生花的妙笔为我们描绘出一幅幅或浪漫、或空灵、或淡远的传神之作。苏轼评价:"味摩诘之诗,诗中有画;观摩诘之画,画中有诗。"

14. A 【解析】A项,歌德是德国作家,代表作品有《少年维特指烦恼》《浮士德》等。B项,席勒是德国作家,作品有《阴谋与爱情》和《欢乐颂》等;C项,茨威格是奥地利作家,作品有《全神贯注》《伟大的悲剧》等。D项,君特·格拉斯是德国作家,作品有小说《铁皮鼓》《猫与鼠》等。

15. B 【解析】"字字看来皆是血,十年辛苦不寻常"是胡适为《脂砚斋重评石头记》写序时,在扉页中的题句。"文不甚深,言不甚俗"是蒋大器在《三国志通俗演义序》中对其的称赞,评价历史演义雅俗共赏的风格。

16. A 【解析】选项B中《我的叔叔于勒》是法国作家莫泊桑的作品。选项C中鲁迅的《社戏》是短篇小说。选项D中《史记》是由司马迁撰写的中国第一部纪传体通史。

17. D 【解析】"八斗"是南朝诗人谢灵运称颂三国诗人曹植时用的比喻。他说:"天下才有一石,曹子建(曹植)独占八斗,我得一斗,天下共分一斗。"后来人们便用"才高八斗"比喻文才高超的人。

18. B 【解析】《夏洛的网》的作者是美国当代著名散文家、评论家怀特。法国作家圣埃克苏佩里的代表作品有《小王子》,故本题选B。《木偶奇遇记》的作者是意大利作家科洛迪,A项正确;《骑鹅旅行记》又称《尼尔斯骑鹅旅行记》,是瑞典女作家拉格洛夫创作的一篇童话故事,C项正确;《爱丽丝漫游奇境记》是英国作家卡罗尔创作的儿童文学作品,D项正确。

19. A 【解析】B项错误,《骆驼祥子》是长篇小说,《寒夜》的作者是巴金。C项错误,《平凡的世界》的作者是路遥。D项错误,《子夜》《林家铺子》《农村三部曲》的作者是茅盾。

20. C 【解析】《等待戈多》是荒诞派文学的代表作,其作者贝克特是爱尔兰著名作家。

21. D 【解析】蒋防的《霍小玉传》描写了霍小玉悲剧的一生,被称为中唐传奇的压卷之作。

22. B 【解析】高适是边塞诗派的代表人物;孟浩然是田园诗派的代表人物。

23. C 【解析】不朽的战争艺术是指《孙子兵法》。《太公兵法》又称《六韬》,它是中国古典军事文化遗产的重要组成部分。

24. C 【解析】莎士比亚的四大悲剧包括《哈姆雷特》《奥赛罗》《李尔王》《麦克白》。C项,《罗密欧与朱丽叶》讲述的是主人公罗密欧与朱丽叶诚挚相爱,但因两家世代为仇而受到阻挠,最终共赴黄泉的故事,是莎士比亚创作的正剧。

25. D　【解析】诗句出自李白的《黄鹤楼送孟浩然之广陵》，这里的“故人”指的是孟浩然。故本题选D。

26. D　【解析】《荷马史诗》是欧洲文学史上最早的优秀文学巨著，它反映了古希腊史前时代的生活面貌，是研究希腊早期社会的重要文献。它独特精湛的艺术特色，对后世欧洲文学和世界文学的发展具有深远的影响。

27. C　【解析】“三顾茅庐”是长篇历史小说《三国演义》中的一个经典情节。“倒拔垂杨柳”“景阳冈打虎”均出自长篇小说《水浒传》。“元妃省亲”是长篇小说《红楼梦》中的情节。

28. C　【解析】《悲惨世界》发表于1862年，该作品表现了人与社会的冲突，写出了社会制度对人的摧残。在作者序中，雨果写道：“只要本世纪的三个问题——贫穷使男子潦倒，饥饿使妇女堕落，黑暗使儿童羸弱——还得不到解决；只要在某些地区还可能发生社会的毒害，换句话说，同时也是从更广的意义来说，只要这世界上还有愚昧和困苦，那么，和本书同一性质的作品都不会是无益的。”

29. D　【解析】《白雪公主》是格林兄弟通过搜集、整理民间文学，编辑成的《格林童话》中的一篇。

30. A　【解析】中国现代儿童文学的奠基之作是叶圣陶创作并发表于20世纪20年代初的童话《稻草人》和稍晚几年问世的冰心的书信体儿童散文《寄小读者》。张天翼的长篇童话《大林和小林》是20世纪30年代中国儿童文学的杰作；陈伯吹的《阿丽思小姐》、贺宜的《野小鬼》也发表于20世纪30年代；而张天翼的《宝葫芦的秘密》则发表于新中国成立以后。

31. B　【解析】约翰·纽伯瑞是18世纪的英国出版商，他相当重视儿童文学，并且出版了世界上第一本儿童小说《精品袖珍小书》；《汤姆·索亚历险记》是美国著名小说家马克·吐温的代表作之一，发表于1876年；《汤姆求学记》是托马斯·休斯的第一部作品，也是他最有影响的作品，出版于1857年；《七个淘气包》是澳大利亚儿童文学作家伊则尔·特纳的成名之作，发表于1893年。

32. C　【解析】鲁滨逊是西方文学中第一个理想化的新兴资产者形象，他表现了强烈的资产阶级进取精神和启蒙意识。

33. A　【解析】庖丁解牛出自《庄子》。愚公移山出自《列子·汤问》。自相矛盾出自《韩非子》。揠苗助长出自《孟子·公孙丑上》。

34. C　【解析】莫里哀是法国人，代表作有《无病呻吟》《伪君子》《悭吝人》等。《李尔王》的作者是莎士比亚。

35. A　【解析】题干所述诗句出自诗人杜甫的《春日忆李白》，这首诗称赞李白的诗天下无敌，诗风清新如北朝的庾开府（即庾信），气度俊逸似南朝的鲍参军（即鲍照），不仅赞美了李白的才华，也表达了诗人对李白的思念之情。

36. B　【解析】《稻草人》是中国第一本为儿童而写的童话集,1922 年刊登于《儿童世界》杂志。作者叶圣陶也是中国现代童话创作的拓荒者。

37. C　【解析】“希腊三贤”即苏格拉底、柏拉图、亚里士多德。他们三人在古希腊文学、艺术、哲学领域做出的非凡贡献至今影响着世界范围内的文学艺术发展方向。故本题选 C。

38. D　【解析】D 项,“恸哭六军俱缟素,冲冠一怒为红颜”出自清代吴伟业的《圆圆曲》,是以吴三桂、陈圆圆的离合故事为主要内容的七言诗。

39. B　【解析】A 项“无边落木萧萧下,不尽长江滚滚来”出自杜甫的《登高》;B 项“孤帆远影碧空尽,唯见长江天际流”出自李白的《黄鹤楼送孟浩然之广陵》;C 项“晴川历历汉阳树,芳草萋萋鹦鹉洲”出自崔颢的《黄鹤楼》;D 项“衰兰送客咸阳道,天若有情天亦老”出自李贺的《金铜仙人辞汉歌》。故本题答案选 B。

40. D　【解析】苏轼,字子瞻,号东坡居士,北宋词人。文学大师林语堂在其著作《苏东坡传》中,赞扬苏东坡为“一个无可救药的乐天派、一个伟大的人道主义者、一个百姓的朋友、一个大文豪、大书法家、创新的画家、造酒试验家……”题干所述是林语堂对苏东坡的评价,故本题选 D。

41. B　【解析】注释《春秋》的书,主要有左氏、公羊、谷梁三家,因此《左传》《公羊传》《谷梁传》被称为“春秋三传”。

42. B　【解析】《昆虫记》是法国昆虫学家法布尔创作的长篇生物学著作,共十卷。该作品是一部概括昆虫的种类、特征、习性的昆虫生物学著作。

43. D　【解析】吴承恩的《西游记》是我国著名的长篇章回体神魔小说,是古典文学中最辉煌的神话作品,标志着浪漫主义文学的新高峰。

44. A　【解析】“文章合为时而著,歌诗合为事而作”出自唐代白居易的《与元九书》。

45. A　【解析】《鲁滨逊漂流记》是英国作家丹尼尔·笛福的一部小说;《纳尼亚传奇》是英国文学家刘易斯所创作的;《神秘岛》是法国科幻小说家儒勒·凡尔纳的作品。

46. D　【解析】《蚊子和狮子》出自《伊索寓言》。《伊索寓言》是古希腊、古罗马时代流传下来的故事,经后人汇集,统归在伊索名下的寓言集,是世界文学史上流传最广的寓言故事集之一。其中比较著名的寓言有《农夫和蛇》《狐狸和葡萄》《蚊子和狮子》《农夫和他的孩子们》等。

47. B　【解析】“双鬓多年作雪,寸心至死如丹”出自南宋诗人陆游的《感事六言》,大意是:我的头发早在多年以前就白了,但我的心却至死都是赤诚的。这句诗表达了作者至死为国的忠诚。

48. C　【解析】《唐璜》是拜伦的长篇诗体小说。该小说通过主人公唐璜在西班牙、希腊、土耳其、俄国和英国等不同国家的生活经历展现了 19 世纪初欧洲的现实生活,讽刺批判了“神圣同盟”

和欧洲反动势力。

49. D 【解析】《爱的教育》是意大利作家亚米契斯的作品，是一部著名的儿童文学作品，被认为是意大利人必读的十本小说之一，是世界文学史上经久不衰的名著，被各国公认为最富爱心和教育性的读物。

50. C 【解析】《堂吉诃德》塑造了一个神志不清、疯狂而可笑的，但又代表着高度的道德原则，拥有无畏精神，坚信正义，对爱情十分忠贞的人物形象。《天路历程》讲述的是基督徒历经艰难曲折、前往天国的朝圣过程。《一千零一夜》是阿拉伯的民间故事集。《小癞子》讲述的是一个卑贱穷苦孩子的痛苦遭遇。

51. D 【解析】法国作家莫里哀在《悭吝人》中塑造的阿巴贡，俄国作家果戈理在《死魂灵》里塑造的泼留希金，英国作家莎士比亚在《威尼斯商人》中塑造的夏洛克，以及法国作家巴尔扎克在《欧也妮·葛朗台》中塑造的葛朗台，是西方文学史上最著名的四大吝啬鬼形象。《叶甫盖尼·奥涅金》是俄国诗人普希金撰写的长篇诗体小说，作品的主人公叶甫盖尼·奥涅金是俄国贵族青年。

52. B 【解析】《哈克贝利·费恩历险记》和《汤姆·索亚历险记》是马克·吐温以童年经历为题材写的两部儿童小说。《王子与贫儿》是马克·吐温以 16 世纪英国的社会为背景，讲述了衣衫褴褛的贫儿汤姆·康第与爱德华王子互换衣服后的传奇经历，以影射的方式批判了社会不公。《傻子国外旅行记》是马克·吐温的游记体长篇小说。《镀金时代》是马克·吐温与查尔斯·沃纳合写的长篇小说，运用现实主义的手法大胆揭露了美国南北战争以后，资本主义发展阶段的腐朽黑暗。

53. D 【解析】《爱丽丝漫游奇境记》是十九世纪英国作家刘易斯·卡洛尔创作的著名儿童文学作品。

54. A 【解析】张天翼是中国现代儿童文学的拓荒者之一，他的成名作《大林和小林》奠定了我国长篇童话创作的基础，和叶圣陶的《稻草人》共同被认为是“新文化运动以来的关于童话的两个时期的杰作”。

55. C 【解析】A 项，《狂人日记》是鲁迅创作的第一个短篇白话日记体小说，小说通过被迫害者“狂人”的形象以及“狂人”的自述式的描写，揭示了封建礼教的“吃人”本质，表现了作者对以封建礼教为主体内涵的中国封建文化的反抗。B 项，《阿 Q 正传》是鲁迅创作的中篇小说，后收入小说集《呐喊》。该小说批判了当时中国社会的封建、保守、庸俗、腐败等社会特点，有力地揭示了旧中国人民的生活场景和其处在水深火热之中的病态。C 项，《朝花夕拾》原名《旧事重提》，是鲁迅的散文集，多侧面地反映了作者鲁迅童年和青少年时期的生活，收录了《从百草园到三味书屋》《藤野先生》等。D 项,《野草》是鲁迅创作的一部散文诗集,真实地记述了作者在新文化统一战线分化以后,继续战斗,却又感到孤独、寂寞,在彷徨中探索前进的思想感情。故选 C。

56. B　【解析】简·爱是夏洛蒂·勃朗特的小说《简·爱》中的女主人公。A 项,苔丝出自英国作家哈代的长篇小说《德伯家的苔丝》;C 项,娜拉出自挪威作家易卜生经典剧作《玩偶之家》;D 项,卡门是法国作家梅里美的中篇小说《卡门》中的女主人公。

57. C　【解析】"茕茕孑立,形影相吊"意为孤身一人,只有和自己的身影相互慰问。形容无依无靠,非常孤单。出自晋李密《陈情表》:"外无期功强近之亲,内无应门五尺之僮,茕茕孑立,形影相吊。"

58. C　【解析】A 项出自《论语·子张》。B 项出自《论语·公冶长》。D 项出自《论语·述而》。而 C 项出自韩愈的《师说》,故答案选择 C 项。

59. C　【解析】《活着》是余华的作品,《人生》的作者是路遥,《白鹿原》是陈忠实的代表作。

60. C　【解析】《伊索寓言》相传是公元前六世纪获释的古希腊奴隶伊索所著的寓言集,其中收录有 300 多则寓言,内容大多与动物有关。书中讲述的故事简短精练,刻画出来的形象鲜明生动,每则故事都蕴含哲理,或揭露和批判社会矛盾,或抒发对人生的感悟,或总结日常生活经验。

61. D　【解析】"真的猛士敢于直面惨淡的人生,敢于正视淋漓的鲜血"出自鲁迅的《记念刘和珍君》。故本题答案选 D。

62. A　【解析】选项 B 中《桃花扇》是清代的孔尚任所作。选项 C 中《茶馆》为话剧,不是小说。选项 D 中雨果是法国 19 世纪浪漫主义文学的杰出代表。

63. C　【解析】《狂人日记》是鲁迅创作的第一部短篇白话日记体小说,也是中国第一部现代白话文小说,A 项错误。《资治通鉴》是由北宋司马光主编的我国第一部编年体通史。我国第一部纪传体通史是《史记》,B 项错误。《十日谈》是意大利作家薄伽丘创作的短篇小说集,是欧洲文学史上第一部现实主义巨著,C 项正确。《致大海》是俄国伟大诗人、作家普希金的一首政治抒情诗,D 项错误。故本题选择 C 选项。

64. A　【解析】郭沫若的《女神》在诗歌形式上,突破了旧格套的束缚,创造了雄浑奔放的自由诗体,为"五四"以后自由诗的发展开拓了新的天地,成为中国新诗的奠基之作,强烈体现了"五四"时期狂飙突进的时代精神,及彻底地反帝反封建、热切追求自由解放和光明新生的精神。

《野草》写于“五四”后期，是鲁迅唯一的一本散文诗集，反映了鲁迅彷徨、思索、坚韧战斗的心路历程。《尝试集》是中国现代文学史上第一部白话诗集，开新文学运动之风气，是胡适里程碑式的著作。《尝试集》中主要是表现个性解放、人道主义和民主自由的诗，具有反封建的时代色彩和积极意义。《红烛》是闻一多的诗集，该诗集题材广泛，内容丰富，或抒发诗人的爱国之情，或批判封建统治的黑暗，或反映劳动人民的苦难，或描绘自然的美景。

65. B　【解析】20 年经久不衰、全世界售出 5000 万册的法国国宝级童书《第一次发现》系列丛书，于 2009 年由接力出版社正式引进出版。该丛书自 1989 年在法国面世以来，已被翻译成英、德、日、希伯来等 28 种语言，在全球广受好评。

66. D　【解析】题干名句出自元代王实甫的《西厢记 · 长亭送别》。《西厢记 · 长亭送别》用元杂剧的形式讲述了崔莺莺十里长亭送张生进京赶考的别离场景。

67. A　【解析】A 项，但丁，意大利从中世纪向文艺复兴过渡时期最有代表性的作家、诗人，恩格斯称他为“中世纪的最后一位诗人，同时又是新时代的最初一位诗人”。但丁创作了欧洲文学经典著作《神曲》，《神曲》用意大利民族语言写成，对意大利文学民族语言的形成和统一起了重要作用。本题选 A。B 项，薄伽丘是意大利作家，代表作《十日谈》是欧洲文学史上第一部现实主义作品。C 项，彼特拉克，意大利学者、诗人，被称为“人文主义之父”，第一个指出“人学”和“神学”是两个对立的概念，代表作有抒情诗集《歌集》（以十四行诗为主）。彼特拉克与但丁、薄伽丘被称为意大利“文艺复兴三杰”。D 项，马基雅维利是意大利政治学家，代表著作有《君主论》《论李维》。《君主论》阐述了君主治国之道，《论李维》一书集中了马基雅维利全部共和政治思想的精华。马基雅维利被认为是古典政治哲学向现代政治哲学的转折性人物，他首先将道德从政治中分离，这一点逐渐成为现代政治的基本原则。

68. C　【解析】“忽如一夜春风来，千树万树梨花开”出自岑参的《白雪歌送武判官归京》，描写的是冬季雪景。

69. B　【解析】对联“志见出师表，好为梁父吟”歌颂了诸葛亮。《出师表》表达了诸葛亮的远大志向；《梁父吟》是诸葛亮年轻躬耕陇亩时，常常咏唱并借以抒发志向（自比于管仲、乐毅）的自慰自勉的歌谣。故本题选 B。

70. B　【解析】《尼尔斯骑鹅旅行记》是世界文学史上第一部也是唯一一部获得诺贝尔文学奖的童话作品，其作者是瑞典女作家塞尔玛 · 拉格洛夫。《格列佛游记》是乔纳森 · 斯威夫特所写的一部杰出的游记体讽刺小说，首次出版于 1726 年。《丁丁历险记》是比利时画家埃尔热的系列漫画作品。《木偶奇遇记》是意大利作家科洛迪的代表作，发表于 1880 年。

专题五　艺术素养

单项选择题

答案速查

1～5	BBDAC	6～10	DAAAB	11～15	BCAAB	16～20	CDAAC
21～25	CDCBB	26～30	ACBCB	31～35	ABCAD	36～40	BBBBD
41～45	DBCAD			46～50	DDDDD		

1. B　【解析】国画《愚公移山》的作者是徐悲鸿。《愚公移山》极具现实意义，该画取材于《列子·汤问》中的一个神话传说，愚公因太行、王屋两山阻碍出入，想把山铲平。有人因此取笑他，他说："虽我之死，有子存焉。子又生孙，孙又生子；子又有子，子又有孙；子子孙孙无穷匮也，而山不加增，何苦而不平？"终于感动上天，两座山被天神搬走了。当年，正值中国人民抗日的危急时刻，画家意在以形象生动的艺术语言表达抗日民众的决心和毅力，鼓舞人民大众去争取最后的胜利。

2. B　【解析】A 项，舒曼是 19 世纪德国作曲家、音乐评论家。B 项，海顿是奥地利作曲家，维也纳古典乐派代表人物之一。C 项，贝多芬是德国音乐家，维也纳古典乐派代表人物之一。D 项，李斯特是匈牙利著名作曲家、钢琴家、指挥家，浪漫主义前期最杰出的代表人物之一。

3. D　【解析】昆曲、剪纸、京剧分别于 2001 年、2009 年、2010 年被列入人类非物质文化遗产名录。秦腔是我国西北地区最古老的戏剧之一，流行于陕西、甘肃、青海、宁夏、新疆等地。秦腔于 2006 年 5 月 20 日，经国务院批准列入第一批国家级非物质文化遗产名录。

4. A　【解析】花儿剧主要流行于宁夏回族自治区的西海固地区和银川市地区，是一种集歌、舞、剧为一体的综合性舞台戏剧。

5. C　【解析】《红高粱》于 1988 年获第三十八届西柏林国际电影节最佳故事片"金熊奖"，是我国大陆第一部获得此奖的作品。

6. D　【解析】《黄河大合唱》由光未然作词、冼星海作曲。它是冼星海创作的最重要的也是影响力最大的一部大型合唱声乐套曲。

7. A　【解析】《卖报歌》是音乐家聂耳创作于 20 世纪 30 年代的一首脍炙人口的儿童歌曲。

8. A　【解析】《洛神赋》又称《洛神赋十三行》，是王羲之第七子王献之的小楷书法代表作。字体"体势秀逸，笔致洒脱"，清朝杨宾认为其"字之秀劲圆润，行世小楷无出其右"。故本题选择 A。

9. A　【解析】题干诗句出自白居易的《琵琶行》，这句话是指琵琶弹奏出的动人的声音。

10. B　【解析】古琴是中国传统弹拨弦鸣乐器，属于八音中的丝。

11. B 【解析】《阳关三叠》又名《阳关曲》《渭城曲》,是根据唐代诗人王维的七言绝句《送元二使安西》谱写的一首著名的艺术歌曲,目前所见的是一首古琴曲。

12. C 【解析】京剧四大名旦是指梅兰芳、尚小云、荀慧生、程砚秋。周信芳是中国京剧表演艺术家,京剧麒派艺术创始人。

13. A 【解析】《穆桂英挂帅》《花木兰》《朝阳沟》为豫剧的代表性曲目。

14. A 【解析】"现代主义建筑的最后大师"、1983 年普利兹克奖得主华裔建筑师贝聿铭先生于 2019 年 5 月 16 日去世。他的代表作品有:东海大学路思义教堂、香港中银大厦、北京香山饭店、日本美秀美术馆、苏州博物馆、卢浮宫金字塔等。悉尼歌剧院由丹麦建筑师约恩·伍重设计。

15. B 【解析】经过长期的发展演变,中国的戏曲逐步形成了以"京剧、越剧、黄梅戏、评剧、豫剧"五大戏曲剧种为核心的中华戏曲百花苑。

16. C 【解析】《失空斩》是中国京剧传统剧目《失街亭》《空城计》和《斩马谡》的合称,剧本取材于古典名著《三国演义》,讲述三国时期蜀汉丞相诸葛亮率军北伐的故事。《定军山》是依据《三国演义》改编的京剧传统剧目,叙述了蜀国老将黄忠向诸葛亮讨令拒敌,打退敌将张郃,攻占天荡山,斩杀夏侯渊,夺取曹军大本营所在的定军山的故事。《长坂坡》是京剧传统剧目,又名《保阿斗》《单骑救主》,取材自《三国演义》。故 A、B、D 三项均出自《三国演义》。C 项《宇宙锋》是戏曲传统剧目,讲述了发生在秦二世临政时期的故事。梅兰芳(京剧)、陈素真(豫剧)、陈伯华(汉剧)三位大师的《宇宙锋》并称为"宇宙三锋"。故本题选 C。

17. D 【解析】东晋书法家王羲之撰写的《兰亭集序》,其文书法具有极高的艺术价值,被称为"天下第一行书"。

18. A 【解析】霍去病墓石雕是西汉大型石雕中的代表作。霍去病墓石雕的手法采用因材施雕的技巧,代表性的石雕作品有《马踏匈奴》《伏虎》《跃马》等。

19. A 【解析】莫奈是印象派创始人之一,是印象派最典型的代表画家,擅长光色的实验与表现技法,代表作品有《睡莲》《日出·印象》等。

20. C 【解析】巴洛克建筑是 17 ~ 18 世纪在意大利文艺复兴建筑基础上发展起来的一种建筑和装饰风格。它的特点是外形自由,追求动态,喜好富丽的装饰和雕刻,强烈的色彩,常用穿插的曲面和椭圆形空间。意大利文艺复兴晚期著名建筑师和建筑理论家维尼奥拉设计的罗马耶稣会教堂是由手法主义向巴洛克风格过渡的代表作,也有人称之为第一座巴洛克建筑。故选 C。

21. C 【解析】题干诗句出自唐代杜甫的《丽人行》,意思是三月三日天气晴朗,长安的曲江边有许多美丽的女人来游春。作品《虢国夫人游春图》描写的就是虢国夫人和秦国夫人两姐妹三月三日游春的场面,与杜甫的《丽人行》相对应。

22. D　【解析】芦笙是苗族最具有代表性的传统乐器。

23. C　【解析】戏曲,是以演员表演为中心,以唱、念、做、打等手段为基础,融文学、音乐、舞蹈、武术、杂技等为一体的综合性舞台艺术,它主要包括宋元南戏、元杂剧、明清传奇,以及近代、现代的京剧和各种地方戏,因此A选项表述正确。中国戏曲属于戏剧范畴,其遵循戏剧的基本特点,同样要有人物和故事情节,因此B选项表述正确。C选项中,散曲是金元时期在我国北方兴起的一种歌曲形式;话剧是区别于中国戏曲的一种戏剧形式,主要以说话为主要表现手段;说书和相声属于我国说唱曲种,不属于戏曲,因此C选项表述不正确。D选项中《西厢记》是元代剧作家王实甫创作的杂剧代表作,后被各戏曲剧种改编;《牡丹亭》是明代剧作家汤显祖创作的传奇剧本,后被各戏曲剧种改编,因此D选项表述正确。

24. B　【解析】《红楼梦》插曲《枉凝眉》《红豆曲》《葬花吟》等的曲作者是王立平。

25. B　【解析】题中的画是北宋画家张择端的《清明上河图》,描绘的是北宋都城汴京(今河南开封)清明时节的繁荣景象。

26. A　【解析】《富春山居图》是元代画家黄公望的代表作。

27. C　【解析】戏班、剧团被称为"梨园",A项错误;京剧当中的"净"指男性角色,B项错误;《梁山伯与祝英台》是越剧经典曲目之一,D项错误。故本题选择C。

28. B　【解析】法国巴黎埃菲尔铁塔、意大利比萨斜塔和中国的应县木塔共称为世界三大奇塔。

29. C　【解析】吴哥窟位于柬埔寨,是一座保存完好的石窟庙宇,以建筑宏伟与浮雕细致闻名于世,也是世界上最大的庙宇。吴哥窟是高棉古典建筑艺术的高峰。

30. B　【解析】王家大院作为中国清代民居的集大成者,由历史上灵石县四大家族之一的太原王氏后裔静升王家于清康熙、雍正、乾隆、嘉庆年间所建,建筑规模宏大,被誉为"华夏民居第一宅""中国民间故宫"和"山西的紫禁城"。

31. A　【解析】我国存世最早最完整的国画作品是顾恺之的《女史箴图》。故本题选择A选项。

32. B　【解析】《玄秘塔碑》是唐代裴休撰文,柳公权书写而成的一部楷书作品。此碑用笔劲健,结构严谨而疏朗,章法上行间茂密,是唐楷的代表作之一。

33. C　【解析】丰子恺是中国现代著名的漫画家,他的作品大多取材于儿童生活、街头景象和古诗词意,风格平淡,代表作品有《白鹅》《活着本来单纯》等。

34. A　【解析】八音是中国古代对乐器的统称,通常为金、石、丝、竹、匏、土、革、木八种不同材料所制。三弦为八音中的丝类乐器,ABCD四个选项均有三弦,故可判断A项正确。

35. D 【解析】洛可可风格的基本特点是纤弱娇媚、华丽精巧、甜腻温柔、纷繁琐细。

36. B 【解析】瘦金体是宋徽宗赵佶所创的一种字体，是书法史上极具个性的一种书体，代表作有《楷书千字文》等。

37. B 【解析】评剧原名蹦蹦戏、落子戏，1935 年正式定名"评剧"，后又吸收东北二人转的音乐和剧目，融合京剧、皮影等音乐和表演艺术，代表人物有新凤霞、小白玉霜等，代表作品有《刘巧儿》《花为媒》《杨三姐告状》等。越剧由浙江嵊州"落地唱书"发展而来，主要曲调有"四工腔""尺调腔"和"弦下腔"三种，代表人物有袁雪芬、尹桂芳等，代表作品有《梁山伯与祝英台》《红楼梦》《西厢记》等。黄梅戏是安徽地方剧种，原名"黄梅调""采茶戏"，代表人物有严凤英、王少舫、马兰、张云风等，代表作品有《天仙配》《女驸马》《牛郎织女》等。豫剧由河南梆子发展而来，是中国第一大地方剧种，代表人物有马金凤、常香玉、牛得草等，代表作品有《穆桂英挂帅》《花木兰》《拷红》《七品芝麻官》《朝阳沟》等。

38. B 【解析】《呐喊》是挪威画家爱德华·蒙克于 1893 年创作的绘画作品。《掷铁饼者》的创作者是古希腊雕刻家米隆；《思想者》的创作者是法国雕塑家罗丹；《米洛斯的维纳斯》是古希腊雕刻家阿历山德罗斯的作品。

39. B 【解析】花旦，多为年轻活泼的小家碧玉或丫鬟；正旦，又叫青衣，多为端庄稳重的中青年妇女；彩旦是戏曲中扮演女性的丑角；刀马旦，多为女将或女元帅。

40. D 【解析】A 项，金狮奖是意大利威尼斯国际电影节的最高奖项。B 项，金鹰奖一般指中国电视金鹰奖，该奖是经中宣部批准，由中国文学艺术界联合会和中国电视艺术家协会共同主办的电视奖项。C 项，金马奖是在中国台湾地区举办的电影奖项。D 项，金熊奖是德国柏林国际电影节的最高奖项。

41. D 【解析】昆曲是我国最古老的剧种，被誉为"中国戏曲之母"。昆曲糅合了唱念做打、舞蹈及武术等，以曲词典雅、行腔婉转、表演细腻著称。2008 年昆曲被纳入《人类非物质文化遗产代表作名录》。

42. B 【解析】《红色娘子军》是由上海电影制片厂出品的战争片，由谢晋执导。该片讲述了第二次国内革命战争时期，吴琼花从奴隶成长为共产主义战士的经历和海南红色娘子军的战斗故事，没有反映抗日战争。故本题选 B。

43. C 【解析】南戏的出现标志着我国戏剧进入成熟阶段。南戏是古典地方戏的一种，南宋初年形成于浙江温州一带，用南曲演唱，也称戏文、永嘉杂剧、温州杂剧、南曲戏文。南戏是中国戏曲最早的成熟形式，直接影响明代传奇，代表作有《琵琶记》《荆钗记》《白兔记》《杀狗记》等。

44. A　【解析】约翰·塞巴斯蒂安·巴赫是巴洛克时期的德国作曲家,杰出的管风琴、小提琴、大键琴演奏家,被普遍认为是音乐史上最重要的作曲家之一,并被尊称为"西方近代音乐之父",也是西方文化史上最重要的人物之一。

45. D　【解析】唐代是敦煌莫高窟彩塑发展的顶峰,这一时期的莫高窟彩塑不仅能表现大型佛像,更善于表现与真人等大的群像,盛唐彩塑的代表作是甘肃敦煌塑像。

46. D　【解析】拉斐尔是"文艺复兴三杰"之一,他的作品被人们视为古典美术精神最完美的体现,代表作品有《西斯廷圣母》《雅典学院》等。

47. D　【解析】瘦金体是宋徽宗赵佶创造的书体,是楷书的一种。其特点是瘦直挺拔,横画收笔带钩,竖划收笔带点,撇如匕首,捺如切刀,竖钩细长;有些连笔字游丝行空,已近行书。题干图片是宋徽宗的瘦金体书法作品,本题选 D。"柳体"是唐朝书法家柳公权自创的一种书体,"颜体"是颜真卿自创的一种书体,二者的书法被称为"颜筋柳骨"。馆阁体盛行于明清时期,科举考试皆以此体书写,其特点是乌黑、方正、大小如一。

48. D　【解析】D 项雕塑《思想者》是 19 世纪法国雕塑家罗丹的作品。A 项,雕塑《拉奥孔》高约 184 厘米,是古希腊的阿格桑德罗斯等人创作的;B 项,雕塑《自杀的高卢人》高约 211 厘米,创作于古希腊时期;C 项,雕塑《掷铁饼者》是古希腊雕塑家米隆的代表作。

49. D　【解析】1965 年,为纪念红军长征胜利 30 周年,曾参加过长征的萧华回顾他在长征中的真实经历、历时半年,完成了 12 首形象鲜明、感情真挚的史诗。随后,作曲家晨耕、生茂、唐诃、遇秋选择其中的 10 首谱成了组歌,分别描绘了 10 个环环相扣的战斗生活场面,并巧妙地把各地区的民间曲调与红军传统歌曲的曲调融合在一起,最终汇成了一部主题鲜明,内容丰富、形式新颖、风格独特的大型声乐套曲——《长征组歌》。

50. D　【解析】佛塔又称"浮屠""曲登""宝塔"等。这种建筑样式起源于古印度,主要用来埋藏高僧的舍利,还可供信徒纪念朝拜,收藏佛经、佛像。佛塔按所用材料可分为木塔、砖塔、石塔、金属塔等,按结构造型可分为楼阁式塔、密檐塔、单层塔、喇嘛塔、金刚宝座塔等。楼阁式塔的外观与结构仿中国传统的多层木构架建筑,构造与造型比较多样,一般都可供人登临远眺;喇嘛塔又称覆钵式塔,其形制源自印度,高大的基座上有一个巨大的圆形塔肚,塔肚上树立一根很长的塔颈,塔颈上刻有许多圆环,顶上则有华盖、宝珠等。A、C 两项是楼阁式塔,B 项是喇嘛塔。D 项是普通楼阁,不是佛塔。

第五章　基本能力

一、单项选择题

答案速查

1～5	DBADD	6～10	BACDD	11～15	CDCBB	16～20	ABBDB
21～25	CCBAD	26～30	BCCDB	31～35	DCDBC	36～40	DBDDD

1. D　【解析】本题考查 Word 的基本操作。行距决定段落中各行文字之间的垂直距离。段落间距决定段落上方和下方的空间。行距选项有以下六种:(1)单倍行距,此选项将行距设置为该行最大字体的高度加上一小段额外间距。额外间距的大小取决于所用的字体。(2)1.5 倍行距,此选项为单倍行距的 1.5 倍。(3)2 倍行距,此选项为单倍行距的 2 倍。(4)最小值,此选项设置适应同行上最大字体或图形所需的最小行距。(5)固定值,此选项设置固定行距。(6)多倍行距,此选项设置按指定的百分比增大或减小行距。若选择"固定值",则行距固定,不须 Word 进行调整,所有行的间距相等。题干中要在段落对话框中设置行距为 20 磅的格式,应选择"固定值"。

2. B　【解析】本题考查 PowerPoint 的基本知识。在空白演示文稿中可以插入幻灯片、图像(图片、屏幕截图、相册等)、插图、链接、文本(文本框、艺术字等)、符号、媒体等各种对象。B 项,背景样式是指背景设计,可以通过"设计"选项卡进入,打开"背景样式"窗口,单击"设置背景格式"按钮来实现。

3. A　【解析】本题考查类比推理。题干中"正方形"和"四边形"是包含关系,正方形是四边形的一种。A 项,"太湖"和"淡水湖"是包含关系,太湖是中国淡水湖之一。B 项"六边形"和"菱形"是全异关系,C 项"北京"和"上海"是并列关系,D 项"春城"和"昆明"是全同关系,昆明的别称是春城。

4. D　【解析】本题考查图形推理。题中图片的规律为:大图形与小图形相同并且相切,故本题选择 D 选项。

5. D　【解析】本题考查 Word 的基本操作。Word 中关于图文混排的操作有:插入插图(图片、剪贴画、形状、图表等)、文本(文本框、文档部件、艺术字等)。D 选项"配色方案"不属于图文混排的操作,故本题选 D。

6. B　【解析】本题考查 PowerPoint 的操作。PowerPoint 编辑某张幻灯片时可以进行图片、表格、图表的插入操作,但无法插入版式。插入版式是"幻灯片母版"状态下进行的操作。故本题选 B。

7. A　【解析】本题考查类比推理。"水杯"和"瓷器"是交叉关系,A 选项"木制品"和"家具"是交叉关系,B 选项"鲸鱼"和"海鱼"是全异关系,C 选项"豆制品"和"大豆"是全异关系,D 选项"河虾"和"河蟹"是并列关系。

易错提示:类比推理在考试中考查的频率较高,考生在做题时需要注意先从多个角度分析题干中给出的一组词语并判断其关系,然后分别判断各个选项的关系。在判断时需要明确词语的含义,以免误判。

8. C　【解析】本题考查数字推理。观察题干中的等式,可以发现:等式左边的数字是依次递增 1,等式右边的规律是在前一个等式右边数字的基础上加 6 并依次递增,即 9 = 3 + 6,15 = 9 + 6,21 = 15 + 6,27 = 21 + 6,因此(　　)中应填入的数字是 21。

9. D　【解析】本题考查 Word 的基本操作。Word 文档中,在文字中插入图片,常用的文字环绕方式有嵌入型、四周型、紧密型、衬于文字下方、浮于文字上方等。其中衬于文字下方是指文字排列不受图片、剪贴画、图形或艺术字的影响,仍然以原来的方式排列,只是图片、剪贴画或艺术字衬在文字下方。故本题选择 D 选项。

10. D　【解析】本题考查 Excel 的基本操作。在 Excel 表格中,输入以"0"开头的数字字符串时,需在表格中输入英文状态下的单引号"'"。

11. C　【解析】本题考查类比推理。首饰和镯子是包含关系,镯子属于首饰的一种。A 选项轮胎是汽车的一个组成部件,故 A 选项错误;B 选项石窟是起源于印度的一种佛教建筑形式,石雕是一种艺术形式,与题干逻辑关系不符;C 选项玉石和翡翠是包含关系,翡翠是玉石的一种;D 选项摆件和胸针是全异关系。故本题选择 C 选项。

12. D　【解析】本题考查 PowerPoint 的基本操作。在幻灯片浏览视图下,在多张幻灯片中选定一张并拖动,可以实现移动此张幻灯片。

13. C　【解析】本题考查类比推理。学术著作和探险小说是全异关系,A、B、D 选项是包含关系,只有 C 选项是全异关系。

易混辨析:概念间关系即集合关系,主要有全同关系、包含关系、交叉关系和全异关系四种,考生可通过下列方式进行区分和记忆:

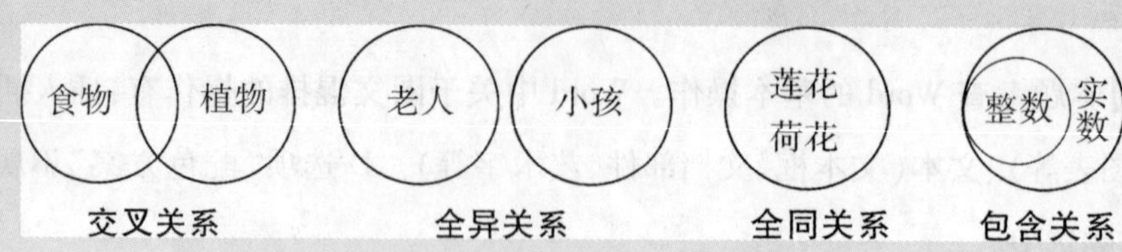

14. B 【解析】本题考查图形推理。题中图片的规律为:大图形与其包含的小图形形状一致,且三个图形都是独立完整的。故本题选 B。

15. B 【解析】本题考查 Word 的操作。打印操作的最小单位是页,B 项正确。单击“文件”→“打印”命令,出现“打印”设置窗口,分为左侧的打印设置区域和右侧的打印预览区域,在打印设置区域中,默认“打印所有页”,单击右侧的下拉三角按钮,弹出的下拉列表,可打印文档(打印所有页、打印所选内容、打印当前页面、打印自定义范围)和文档属性(文档属性、标记列表、样式、自动图文集输入、键分配),A、C 项错误。当文档处于编辑状态时是可以打印的,D 项错误。

16. A 【解析】本题考查 Excel 的操作。在 Excel 中,单元格的名称是由列标和行号来表示的,列标在前,行号在后。大写英文字母是列标,“D”表示第四列;数字是行号,“5”表示第五行。

17. B 【解析】本题考查类比推理。题干中医生和护士是全异关系,且都属于同一行业。A 项军人和军医是包含关系;C 项校长和教师是交叉关系;D 项法警和警察是包含关系。B 项教授和助教是全异关系,且都属于同一行业。故选 B。

18. B 【解析】本题考查数字推理。由题干数列可知,$(2\times4)+4=12$,$(4\times12)+4=52$,$(12\times52)+4=628$,$(52\times628)+4=32660$,因此空缺处数字为 628。故选 B。

19. D 【解析】本题考查 Word 的基本操作。双击“格式刷”可以执行多次格式复制操作。故本题选 D。

20. B 【解析】本题考查 IP 地址的定义。Internet 为联网的每一台计算机或每一个网络设备都分配了唯一一个可以互相通信的地址,即 IP 地址。故本题选 B。

21. C 【解析】本题考查数字推理。由题干“$2+3+4\rightarrow6820$”可知,$2\times3=6$,$2\times4=8$,$(2+3)\times4=20$,结果对应 6820;由“$3+3+2\rightarrow9612$”可知,$3\times3=9$,$3\times2=6$,$(3+3)\times2=12$,结果对应 9612;由“$2+2+4\rightarrow4816$”可知,$2\times2=4$,$2\times4=8$,$(2+2)\times4=16$,结果对应 4816,因此“$5+6+3$”有:$5\times6=30$,$5\times3=15$,$(5+6)\times3=33$,结果对应 301533。故选 C。

22. C 【解析】本题考查类比推理。题干中“橙子”和“橘子”是全异关系,是两种不同的水果。A 项,“土豆”和“马铃薯”是全同关系;B 项,“桃子”与“水蜜桃”是包含关系;D 项,“萝卜”和“红萝卜”是包含关系;C 项,“芒果”和“火龙果”是全异关系,与“橙子”和“橘子”的逻辑关系相同,故选 C。

23. B 【解析】本题考查 Word 的基本操作。“首行缩进”缩进的是第一行,“悬挂缩进”缩进的是除第一行外的其他各行,“左缩进”是整段文字相对于文档左边框右移一定的距离,“右缩进”是整段文字相对于文档右边框左移一定的距离。题干中不缩进第一行而缩进其余行,应选“悬挂缩进”。

24. A 【解析】本题考查 PowerPoint 的工作界面。排练计时功能可模拟演示文稿的放映过程，自动记录每张幻灯片的放映时间。设置完成后，在幻灯片浏览视图下，每张幻灯片下方将显示录制时间。故排练计时功能可以帮助李老师在制作幻灯片时把握讲解时间。

25. D 【解析】本题考查图形推理。题干给出的三个图形都由形状相同、大小不同的两个图形组成，并且有两条边重合，故选项中只有 D 项符合。

> **方法技巧**：图形推理的试题难度较低，考生做题时注意观察所给图形，可从图形的状态（如重叠、相切、相交、相离）、图形形状（如三角形、四边形）、公共边的条数、图形数量等方面考虑。

26. B 【解析】本题考查 Word 的基本操作。Word 多文档窗口可以将一个窗口拆分为两个文档窗口，A 项说法正确；Word 可以同时打开多个文档进行编辑，每个文档都会有一个窗口，C 项说法正确；剪切、粘贴和复制可以在多个文档间进行，D 项说法正确；B 项，多文档窗口操作时，文档编辑工作结束后无须全部存盘再关闭，可直接单个存储、关闭。故 B 项说法错误。

27. C 【解析】本题考查数字推理。由题干数列可知，$(1+2)\times3=9$；$(2+9)\times3=33$；$(9+33)\times3=126$，故选 C 项。

28. C 【解析】本题考查 PowerPoint 的基本操作。"自定义动画"可以将对象设置为"单击时""与上一动画同时""上一动画之后"响应，也可以设置延迟时间，说明使用鼠标或时间都可以控制动画，故本题选 C。

29. D 【解析】本题考查类比推理。题干中"家具"和"大衣柜"是包含关系。"炊具"和"煤气灶"也是包含关系，故本题选 D。

30. B 【解析】本题考查 Word 的基本操作。题干中的功能图标表示分散对齐。

31. D 【解析】本题考查图形推理。题干中给出的图形是两个大小不一的平行四边形，且有两条边重合。只有 D 项图形符合这个特点。

32. C 【解析】本题考查 PowerPoint 的基本操作。在 PowerPoint 中，如果设定了某特定的应用设计模板，再插入新幻灯片时，会自动采用已经设定选用的设计模板。

33. D 【解析】本题考查假言命题。设 p = 学会分享，q = 感受更多快乐，则题干命题为非 p→非 q。根据充分条件假言命题推理规则，否定后件推出否定前件，可得 q→p，即 p 是 q 的必要条件，因此题干命题与"只有学会了分享，才能感受更多快乐"等值，故本题选 D。

34. B 【解析】本题考查 Word 的基本操作。Word 中"项目符号"可自定义为圆圈、方框、阿拉伯数字等多种符号，故 B 项说法不正确。

35. C 【解析】本题考查数字推理。第一项 - 第二项 + 3 = 第三项，后续依次类推，12 - (　　) + 3 = 9，所以括号内应该为 6。

36. D　【解析】本题考查 PowerPoint 的基本操作。在 PowerPoint 中,对幻灯片中某对象建立超链接时,先插入超链接点,然后对其进行动作设置。故本题选 D。

37. B　【解析】本题考查假言命题。“只有想不到,没有做不到”表示一切事情都能做到,只有想到和想不到之分,由此可排除 A、D 两项。同时由题干可知,能想到的就能做到。因此,B 项“只要想得到,就能做得到”包含在“只有想不到,没有做不到”中。

38. D　【解析】本题考查类比推理。三角形与几何图形的关系是包含关系,D 选项中梯形属于四边形,也是包含关系。

39. D　【解析】本题考查智力推理。由题意可知,第一个杯子上的话和第四个杯子上的话互相矛盾,必有一真一假,则第二个杯子和第三个杯子上的话均为假话,因此可推断出第三个杯子中是蒸馏水,第二个杯子中不是矿泉水。故 D 项正确。

40. D　【解析】本题考查 Word 的基本操作。在 Word 中,点击插入图片,插入图片后右键单击图片,点击自动换行选项,出现“衬于文字下方、浮于文字上方”等选项。图中青蛙图片是在文字的下方,所以选择 D 项。

二、材料分析题(参考答案)

1. (1)①冠礼,是冠礼和笄礼的合称,是我国古代的成年礼,标志着男女由少年迈入成年。冠礼的主持者一般为受冠者的父亲,时间通过占卜确定,且需邀请参加冠礼的宾客,尤其是为子弟加冠的正宾。冠礼的主体仪式是由正宾依次给受冠者加缁布冠、皮弁、爵弁,且每次加冠都要配以相应的服饰。②加冠前,受冠者须由赞冠者为其梳头、挽髻、加笄,再把头发系好以便加冠。③加冠时,主宾要向受冠者宣读祝辞,勉励其树立高尚的道德品质和远大的人生志向。④加冠后,正宾为受冠者取字,受冠者同时要拜见母亲和尊长,并接受他们的教诲。

(2)占重要地位的原因:①冠礼是我国古代的成年礼,标志着男女由少年迈入成年。②传统冠礼包含着深刻的伦理意蕴、道德追求与责任担当。借助冠服使受冠者明确自身的权利和责任;借助冠辞教导受冠者不断砥砺自己;希望借助冠服仪式,构建一种儒家倡导的理想社会秩序和生活方式。③冠礼是中华优秀传统家礼文化的重要内容,是中华家文化与礼文化融合的结晶。

借鉴意义:①借鉴传统冠礼仪式和教化方式,为广大青少年提供角色认知,培育礼仪文明素养。②承故拓新,充分挖掘传统冠礼文化中的积极内容,使之成为涵养青少年道德人格的丰厚滋养。

2. (1)大家在知识上要求真实,他们要知道事实,寻求真理。但是抽象的真理未必可知,具体的事实却总是可知部分的。日常生活里所要应付的事,理也包含在其中,在应付事的时候,理往往是不自觉的。因此强调就落到了事实上,要求说出事实的真相。

(2)①“老实话”是不容易听到见到的。抽象的真理未必可知,具体的事实却总是可知部分的。

因此强调就落到了事实上。说出事实的真相,就是“实话”。②利害的冲突导致人不肯说“老实话”。自己说出实话,让别人知道自己的虚实,容易制自己。就是不然,让别人知道底细,也容易比自己抢先一着。③人们在情感上要求真诚,要求真心真意,要求开诚相见或诚恳的态度,要听“真话”“真心话”。心坎儿上的,不是嘴边儿上的话,这也可以说是“实话”。但是“心口如一”向来是难得的,“口是心非”恐怕大家有时都不免会有。④真话不一定关于事实,主要的是态度。但说真话也分人,交浅不能言深。

3.(1)文章中画线句子的“看”不是指感官即视觉意义上的“看”,而是伽利略在通过望远镜观察木星的结果上,通过类比、想象与思考,获得的认知上的飞跃,从而用以解释自己所观察到的现象。

(2)伽利略的发现与小孩子对玩具车和卡车所做的归类之间的相同之处在于:都是由小的物体想象大的物体,通过熟悉的物体去了解不熟悉的物体。

两者之间的不同之处在于:小孩子对玩具车和卡车所做的归类与联系是小型认知飞跃,而伽利略的发现是复杂认知飞跃。

三、写作题

1.【写作思路】该题是一篇材料作文题,考生首先需要从材料中提炼出重要内容。通过分析可知,材料中共有3个主体,第一个是在“听取详细而系统的讲解”的小学生和中学生,第二个是在听老奶奶讲解的幼儿园的孩子,第三个是给幼儿园孩子讲美术作品的老奶奶(讲解员)。由此可以发现:同样是参观博物馆,小学生和中学生在听取“详细而系统的讲解”,幼儿园的孩子则在听老奶奶问一些简单的问题。因此,我们可以提炼出第一个观点——因材施教。而为什么要问幼儿园的孩子如此简单的问题却不给他们详细而系统地讲解美术作品?是为了吸引他们的目光,引起他们的兴趣。因此,我们可以提炼出第二个观点——兴趣是孩子最好的老师。老奶奶通过一系列简单的问题引导孩子们观察美术作品,而不是直接讲解或直接提出观察美术作品的要求,说明这个老奶奶注重对学生的引导。因此,我们可以提炼出第三个观点——引导启发教学。

【参考范文】

因材施教

苏霍姆林斯基说过:“教育工作的实践使我们深信,每个学生的个性都是不同的,而要培养一代新人的任务,首先要开发每个学生的这种差异性、独立性和创造性。”

正如世界上没有完全相同的两片树叶一样,世界上也没有完全相同的两个人,学生个体的差异是客观存在的,差异是因材施教的前提与基础。学生在学习过程中存在着生理、心理、社会性和学习环境的差异。教师要认识到这些差异并设法缩小差异、超越差异。面对智力、能力、思

维、性格、毅力等都存在差异的学生，我们的教育要“以人为本”，要让每个学生鲜亮的个性得到张扬，让每个学生都能获得成功。为此我们的教育要允许学生有选择学习方法的权利，允许学生以不同的速度进行学习。因此，在课堂教学中，必须从学生的素质差别入手，以学生个体为教学对象，进行个别化因人施教。

十九世纪的俄国教育思想家乌申斯基曾说过：“如果教育学要在一切的关系上培养一个人，它就该首先了解人的一切关系。”可见了解学生之重要，它是“因材施教”的基础。要全面深入地了解学生，就应坚持全面和发展的观点，科学地分析其个别差异与可变因素，引导其向好的方向发展。

在教学中，既要从绝大多数学生的需要出发，又要考虑到个别需要。无论什么样的学生，肯定都有其特殊的一面，要“对症下药”，我们要充满热情地对待学生，对后进生更应关怀备至，以情动人，以理服人。实践证明：经过教和学的双方努力之后，大多数学生都能很好地成长为有用之才，从不同的方面对我们的国家做出贡献。无论优等生还是后进生，都是人为划分的，我们应该认识到每个学生都有自己独有的长处，要长所有学生的善，扬所有学生的优。

苏霍姆林斯基说：“每个学生都是独一无二的世界。”“天赋为每一个正常的头脑打下了必要的、充足的根基，使每一个人都能成为创造者。”每一个学生都是与众不同的，都有自己的特点和长处。花有花的香，树有树的美，晴有晴的丽，雨有雨的趣。学生作为被教育的对象，更是如此。当每个教育工作者都从内心欣赏每个学生，关心每个学生，尊重每个学生的自然心性，那么，世界将会变得更美好。

2.【写作思路】本题是一道漫画类作文题。漫画作文一般包括图画、文字、漫画题目以及要求等几部分，所以在审题时要注意各部分所包含的信息。本题由图画和文字构成。图画中有一条在水中行进的船，船的尾部进了水，船尾的两人满头大汗地奋力向外倒水，船头的两人却安闲地坐着观望，并且说：“还好破洞在他们那边！”从图画来看，当危机到来时，有人在努力解决，有人在观望，但处于同一条船上，任何人都不可能独善其身，幸灾乐祸只会付出惨重的代价。审题时应抓住两者利益的相关性，肯定行动者，批驳观望者，指出有难当头或面临危机时，只有互帮互助、同舟共济才能共渡难关。在危机到来时，同一条船上的任何人都不可能独善其身，必须同舟共济，任何作壁上观者最终都会为自己的短见付出惨重的代价。

考生在审题立意时，要紧扣这一主题，围绕“团结”进行写作。综上所述，本题可从以下几方面立意：(1)团结一心，同舟共济；(2)责任与担当；(3)唇亡齿寒；(4)顾全大局；(5)团结则存，分裂则亡；(6)人类命运共同体；等等。

【参考范文】

冷漠旁观终损己，互助和谐共休戚

鲁迅先生说："无穷的远方，无数的人们，都和我有关。"生存于世，每个人都与周边、与远方紧密相关。当航行之舟漏洞进水，危急时刻，你会出手相救，患难与共？还是"事不关己，高高挂起"？不同的答案彰显不同的价值取向，但不可否认的是，社会的小舟需要每个人补漏补缺，才会推动和谐社会的巨轮破浪前行，扬帆致远。

冷漠旁观终损己。

漫漫人生途中，我们总会看到一些人处于危难之中，拼尽全力自我解救。或许有人会抱着侥幸心理冷眼旁观，庆幸事情与自己无关。但你要知道"发生在别人身上的都是故事，发生在自己身上的全是事故"。你的消极冷漠终有一天会化作打脸的巴掌，给你一记响亮的耳光。危急时刻，我们应竭尽全力，奋勇相助，团结协作才是面对困难的正确态度。

冷漠旁观终损己，要互帮互助，助人助己。

纵观古今，多少人在帮助他人的同时开创了人生的新篇章，又有多少人在冷漠待人中丢失了命运的橄榄枝。在 2021 年 7 月 20 日，河南部分地市遭遇了持续性强降雨，郑州及周边市县群众受灾严重。一方有难，八方支援。国产运动品牌鸿星尔克在自身经营状况欠佳的情况下，仍宣布捐赠 5000 万物资驰援河南，帮助河南人民共克时艰。此事一经网络曝光，唤起了全国民众的感动之情，大家化感动为消费动力，纷纷抢购"鸿星尔克"的产品予以支持，鸿星尔克的诸多产品卖到脱销。可以说，鸿星尔克的这一举动，既帮助了受灾人民，也收获了广大群众的支持，使得公司的经营状况有了极大好转。而与鸿星尔克的善举相反的是，在特大暴雨当天，郑州一酒店借机涨价，一间房的住宿费最高涨到了两千多元。该酒店的举动不仅引起了民愤，诸多人表示此后不会再入住这家"无良"酒店，酒店也受到了政府惩治，被郑州市场监督管理局处以 50 万元罚款。由此可见，面对困难，互帮互助，助人才是助己。

互助协力，休戚与共，天下大同。

每个人都不是一座孤岛。互帮互助，小到个人，大到国家。人与人之间友爱互助，如左手拉右手理所当然。大家互助协力，我们的社会才会更加和谐，国家才会繁荣进步，新时代领路人提出的"命运共同体"理念才会被贯彻落实，人类发展的新篇章才会掀开崭新的一页。

云霞出海曙，梅柳渡江春。美好的新生活正在向我们招手，摒弃冷漠姿态，尽心尽力，互帮互助，共渡难关，我们"和谐社会"的巨轮才会劈波斩浪，驶向远方。

3.【写作思路】通过材料，我们可以得到以下立意：从中国传统文化宝库中汲取营养，增强文化自信；传承中华文化；文化传播方式需要创新；文化自信对一个国家、一个民族的重要性；等等。考

生可以从什么是文化自信,文化自信从何而来,为什么要有文化自信,如何培养文化自信等角度展开论述,论述要有深度,不可浮于表面夸夸其谈,要言之有理、言之有据,适当引用中国古典诗词能增加文章文化底蕴。

【参考范文】

以传统为基,融创新之华

《中国诗词大会》以经典诗词为切入点,从诗经楚辞、唐诗宋词到近现代诗词、毛泽东诗词,汲取中华民族生生不息、发展壮大的丰厚滋养;以春风化雨、润物无声的方式,体现了对中华优秀传统文化、革命文化和社会主义先进文化的传承弘扬。《中国诗词大会》之所以能得到广大观众的喜爱,就是因为其顺应了时代的需要,满足了人们的精神文化需要,并能够通过创新的形式让中国传统文化焕发新生命。

正如陶行知说:"处处是创造之地,天天是创造之时,人人是创造之人。"优秀的传统文化需要我们代代相传,更需要我们创造性地传承。中国是诗的国度,传统文化的诗意滋养着我们的心灵,而《中国诗词大会》唤醒了深藏在每一个国人心中的诗情,让我们在这个快节奏的当代生活中有了寻找诗和远方的憧憬,有了一段温暖而惬意的闲暇时光。它以弘扬传统文化为宗旨,在众多参差不齐的综艺节目中脱颖而出,靠的不是噱头,而是对中国传统文化的创新与传承。

传统与创新两者密切相关、相辅相成,弃传统而盲目地追求时尚与创新,或一味地固守传统而缺乏创新都是极端错误的。只有以传统为基,融创新之精华,在继承传统的基础上进行创新,才会得到令人满意的效果。

在当前国际形势下,我们面临强烈的外来文化冲击,文化传承似乎进入瓶颈,人们在传统文化与外来文化间摇摆不定,在一片混沌中不知该何去何从。但正如齐白石先生所讲:"学我者生,似我者死。"我们不能一味地继承,在继承优秀传统文化的同时,也应加以创新,这样才能有所进步。想当初,我们崇尚的是"学好数理化,走遍天下都不怕",后来猛攻外语,再后来狂学经济学,MBA 泛滥成灾。我们做事太过一窝蜂,行事飘忽不定。这是因为我们缺乏文化根基的巩固,而盲目学习外来文化。因此,我们只有在吃透自身文化的同时,吸收外国先进文化,从而在新时期建立中国的新文化,才能创造出符合当今乃至以后的中国发展的先进文化。

甘地说过:"我希望世界各地的文化之风都能尽情地吹到我的家园,但是我不能让它把我连根带走。"巩固本国文化之基,吸收外来先进文化,我们中国的文化之路才能越走越远!

4.【写作思路】本道作文题目分为两则材料。第一则材料的意思是想要把荷花画好需要静坐在荷花旁欣赏,看荷花在风中、雨中的样子,看一年四季中荷的变化。长时间的观察之后,心里自然就有了完整的荷花,自己融入其中,画荷自然生动。第二则材料的意思是画竹必须心里有完整的竹子,提起笔能看到想要画的竹,快速地捕捉看到的形象,付诸实践,才能将竹子画好。综合分析两则材料,可以得出以下立意:打好基础,胸有成竹;循序渐进,静待花开;做事之前做好充分的准备;等等。

【参考范文】

打好基础,胸有成竹

画荷,把春夏秋冬四季的荷、风霜雨雪各时的荷看在眼里,记在心中,物我合一,铺开纸,自然满眼荷花;画竹,把从初生时的嫩芽到长出的竹笋,再到节叶俱全的竹子看在眼里,画成于心,提起笔,自然胸有成竹。做事也是如此,只有脚踏实地,打好了基础,做好了准备,每个环节都牢记于心,才能获得成功。

基础是根,根深才能叶茂。华罗庚曾经说过:"科学的灵感,绝不是坐等可以等来的。如果说,科学上的发现有什么偶然的机遇的话,那么这种'偶然的机遇'只能给那些学有素养的人,给那些善于独立思考的人,给那些具有锲而不舍精神的人,而不会给懒汉。"李时珍花了近三十年的功夫,以毕生精力,亲历实践,广收博采,才完成中国医药学的巨著《本草纲目》;左思花费了十多年的时间,在家门口、庭院里、厕所里都摆放着纸笔,偶尔想出一句,就马上记录下来,这才有了造成"洛阳纸贵"的《三都赋》;曹雪芹"批阅十载,增删五次",不管自身处境如何艰难始终笔耕不辍,这才有了古代名著《红楼梦》。做好一件事,需要长期不懈的坚持,如果中途放弃,就不能夯实基础,中途出现的意外情况随时会将半途而废者击垮,只有持之以恒的人才能看到最后的美丽风景。

基础是水,水深才能载舟。庄子在《逍遥游》中曾说过"水之积也不厚,则其负大舟也无力","水浅"的结果就是连一个杯子都无法承载。牛顿和苹果的故事大家都知道,但在之前漫长的时光里难道只有牛顿看见苹果落地吗?当然不是。但只有牛顿发现了万有引力定律。如果他对物理一无所知,自然也就不会思考这件事背后的意义。马克思为了完成《资本论》,阅读了大量的书籍,留下了上百本读书笔记,他几乎掌握欧洲所有国家的语言,知识最大程度的积累让他发现了历史发展的密码。"杂交水稻之父"袁隆平先生一生都在农田里奋斗,做了成千上万次杂交水稻试验,对水稻的相关知识了如指掌,对每一个试验过程都了然于心,有这些作为基础,他才能在杂交水稻领域获得成功。打好基础,才能有万全的准备,才能发现知识的宝藏。

打好基础,就不会害怕试卷上以各种形式出现的难题;打好基础,就不会害怕工作上意外出现的各种情况。做好充足的准备,这些所谓的困难就会成为你前进路上的垫脚石,化为你知识的一部分。打好基础,胸有成竹,有了然于心的淡定,信手拈来的从容,自然不惧怕人生路上的任何挑战。

专题一 信息处理能力

单项选择题

答案速查

1~5	DDDDB	6~10	ADCAC	11~15	CABAC	16~20	BDBBD
21~25	BDDDC	26~30	ABDBB	31~35	CADBD	36~40	ADBAC
41~45	DBCCB	46~50	ADDDB	51~55	CDCDB	56~60	CDACB

1. D 【解析】计算机软件系统包括系统软件和应用软件。题干中描述的单位使用的专门办公自动软件是应用软件。

2. D 【解析】Word 功能区中的灰色命令表示该命令当前不可用。

3. D 【解析】替换操作可以通过“开始”→“编辑”组中的“替换”命令实现，也可以通过组合键【Ctrl + H】实现。替换功能可一次性修改文档中重复性的错误，从而提高工作的效率。故正确答案为 D。

4. D 【解析】在 Word 中，单击图片后，进入图片工具，选择“排列”命令中的“上移一层”，即可将下层的图片移至上层。

5. B 【解析】在 Word 的编辑状态下，选择整个表格后，执行“删除行”命令，整个表格都会被删除。

6. A 【解析】在 Word 中，选择“文件”菜单下的“另存为”命令，弹出“另存为”对话框，在“保存类型”下拉列表框中可以选择要另存的文件类型。Word 文档可以另存为 txt 文本文件、xml 文档、单个文件网页、网页、dot 文档模板等。

7. D 【解析】在 Word 中，文字有五种对齐方式，分别是左对齐、右对齐、居中对齐、两端对齐和分散对齐。A 项表示居中对齐，B 项表示分散对齐，C 项表示右对齐，D 项表示两端对齐。

8. C 【解析】当用户在编辑文本时，如果对之前所进行的操作不满意，可以单击快速访问工具栏上的“撤消”按钮或者组合键【Ctrl + Z】恢复到操作前的状态。撤消可以取消用户的失误操作，恢复原来的内容。

9. A 【解析】在 Windows 中，文件名最长可以使用 255 个字符，A 项说法错误。在 Windows 操作系统中，文件命名可以使用扩展名，也可以使用多个分隔符的扩展名，但其文件类型由最后的扩展名决定，B 项说法正确。在 Windows 操作系统中，文件命名不允许使用 *、\、/等符号，C 项说法正确。在 Windows 操作系统中，一个文件夹里不能有名字相同的文件，D 项说法正确。

10. C 【解析】Word 有插入和改写两种录入状态。在“插入”状态下，键入的文本将插入到当前光标所在位置,光标后面的文字将按顺序后移;而在"改写"状态下,键入的文本将把光标后的文字替换掉,其余的文字位置不改变。

11. C 【解析】Word 无法编辑,显示"不允许修改,因为所选内容已被锁定",是因为启用了保护限制编辑,关闭文档保护即可自由编辑。

12. A 【解析】在 Word 中,插入表格时,可单击"插入"选项卡中的表格按钮,在下拉列表框中的方框区域移动鼠标,至合适位置单击鼠标左键,可以选择需要的行数和列数,当所需行数或列数超过方框区域时,也可以单击"插入表格",自定义表格的行数和列数。

13. B 【解析】经过多次剪切或复制,点击"粘贴"按钮时,所粘贴的内容是最后一次剪切或复制的内容。

14. A 【解析】Word 在打印已经编辑好的文档之前,可以在"文件"选项卡下的"打印"命令中查看整篇文档的排版效果。

15. C 【解析】Delete 表示删除光标后面的一个字符,当光标在第一段落的段落末时,按 Delete 键表示删除了换行符,把两个段落合并为一个段落。

16. B 【解析】文字下方的红色波浪线表示可能为拼写和语法错误。

17. D 【解析】在水平标尺上,有四个段落缩进滑块:首行缩进、悬挂缩进、左缩进以及右缩进。

18. B 【解析】在 Word 中需要绘制图形时,切换到"插入"选项卡,然后单击"插图"组中的"形状"按钮,在弹出的下拉列表中选择需要的绘图工具。

19. B 【解析】A 选项,选中需要合并且连续的单元格,右击鼠标,选择"合并单元格"即可实现单元格的合并。B 选项,两张表格中间有换行符,无法合并成同一张表格,若在第一张表格后边直接再插入一张表格,则它们是同一张表格,而不是两张表格。C 选项,在表格内部任意地方右击鼠标,选择"拆分表格"即可对表格进行拆分。D 选项,选中表格,右击鼠标,选择"表格属性"进行设置即可。故本题选 B。

20. D 【解析】在 Word 中,文本和表可以相互转化,D 项正确。

21. B 【解析】选项 B 单击"插入"→"对象"→"由文件创建"可将另一文档的内容全部添加在当前文件光标处;选项 C 是打开一个文档;选项 D 是作为超链接插入,不是内容插入,故本题选择 B 选项。

22. D 【解析】在"编辑"菜单下可以找到"替换"。

23. D 【解析】用样式给文档各级标题排版,能使页面更加整齐和美观。

24. D 【解析】在 Word 表格的单元格中既可以输入文本,又可以输入图片和符号。

25. C 【解析】Word 文档打印时,若要打印连续的若干页,可以只给出起始页码和终止页码,之间

用短横线连接。若要打印不连续的若干页，给出要打印的页码，各页码之间用半角的逗号隔开。故题目表示打印的是第8页至第15页，第25页和第60页。

26. A 【解析】在Word中，在“开始”选项卡里单击“段落”，可在下拉选项里调整行间距。

27. B 【解析】在Excel中，单元格区域的表示方法是由左上角单元格和右下角单元格的单元格地址，中间用英文冒号连接表示，如A1:C5，B3:E10等，以单元格C5、N5、C8、N8为顶点的单元格区域应表示为C5:N8。

28. D 【解析】在Excel中，使用“Ctrl＋鼠标操作”可以选定不连续的多个单元格。使用“Shift＋鼠标操作”可以选定连续的多个单元格。在Excel数据表中只有一个活动单元格。

29. B 【解析】Excel中，筛选条件之间是“和”的关系，筛选结果要同时满足所有条件。因此，利用条件“数学>70”与“总分>350”对考生成绩数据表进行筛选后，显示的结果是所有数学>70并且总分>350的记录。

30. B 【解析】在Excel中，输入公式前必须先输入“＝”。

31. C 【解析】在单元格中既可以保存数据常量，也可以保存公式或函数。若单元格保存的是常量，则不管是否处于编辑状态，都显示常量本身；若保存的是公式或函数，则在编辑状态时显示公式或函数，而在非编辑（正常）状态时显示其值。

32. A 【解析】在Excel中，对数据源进行分类汇总之前，应先完成的操作是将数据清单进行排序。

33. D 【解析】在Excel中，对数据表进行排序时，在“排序”对话框中能够指定的排序关键字个数为任意个，也就是说，排序关键字的选取个数不受限制，根据实际需要而定。

34. B 【解析】“＝AVERAGE(A1:B3)”表示单元格A1、A2、A3、B1、B2、B3单元格内数值相加后的平均值，即C5＝(1＋2＋3＋4＋5＋6)/6＝3.5。

35. D 【解析】工作表主要由电子表格组成，每个工作簿包含若干个工作表。系统默认每个工作簿包含3个工作表，默认的工作表标签名称为Sheet1、Sheet2、Sheet3。鼠标右键单击某一工作表，用户可以根据工作需要随时对该工作表进行插入、删除、移动或复制以及重命名等操作，但不能打印，打印工作表需要单击“文件”选项卡中的“打印”命令。本题为选非题，故D项符合题意。

36. A 【解析】MAX函数用于求一组数中的最大值。其中，当一组数中既有数字又有逻辑值时，逻辑值true代表1，逻辑值false代表0，因此最后的结果为1，A项正确。

37. D 【解析】用于求和的函数为SUM，C列表示员工的工资，8名员工的工资在2～9行，则求和函数及参数为SUM(C2:C9)。AVG(C2:C9)是指计算C2～C9单元格内数值的算术平均值。COUNT(C2:C9)是指计算C2单元格到C9单元格中数字项的个数。MAX(C2:C9)是求C2到

C9 单元格中最大的数。

38. B 【解析】筛选数据就是将不符合特定条件的行隐藏起来,这样可以更方便地查看数据。有两种筛选方式:自动筛选和高级筛选。自动筛选适用于简单条件的筛选,而高级筛选适用于复杂条件的筛选。当筛选条件被删除时,隐藏的数据便恢复显示。

39. A 【解析】分类汇总是 Excel 中最常用的功能之一,它能够快速地以某一个字段为分类项,对数据清单中的数据进行各种统计操作,如求和、平均值、最大值、最小值、乘积以及计数等。分类汇总前,需要先按分类字段对数据清单进行排序。

40. C 【解析】Excel 工作表中的列号用英文字母表示,行号用数字表示,单元格的地址就是用列号与行号表示的,故 Excel 工作表中第 6 行第 7 列的单元格地址是 G6。

41. D 【解析】单元格中常见的数据类型有三种:(1)文本型数据。文本型数据包括字母、数字、标点符号及其他符号。若输入纯数字的文本(全部由数字组成的字符串),为了避免被认为是数值型数据,Excel 要求在第一个数字前加上一个英文状态下的单引号“'”。(2)数值型数据。数值型数据由数字、+、-、*、/、(、)、%、$ 等组成。当输入负数时,是在输入的数字前加“-”,或将数字用“(　)”括起来;当输入分数时,是在输入的分数前加 0 和空格;当输入带分数的整数时,整数与分数之间加空格。(3)日期和时间型数据。Excel 内置有一些常用的日期与时间格式,当输入数据与这些格式相匹配时,Excel 会将它们识别成日期或时间。常用格式有 dd-mm-yy,yyyy/mm/dd 等。在 Excel 表格单元格中输入当天时间,可按组合键“Ctrl+Shift+;”。题干中,在输入数据前加“'”表示的是以文本形式储存的字符串。故本题选 D。

42. B 【解析】选中一张幻灯片中的一个部分,在“动画”选项卡中采用“自定义动画”设置,可为该部分添加动画效果,并可根据需要,改变各个部分的放映顺序。

43. C 【解析】幻灯片是 PowerPoint 的基本构成单位,每张幻灯片除了可以包括文字和图片外,还可以有声音、视频、图表等。故正确答案为 C。

44. C 【解析】打开“切换”选项卡,在该命令下可以设置切换效果、切换声音和持续时间、换片方式等。

45. B 【解析】只有在普通视图下才能实现在其他视图中可实现的一切编辑功能。

46. A 【解析】要使得一张幻灯片中的 4 张图片在播放时依次出现,应设置自定义动画。幻灯片切换设置的是幻灯片的切换效果;幻灯片版式是使得演示文稿中所有的幻灯片具有一致的外观。超链接可以实现幻灯片与幻灯片之间、幻灯片与其他外界文件或程序之间以及幻灯片与网络之间的跳转。故本题选 A。

47. D 【解析】图中展示的是该 PowerPoint 的幻灯片浏览视图,显示在该视图下第 2、3 张幻灯片被

隐藏,并没有被删除且可以进行修改,A、B 两项说法错误。在幻灯片浏览视图下,隐藏的幻灯片会显示,在幻灯片放映视图中,隐藏的幻灯片将不会出现,C 项说法错误,D 项说法正确。

48. D 【解析】计算机病毒在《中华人民共和国计算机信息系统安全保护条例》中被明确定义,计算机病毒是指"编制或者在计算机程序中插入的破坏计算机功能或者毁坏数据,影响计算机使用,并能自我复制的一组计算机指令或者程序代码"。

49. D 【解析】在 PowerPoint 各种视图中,可以同时浏览多张幻灯片,便于选择、添加、删除、移动幻灯片等操作的是幻灯片浏览视图。

50. B 【解析】在 PowerPoint 中设置幻灯片背景时,既可以为一张幻灯片设置背景,也可以同时为多张幻灯片设置同样的背景。

51. C 【解析】PowerPoint 中可以用预设动画与自定义动画两种方式为幻灯片添加动画效果,还可以对每张幻灯片中的各个对象分别设置动画效果,这些对象可以以任意顺序出现。

52. D 【解析】打印机是输出设备,可执行文件的打印工作,不能作为图片的来源。

53. C 【解析】选项 A 是动画文件;选项 B 是文本文件;选项 D 是图像文件。

54. D 【解析】自定义动画能使幻灯片上的文本、形状、声音、图像等具有动画效果,可以突出重点,控制信息的流程,也能使幻灯片中的标题、图片、文字等按要求顺序呈现。

55. B 【解析】将校徽插入母版中,应用母版制作,方便快捷且便于后期修改。

56. C 【解析】在 Excel 中,一个工作簿默认有 3 个工作表。删除工作表的具体操作为:鼠标右键单击一个工作表标签,在弹出的对话框中选择删除操作。工作表被删除后,数据全部被删除,且不能用"撤消"来恢复。本题选 C。A 项,对工作表中的单元格数据进行删除操作时,可用"撤消"来恢复被删除的数据。B 项,工作表被隐藏时,数据仍然保存在内存里,不再显示。D 项,整个工作簿被删除时会进入回收站,可去回收站将被删除工作簿恢复。

57. D 【解析】选项 A 是求和函数,选项 B 是统计指定区域中满足给定条件的单元格数量的函数,选项 C 是求最小值函数,选项 D 是求平均值函数。故本题选 D。

58. A 【解析】PowerPoint 的设计模板只限定模板的类型,对于版式则不设限定。

59. C 【解析】幻灯片浏览视图以幻灯片缩略图形式显示,可以移动和复制幻灯片,不可以编辑修改内容,A 项说法错误。幻灯片播放时不显示占位符,B 项说法错误。每张幻灯片可以使用不同的版式,D 项说法错误。可以为一张幻灯片中的一个对象设置多种动画效果,C 项说法正确。

60. B 【解析】计算机病毒(Computer Virus)是编制或者在计算机程序中插入的破坏计算机功能或者毁坏数据,影响计算机使用,并能自我复制的一组计算机指令或者程序代码。

专题二　逻辑思维能力

单项选择题

答案速查

1～5	ADBCD	6～10	CADAD	11～15	DDDDB	16～20	AABBC
21～25	BCBBC			26～30	AACCD		

1. A 【解析】题干中的"只有……才……"是联结词，本题属于必要条件假言命题，否定前件就能否定后件。本题中，前件为"经历过无数失败"，后件是"懂得成功的艰辛"，由此可推出"没有经历过无数失败，就无法懂得成功的艰辛"。A 选项与题干意思完全相同，其他选项都与题干命题矛盾。

2. D 【解析】根据题干可知：赵＋钱＝孙＋李，且赵＋李＞孙＋钱，因此，李＞钱；又已知钱＞孙，钱＞赵，故李＞孙，李＞赵，因此李的身高最高。

3. B 【解析】妈妈不喜欢女儿穿长袖配短裙，即必须是长袖配长裙、短袖配短裙。只有 B 项妹妹穿的是长袖配短裙，姐姐是短袖配长裙，所以选 B。

4. C 【解析】"以事实为根据，以法律为准绳"是联言判断，"若想人不知，除非己莫为"是假言判断，其他选项是联言判断，故选 C 项。

5. D 【解析】由题干可知选派留学人员的条件是：业务精通，并且英语流利或者法语流利。如果小洪业务精通，那么他只需法语或英语流利就能被选派，但事实上他没有被选派，那么就说明他的法语和英语都不够流利。

6. C 【解析】由"甲不举红旗，也不从东面上山；举红旗的人从西面上山"推出，甲从南面上山；由"甲不举红旗，也不从东面上山；乙举着绿旗"可推出，甲举着黄旗。因此，甲举着黄旗从南面上山，丙举着红旗从西面上山，乙举着绿旗从东面上山。故选 C。

7. A 【解析】"医生都穿白衣服"和需要补充的前提推出"有些穿白衣服的人留长头发"的结论，因此需要补充的前提必须有关键词"留长头发"，故答案选 A。

8. D 【解析】根据题干，四个队每队都要进行三场比赛。B 队输一场则赢了两场，C 队应该赢了一场，D 队应该赢了三场。四个球队进行循环赛一共只需赛六场，故 A 队赢了 0 场，其名次为第四名。故选 D。

9. A 【解析】可以根据原命题成立，则其逆否命题同样成立来判断。如果一号上场，而且三号没有上场，那么五号与七号队员中至少要有一人上场；则逆否命题为：五号与七号没上场，三号上场则一号没有上场。

10. D 【解析】"植物不可能都是多年生的"是对"植物都是多年生的"的否定，根据逻辑规则，应当

否定的是“多年生”而非“植物”，故选D选项。A选项“可能都不是”与“都不是”不同，并不是一种否定，不合题意，故不选。B、C选项没有否定“多年生的”，不合题意，故不选。

11. D 【解析】甲和丙的预测相矛盾，其中必有一真，这样，乙和丁都预测错误，也就是说辽宁队前三名不只拿了一个、辽宁队和山东队都没拿到第一名，这样可知前三名顺序是：河北、辽宁、辽宁。故选D。

12. D 【解析】乙和丙矛盾，必有一真。甲错，可知Y球队不能进入决赛。丁错，可知X球队能进入决赛，故选D。

13. D 【解析】该数列中，分别作差能得到5、-1、4、3，在生成的这一新的数列中，前后相加能得到后一个数，5-1=4，-1+4=3，那么4+3=7，需要12+7=19，因此本题选择D。

14. D 【解析】根据题干数列可知2÷4=0.5；2÷2=1；3÷2=1.5；6÷3=2；0.5、1、1.5、2等差，所以后项为2.5×6=15。综上所述，D项正确。

15. B 【解析】通过观察可知，第一项乘以第二项然后再加三就等于第三项。2×3+3=9，3×9+3=30，9×30+3=273，30×273+3=8193。故正确答案为B。

16. A 【解析】由题干推出数字排列方式是：第一项×第三项，第三项×（第一项+第二项），第二项×第三项。所以7+6+4→7×4，4×(6+7)，6×4。即7+6+4→285224。

17. A 【解析】此数列为等比数列，公比为6，故空缺处数应为1296。

18. B 【解析】由题中数列可知，相邻两数的差为：5、7、11、13、?。即构成一个质数数列，因此，?=17，即空缺处的数字为17+38=55。

19. B 【解析】车票—票据属于类属关系，车票是票据的一种，选项B戏票是入场券的一种，是类属关系。

20. C 【解析】蝴蝶和蟋蟀都是昆虫；鹦鹉和海鸥都是鸟类。故答案选C。

21. B 【解析】量尺是测量长度的工具，厘米是长度单位；天平是测量重量的工具，千克是重量单位。故答案选B。

22. C 【解析】琴弦是琵琶的主要组成部分，灯管是台灯的主要组成部分。

23. B 【解析】题干中科学家和画家属于交叉关系。B项，戏迷和美食家属于交叉关系，与题干相符。故本题答案选B。A项，蜜蜂是昆虫的一种，蜜蜂和昆虫属于包含关系；C项，面粉和大米都是食材，面粉和大米属于并列关系；D项，汽车需要润滑油，汽车和润滑油属于互补关系。

24. B 【解析】青年和记者是交叉关系。学生和团员也是交叉关系。护士和医生属于全异关系，警察和狱警为包含关系，作家和文人属于包含关系。故正确答案为B。

25. C 【解析】由第一组图形可知，第三个图形是第一个图形和第二个图形的公共部分，故填入?

处最恰当的应是两个图形的公共部分,即C选项。

26. A 【解析】观察第一套图形发现这一规律:把前一个图形中的小矩形向右平行移动一段距离后得到后一个图形。第二套第一个图形中的小矩形向右平行移动一段距离也得到第二个图形,所以可推知答案为A。

27. A 【解析】观察题干可知,内外两图形一样,并且外部与内部有一条边相连,因此,选择A选项。

28. C 【解析】题干所给的三个图形,都是由3个大小相等、形状相同的图形叠加得到的,选项中只有C项的图形符合这一逻辑特点,故本题选C。

29. C 【解析】该题要求得出"只有本地人当经理,才能把企业搞好"的否命题,即否定"本地人当经理",也可以得出"把企业搞好"。否定"本地人当经理",也就是不由本地人当经理。故选C。

30. D 【解析】题干中"大学生"和"志愿者"是交叉关系。ABC三项均为交叉关系,D项"医生"和"护士"是全异关系,与题干逻辑关系不一致。故选D。

专题三　阅读理解能力

材料分析题

1. (1)文章中介绍的儒家家庭伦理为"孝悌",社会伦理为"忠信"。

(2)联系:社会伦理是由家庭伦理发展而来,又包含了家庭伦理。从只有父母与子女的小家庭,发展为包括祖父母及其子孙在内的大家庭;随着世代的延续,大家庭就成了大家族;时代拉长,超大家庭或大家族壮大,就是氏族共同体的形成;经过世代延长,范围继续扩大,就构成了社会。而这种正向发展也使其具有反向的包含关系。

区别:①家庭伦理基本单元是家庭,社会伦理范围更广、更大;②家庭伦理以血缘关系为基础,是自然的,而社会伦理则不以血缘关系为基础;③家庭伦理是无条件、不可选择的,社会伦理是有条件、可选择的。

2. (1)①展现可可西里的自然环境特点;②渲染悲伤、凝重的气氛;③烘托作者低沉压抑的情绪。

(2)示例一:本文赞颂了关爱生命的人性之美。藏族少女的含泪祈求,"我"目睹藏羚羊被猎杀的沉痛以及救助受伤藏羚羊的行为都折射出关爱生命的人性之美。

示例二:本文控诉了猎杀野生动物的罪恶行径。在偷猎者的枪口下,藏羚羊遭到残杀,美丽的可可西里变成了屠场,作者用血腥味道的风、触目惊心的藏羚羊头骨、四处奔逃的藏羚羊揭露了偷猎者滥捕滥杀的罪恶行径。(言之有理即可)

3. (1)增强说服力,进一步突出王文显剧作别有一番幽默,肯定他喜剧创作的能力和影响;引出下文对王文显任代理校长时行事风格的叙写,与其形成对比,以突出王文显治校的持重务实与一丝不苟。

(2)表层方面:王文显身上体现了清华的特质与精神,在清华有着重要的地位。深层方面:严谨的治学精神和包容的治校理念,是清华的灵魂。坚守学术性和包容性,清华就不会因为任何变革而改变;反之,清华将不再是“清华”。

4. (1)作者认为的“青年人的责任”指的是青年人应该认清自己在人类社会进化中的地位,决定人类的前途,创造祖国的前途。

(2)青年人应该承担自己的责任,脚踏实地,树立正确的人生观和价值观;青年人应该努力学习,深刻了解浩如烟海的中华经典,提高自己的人文素质;青年人应该爱惜时间,懂得“一寸光阴一寸金,寸金难买寸光阴”的道理;青年人在心里明白道理的同时,还要能去实行,接好前人的接力棒。

5. (1)①主导建立汉语拼音体系,参与制定汉语拼音方案,被称为“汉语拼音之父”;②总结文字发展规律,提出“文字三相分类法”,并把汉字的传播历史分为“学习、借用、仿造、创造”四个阶段。

(2)我认为周有光的百年人生丰富多彩,充满传奇。首先,他身兼“三家”——语言学家、文字学家、经济学家。其次,他做过爱因斯坦的“陪聊”。除此之外,他在50岁左右时,改行专职研究语言学,并取得了不俗的成就。即使在百岁之后,他仍精神健旺,没有停止思考,出版了多部作品。(言之有理即可)

6. (1)①首先提出苏轼传达的人生偶然的感喟。(或:苏轼诗文中总藏着要求彻底解放的出世意念)②接着分析了朱熹不喜欢苏轼的原因。③最后指出苏轼的美学理想和审美趣味对后世的影响。

(2)①苏轼是地主士大夫进取与退避矛盾心情最早的鲜明人格化身。②苏轼最早在诗文中表达那种人生空漠感和厌倦感。③苏轼发现陶渊明的美与真谛,使之备受关注,广为流传。④苏轼的美学理想和审美情趣,对后世具有重要的先驱作用。

7. (1)媒介影响认识世界的方式,应当引导人们思考,书籍有助思考,而电视排斥思考。

(2)作者相信只要人类精神存在,文化就决不会灭亡。但同时也承认娱乐至上的环境对文化造成的伤害,如果娱乐至上倾向继续,无人想读书,无人想知道真理,文化就会灭亡,波兹曼的话就会应验。它就像一面两面镜,会映射出这种文化的两面性,既让人类享受文化也无时无刻不在提醒着人类,对于读书、对于真理的保护和对于过度消费娱乐文化的可怕性。

8. (1)人生合理的生活,便是指敬业。人生在世是要天天劳作的,根据自己的才能、境地,认定一件事情去做,并忠于这件事,实实在在把全部精力集中到这事上,圆满地劳作。这便是人生合理的生活。

(2)“事的性质,从学理上解剖起来,并没有高下”“我信得过我当木匠的做成一张好桌子,和你们当政治家的建设成一个共和国家同一价值”这两句话的意思是任何职业从价值角度看,都是平等的,劳动本身没有高低贵贱之分。“不想当元帅的士兵不是好士兵”的意思是职位有高低之分,人要有更好的目标和理想,并为之奋斗。这两句话不存在矛盾。从事一项职业,必须具有敬业精神,实实在在把它做好;只要把职业做好了就可以得到更高的职位,就能获得进步,更上一层楼。

9. (1)①安置在繁密、粗壮、高大的芦苇丛中,一般不易被人发现;②“一尘不染”;③新巢附近都有一个旧巢;④非常精致,精挑细选材料编织而成,色彩有黄褐、嫩黄等,形似杯状。

(2)有科学的研究方法:①跟踪记录,获取观察的资料。作者多次观察了震旦鸦雀的巢卵、孵化和育雏,获取了第一手的真实可信的研究资料。②比较分析,甄别观察的现象。通过与“大苇莺”“鹦鹉”“啄木鸟”的比较,更好地研究震旦鸦雀的特点。③资料参照,确认观察的结果。偶遇震旦鸦雀,借助鸟类图鉴,确认是震旦鸦雀,显示观察的严谨。

有科学的研究态度:热爱所从事的事业,有吃苦耐劳的品质。

10. (1)画线句子是指,要反驳作家因为纯粹的创作动机而产生出完美的艺术的观点。画线句子承上启下,引出作家的作品并非篇篇纯正的事实与对文学创作的复杂性的相关论述。

(2)该文章认为,作家要把“出名”“稿费”“人情”等名利追求抛之脑后,拥有纯粹的写作动机;作家要精神飞腾到忘我忘人的境界,思想白热化到要把整个的自己融化,忘记疲劳、忘记饥渴、忘记疾病,要把自己最后一滴精力都绞沥出来,来完成一件自己认为满意的艺术品,有忘我的艺术追求,为了创作而创作;作家的作品需要纯正的批评,以此约束文学的发展。

11. (1)废墟指含有历史文化信息、具有文物价值和美学内涵的建筑遗存。

(2)①文艺复兴时期:人们从废墟中引发了思古的幽情和创造的热情,养成了残缺美的欣赏习惯。②浪漫主义运动阶段:人们在废墟中寄托了缅怀田园,喜好远古,追求神奇和神秘的审美理想。③1820年“断臂维纳斯”的发现:使人们深化了对废墟残缺美的认识。

12. (1)运用了举例论证的论证方法。通过列举爱迪生和普希金成功的事迹,有力论证了“拥有一点点自卑之心,对人生多有教益”这个观点。

(2)适当的自卑,它能使我们看清自我,对我们走向成功很有帮助。在学习中不要因为成绩差而被自卑所压倒,要化自卑为动力,积极进取,不断进步。

13. (1)让苦难不再成为屈辱的前提是:坚强面对,不屈不挠,勇于奋斗,最终战胜苦难,而让它成为你人生中真正值得汲取的财富!

(2)这句话是说当你正在受苦或没有摆脱苦难的纠缠时,如果你在诉苦,在别人听来无异于请

求廉价的怜悯甚至乞讨，这个时候不能说你正在享受苦难，否则会让别人觉得你是在玩精神胜利、自我麻痹。而当你战胜苦难时，别人再听你的苦难，才觉得你意志坚强，值得敬重。因此在苦难面前，当你战胜了苦难，苦难是你的财富；当苦难战胜了你，它就是你的屈辱。

14.（1）①“独独对我这个学生特别反感”，“走来走去总要教训我两句”，网吧老板对“我”的特别态度为后文他就是和父亲共同“演戏”的战友这一情节埋下了伏笔。②“我家在城里没有亲戚，身上没了钱，我跟父亲在城里如何生活？”为后文父亲因欠费又无力偿还而遭到网吧老板逼迫和路人讥讽作了铺垫。

（2）一种观点认为以“儿子”容易接受的方式进行教育，更具认同感；让“儿子”切身感受到沉溺网络游戏的严重后果，更具说服力；让“儿子”体会到父亲的煞费苦心和爱子之深，更具震撼性。而另一种观点认为这种教育方式过于沉重，给孩子的心灵带来了消极的体验；这种教育方式单一，必须结合语言教育等其他方式；这种教育方式结果不确定，有可能诱发其他不良后果。

15.（1）首先，通过话剧《弗罗斯特》，引出不忘记、不原谅的话题。其次，将西方国家文化产业的不忘记、不原谅与中国文化产业的怯懦、不作为进行对比，并分析中国文化产业不能守护集体记忆的原因及后果。最后，补充《弗罗斯特》此类作品的时代意图，强化观点。

（2）①历史对现实和未来有重要的警示、警诫意义。②人们对待历史的态度，同样体现在对待现在和未来的态度里。③提醒人们对历史不忘记、不原谅，增强反思意识，用历史的火炬照亮现在和未来的黑暗。

16.（1）“钥匙”在文中有多种内涵，具体如下：①是自尊的保障、独立的象征；②是我行我素的自由和不必求助于人的快乐；③是自己的一种权利，也是别人对自己的信任；④是有备无患的快乐，也是左右逢源的保障；⑤是安心的投奔和无言的挽留。

（2）钥匙是作者人生历程的见证者，见证了作者的悲伤与欢喜，见证了作者爱情、亲情和友情的收获，见证了作者家庭的幸福和工作的欣慰，钥匙也是作者心灵的守护者。所以在交出钥匙的时候，作者会有小小的伤感与不舍。

17.（1）“这种狂妄的表现”指的是人们常常把人与自然对立起来，宣称要征服自然；人类的作品飞上了太空，打开了一个个微观世界，于是人类就沾沾自喜，以为揭开了大自然的秘密。“窃笑”的依据是：①人类打开的空间只不过是咫尺之间。②今日的科学将会被未来的科学所取代。③科学史也是犯错误的历史。

（2）根据第三、四、五段的理解，“我们的弟兄”是指宇宙中除了人类之外的生命。称之为“弟兄”，是因为所有生物都是宇宙生命的构成部分，是生命的一种存在形式，人类之外的生命与我们是平等的存在。

18. (1)“礼”是整个中国人世界里一切习俗行为的准则,标志着中国的特殊性。中国是文明礼仪之邦,礼仪与文明是相统一的,礼仪是文明的载体,文明是礼仪的内涵,没有了礼仪,文明也就无所依附。

(2)发展进程:因为集体生存、社会发展的需要,产生了“礼”的仪式。甲骨文的“礼”与祭祀有关,“礼”是履行敬神祈福的仪式。“礼”经夏、殷、周三代沿革,到周公的时代已经比较完善,礼仪准则数量不断增多,但根据时间、场合和对象制订的“礼”,不需要时时、处处、人人都去掌握。发展到如今,“礼”分虚实两种,已经成为整个中国人世界里一切习俗行为的准则,是文明的载体,主要体现在外交与社交领域。

存在意义:“礼”的存在符合集体生存、社会发展的需要;大到国家和社团,小到街邻和家庭,“礼”无处不在,说明了“礼”在现今外交和社交领域拥有重要地位;“礼”标志着中国的特殊性;“礼”是把价值观念、制度设计、物质载体统合在一起,并且包含了风俗习惯的文化形态;“礼仪”是中国文明的载体;文化的传承不仅依靠语言、文字,还依靠礼仪。

专题四 写作能力

写作题

1.【参考范文】

从脚下出发

合抱之木,生于毫末。九层之台,起于累土。千里之行,始于足下。

——题记

哲学家维特根斯坦说:“我贴在地面步行,不在云端跳舞。”一句意蕴丰富的哲言,却向我们传达了最朴实的精神:务实,脚踏实地,不好高骛远。也唯有如此,我们方可至千里。脚踏实地,做好自己的每一件事,能使我们走好迈向成功的每一步。永不言弃,持之以恒地朝着目标前进,这是实现成功的保证。

有的人,空有“伟大”的理想,但在为实现理想而做出的努力上,却没有自己在对理想的夸夸其谈上付出的三分之一。人们总是幻想着自己可以成为影视明星,或者成为著名的作家,或者成为为国家做出突出贡献的科学家……但是,在人生的道路上,这些人,却不能脚踏实地,一步一个脚印地出发,他们不能为了自己的理想付出辛劳,努力拼搏,却妄想有朝一日收获硕果。要知道,“行远必自迩,登高必自卑”,没有不付出的成功,也没有不努力的果实。

东汉有一少年名叫陈蕃,独居一室却从不收拾打扫自己的房间,以致其房间脏乱不堪。亲友中有人批评他,他却振振有词地回答:“大丈夫处世,当扫除天下,安事一室乎?”殊不知,“一屋不扫,何以扫天下”。

著名画作《蒙娜丽莎》和《最后的晚餐》的作者达·芬奇，是意大利文艺复兴时期的著名画家，他的画作家喻户晓，其艺术实践和科学探索精神对后代产生了重大而深远的影响。殊不知，在艺术领域拥有如此高成就的他在小时候也是从画鸡蛋开始的。为了磨练画技，达·芬奇曾日复一日画了无数个鸡蛋，也正是基础的稳固，才使他有了扎实的绘画基础。达·芬奇的脚踏实地，奠定了他成功的基础，使他从山脚逐步登上了山顶。

居里夫妇为了提炼镭元素，他们在理化学校借到一个破漏棚屋，开始了艰辛的工作。这个棚屋，夏天燥热得像烤炉，冬天却冷得可以结冰，不通风的环境还迫使他们把许多炼制操作放在院子里进行。没有一个工人愿意在这种条件下工作，居里夫妇却在这样的环境中奋斗了4年。他们脚踏实地，一步一步往前走，将成吨的沥青铀矿的废渣一点一点地提炼，直至最后，提炼出0.1克纯净的氯化镭。这其中，凝聚了居里夫妇多少辛勤劳动的心血！功夫不负有心人，“九层之台，起于累土”，他们获得了成功。

我们想要成功，就要用辛勤的汗水，百倍的努力，用自己的实际行动去实现它。在实现自己目标的道路上，必须踏踏实实，一步一个脚印，一路抛洒自己的汗水，直到成功的彼岸。也许成功的道路上等待我们的还会有一系列挫折、打击，也许前行的道路不是平坦的，我们还会走许多弯路，有许多坎坷等着我们克服，但只要我们一直一步一步前行，我们一定会走向成功。

朋友，请您记住，成功就要脚踏实地，从脚下出发，永不放弃。

2.【参考范文】

距离产生美

“凌晨四点醒来，发现海棠花未眠。”川端康成这样写道，而海棠本来便是日夜开放，为何凌晨四点醒来便可以感受到它产生的别样的美感呢？

那便是因为白天里海棠花彻底融入了我们的生活；我们埋着头，或学习、或工作，那近在咫尺的美却悄然溜远。而当我们退一步，保留那与海棠花的距离，便会如川端康成一般领略到不一样的美丽。

距离为何产生美呢？大概是由于距离让人可以宏观地把握事物，更重要的是距离带来了未知的神秘，引发了人们的美好幻想。

在美国登月之前，中国早已流传着嫦娥奔月等关于月亮的美丽传说。然而，当宇航员带回来几块冰冷的石头，发回几幅月球“满目疮痍”的图片时，童话、传说便不复存在了。从此，人们说起月亮，脑海中只会浮现一个荒凉的大球，而不再有玉兔、广寒宫与吴刚了。

远观月亮，人们产生了美好的遐想；近观月球，人们得到的却只有几块冰冷的石头。这便是距离的奇妙作用吧。

那么在我们的生活中又如何退出来去体会被忽略的美呢？

人是不可能突然集体移民月球，在月球远望家园，然后去感受什么不同的美丽的。此处距离便是心灵的距离。在物欲横流的社会，人们的心灵总被功名利禄紧紧裹住，以致无法体会身边的美。所以我们要与功利保持距离。

当我们不再为考试的分数而学习时，我们会发现书本中的知识是如此有趣；当我们放慢上班、上学的脚步时，我们会发现街边苍翠的大树多么富有活力。

生活中处处皆诗意。人们缺乏的便是适宜的距离。

“君子之交淡如水”，隔着距离，让人宏观地理解对方；隔着距离，才看不到那些可忽略不计的瑕疵，让人彼此交往更融洽。正如席慕蓉所说：友谊像花香，还是淡一点才好，越淡才会越持久，越淡才会越使人留恋。适当的距离，两只刺猬也可以相互温暖对方又不伤害彼此。适当的距离里，人们的友谊像酒一般，若有似无的酒香，愈加香醇。理性之美产生于适当的距离。

是从什么时候起，我们眼中再无“疏影横斜水清浅，暗香浮动月黄昏”的朦胧之美？一味地探究，有时也不一定是好事，探究月球，只还了我们一个满目疮痍的世俗。那些近在咫尺的美我们已同样观赏不到，可是，只要我们退后一步，保留一点距离，我们便能像川端康成一般感受“凌晨四点起来，发现海棠花未眠”的别样美丽。一如荷花，没有花的那些娇艳与魅态，但它有清新、绿意之美，远远地站在那池塘边，看那随风鼓动的荷叶，伴着莲的清香，意境何其美哉。

当我们的心灵得以解放，保持与外物的距离，我们会发现：天空，是给了我们翱翔的渴望的天空；大地，是承载着万物的大地；海洋，是孕育了最初的生命的海洋。

让我们退一步，保持适宜的距离，身边的美好就会纷纷呈现。

3.【参考范文】

厚积方能薄发

我们常常听到父母教训我们说，不要在无用的事情上浪费工夫，但何为“有用”何为“无用”呢？百岁老人周有光先生本业是个经济学家，业余时间对语言文字感兴趣，不惑之年，半路出家，成为新中国的汉语拼音方案的制订者之一，他被称为“汉语拼音之父”，并成为世界级的语言大师。

合抱之木，生于毫末；九尺之台，起于垒土；千里之行，始于足下。

因为有了整个冬天的积蓄，所以才会有春日的万紫千红；因为有了无数次飞翔经验的积淀，所以才有了雄鹰的直上九天。

就如郑板桥画竹。郑板桥画竹之前，当然早已对所要画的成竹在胸，可画起来时却并不急于求成。他先用细致的笔法或勾或点或圈，把那远山、山间的白云，把那近水、水中的绿草，都细

心地画出来。这时虽然无竹,可那竹早已在点点滴滴的色彩之中了。那高远的情怀、挺拔的英姿,也早已呼之欲出。这时候,他才不紧不慢地把竹补上。于是,一幅浑然天成的劲竹图就出来了。正是因为有了之前那么多的铺垫和渲染,才使得竹的出现顺理成章。倘若缺少了那些山水的蓄势,竹的精魂也就不会那么传神地表现出来了。

作画如此,做人又何尝不是如此呢?

苏洵曾在书斋埋头苦读数载,等积累了丰富的学识和见闻之后才走出书斋,那时他已年逾不惑,但是正因为有了十多年的积累,他才得到文坛领袖欧阳修的垂青,得以一鸣惊人,成为北宋文坛上的新星。

厚积方能薄发。厚积,并不是一味地沉寂;沉寂,为的是一飞冲天。而想一飞冲天,必须先拥有最强健的体魄,最柔软的羽毛,最坚定的意志。

王国维曾道古今成大事者必经的三个阶段:“昨夜西风凋碧树,独上高楼,望尽天涯路。”“衣带渐宽终不悔,为伊消得人憔悴。”“众里寻他千百度,蓦然回首,那人却在,灯火阑珊处。”正是有了那“独上高楼”的痴迷,“衣带渐宽终不悔”的执着,“千百度”“寻他”的厚积,才觅得“灯火阑珊处”的“那人”,“蓦然回首”的一刻才显得那么动人。

厚积方能薄发。有了“千呼万唤始出来,犹抱琵琶半遮面”的“积”,才有了琵琶女精妙绝伦的“发”;有了初唐王杨卢骆“导夫先路”的“积”,才使得大唐王朝诗歌双子星座的“发”成为可能;有了改革开放三十多年历史发展的“积”,才使得在中华大地上全面建成小康社会的“发”成为现实。

厚积方能薄发,薄发源自厚积!

4.【参考范文】

我心自有云白山青

叔本华说过:“从青年人的角度看,生活是一曲欢快的协奏曲;从老年人的角度看,生活是一汪寂静的死水。”角度不同,心态不同,我们所看到的也不同。

窗子是一个画框,从窗子望出去,就可以看见一幅图画,这图画是虚幻的现实。内心云白山青的人在喧闹中看到的也是寂寞的美好,内心乌云密布的人在文雅中看到的也是低俗的趣味。要从画框中望这个世界,首先要收拾好自己的心态,用冷酷的哲思与美好的遐想,还这幅画本来的美好。

我不禁去想那些踏歌而来的远行人了。三闾大夫,沿江吟诗,九死无悔,纵然遭受诬陷,也不愿随波逐流;魏武帝扬鞭东指壮心不已,纵然烈士暮年,也要尽扫天下狼烟;五柳居士隐居山林,采菊东篱,纵然一身清贫,也愿躬耕田垄怡然自得。有句话说得好:“天下可大可小,若是心静，一片残香，一把木琴，也就足够了。”即使黑夜笼罩一切，我们也拥有明亮的眼睛，去发现美好。

去望这个现实，这是生活的本质。你我都去望，生活这幅画面却截然不同，你我望孤独，望见的是满目的黑色；而村上春树望孤独，它只是我们熟悉的朋友。也许村上春树洞悉了人生，他并不将孤独视作洪水猛兽，而是用一种玩味的笔调给我们望见的黑色涂上了美丽的颜色，村上春树的眼中，生活不可变，只有心态可变，图画不可变，只有看画人的心情可变。那何不调整自己的心态，走出人生最为瑰丽的舞步呢？

在这个千姿百态的浮世绘中，在错乱复杂的名利场里，我们容易在无端狂热中迷失方向，在无畏竞争中迷失自己，其实人生如梦，年华似雪，梦醒了雪停了我们将一无所有，我们看到的窗子外的图画，不是眼中所见而是心中所悟的。只有守住我们的本心，用澄澈的心去看现实的画卷，才能感悟生活的美好色彩，踏破这冷酷梦境，走出这无涯雪场，回到正确的道路上。

任世事无端变幻，我心自有云白山青。守住内心，弘一法师方能发出“华枝春满，天心月圆”的感悟，三毛方能在丈夫死后仍拥抱寂寞。《菜根谭》有言“世人动曰‘尘世苦海’，殊不知世间花迎鸟笑，世亦不尘，海亦不苦，彼自苦其自心尔”。让我们用积极的心态面对这个现实，用心灵的画笔遮住现实中不完美的画面。

我心自有云白山青。

5.【参考范文】

守护本心

“抢红包”似乎已经成为重要的社交手段以及潮流，不管是同事交流，还是亲朋相聚，动动手指，点点红包，就能让气氛热烈起来。但是，在这潮流之中，我宁愿骄傲着落伍，守护本心。

总有那么一些人守护着心灵的净土。诸葛亮坚守着“非淡泊无以明志，非宁静无以致远”的人生信条；陶渊明证明了“不为五斗米折腰”的傲然正气；林清玄保持着“身如浮木，心有沉香”的深沉之心。而现在，时代在飞速进步，人心却日渐浮躁，将传统的交际转移到虚拟的网络世界，而红包，变成了简单的氛围道具，在抢与被抢的过程中，丢失了其背后的深厚传统内涵。

红包满天，趋之若鹜者与日俱增，似乎不发红包便是不近人情，不解世道。可是这样真的有用吗？逢年过节本就因手机娱乐而相距甚远的亲情，再一次被这火热的“红包革命”推向更远的角落，愈演愈烈的网络亲情似乎已经便捷到足不出户便可维系保持，可是，当你划开屏幕接收那一份份鲜红的数据时，是否有小时候双手接过长辈红包时的那种欣喜若狂？是否有在枕下藏了一夜，第二天迫不及待拆开红包的那份小心珍藏？

某公司曾发布了一项研究报告，表明人们的平均注意力时间由20秒降低到10秒，而这只花

了50年,新兴事物带来了巨大的便利,同时也给予人们很大的伤害,新的文化未必都是好的,过于追求新鲜事物,会让自己处于危险之中。而传统文化,与之相比更显出了优越之处。经过几千年的沉淀与凝聚,传统文化已经成为一个民族取之不尽,用之不竭的伟大精神动力。

酒中陈酿最为甘醇,文化也如此。信息爆炸的时代,人们追求更快更迅捷,却全然不顾那些本应该慢下来的事物,如果说中国的发展是建设一座大楼,那传统就是地基,没有坚实的地基,楼房建得越高就越危险。所以,放下手机,放下抢红包的手,好好品味我们的传统,去发现它们的朴实和高贵。

网络世界毕竟是虚拟的,真实可感的现实世界才是最动人的。暮春之落英,暖夏之素莲,深秋之红叶,严冬之飞雪,天天蜷缩在狭小居室中"抢红包"的你,多久没有身处自然之中感受四季的变换,多久没有站在日光之下倾听清风的细语了?为了手机上几分几毛的单调数字,那么多人竟然放弃了无穷无尽的自然之美,若是心系自然的古人知道了,也会唏嘘不已吧。

因此,别让红包"抢"走你欣赏自然的眼睛。"抢红包"只是这个信息时代的一段剪影。这个时代里,有太多东西混淆人们的视听,扰乱人们的心绪,只有珍惜时光,坚守本心,心向自然,才能留住真情,留住自我,留住红包内涵里传统的福韵。

6.**【参考范文】**

求同相和,共淬文明之光

费孝通说:"美美与共,天下大同。"相同的声音产生共同的回响,志同道合的人求得共同的发展。求同相和,共淬文明之光,在智能化、信息化的新时代,有着更为深广的意义。

《战国策》有言:"物以类聚,人以群分。"人们以相同的价值观走在一起,追寻共同的目标,谋求共同的发展。上世纪20年代初,夏丏尊、朱光潜、朱自清、丰子恺等一大批散文名流,齐聚浙江,育人教书,意兴山水,于湖光山色中,谈风颂雅,寄真性情。他们因文学风格相近,情趣相投、志同道合,张扬艺术、倡导美育,形成了一个内涵丰富、特征鲜明的作家群体——"白马湖派"。无独有偶,60年代北京东城的芳嘉园四合院成了北京文艺圈人士的聚集地。比如画家黄苗子和郁风,比如创作《大闹天宫》的张光宇。

古往今来,"同"与"和"一直都是人类历史长河淬炼的文明之光。尤其在智能化、信息化的新时代,"和"有其重要的环绕和塑造作用。求同相和,命运与共,是遵循人类命运共同体的价值要求。

新冠肺炎疫情暴发以来,中华儿女上下一心,全力应对,吹响"齐心协力,命运与共"的冲锋号。中国致力于自身防疫的同时,也为维护全球和地区公共卫生安全做出了重大贡献。“山川异域,风月同天”“岂曰无衣,与子同袍”,这样的求同相和,不正体现在中国为支援同为疫情所困的国家和国际组织所提供的捐款和医疗物资上吗?这样暖心的文字,不正是构建人类命运共同体的正能量吗?这样的求同存和,不正是人类历史长河淬炼的文明之光薪火相传吗?

然而,不论是车马很慢的从前时代还是大数据的互联时代,我们都需警惕:同声相求是满足了我们的喜好、坚定了我们的价值观,还是窄化了我们的个人视角?和气相求是使人变得纯粹简单,还是思想更加狭隘?

譬如文学创作,向时代的不同声音汲取营养,固然能产生具有社会影响的作品,但优秀的作家一定不会陷入人云亦云的藩篱,而是在追寻“美美与共”的同时亦要“各美其美”,保持个体的独立思考,警惕泛化式的写作,由此才能为社会带来新声音,并由此产生新的回响。倘若每个作家的创作都是为了统一全社会的生活理念和人生感悟,那未免是一种谵妄。

7.【参考范文】

弯路乃捷径之母

也许我们不必太过苛责有着“捷径情结”的人们,因为这或许是人类的本性吧。比如数学课上,常见老师启发学生:“有没有更简便的方法?”生活中人们喜欢“抄近路”,就连伟大的列宁同志为了赶到山顶看日出,也选了一条很危险的“捷径”上山——当然主要是为了锻炼意志。很少有人单纯地“为走弯路”而走弯路,不抄近路的人或是想锻炼身体或是想欣赏风景,或是怕生命安全受到威胁。

我也不想嘲笑那些绕了弯路的游客,关于“捷径情结”让人绕弯路的笑话,听得已经太多了。如果我是这群游客中的一员,我会很阿 Q 地说:“绕了弯路又怎样?至少我已经知道有一条山路是不能走的!”捷径从何而来?经验。经验从何而来?弯路。套用网络上的话来说:弯路乃成功之母。

当大多数猿猴还在藤条上荡秋千的时候,有那么几只试着用后肢站立起来行走。它们摔倒过无数次,满身伤痕换来一阵嘲笑,可谓走了无数“弯路”。正因如此,千万年之后,我才有可能坐在这里用手写下这篇作文。

当大多数欧洲商人都千里迢迢从好望角绕到亚洲去做生意时,坚信“地球是圆的”的哥伦布也有了“捷径情结”,想横渡大西洋去亚洲。在嘲笑与白眼中起航的他,在大海上历经艰险,也算是走了不少“弯路”。虽说“捷径”没找到,倒也有“意外收获”——发现新大陆。

前不久看“环宇探索”,一位科学家介绍人类如何去遥远的星球旅行。单靠常规方法是无济于事的,只能通过“捷径”——弯曲的时空。无数科学家正为找寻并实现这条“捷径”而努力。这

其中也会有许多的“弯路”等待着他们。但我坚信他们，不，是人类的梦想，终将实现。

“捷径”与“弯路”并不对立。“捷径情结”是一把双刃剑。在一段时间内，它会让你走弯路，走死胡同，撞得头破血流，还要受嘲弄和白眼，但在这无数“弯路”中，你可以慢慢积累经验，最终找到属于自己的捷径。

在人类的历史上，“捷径情结”也导致了无数次“走弯路”，有时甚至造成难以估量的损失。但每找到一条“捷径”，人类文明便前进一步。不怕“捷径情结”，也不怕为了寻找捷径而走“弯路”。只怕一辈子老老实实，安分守己，跟在别人后面走，永远也找不到捷径，永远也难有大作为。

8.【参考范文】

腹有雅量气自华

我喜欢门外的那条河。

它平和静谧地流过时光，将所有的杂质一一沉淀，白云苍狗之间，仍清澈见底。偶有桀骜不驯的一次，人们为它加固堤坝后，它就继续温顺地滋润农田。

河流有如此雅量，那些被《咬文嚼字》指出错误的作家们又何尝不是如此呢？雅量，是一种直视错误的大气魄，是一种虚心聆听的大胸襟。有雅量的人，可通往精神的罗马，可到达花开的彼岸，亦可安然走过黑夜里的山路。

直视错误，腹有雅量，气自芳华！

金銮大殿上，群臣惶恐，惧怕天威。她读完骆宾王将她骂得狗血喷头的《讨武檄文》后，莞尔一笑，大赞此人才华。臣子们面面相觑，她却责备宰相不能早日发现这一人才。

这是何等的雅量啊！面对批评和指责，作为天子的她不仅不恼，反而欣然接受。她敢于直视自己的错误，如玫瑰般铿锵的她从不为自己歌功颂德，而为自己留下了一块无字碑。她深知，无字，方能不朽；无言，方能万言！

雅量，让一代女皇，托起日月当空！

滚滚长江东逝水，是非成败转头空。而雅量，却如同那幽谷芝兰，香飘千年，至今仍在。

坚净斋里，他挥毫泼墨，一横长城长，一竖字铿锵。

“诗思清深诗语隽，文衡史鉴尽菁华。”启功先生就是这样一位大师。他有着博大精深、无所不容的学问，也有着隽秀洒脱、卓尔不群的书法。可即使如此，他仍常常虚心向人请教，每当别人指出他的不足时，他便欣然如一个得到礼物的孩童。

这便是雅量。对待不足敢于直视，胸怀如天地广。

雅量，让一代大家山高水长！

雅量让铁凝与莫言真挚感谢为他们挑错的人，让他们的作品更上一层楼。于人如此，于国家，未尝不是如此。

遥想百余年前，鸦片战争的炮火攻破了我“天朝上国”的美梦，但是面对闭关锁国的错误，我们敢于直视，敢于面对。

于是，有这样一群人站了出来，他们以年华为桨，涉万里河疆。自此，辛亥革命的旗帜飘扬在祖国的大江南北，井冈山的杜鹃开出血与火的颜色，南海边的渔村也地覆天翻，北京奥运火炬点亮中华……

雅量，让一个民族屹立东方！

而我当代青年，更要直视错误，虚心改正，不计过往，意气风发，铿锵前行，因为——腹有雅量气自华！

9.【参考范文】

处可为之世，做有为之人

我们身处一个伟大的时代，这个时代在中国共产党团结带领人民进行的伟大斗争中孕育发展而出。我们心中有阳光，脚下有力量，应该为这个时代做出自己的贡献。但是，身处可为之世就一定能成为有为之人吗？在可为与有为之间，我们还需要怎样的努力？

从可为到有为，我们需要理想和信念。

理想是我们前进的目标，为我们指明方向；信念坚定我们的内心，帮助我们始终保持航向，不因沿途的纷扰而迷路。李大钊是中国最早的马克思主义传播者，是中国共产党的主要创始人之一。在中国共产党成立之后的革命运动中，他是党的重要领导者。他开创的伟大事业和留下的思想遗产永远不可磨灭，他播撒的革命种子已经在中国大地上生根、开花、结果。李大钊同志光辉的一生，正是因为其具有共产主义的理想和信念，在苦难与死亡来临时，才能毫不畏惧，坦然面对。可见，理想信念之于伟人的重要。我们每一个人都应该拥有自己的理想和信念，以复兴伟大的中华民族为己任，奋勇精进，处可为之世，做有为之人。

从可为到有为，我们需要奉献精神。

要建设伟大的祖国，复兴中华民族，我们青年人应该学习老一辈革命家，踏实苦干，奉献自我，把个人的命运和国家民族的命运结合在一起。时代楷模南仁东，在 23 年时间里，从壮年走到暮年，把一个朴素的想法变成了国之重器，成就了中国领先世界的项目。“虽然南老师没有能等到它产出科学成果的那一天、没有能等到他应得的荣誉、奖励，但我想他离去的时候心里一定非常清楚，他毕生的事业已经成功了。”如果南仁东没有献身祖国科学的奉献精神，没有为祖国科学研究奉献一切的伟大情操，我们怎么会拥有洞彻宇宙的天眼？拥有奉献精神，才能处可为

之世,做有为之人。

从可为到有为,我们需要创新实践。

前人为我们踩出了小路,我们要开拓进取,把小路拓宽为阳光大路;我们更要创新实践,走出前人没有走过的新路。2004 年,中国正式开展月球探测工程;2007 年 10 月 24 日,“嫦娥一号”成功发射升空;2020 年 11 月 24 日,中国发射探月工程嫦娥五号探测器;2020 年 12 月 17 日,嫦娥五号返回器携带月球样品,在预定区域安全着陆。我们之所以能一次次从无到有,从落后到赶超,正是因为不断实践,不断创新。只有不断地创新实践,才能让我们处可为之世,做有为之人。

10.【参考范文】

活到老学到老

师旷和晋平公的对话,突出了“人的一生都需要学习”的主题。从少年、壮年到老年,虽然每个阶段学习的效果不同,但是学习是始终不能放弃的事业。这是每个向上者的需要。作为一名合格的教师,终身学习无疑是教师自身素质提高的必要保证,更是能胜任教学任务的前提条件。

陶行知先生在《教师自动进修》中指出:“有些人一做了教师,便专门教人,而忘记自己也是一个永久不会毕业的学生。因此很容易停止长进,甚至于未老先衰。只有好学,才是终身进步之保险,也是常青不老之保证。”现在提倡教师应“终身学习”,要经常性地“充电”,不断提升自己的素质。

华罗庚生于江苏,父亲以开杂货铺为生。他从小爱动脑筋,初中毕业后,曾入上海中华职业学校就读,但因家境不好,拿不出学费而中途退学,在父亲的杂货店里当店员,故一生只有初中文凭。失学以后他开始顽强自学,每天学习 10 个小时以上,由于刻苦努力,终于在数学上初露锋芒,引起清华大学数学系主任熊庆来先生的高度重视,经过他的推荐,于 1931 年任清华大学数学系助理,负责管理图书、公文、打字等。从 1931 年起,华罗庚在清华大学边工作边学习,用一年半时间学完了数学系全部课程。他自学了英、法、德文,在国外杂志上也发表了自己的论文。华罗庚的勤奋好学感动了美国著名数学家维纳,维纳推荐他去剑桥学习深造,后来华罗庚成为世界著名的数学家。

从幼年、少年、青年、中年直至老年,学习将伴随人的整个生活历程并影响人一生的发展。古人说:“书山有路勤为径,学海无涯苦作舟。”没有止境地学习,是每一个向上者所必要的。人要想不断地进步,就得活到老学到老,在学习上不能有厌烦之心。自人类诞生之日起,学习就成为整个人类及每一个个体的一项基本活动,之所以提出“终身学习”的观点,是因为人类几千年积累下来的知识文化,只用几十年是学不完的,故先贤庄子曾说:"吾生也有涯,而知也无涯。"何况现代社会的知识寿命大为缩短,个人用十几年所学习的知识,会很快过时。如果再不学习更新,马上就进入所谓的"知识半衰期"。

"生有涯,知无涯。活到老,学到老。"在这个竞争激烈的社会中,我们不仅要学习实践知识,还要不断充实理论知识。因为知识也在日新月异,旧的知识会追不上这个社会快速前进的车轮。如果你不努力去学习,就会被社会淘汰,特别是作为一名教师。人们常说:"要想给学生一杯水,自己不仅要有一桶水,更要成为源头活水。"教师要学为人先,与时俱进,生命不息,学习不止,成为适应时代要求的学习型教师。

11.【参考范文】

成功在于尝试

英国的小男孩梅森患有自闭症,不想不愿也无法忍受别人给其理发。梅森的父母找了许多理发师,可没有人愿意尝试一次。就在梅森的父母为此苦恼的时候,威廉姆斯决定试一试。结果,经过几个月的努力,威廉姆斯成功了。这说明一个真理:成功在于尝试。

来自美国的杰西卡·考克斯出生时就没有双臂。在我们一般人看来,杰西卡的一生该是很悲惨的了。可事实是,杰西卡用双脚去尝试着在键盘上打字,成功了;尝试着弹钢琴,成功了。这该是很不简单了。更奇的是,她还学会了用双脚驾车,用双脚开飞机,这也缘于她的敢于尝试。她说:"我用了 3 年学习驾驶飞机,飞行过 3 种不同飞机,飞行时间超过 80 小时,现在我是一名合格的飞行员。"尝试不是一蹴而就,而是反复试验。反复试验,意味着我们需要具有足够的耐心,意味着我们需要不断总结一次次失败的教训。只有如此,我们才能在尝试中最后取得成功。英国的威廉姆斯是这样,美国的杰西卡也是这样。在我们中国,这样的例子也不少。

我们都知道司马光主编了《资治通鉴》,这部史学巨著,从周威烈王二十三年(公元前 403 年)写起,到五代后周世宗显德六年(公元 959 年)征淮南停笔,涵盖 16 朝 1362 年的历史。五代后周世宗显德六年之后的历史呢?就是算到清朝结束,也还有 900 多年呢。按说,凭一个人的力量用《资治通鉴》的体例去写这 900 多年的历史,似乎是不可能完成的工作。但有一个人,敢于尝试,硬是穷十年之功,七易其稿,用文言文完成了 400 余万字的《资治通鉴续纪》,他就是浙江省诸暨市的吴海京。想一想,如果吴海京瞻前顾后,患得患失,前怕狼,后怕虎,不敢尝试,那么,还会有《资治通鉴续纪》这部鸿篇巨制吗?屠呦呦团队为了从青蒿中提取出有效成分青蒿素,进行了艰苦探索和试验,试验次数达到了数百次。他们不断试验、调整配方和提炼工艺,最终才成功提取出纯度高、疗效显著的青蒿素,为抗击疟疾做出了重要贡献。不断尝试是成功

的关键。科学家需要不断尝试，从失败中总结经验，从实践中获得成功。不断尝试的过程并不是一帆风顺的，其中必然会伴随着挫折和失败。但是，科学家必须坚定信念，勇敢面对困难，不断尝试，才能取得真正的突破。

无数事实说明，成功在于尝试，尝试需要耐心，需要恒心。我们处在一个改革开放的新时代，时代要求我们要敢于大胆尝试。尝试可能失败，但不尝试一定不会成功。反复尝试，肯定能够成功。既然如此，请让我们解放思想，放开手脚，在一切可能的领域尝试，从而让我们的国家和社会发展得更快更好！

12.【参考范文】

适应之法贵如金

古往今来，适者生存，不适者淘汰。世间万物只有与它所处的环境相适应，才能立足于世。面对不同的环境，我们只有改变自身才能更好地生存，才能成为栋梁之材。

有人说："面对人生的选择，要接受不能改变的。"这"接受"的潜台词即为适应。胡杨，因为适应了最恶劣、最残酷的环境，才能以铁铮铮的风骨于茫茫荒漠中昂扬挺立，它"生千年不死，死千年不倒，倒千年不烂"的生命历程彰显着强大的适应能力。而对我们来说，变幻莫测的人生旅途中，更需要"适应"之法保驾护航。

当无数痛苦扑面而来，身处艰难困苦中时，要懂得适应这令人心痛的悲惨环境。人生如橘，有甜也有酸，有大也有小。当不幸降临，当厄运无法改变时，应以最好的姿态去适应它。霍金，一个轮椅上的伟人，向我们揭示了黑洞的奥秘。当记者采访他时，他说："我还有手指可以动，还有脑袋能思考，还有爱我的亲人和朋友。"他说得那么坦然，仿佛他的生活平静得像一湖清水，从未起波澜。为什么他能从容地面对所处的环境呢？是适应，他已经适应了轮椅上的生活。病魔的降临既然无可避免，为何不"兵来将挡，水来土掩"，尽自己所能去适应呢？是的，"适应"之法就如同天边的一抹红霞，令身处悲痛深渊的人重新看到人生的美丽，再一次踏上追寻梦想之路。

当失败的结果相伴相随，身处一片迷雾中时，要懂得适应这短暂的悲伤。成功与失败，往往无可预料，当失败的阴影如影随形时，不要用焦虑的怒火燃烧它，以最平静的心去适应它吧，相信成功总在失败之后到来。著名的发明家爱迪生，在他的一生中发明了无数的东西。一次，他的实验室因为失火被烧个精光。他的家人担心他，在灾后寻找他。而爱迪生却看着一片废墟说道："灾难自有它的价值。我们以前所有的谬误过失都给大火烧了个一干二净，感谢上帝，这下我们又可以从头再来了。"火灾后不久，爱迪生发明出了留声机。正因为爱迪生有乐观的心态，选择了重新出发，重新开始，才会有这么多的发明。

当流言蜚语袭来时，以最纯粹的心去适应，在“适应”这把大伞的保护下坚守自我。奥巴马，一个黑人总统，他适应着充满污秽质疑声的环境，用勤恳的工作态度与智慧在政治领域中大展拳脚；《钢铁是怎样炼成的》的主人公保尔，一个平凡穷人，他适应着充满冷嘲热讽声的环境，用顽强的毅力和隐忍过着独特的充实生活。生活于言论社会，我们更应该学会适应那由或真切或虚假的声音充斥的环境，做好真实的自己。

适应之法贵如金，当无法改变你生活的环境时，就淡然处之，适应它吧，于清清河流中悠然自乐，于茫茫蓝天中做一朵宁静的白云。

13.【参考范文】

自身的觉悟胜过金钱换来的专注

某职业学校教师为督促学生学习，课后发红包奖励上课认真和学习优秀的同学，此举一出，贪玩的学生纷纷改邪归正，师生关系得到改善。可此教师发红包的行为，虽然促进了学生学习，却有些背离教育本意。

有些人可能认为这是奖学金的一种变式、演化版。可这样泛滥的金钱诱导真的是奖学金的一种演化吗？有人说这是一种创新，是奖学金模式的细化，引导奖励机制的一种革新。这样以利益为饵的行为真的配得上创新的高帽吗？

现存的奖学金制度是一种奖励机制，是在发现一个人的优秀作为与良好表现后对其努力的一种肯定。这种奖励肯定初创造，鼓励再创造，并弘扬正确的价值观。但反观这个上课红包，它更多的是以金钱为诱饵诱导学生完成老师所肯定的事情。前者是一个人开疆拓土，达到巅峰后立下丰碑，受人肯定；而后者是先立下丰碑，再用各种方式鞭挞驱策人们前行。

此种所谓的创新模式，失去了诱饵后，一切便回归原样，坏的仍旧坏，错的仍旧错，没有一丝一毫的改善。教育是教之育之，而非驱之驭之。知识用以学而非以记，正如学导以义而非以利。

其实该老师的行为的确寓意颇深。课堂上的知识，学则有红包，不学则无。在职业学校，课上学的每一个知识都可能化为未来的技能，在社会中获得十倍百倍的收益。老师的行为让学生知道学习有钱赚。可是他没能更深入地让他们明白，除了他发的红包，他们学习仍能赚钱，只是赚的是看不见、感受不到的未来的钱。若教师能有所改进，引导他们发现上课学习得到的不只是微信红包，还有未来的工作与舒适，这或许不失为一个尝试。毕竟学生发自内心的觉悟更胜于金钱所换来的专注。而这也正是教育的意义所在，教之育之，引之于正道，授之以渔术。

教育不是改变一个人,而是引导一个人由内到外发生升华。像焦老师那样,当前的教育可以有千奇百怪的新招,来引起学生的专注,但没有触及本质的引导,都只是徒劳。千金散尽已然不会还复来。

14.【参考范文】

规 则

没有规矩不成方圆。偌大的世界若没有规则,何来和平与发展?何谈安居与乐业?何谈健康与快乐?“规则”好比是方向盘,方向盘虽然限制了车轮,却保证了车轮正确的前进方向,规则对我们也是如此。但有时候,如果方向盘转向了错误的方向,我们也可以通过正确的方法纠正。规则并不是我们生活中的掣肘,而是帮助我们创造美好生活的辅助。

面对正确的规则我们应该坚决捍卫,让规则成为我们健康生活的保障。

拜伦曾说:“如果人人都只为自己活着,世界就会冷却下来;如果一个人只纠缠于自己的私欲,那么世界就只会凝结成冰,充斥着冷漠,哪里会有未来呢?”是啊,生活中人们不光要扼杀自己的私心,还要尊重规则。我国自古以来都是一个崇尚法治的国家,依法治国基本方略的提出,使纷纷扰扰的社会变得井然有序。这难道不足以证明规则是给予我们一个赖以生活,维护自己权利的法宝吗?

有一则寓言讲述了这样一个故事:有一位骑师,训练了一匹十分温顺的好马。他想,给这样的好马加上缰绳是多余的,于是有一天骑马外出,就解掉了缰绳。马儿在原野上自由自在地奔跑,跑得越来越快。骑师无法控制,也不能重新给马儿拴上缰绳,最后竟被摔下了马背。马也冲下了幽深的山谷,摔得粉身碎骨。这则寓言告诉我们有时候规则是对我们的保护而不是限制。在现实的学习生活中,学生都渴望得到自由,希望无拘无束地生活、学习,而不是被学校、老师重重包围,禁锢在一隅之地。但是大家想一想,如果我们只要自由,不要规则,我们会不会最终像这匹好马一样,落得一个凄惨的下场。

和许多行为习惯一样,规则意识的培养不是一朝一夕的事,教师在教学过程中要保持一定的耐心,在各种生活情境中让学生了解规则,明确自己的行为。现今由于很多学校都实行寄宿制,学校几乎成了学生的第二个家,因此有些学生便不顾室友感受在寝室养宠物,他们也许是不知道学校的规则,也许是无视学校的规则。这时候作为一名教师应该给予学生正确的引导,让学生明白规则的重要性,以及他的行为会给学校、其他同学带来的影响。

当然,如果有的规则成为生活的掣肘,我们也可以适当改变,让我们的生活更加精彩。爱迪生有一次将一个形状很不规则的灯泡交给一位平日里非常恃才自傲的研究人员,请他准确地算出灯泡的容积。那人随手接过灯泡轻飘飘地说:“太简单了。”两个小时过后,爱迪生来问他答案,只见他桌子上到处是公式,但算了半天却还没有一个结果。爱迪生就拿起一杯水倒满

灯泡，然后将灯泡里的水倒入量杯中，灯泡的容积就被轻而易举地显示了出来……这个事例中，爱迪生打破了规则，放弃了公式计算，另辟蹊径求出了这个问题的答案。

规则固然是重要的，但有时候我们也要根据实际情况适当改变规则。

15.【参考范文】

弘扬爱国精神

在中华民族的史册上，爱国主义是光辉灿烂的篇章，也是中国人民心中永垂不朽的精神。

爱国主义是民族的核心，是我们的魂，我们的根。它塑造了中华民族的崇高气节，培育了无数爱国志士，民族英雄和革命先烈。从屈原的眼神中，我读出了他对祖国的忠心一片；从岳飞的一生中，我读出了他对中华民族的赤胆忠心；从文天祥的"人生自古谁无死？留取丹心照汗青"中，我看到了他饱含爱国之情。他们燃烧了自己，把爱留给了祖国。

爱国主义是中华儿女几千年凝结、积淀起来的对祖国最纯洁、最高尚、最神圣的感情，是中华民族精神的核心内容。这种民族精神，是中华民族不竭的精神动力和传统美德，是推动我国社会前进的巨大力量，是各族人民共同的精神支柱，是激励全国人民团结奋斗的光辉旗帜。

爱国主义具有鲜明的时代特征：

在民族危难的时刻，爱国主义表现为坚贞不屈的民族气节，坚守国土，血战到底的英雄气概。千百年来，一代代爱国者，舍生取义，为祖国捐躯，为民族殉节，他们是中华民族的脊梁。

在社会主义建设时期，爱国主义更多的不是表现为赴汤蹈火，壮怀激烈，而是表现为奉公守法，敬业爱岗；表现为维护祖国统一，反对祖国分裂；表现为各族人民互相团结，为构建社会主义和谐社会，实现中华民族的伟大复兴而贡献智慧和力量。

不要认为学生是祖国的花朵，只享受祖国的阳光雨露；他们同时还是祖国的成员，国家兴亡，匹夫有责。我们要时刻把"以热爱祖国为荣，以危害祖国为耻"牢记心上，学会做人，学会学习，学会生存。面对关乎祖国利益的事情，要发挥主人翁精神，坚决捍卫祖国尊严，维护国家利益，勇于和破坏国家统一、损害民族团结、危害社会主义事业的行为作斗争。在日常生活中，我们要从身边的小事做起，努力做一名合格的公民；升国旗时大声唱国歌，对国旗行注目礼；对国家文化遗产，自觉承担保护责任。

我们每一个中华儿女都有责任，有义务弘扬和培育民族精神，共同谱写民族精神的新篇章。

下篇　全真模考

国家教师资格考试全真模拟试卷(一)

一、单项选择题

答案速查

1～5	ADBDB	6～10	DCDBD	11～15	BCBDD	16～20	BCBDC
21～25	CDDDB			26～29	CBBD		

1. A 【解析】素质教育是促进学生全面发展的教育。实施素质教育必须坚持德育、智育、体育、美育和劳动技术教育并举,促进学生生动活泼地发展。题干中,于老师认为没必要开设实践活动课,而是要多上拼音、数学课,这表明他过分注重智育,忽视了学生其他方面的发展,违背了素质教育要求学生全面发展的理念。

2. D 【解析】新课程提倡的教师观强调教师在对待与其他教育者的关系上应当注重合作、互助。题干中两位老师为了竞争而暗暗较劲,毫无交流,违背了教师间的合作理念。

3. B 【解析】素质教育要求教师要正视学生的个别差异,克服按照统一标准和尺度去衡量学生,追求完全趋同,整齐划一的弊病,根据学生各个方面的情况进行因材施教。题干中,吴老师根据幼儿的生活经验以及特点,有针对性地进行因材施教,这体现了吴老师关注学生发展的个别差异性。

4. D 【解析】示范性是指幼儿教师本身,如教师的言行举止、人品、才能等都会成为幼儿模仿学习的对象。题干中多多在家里经常模仿老师的样子,体现了教师劳动的示范性特点。D 项,“桃李不言,下自成蹊”原意是:桃树、李树虽然不能说话,但是它们的花和果实,却吸引人走向它们,于是便在树下踏出了路来。这句话引申到教育领域中,强调广大教师要以身作则,才会收到上行下效的效果,体现了教师劳动的示范性,与题干所述一致。故本题答案选 D。

5. B 【解析】《中华人民共和国宪法》第三十四条规定,中华人民共和国年满十八周岁的公民,不分民族、种族、性别、职业、家庭出身、宗教信仰、教育程度、财产状况、居住期限,都有选举权和被选举权;但是依照法律被剥夺政治权利的人除外。根据我国《未成年人保护法》规定,未成年人是指未满十八周岁的公民,青少年儿童属于未成年人,所以没有选举权。

6. D 【解析】《学生伤害事故处理办法》第十四条规定,因学校教师或者其他工作人员与其职务无关的个人行为,或者因学生、教师及其他个人故意实施的违法犯罪行为,造成学生人身损害的,由致害人依法承担相应的责任。故在此事件中应当承担责任的是李老师。

7. C 【解析】《中华人民共和国教育法》第四十三条规定,受教育者享有“参加教育教学计划安排的各种活动,使用教育教学设施、设备、图书资料”的权利。题干中老师将小明赶出课堂的行为剥夺了小明的这一权利。

8. D　【解析】《中华人民共和国义务教育法》第十二条规定，适龄儿童、少年免试入学。地方各级人民政府应当保障适龄儿童、少年在户籍所在地学校就近入学。

9. B　【解析】根据《中华人民共和国教育法》第五十条规定，未成年人的父母或者其他监护人应当为其未成年子女或者其他被监护人受教育提供必要条件。未成年人的父母或者其他监护人应当配合学校及其他教育机构，对其未成年子女或者其他被监护人进行教育。学校、教师可以对学生家长提供家庭教育指导。

10. D　【解析】《儿童权利公约》第三十一条规定，缔约国确认儿童有权享有休息和闲暇，从事与儿童年龄相宜的游戏和娱乐活动，以及自由参加文化生活和艺术活动。缔约国应尊重并促进儿童充分参加文化和艺术生活的权利，并应鼓励提供从事文化、艺术、娱乐和休闲活动的适当和均等的机会。

11. B　【解析】《中华人民共和国未成年人保护法》第二十八条规定，学校应当保障未成年学生受教育的权利，不得违反国家规定开除、变相开除未成年学生。题干中学校因为梁某欺凌同学，扰乱课堂纪律便将其开除，违反了上述规定，故做法是不合法的。

12. C　【解析】《幼儿园工作规程》第六条规定，幼儿园教职工应当尊重、爱护幼儿，严禁虐待、歧视、体罚和变相体罚、侮辱幼儿人格等损害幼儿身心健康的行为。题干中教师让幼儿自己打自己嘴巴，是一种体罚，其行为不合法。

13. B　【解析】教师在处理与同事和领导者的关系时，要做到：(1)提升自身素质；(2)尊重他人，以诚相待；(3)尊重领导，服从安排。“绝对服从”不符合教师行为规范。

14. D　【解析】A 项没有考虑学生的感受，处理方式不合适；B、C 两项违背了为人师表的职业道德规范；D 项不仅遵循了为人师表的职业道德规范，而且处理方式合理有效。

15. D　【解析】关爱学生的师德规范要求教师关心爱护全体学生，尊重学生人格，平等公正对待学生。对学生严慈相济，做学生良师益友。保护学生安全，关心学生健康，维护学生权益。不讽刺、挖苦、歧视学生，不体罚或变相体罚学生。题干中，王老师经常在课堂上批评晓波，使晓波感到难堪、没面子，王老师的行为损害了学生的自尊心，没有尊重学生的人格，本题 D 项符合题意。

16. B　【解析】关爱学生要求教师做到关心爱护全体学生，尊重学生人格，平等公正对待学生。不讽刺、挖苦、歧视学生，不体罚或变相体罚学生。题干中李老师的做法是对学生的讽刺、挖苦和歧视，没有做到尊重学生，违背了关爱学生的教师职业道德规范。

17. C　【解析】六经论五行者，始见于《尚书·洪范》：“五行，一曰水、二曰火、三曰木、四曰金、五曰土。”

18. B 【解析】孔雀舞是我国傣族民间舞中最负盛名的传统表演性舞蹈。土家族比较流行的一种舞蹈是摆手舞。藏族有“果谐”“堆谐”等民间自娱性舞蹈。蒙古族的舞蹈有“安代舞”“盅碗舞”等。故选择 B 项。

19. D 【解析】“溪云初起日沉阁,山雨欲来风满楼”出自唐代诗人许浑的《咸阳城东楼》。

20. C 【解析】在京剧脸谱中,红脸代表忠诚和勇敢,如关羽;蓝脸代表刚强、骁勇,如窦尔敦;黑脸代表正直、无私、刚正不阿,如包拯;白脸代表阴险、狡诈、飞扬、严肃,如曹操;绿色脸谱代表顽强、暴躁,如程咬金;黄脸代表骁勇、凶猛,如典韦;金色、银色脸谱代表各种神怪形象。

21. C 【解析】《游击队之歌》是一首进行曲风格的群众歌曲,是中国著名作曲家贺绿汀于 1937 年所作。

22. D 【解析】“不锈钢”一词不仅仅是单纯指一种不锈钢,而是表示一百多种工业不锈钢,所开发的每种不锈钢都在其特定的应用领域具有良好的性能。它们除了铁外,还含有铬和镍。不锈钢的耐蚀性随含碳量的增加而降低,因此,大多数不锈钢的含碳量均较低,最大不超过 1.2%。

23. D 【解析】公元前 266 年,秦昭王任用范雎为相,并积极推行范雎的“远交近攻”策略。即联络距离远的国家,进攻邻近的国家。这是战国时秦国采用的一种外交策略,秦国用它达到了统一六国、建立统一王朝的目的。

24. D 【解析】《人物龙凤图》是战国时期的一幅绢本淡设色画。《游春图》是隋朝画家展子虔创作的绘画作品。《女史箴图》是东晋顾恺之创作的绢本绘画作品。ABC 项均对应正确。《步辇图》是唐代著名画家阎立本的作品,是“中国十大传世名画”之一。它描绘了吐蕃使臣禄东赞朝见唐太宗的场景,反映了吐蕃首领松赞干布与文成公主联姻的历史事件。D 项对应错误,本题为选非题,故选 D。

25. B 【解析】冬至吃饺子是为了纪念“医圣”张仲景冬至舍药。

26. C 【解析】Word 中可多次进行格式复制的操作步骤是左双击格式刷按钮。

27. B 【解析】在 PowerPoint 中,若想将幻灯片放映的换页效果设为“垂直百叶窗”,可先选择“切换”选项卡,选中幻灯片后,在“切换到此幻灯片”命令中选择“百叶窗”,然后在“效果选项”中选择“垂直”。故本题选择 B 选项。

28. B 【解析】题干中“绿茶”和“茶叶”是包含关系。A 项,“蔬菜”和“水果”是并列关系,与题干逻辑关系不一致,排除。B 项“雨伞”和“雨具”是包含关系,与题干逻辑关系一致。C 项,“跑鞋”和“跑道”是全异关系,与题干逻辑关系不一致,排除。D 项,“面粉”是制作“面包”的一种材料,与题干逻辑关系不一致,排除。故本题选 B。

29. D 【解析】从第三项开始,每一项等于前两项相乘加 2,括号中的数 $8\times26+2=210$,故本题选 D。

二、材料分析题(参考答案)

30. 刘老师的教育行为体现了"育人为本"的儿童观。

(1)"育人为本"的儿童观强调幼儿是独特的人。每个幼儿身心发展的速度都各不相同,身心素质的组合特征也不同。每个幼儿都有其优势领域和劣势领域,教师应当将幼儿看成独特的个体,因材施教,促进幼儿的全面发展。材料中当孩子们提出改变游戏规则,刘老师并没有制止或是批评幼儿,而是同意幼儿的提议,改变了游戏的规则。这体现了刘老师尊重幼儿的人格,平等对待幼儿,注重培养幼儿的求知欲和学习的积极性,发展幼儿发散思维能力和动作协调能力。

(2)"育人为本"的儿童观强调幼儿是发展中的人,要用发展的观点认识幼儿。幼儿不同于成人,正处于发展之中,他们有自己独特的认知方式、成长特点,有巨大的发展潜能和被塑造与自我塑造的潜力。材料中当刘老师改变游戏规则后,更能吸引幼儿的注意力,幼儿做了很多平时没有做过的动作,发展了幼儿的反应能力、想象力和创造力。轻松的教学活动为幼儿带来欢乐的同时,使其感受美的存在,满足了幼儿全面发展的需要。

综上所述,刘老师很好地践行了"育人为本"的儿童观,其教学行为值得我们借鉴和学习。

31. 李老师的做法是正确的,践行了教师职业道德规范的要求。

(1)教师职业道德规范要求老师做到关爱学生。材料中,李老师发现丹丹右脚有 6 个脚趾时向丹丹道歉,并尊重她不脱袜子的意愿,保护了学生的自尊心,做到了关爱学生。

(2)教师职业道德规范要求老师做到教书育人。材料中,李老师就乐乐不善言辞的问题积极地解决,引导乐乐与小伙伴交流,最终使乐乐的言语能力得到发展,性格也变得开朗,践行了教书育人的要求。

(3)教师职业道德规范要求老师做到为人师表。材料中,李老师发现乐乐存在的问题后,及时与其父母进行有效沟通,共同帮助乐乐解决不善言辞、性格孤僻的问题,符合为人师表的要求。

(4)教师职业道德规范要求教师做到爱岗敬业。材料中,李老师发现乐乐的问题后,积极主动地帮助幼儿解决,对工作认真负责,做到了爱岗敬业。

总之,材料中李老师的行为保护了丹丹的自尊心,培养了乐乐良好的人格,使两人都得到了健康成长,这种行为值得赞扬和学习。

32. (1)①运用拟人手法,生动地写出了山楂挤满枝头的美好景象,"挤来嚷去""一个挨着一个",写出了山楂树果实的稠密和作者的喜悦。②运用通感手法,用听觉中的笑声表现视觉中山楂的色彩、形态,生动地描写出山楂的鲜艳和稠密,流露出作者的喜悦之情。③通过想象,写笑声"从枝叶间飞出""落在地上,飞向空中"等,描写了一幅生机勃勃的美好场景。④运用"挤""挨""笑""飞"等词语,生动地写出山楂树果实累累、色彩鲜艳的美景,表达了作者的喜悦之情。

(2)李嫂虽然离去,但给作者留下了宝贵的精神财富;孕妇将要诞生婴儿,让作者感受到生命的延续;李嫂和孕妇都像十月的山楂一样,结出了"属于自己的果实"。

三、写作题

33.【参考范文】

让爱心在教学中处处闪光

"爱心"是教育工作中不可缺少的情操,也是老师工作的主旋律。当一名人民教师,应在实际的教育教学过程中,发扬教育民主,把自己的爱洒在每个学生的心间,通过爱的教育促进学生的成长和发展。

当一名人民教师,应当做到不计报酬、无私奉献。在课堂上,老师对每一个学生要谆谆告诫,诲人不倦;在平时的生活中,老师要率先垂范,言传身教;在课外,老师要做学生的朋友,心心相印,开诚布公。要做好这些工作,老师就必须深入到学生群体中去,跟每个学生谈心,与他们做知心朋友,了解他们的优点、缺点、爱好和困难等等,对他们在课堂上和平时生活中的点滴进步进行表扬,使他们树立自信心,促进学生的全面发展。

当一名人民教师,应当做到为人师表。因为学生模仿老师的意识非常强烈,如果老师能够在学生面前树立一个良好的形象,学生们也会因模仿老师自然而然地养成良好的习惯。例如,当老师发现教室的地上有生活垃圾时,要主动捡起来;当遇到有人摔倒在地时,应上前把他扶起来;当某学生遇到生活上的困难时,老师要给予一定的帮助,等等。用老师美好的形象去感化学生,培养他们爱劳动、讲卫生、争做好人好事的习惯。

当一名人民教师,应当用自己的爱去温暖学生的心灵。教育事业是一曲爱心赞歌,教师要像雕琢璞玉一样细心,耐心对待自己的学生。学生年龄尚小,老师作为学生思想上重要的启蒙人,要用爱心去关心他们、帮助他们,让他们逐渐去掉思想上的"尘垢",成为一块名副其实的美玉。对于调皮的学生,教师不能只是简单地斥责与批评,应采取个别谈心和细心观察的办法,寻找他们身上的"闪光点",以此作为转化他们的"起点",使这些学生产生一种自我控制、自我约束的驱动力,从而鞭策自己进步,接受教育,团结同学。对于自卑的学生,教师要"动之以情,晓之以理",提高孩子的信心,用真心的关怀去温暖他,用完全的信任去感化他,使他告别自卑的昨天,坚定地走向美好的明天。

"爱"是消除师生之间情感障碍的保证;"爱"是培养老师与学生的感情,使师生成为"知心朋友"的桥梁;"爱"是改变后进学生,使他们健康成长的灵丹妙药;"爱"是学生成长、进步、发展的关键。老师必须将自己的爱心和耐心,化作无声的细雨,用精神的甘露去洗涤学生精神上的尘埃。

让我们用无私的爱托起教育的明天,当一名人民教师,我已经扬帆待发。

国家教师资格考试全真模拟试卷(二)

一、单项选择题

答案速查

1 ~5	CDCAC	6 ~10	CDCDB	11 ~15	DDCDA	16 ~20	DCBCC
21 ~25	CCAAA			26 ~29	ACAD		

1. C 【解析】教师要尊重幼儿,要保护幼儿的自尊心。幼儿的自尊心比较脆弱,教师不应该当着别人的面,揭幼儿的短处。题干中王老师没有当众批评红红,而是把她叫到办公室进行引导,体现了对幼儿的尊重,保护了幼儿的自尊心。

2. D 【解析】幼儿是发展中的人,要用发展的观点认识幼儿,幼儿具有巨大的发展潜能。题干中,康老师的说法表明其没有意识到幼儿身上具有巨大的发展潜能,存在着广阔的发展空间,是有可能改正进步的。故康老师忽视了幼儿发展的可能性,D 项符合题意。

3. C 【解析】教师必须处理好与家长的关系,加强与家长的联系与合作,共同促进学生的健康成长。当老师与家长间发生误会时,要耐心解释,对于自己的错误要勇于承认。

4. A 【解析】教学反思是教师成长的途径,教学反思是指教师以自己的教学活动过程为思考对象,对自己所做出的某种教学行为、决策以及由此所产生的结果进行审视和分析的活动。题干中影老师在实施新的教学设计之后对自己的提问属于教学反思。故本题选 A。

5. C 【解析】《中华人民共和国宪法》第八十条规定,中华人民共和国主席根据全国人民代表大会的决定和全国人民代表大会常务委员会的决定,公布法律,任免国务院总理、副总理、国务委员、各部部长、各委员会主任、审计长、秘书长,授予国家的勋章和荣誉称号,发布特赦令,宣布进入紧急状态,宣布战争状态,发布动员令。其他三项均为国务院的职权。

6. C 【解析】《中华人民共和国教育法》第八十条规定,任何组织或者个人在国家教育考试中有下列行为之一,有违法所得的,由公安机关没收违法所得,并处违法所得一倍以上五倍以下罚款;情节严重的,处五日以上十五日以下拘留;构成犯罪的,依法追究刑事责任;属于国家机关工作人员的,还应当依法给予处分:(1)组织作弊的;(2)通过提供考试作弊器材等方式为作弊提供帮助或者便利的;(3)代替他人参加考试的;(4)在考试结束前泄露、传播考试试题或者答案的;(5)其他扰乱考试秩序的行为。

7. D 【解析】根据《学生伤害事故处理办法》第二十七条规定,因学校教师或者其他工作人员在履

行职务中的故意或者重大过失造成的学生伤害事故,学校予以赔偿后,可以向有关责任人员追偿。

8. C 【解析】《中华人民共和国教师法》第十八条规定,各级师范学校学生享受专业奖学金。题干中,汪某属于师范学校学生,应享有专业奖学金。故C项符合题意。

9. D 【解析】《幼儿园工作规程》第三十三条规定,幼儿园和小学应当密切联系,互相配合,注意两个阶段教育的相互衔接。幼儿园不得提前教授小学教育内容,不得开展任何违背幼儿身心发展规律的活动。题干中幼儿园组织背诵英语单词、学习算数的活动,是不正确的,没有遵循幼儿身心发展的规律和特点。

10. B 【解析】题干中班主任没有确凿证据,仅通过全班指认就认定小明是小偷,侵犯了小明的名誉权。

11. D 【解析】《中华人民共和国未成年人保护法》第八十三条规定,各级人民政府应当保障未成年人受教育的权利,并采取措施保障留守未成年人、困境未成年人、残疾未成年人接受义务教育。

12. D 【解析】《中华人民共和国教师法》第十四条规定,受到剥夺政治权利或者故意犯罪受到有期徒刑以上刑事处罚的,不能取得教师资格;已经取得教师资格的,丧失教师资格。

13. C 【解析】关爱学生是师德的灵魂。没有爱,就没有教育。关爱学生,就是要求教师有热爱学生、诲人不倦的情感和爱心。题干中老师的行为是关爱学生的体现,是恰当的,能让学生感受班级温暖。故本题选C。

14. D 【解析】为人师表要求教师坚守高尚情操,知荣明耻,严于律己,以身作则。衣着得体,语言规范,举止文明。题干中张老师“爆粗口”的行为不符合为人师表的要求,教师应当进行反思与改正。C项中的“尽力避免”这一说法不合理,教师作为学生的表率,必须改变自己,不说脏话,为学生树立良好的榜样。

15. A 【解析】爱岗敬业的教师职业道德规范要求教师忠诚于人民教育事业,志存高远,勤恳敬业,甘为人梯,乐于奉献。对工作高度负责,认真备课上课,认真批改作业,认真辅导学生。不得敷衍塞责。题干中,任老师在家人住院需要照顾的情况下,依旧认真地上好每一堂课,帮助幼儿解决各种问题,体现了爱岗敬业的教师职业道德规范。

16. D 【解析】教师在处理与家长的关系时,要做到“尊重为先”。教师应尊重家长,树立家长的威信,增强家庭教育的力量,家校合力一起做好教育工作,而不是放弃、嘲笑,或者把教育的责任全部推给家长。

17. C　【解析】周王根据宗法制的原则分封同姓诸侯，区分大宗和小宗。嫡长子为大宗，继承父位，为族人兄弟所共尊，称为宗子，余子为小宗，分封出去。因此 C 项说法错误。其余三项均说法正确。故选 C。

18. B　【解析】“四书”是封建社会科举取士的初级标准书。它所指的是《大学》《中庸》《论语》《孟子》。

19. C　【解析】“一寸光阴一寸金”中的测量用具是日晷，用晷指示日影的长度来代表时间长短。

20. C　【解析】“谁言寸草心，报得三春晖”出自孟郊《游子吟》。故选 C。

21. C　【解析】当遇到别人触电时，首先应迅速切断电源。在找不到闸门的情况下，可用干燥的木棍、竹竿等绝缘物挑开电线。直接拖拽的做法不可取，因为可能引起抢救人员自身触电，A 项错误。BD 两项的做法可能会耽误急救时间，不是首选的做法，排除。故选 C。

22. C　【解析】根据题干材料中的关键词“无产阶级”，结合史实分析选项可知，《共产党宣言》的发表标志着马克思主义的诞生，为世界无产阶级指明了斗争方向，成为无产阶级斗争的思想武器，故选 C。

23. A　【解析】A 项中的“守岁”说明写作背景是除夕，而非重阳节。A 项诗句出自唐代诗人孟浩然的《除夜有怀》，诗中极写人事代谢，光阴易逝。除夕之夜，看落焰残春，遥想故乡，家家团聚守岁，而自己却独坐帐中自饮闷酒，于是希望梦中魂归故乡，与亲人团聚。然而连“梦归”也做不到，将思念的愁苦更添一层。

24. A　【解析】八七会议是 1927 年 8 月 7 日在汉口召开的会议。西安事变是张学良、杨虎城将军于 1936 年 12 月 12 日发动“兵谏”，在西安扣留蒋介石的事件。“九一八事变”发生在 1931 年 9 月 18 日。红军长征发生在 1934 年 10 月到 1936 年 10 月。

25. A　【解析】苏州古典园林至今保存完好并开放的有，始建于宋代的沧浪亭、网师园，元代的狮子林，明代的拙政园、艺圃、留园，清代的耦园、怡园、曲园、听枫园等。豫园位于上海市老城厢的东北部，是江南古典园林。

26. A　【解析】插入的背景音乐要求应为音频格式，wav 为音频格式，B、C、D 选项为图片格式。因此本题选择 A 选项。

27. C　【解析】打印机是计算机的输出设备之一，用于将计算机处理结果打印在相关介质上。

28. A　【解析】题干中“电视机”与“电话机”两个概念属于并列关系，且同属于电器。A 项“自行车”与“摩托车”属于并列关系，且同属于交通工具；B 项“红色”与“红墙”属于全异关系；C 项“学生”与“青年”属于交叉关系；D 项“教师”与“女教师”属于包含关系，“教师”包含“女教

师”。故A项符合题意。

29. D 【解析】每个图形由两个部分构成,且为一直一曲,前一个图形的内部为下一个图形的外部,由此选择D。

二、材料分析题(参考答案)

30. “我”的教学行为很好地践行了“育人为本”的儿童观。

(1)“育人为本”的儿童观强调学生是发展中的人。学生具有巨大的发展潜能,是处于发展过程中的人,教师要用发展的眼光看待学生。材料中,“我”并没有因为阳阳的调皮捣蛋就放弃他,而是花了两周时间去观察,发现阳阳身上的优点——爱阅读,让阳阳在班级交流阅读心得,从而帮助阳阳树立了自信心。

(2)“育人为本”的儿童观强调学生是独特的人。每个学生都有自身的独特性,学生与成人之间具有巨大的差异,教师要针对每个学生的不同特点进行因材施教,才能够产生更好的教学效果。材料中“我”根据阳阳酷爱阅读的优点,让他在班级交流读书心得,体现了“我”把阳阳看作独特的人,说明“我”以人为本,面向全体学生,没有因为阳阳是“小霸王”而放弃他,相反,通过耐心的观察和帮助,使他取得了很大的进步。

(3)“育人为本”的儿童观强调幼儿是学习的主体,是具有能动性的教育对象。学生是学习的主体,作为教师要调动学生学习的积极性和主动性。材料中,“我”通过请他交流读书心得,激发起阳阳学习的兴趣,他认真查资料,反复练习讲解,让阳阳担任“小小阅读员”管理阅读角,都体现了“我”把阳阳看作学习主体的理念。

因此,作为教师,在面对像阳阳这样调皮的孩子时,要结合“育人为本”的儿童观,积极地促进幼儿的全面发展。

31. 张老师的做法是恰当的,践行了教师职业道德规范的要求。

(1)教师职业道德规范要求教师要做到爱岗敬业。材料中,张老师不断学习,制订方案,每周开展主题活动,全身心地投入到工作当中,践行了爱岗敬业的职业道德。

(2)教师职业道德规范要求教师要做到关爱学生。材料中,张老师用自己的耐心、爱心和责任心对待幼儿,为了幼儿有快乐和精彩的童年设计各种活动,创造性地解决教师与幼儿的关系,体现了关爱学生的职业道德。

(3)教师职业道德规范要求教师要做到教书育人。材料中,张老师在处理幼儿问题的过程中,循循善诱,用更灵活的方式帮助幼儿获得品德的提升,体现了教师教书育人的职业道德。

(4)教师职业道德规范要求教师要做到终身学习。材料中,张老师一直不断学习,制订新的幼儿教育方案，体现了张老师具备终身学习理念，潜心钻研业务，勇于探索创新，不断提高专业素养和教育教学水平。

(5)教师职业道德规范要求教师要做到为人师表。材料中，张老师发现孩子的不良习惯时，通过和家长交流，与家长合作培养幼儿的良好习惯，体现了张老师团结协作，尊重家长，践行了为人师表的职业道德。

幼儿教师所秉持的职业道德规范会极大地影响儿童的发展，因此在实际的教育教学过程中，全心全意地投入工作，保持耐心，关爱所有幼儿，才能更好地促进幼儿的全面发展。

32.(1)中国的文人常常胸怀天下而时运不济，在苦闷之时，将自己的远大志向寄予对梅花高贵品格的赞颂之中，写出许多千古传诵的篇章。正是文人的生花妙笔，赋予了梅淡泊迷人又孤高桀骜的个性，并使其广为传播，在中国文化中备受青睐。

(2)观点：人生一世与世上其他生灵的一生就其过程来讲，并无二致。人生就与梅花一样，都会经历各种苦难，在磨难中成长。世界上的众多生灵没有选择生存环境的权利，有的是国色天香，魏紫姚黄，让人羡慕，但有的也如梅花一样，生存于恶劣的环境中，“难以招人眼目”。人的一生同样如此，得高官厚禄者少，平平淡淡者多，但我们不能一味怨天尤人，应当怀有一颗平常心，做力所能及的事，知足常乐。即使面对生活逆境，也应当如梅花一样勇于面对、勇于承受，永远不失生活的信念。

三、写作题

33.【参考范文】

四管齐下，克服职业倦怠

当前中小学教师中间普遍存在着职业倦怠现象，严重影响着教师的个人意义感和教育教学工作。究其原因，职业倦怠主要是由动机的缺失造成的，而造成教师动机的缺失又有很多具体原因，如付出与回报不成正比使他们感到失望，对自主和尊重的强烈需求长期得不到满足而使他们失去信心与热情，工作环境中人文关怀的缺乏也会使他们的热情消退，等等。我认为针对职业倦怠应从下面四个方面着手。

(1)薪酬激励

亚当·斯密首先提出薪酬对教师倦怠的影响，这在现实中也是合乎道理的。人们普遍认为，对代理人最传统最直接的激励方式是激励性报酬。教师既有其专业性的一面，同时也有其与常人共同的人性。激励性的报酬安排表现在两个方面：一是教师作为一个职业，在所有职业收入中所占的地位的高低位次；二是教师工资增长机制和激励机制，即建立在从教年限和国家

政策基础上的增长和绩效上的激励。做好第一个方面可以吸引优秀人才从事教育事业,是对在职教师继续从教的激励;做好第二个方面则可以鼓励教师更加尽心工作,提升专业素质从而提高教学质量。

(2)晋升制度

晋升是对教师工作与能力的认可,本身就是激励性质的。专业组织中流行的“非升即走”惯例,越来越影响到聘任制下的教师管理。制定建立在教龄和绩效基础上的晋升制度,一方面是对教师表示认可,鼓励其继续努力;另一方面也起到挽留教师的作用。教龄与经验是教师的宝贵财富,学校应当对之提供相应回馈,经验丰富的老教师理应受到更多的鼓励与尊敬。

(3)授权与问责

学校应当建立完整的授权与问责机制,以激发教师的自主性与积极性。思想上和行为上的独立性以及自制是人的基本需要。人们拒绝在外部压力下做事,尤其是在规则、规章、秩序和最后期限的压力下工作,因为这些外部压力干扰了他们的自制需要。人在拥有较大自主权时会更加自信、自尊,对自己的表现也就有更高的要求。通过鼓励个体自主决策,计划自己的行动路线,并且对自己的结果负责,可以增进他们的自主与自我决定需要。问责是对授权效果的监督检查,以激励教师,调动积极性、发挥创造性,尽最大的努力实现目标。

(4)人文关怀

人们总是脱离开人性而只就教师的职业特点强调教师是楷模、人类灵魂的工程师。他们的付出被认为是理所当然的,对教师为人师表提出过高的要求,使教师常常感到疲惫不堪。教师也有被满足的需要,而这却常被忽视。教师是一个情感高投入的职业,情感的高投入及高收益会带来极大的幸福感,但别人往往只看到教师幸福及充实的一面,并不了解教师工作的另一面,即情感高支出的同时,其折磨及挫伤也可能更大。长期以来的专业特性已经融入教师的人格特质,使他们极其看重其投入的情感价值以及被人尊重。就学校范围来看,学校领导对教师的关怀可以有效地激励教师的工作热情。对教师的人文关怀体现在方方面面:善于倾听;对教师工作的表扬与支持;多与教师交流;关心教师的家庭生活;重视对教师的培训;等等。这些都可以照亮教师心灵的天空,让教师感受到尊重,建立起领导与教师之间的信任感。

我们不应拿圣人的标准来要求教师,教师也有自己的需求以及缺点,需要得到社会和学校的关注与帮助。当他们遭遇到职业生涯发展的瓶颈、产生职业倦怠时,外界的援助无疑是雪中送炭,重新点燃他们的热情之火,助他们顺利走出困境。